# 伝説のカルト映画館　大井武蔵野館の６３９２日

# まえがき

１９８１～99年、東京大井町に名画座「大井武蔵野館」があった。

当時の映画館は新作をまずロードショー館でかけ、その後、二番館、三番館に、鮮度はおちた扱いでまわってゆく。もちろんフィルム上映だから何百回もかけられたフィルムになる。日本映画各社は新作を全国一斉に封切り、終わると次の新作をかけて続けてゆく。終えた旧作はやはり二番館の三本立てなどでかけられる。つまり映画館は新作で回っていた。

大井武蔵野館はちがった。正月興行以外は日本映画の旧作（戦前も含む）をこつこつと探し、封切り以来上映されていない作品、忘れられた作品を中心に、独自の視点のプログラムで特集上映を続けた。これは、映画を一本見て面白かった、のではなく、同じジャンルの作品を連続して見る研究営為であり、大井はそのジャンルを次々に開拓した。好評だったもの、また価値ありと思う作品は、間をあけて再度、再々度上映し、真価を知らしめるべくつとめた。のんべんだらりんと新作が回ってくるのを待つのではなく、映画館が自主的に作品を選ぶ独立姿勢は、次々に名作を発見公開させた。

映画だけが生み出せる感動、快楽を評価する館主の鋭く豊かな映画眼は、従来のキネ旬ベストテン的な、あるいは社会派や文芸作、テーマ偏重の大新聞映画記者や映画評論家たちが、まるで知らなかった、見ようともしなかった作品が、いかに豊かな映画世界を作っていたかを上映をもって証明。忘れられた名作の初評価となり、映画の真の魅力を伝えしめ、日本映画史を書き替えた。これがこの劇場の最大の功績である。

現在、旧作を独自の視点で特集上映し、優れた解説ちらしを定期発行、ポスターや公開資料を展示、制作当時の関係者を招いてトーク、さらに自費でニュープリントする、などを続ける、神保町シアター、シネマヴェーラ渋谷、ラピュタ阿佐ヶ谷らの名画座は、旧作ファンをひろげ、映画研究者を育て、世界にこれほど質の高い名画座はあるだろうかと思われる。その模範が大井武蔵野館だった。何より作品選定が「大井武蔵野館イズム」にあふれている。私は大井武蔵野館のおかげで著書『シネマ大吟醸』を、今の名画座のおかげで『映画、幸福への招待』が書けた。

二十世紀最大の芸術、映画が生まれておよそ１３０年。例えば文学で古典を読むのは当たり前のように、映画もまた古典の存在する芸術になった。しかし文学には図書館があるが、映画は上映がなければ見られない。ＤＶＤもあるけれど、そうなっていない作品を見たいわけで、そもそも映画は小さなテレビ画面ではなくスクリーンで見るように作っているから、ＤＶＤでは見たことにならない。

パリのシネマテークを主催したアンリ・ラングロアは、映画フィルムは時々巻き直して風を当てるのが保存に肝要として上映し、床に座ることを条件にゴダール、トリュフォー、シャブロルなど若い常連を無料入場させ、映画の新しい波・ヌーヴェルバーグを育てたのは有名な話だ。彼らは伝統文芸作よりもアメリカのＢ級西部劇に多くを学んだときく。大井武蔵野館館主・小野善太郎氏こそをアンリ・ラングロアに例えたい。

この本は、大井武蔵野館の業績をできる限り記録しようと編まれた。
一つの映画館が本になる。それを誇らしく思おうではないか。

太田和彦

# 目次

## 資料編

スタッフたちの大井武蔵野館

# 映画は観られなければ「映画」にはなりません

**小野善太郎**　3代目支配人

かつて大井武蔵野館が存在した時には、ご来場いただいた観客の皆様はもちろん、様々な方々に多大なる応援をいただきましたが、特に太田和彦さんにはこの本で復刻されている「ＯＭＦ会報」を切っ掛けとして、事あるごとに盛り立てていただきました。そして、もちろん、だからこそ、今この本もここにあるのです。

さて、その折々の太田さんの私への決めゼリフは「日本映画の墓堀り人」で、それだと日本映画を葬る墓を掘る役割、と受け取られちゃうんじゃないかと心配もしていましたが、もちろん真意は逆であり、もう死んだも同然に地中に埋められたままの日本映画の数々を掘り起こし、文字通り（映写機の）光を再び当てて今に甦らせる役割、ということならば、自分で言うのもなんですが、そのような使命感は確かにありました。

ただし、東京でも当時は再開発からは取り残されたような地であった大井町の、古く貧しい面影を保ったままの町並みの果てにあった小さな映画館であり、他の繁華街にあった名画座が上映していたような最近のヒット作品の組み合わせでは苦戦を強いられ、また老舗の名画座である銀座並木座や池袋文芸坐のような高尚な番組には太刀打ち出来ず、という崖っぷちに追い詰められた状況下でなんとか生き延びるための方法論、いや、ありていに言えば、窮余の策、でもあったのですが。

それでも上映し続けるなかで、特に「新東宝特集」や『恐怖奇形人間』をメインとする「石井輝男監督特集」、さらには林家木久扇師匠にＴＶ「笑点」で全国に向けて連呼宣伝までしていただいた「時代劇特集」などの定番ヒット企画も生まれて、おかげさまで映画ファンの間にも浸透し、それ故に太田さんにも名画座の肝は独自の番組選定に尽きる、などと身に余る評価もいただきましたが、実は私が大井武蔵野館での仕事を重ねて最後にたどり着いた境地は、太田さんには失礼ながら、逆なのでした。

昼間の特集プログラムの後、毎日1本だけのレイトショーも開催することになった際、1本では特集にならないので4週間での4本を関連付けるということをしていても、それならば昼間にまとめて特集上映すべきという従来の名画座的感覚に強く縛られ、レイトショー枠の存在意義に疑問を持つ日が続きました。

それが、ある時ふと気づいたんですね。昼間の特集プログラムを編む際には必ず外れて（外して）しまう、ポツンと浮いた孤島のよ

うな、未踏地に埋もれている作品が一方に沢山あるじゃないの、と。

　それで始めたのが「お宝発掘キャラバン」。毎週1本、年間50本をランダムに上映する（だけの）企画で、大井武蔵野館でさえ上映する機会のなかった作品を手当たり次第に掘り出して行く。誰が監督でとか、出演者の顔ぶれとか、特定のジャンルとか、これこそ注目すべき作品だとか、名画座ではなによりも考慮すべき要点から自らを解放して、こんなの何処でも上映したことがないだろうから取り上げてみましょ、一体どんな映画か分からないから観てみましょ、という次第。一見ラクチンながら、そこに至るのは根はマジメな名画座支配人脳ではいちばん難しいことでした。

　ですから、大井武蔵野館の歴史が途絶えることになってしまった時、最も心残りだったのは、確実に発掘隊員も増えていたのに、こんなにも考えない企画こそは、今後は何処でもしないんじゃないか、お宝が埋もれている（かもしれない）未踏地がそのままになってしまうのでは、ということ。当然ながら、映画好きでデキる支配人や番組担当者ほど考えに考えて、すでに目の前にある宝物をこそ磨き上げますから。

　ともかく映画は上映されなければ「映画」にはならず、そしてなにより観られなければ「映画」にはなりません。ですので、この本には当時の上映作品リスト（特に後半は、いわば発掘記録）も掲載されていますが、もはや上映する場が無い今それに意味があるのか、と思ったりもします。

　とはいえ、この本は皆様と共に映画発掘探検した6392日の懐かしの記念アルバムとして眺めるだけではなく、今後の皆様に同伴する映画日記帳のようにお使いいただきたいものです。ならば、ご覧いただいた作品をチェックしたりなにか気楽に書き込んだりするためにも、この際もう1冊ご購入いただければ幸いです。

　さて、末筆ながら。

　大井武蔵野館を日々運営するのは、当然ながら多くのスタッフの方々あってのことでした。

　皆様のフルネームをここに掲載したいと思ったのですが、現在は個人情報の管理が重要な時代。皆様おひとりおひとりに、掲載の許可をいただくという確認が難しいため、誠に勝手ながら、各位統一して、フルネームではなく苗字のみを、順不同・敬称略にて以下に挙げさせていただくことにしました。

　かつて当館の営業に関わってくださった方がこの本を手に取られることもあろうかと思いますが、以上ご了承ください。また、もし洩れていましてもご容赦願います。

　今あらためて、細谷、櫻井、船水、原田、塚本、大場、石井、荒島、折原、牧野、菅原、中野、岡村、中島、倉吉、田所、石川、安尾、酒井、吉田、上村、阿部、松原、五味、宗田、谷口、さらに他の多くの方々に、それからもちろん武蔵野興業株式会社に、御礼申し上げます。

おの・ぜんたろう　1955年、長野県生まれ。新潟大学卒業。オートバイのヤマハ発動機株式会社勤務後に、武蔵野興業株式会社入社。新宿武蔵野館を経て大井武蔵野館3代目支配人。閉館後は退社して、もう1つの趣味の中古レコード店舗を経営。共著書に『橋幸夫歌謡魂』、『日本カルト映画全集 夢野久作の少女地獄』（いずれもワイズ出版）。執筆メンバーとして『ザ・タイガース研究論』（近代映画社）、Webマガジン『大人のミュージックカレンダー』。他に西城秀樹、ガロ、沢田研二関係のCDライナーノーツ執筆など

# 映画の奇跡は何度も起きる

細谷隆広
営業担当・中野武蔵野ホール元・支配人

もともと、大学3年の時に地元の習志野映画劇場で、映写のバイトを始めたのが、映画館道への入り口だった。習志野高校時代の女友達のお父さんがこの映画館を経営してたので、たまたま映画好きが全校に知れ渡ってたのか、映写のおやじが入院するのでピンチヒッターでバイトお願いしますとの電話。当時、東宝撮影所で制作のバイトと掛け持ちだった。

映写の師匠はそのおやじだった。まったくの職人気質、如何にミスなく映写をするかを教わった。あとは実地のみで入院されてしまったから、残された支配人からはなにがあっても焦らず慌てずに対応することだけ教わった。映写室がフィルムだらけになった時も焦らず、フィルムを切って何事もなく処理できた。その後の人生に役に立った。

武蔵野興業に入社し、映写もできる事を売り込み、自由が丘推理劇場（後に自由が丘武蔵野館に館名変更）に配属。ここで、伝説の石井保支配人の下、番組編成する。薬師丸ひろ子特集で１日１６００人の動員記録を出したり、これはまた楽しい時代。特に、西村潔監督のオールナイトで、三浦友和、藤竜也、紺野美沙子、西村潔監督を招いての『黄金のパートナー』オールナイト。後にも先にもあり得ないイベントだった。

その後、会社が大井町の駐車場の跡地に名画座を作る計画を立て、大井武蔵野館に配置転換になる。すいません、やっと、大井町にたどり着きました。

当時の上司の方は映画はあまり興味はなく、営業人間で早く本社に戻りたいと愚痴ってた。なので、番組は松竹や東映の封切館と洋画の名画座でスタートしたのだと思った。もちろん、１９８０年代の場末の大井町で、しかも、駅から歩いて10分の寂しい商店街の先に映画館を作ったとは、武蔵野興業は映画館経営に意欲的だったというよりも、無謀な話だった。当時の大井町、特に大井町線沿いは未だ戦後は終わってないような感じで、バラック小屋のようなアパートが線路沿いに並び、『仁義の墓場』（１９７５年、深作欣二監督）の石川力夫が今にも現れそうな殺伐な風景が並んでた。

そんななかでのオープンは厳しかった。なんせ、昼間の大井町はまさにゴーストタウン、おじいちゃんと子供しかいない、時から忘れられた町、空っ風が吹きすさぶ。駅からの一本道、ベテラン映写技師のおっちゃんふたり、受付のおばちゃんらとひたすら、お客さ

んを待ちながら駅のほうを見ては「あの人、お客さんかな……」。「あー、角を曲がっちゃったよ」と愚痴るように笑う。そんな悲惨な毎日が思い出される。

終映後、映写のおっちゃんらと飲みに行くのが唯一の楽しみ。駅までの間にある『詩雨おばさん』（1977年、李学仁監督）のモデルになったホルモン焼きの店に、バイトの酒井正史くん（現・ケイズシネマ支配人）、映写の原田臨さんらと行く。当時はどぶろくがまだ密造酒で、おかみが「内緒だよ」と床下からどぶろくを出してくれた。違法な酒なので、毎回、びくびくしながらも大いに呑み酔った。この辺り、『野獣の青春』（1963年、鈴木清順監督）のロケに使われた元キャバレーもあったし、森崎東監督の「女シリーズ」ではないが、古びれたビルの窓からソープ嬢が出前を頼んでたりした光景が思い浮かぶ。私のなかで、思いっきり、ノスタルジックで温かい時代だった。

東京なのに山手線の外だとやはり、並木座、文芸坐と同じ路線の作品を上映していてはこんな品川の僻地までわざわざお客さんは来なかった。ついに、本社からは、「フィルムの運搬は業者を使わずに、会社の車が空いてるから自分たちで運搬しなさい」というお達しが来る。意外にも、都内を車で運搬することは映画館にいるより気楽で楽しかったが、ある時、大崎の東映の倉庫で、フィルムを斧で切ってズタ袋に入れて捨てられる姿を見た時には、「映画界も、いよいよ最後の正念場か」と恐ろしかった。

そんな危機感を持った時に、国際放映から来た興行部長から、「国際放映の倉庫に新東宝のフィルムが眠ってるから、上映できるか、一度見てきなよ」と言われる。また奇跡が来た。これが「イカゲテパラダイス・新東宝の逆襲」の特集上映の発端だったのだ。

会社の車で、国際放映の倉庫へ出向いたまではよかったが、フィルム缶が乱雑に積まれ、そこら中にフィルムから出るお酢のような匂いが充満して、まさに映画缶の墓場だった。とにかく、ありったけのフィルムを持ち帰り、映写技師の原田さんに修復をお願いした。最初は呆れられ、「こりゃ無理だ」と言われたが、「原田さん、プロの腕前を見せくださいよ」とおだてて、少しずつだが上映可能な状態まで直してもらった。作品の選定は、映画の師匠である桂千穂さんにお願いした。新東宝の生き字引で、ほとんどの作品を公開時に観てその目利きは日本一であった。上映可能リストを桂さんに見せたところ、狂喜乱舞して大喜び、「これは大発掘ですよ、絶対に当たりますよ」と太鼓判を押された。『九十九本目の生娘』（1959年、曲谷守平監督）、『海女の化物屋敷』（1959年、曲谷守平監督）とか、タイトルは知ってたけど観たことはない映画が30年以上経って陽の目を見ることとなった。初日には長蛇の列ができ、連日大入りという記録を作った。新規のお客さんが増え、やっと光が見えてきた。

その後、いろいろと珍品、怪作を中心にお客さんに喜んでもらい、全国的にもカルト映画の発信地となった。大井町の記憶はそこあたりで、途切れている。フィルム運搬は京浜道路で接触事故を起こしたことでお役御免になった。その後、中野武蔵野ホールのオープン立ち合い、邦画ミニシアターの時代を体験することになる。

封印した大井町の記憶を、これからもっと掘り越したくなった。

ほそや・たかひろ　1955年生まれ。専修大学映研を経て武蔵野興業入社。映画館を渡り歩き、その後、アルゴプロジェクトに入社、シネマアルゴ新宿の番組編成を担当。『二十歳の微熱』で興行記録を。いろいろあって、今はフリーの宣伝マン。仕事下さい

# 「映画の都へようこそ」

中島宏枝
現・書籍編集者

大井武蔵野館でモギリのアルバイトをしていたのは大学生の時で、たしか１９９７年の秋頃から1年間くらいだったと思う。

その年の夏、私は溝の口にあった古本屋で店番のバイトをしていたのだが、ある日、店の主人の妻と名乗る人がやってきて、「夫が突然死しました。本のことはお任せします」とだけ言って去っていった。私たちアルバイトは返す言葉もなく、仕方がないので話し合って、その日までのバイト料をレジから取り出し、近くの同業の店主に相談しにいったことを記憶している。結局、主人の死因などは一切分からなかった。ほどなく自由が丘武蔵野館の求人を見て応募し、そちらで3ヶ月間くらいモギリをすることになった。

自由が丘武蔵野館のアルバイトは失礼ながら、毎日あくびが出そうなほど単調だった。ちょうど夏休みというタイミングもあり、かかる映画は子供向けのものが多く、すぐに退屈に感じられた。しばらくすると系列の大井武蔵野館で人員を募っているということを耳にし、これは古い映画を見る絶好の機会とばかりに移らせてもらうことになった。

大井武蔵野館は大井町駅を背にして中央通りのどんつきにある2階建てのショボけた映画館だった。ただし上映する作品は邦画洋画とも一級品揃いで、キャッチフレーズは「名画座最後の砦」。アルバイト初日、たしか櫻井さんという社員の方から「映画の都へようこそ！」と冗談めかして言われたが、この砦の今にも崩れそうな廃れ具合といい、街ごと時代から取り残されてしまったような様子といい、とても「都」とは思えなかった。

自宅に近い二子玉川から大井町線に乗って、終着駅の大井町に至る14駅は、1駅ごとに1年ずつ時代を遡っているようにも感じられた。しかしひとたび武蔵野館のスクリーンに向かえば、タルコフスキー、クストリッツァ、小津、川島、増村、神代などの作品に浸り、映画的時空を飛び越える幸福な時が待っていた。

館の近くに、たしか任侠団体の事務所があったのを覚えている。1階の受付にいると、ときおり隣の立体駐車場の管理人のおじさんが、ガラス扉の向こうから、「お嬢ちゃん、外がまたざわざわしてるよ、ちょっと一服せんか」という感じの視線を送ってくるので、表に出て一緒にタバコを吸いながら、黒服の若い衆がずらりと大通りに雁首を揃え、「親分さん、お帰りなさい」とやっている姿を目にすることもあった。大井町はそんな街であったので、館内で渡世人の健さ

んが「死んでもらいます！」と斬りかかるシーンなども絶妙にマッチしていた。

モギリの合間に90分くらいの休憩が入ると、近所までぶらりとなにか食べに出かけた。たしか第1日曜日ごとに行われるボロ市では、商店街の軒先に野菜や古着、骨董などが放出され、それを見るだけで心楽しくなった。今にして思えばとんだバイト代泥棒だった。当時仏文科の学生だった自分は、受付にワープロを持ち込み、そこでロラン・バルトやマルキ・ド・サドの授業のレポートを書いていたことを後ろめたさとともに思い出す。モギリの相方と譲り合って、交互に2階に上がっては幾度も映画を見た。しかし大人たちはいつも優しく、誰かに怒られたという記憶がない。あるいは怒られたけれど、都合よく忘れてしまったのか……。

なんとなく覚えているのは、事務所へ入ると、プログラムやオペレーションのことで、よく社員の人と、おそらく契約社員のような人が、闊達に意見を交わしていた様子だ。非正規雇用と思われるスタッフが、社員の人に熱く意見していたこともあったように思う。そうした権威勾配に基づいていない（ように見えた）チームの在り方を、傍から好ましく見ていた。

どのタイミングで大井武蔵野館を離れたのか忘れてしまったが、その後、ふたつの出版社での学生アルバイトを経て、希望していた編集者になった。以降に知り合った映画好きの著者や編集者の方に、大井武蔵野館を引き合いに映画好きを語り、親しみを感じてもらったことは一度や二度ではない。元々ファンだった太田和彦さんの本はこれまでに4冊編集させていただいたが、「あのとき、大井武蔵野館でアヤヤ（若尾文子）のブロマイドを太田さんに売ったのは、多分私です」というような答え合わせができたことも幸いなことだった。

今では大井町線と京浜東北線の乗り換えくらいでしか利用しなくなってしまった大井町だが、当時働いていた武蔵野館の人たち、そして謎の死を遂げた古本屋の主人だって、ひょっとしたらあの街に紛れているのではないか、と今でも錯覚することがある。『異人たちとの夏』ではないけれど……。それはあの頃、数年後にはやってくるモラトリアムの終焉を感じながら、もう少しこの映画の都に留まっていたかった自分の心が、まだそこに残っているからなのかもしれない。

最後にお詫びを……。大井武蔵野館の廊下にあった支配人の小野善太郎さんの蔵書の中から1冊を失敬したまま、返しそびれて未だに我が家にある本がある。それは当時の大学の指導教授が書いた『映画の一季節』（１９７９年）という本だったのだが、不思議なご縁で、そのあと10年後くらいに知り合った編集者の高崎俊夫さんとお話をしていたとき、復刻版を出してはどうかということになり、高崎さんと教授を取り持つことになった。復刻版は無事に出版され謝辞に名前も載せていただいた。その元本を、小野さんにお返ししなくてはならない（本当は返したくないのだけれど……）。申し訳ありません、四半世紀越しとなりました。どうかお赦しください。

なかじま・ひろえ　風日舎。文芸を中心とした雑誌や書籍、Ｗｅｂの編集・ライティング。今年は『映画、幸福への招待』（太田和彦著）、『猫がいれば、そこが我が家』（ヤマザキマリ著）などの編集を担当

インタビュー

# 映写室から見えたもの

元・大井武蔵野館映写技術者、
現・シネマヴェーラ渋谷映写技術者
**荒島晃宏**
聞き手／構成：朝倉史明（編集者）
（２０１７年7月6日、大森にて収録）

あらしま・あきひろ　１９６３年生まれ。１９９５年より大井武蔵野館、１９９９年より自由が丘武蔵野館、２００４年より浅草中劇会館・浅草新劇会館、２０１３年よりシネマヴェーラ渋谷に映写として勤務、現在に至る。日本脚本家連盟連盟員

## 大井の3人の師匠

**朝倉**　荒島さんのご著書、『映画館のまわし者—ある映写技術者のつぶやき』（近代映画社）は本当に面白くて、これまでに何度も読ませていただいています。映写技術者の1日の仕事を時系列的に紹介しながら、昔、勤めておられた劇場でのご経験や、かつてご覧になった映画の思い出などについても触れられていて、内容の素晴らしさもさることながら、話し言葉で書かれた文章のあたたかさ、やさしさにも大いに魅かれました。

**荒島**　ありがとうございます。

**朝倉**　この本に出てくる「師匠」というのは、大井武蔵野館の映写技師の原田臨さんですか。

**荒島**　映写の技術という点ではやはり師匠は原田さんですね。それから、映画館におけるいろいろなことへの取り組みとか、「映画を映すとはどういうことか」といったことを教えてくれたのは、支配人の小野善太郎さんと、副支配人の櫻井克俊さん。今もその教えを参考にしているくらいに強い影響を受けました。

**朝倉**　荒島さんにとって大井武蔵野館は、映画館でお仕事をされた最初の場であり、また映写技術者としてのキャリアをスタートされた劇場であるわけですが、同館に入られたのは１９９５年だそうですね。

## 「あっ、これだ！」

**荒島**　はい。その年の9月19日、大井に、『アンドレイ・ルブリョフ』と『ローラとバイオリン』の、ロシア映画2本立てを見に行ったら、館内に「映写見習い募集」の紙が貼り出されてましてね。私はそのころはシナリオライターをしていたんですが、バブルが弾けた頃だったこともあって景気があまりよくなかった。そんな時に貼り紙を見て反射的に、「あっ、これだ！」って思ったんです。それで、履歴書も持たないまま、劇場のスタッフに「貼り紙を見ました」と声をかけたんですが、「今日は支配人がいないんです」と言われたので、翌日改めて履歴書を持って行きました。

**朝倉**　未経験でも大丈夫だったんですか？

**荒島**　大丈夫でした。ただ、未経験、といっても私は映画学校を卒業していましたので、16ミリの映写機を扱ったことがあったし、制作会社にいたときに35ミリの映写機を使ったこともあったから、まったくの素人というわけではなくて、「映写機はどういう構造でどう動くか」ということはちゃんとわかっていました。だから順応性は高かったと思います。

働き始めた日はいつだったかなぁ……とにかく入ってから1週間後くらいに、銀座で松竹の「百年映画祭」が始まった。だから大井町で仕事を終えてから銀座へ駆け付けたものでした。

**朝倉**　大井武蔵野館には、もともとよく行かれていたんですか？

**荒島**　行ってましたよ。初めて行ったのは上京してまもない１９８２年。たしか、5月の日曜日のことで、『ＨＯＵＳＥ　ハウス』と『セーラー服と機関銃』の2本立てでした。それからけっこう通っていたんです。当時はまだ、大井武蔵野館と大井ロマンの2館体制でした。

私が上京したそもそもの目的のひとつに、「東京の名画座に行きたい」ということがありましてね。進学、というのは親をダマすための口実で、最初の1年間なんかはもう見まくってた（笑）。初めて大井で見た2本立てには、けっこうお客さんが入ってましたよ。それに見る環境としても、他の映画館と比較してとてもよかったんです。スクリーンの位置が高くて。椅子はあまりよくなかったですが（笑）、見やすい劇場でした。大井ロマンは床がフラットで傾斜がなかったんで

すが、大井武蔵野館はそこそこの段差があって。僕が大井で働き始めたころは、かつて大井ロマンだったほうが大井武蔵野館になっていました。

**朝倉**　スクリーンの位置は、映写する側としても利点はあるものなのですか。

**荒島**　あおり気味とか、下がり気味になるよりは、やっぱり水平で映写するのがいちばんいいです。

## 初日の印象

**朝倉**　大井で働かれた最初の日の印象はどうでしたか。

**荒島**　さっきも言いましたように、映画学校に行ってましたから、映写のメカニズムについてはある程度知っていた。『刑事コロンボ』の「秒読みの殺人」というエピソードに、フィルムの巻掛け（玉掛け）の話が出てきますけど、映写というのはつまりあれが仕事なんだろうなと思っていたんですよ。……でも、違った。大井では大きなロール状に繋げて掛けるシステムを採用してたんです。これは驚きましたね。

　あと、大井の映写室は空調が貧弱で、熱がすごくこもって、暑いなあ……と。大井の映写機は旧式でしたから、熱に加えて音もすごくうるさかった。大きな声を出さなきゃ会話ができないくらいで、でも当時はこれが当たり前だと思っていました（笑）

**朝倉**　映写室自体の雰囲気はどうでした？　職人的な世界でちょっと怖そうだな、とか。

**荒島**　雰囲気についてもやはり、他所のことを知りませんでしたから、こんなものなのかなあ、って。

　原田さんがあまりしゃべらない人でね、考えていることがよくわからないのが怖かった。顔もちょっとコワモテだったし（笑）。でも次第に打ち解けていきまして。後になって、飲みに連れて行ってもらった時に言われたのは、「君は非常に覚えが良かったよ」、と。どうやら筋が良かったらしい。僕より前に入った人は、「原田さんからは、ものすごく怒られた」と言うんですが、僕は2回くらいしか怒られなかった。

　そのうちの1回は、事務所で喋っていたから、という程度のもので（笑）、映写に関して怒られたのは一度だけ。それは、「1回ボカしてからでないと映写機のピントが合わせられない奴は素人だ」ということ。映写していると、画面のピントが合ってるのかボケているのかわからないときがあるんです。それで最初の頃は、ピントを完全にボカしてから改めて調節し直す……という方法で解決していた。それを原田さんから叱られて、ドキッ、としました。これはいまだに忘れられません。「それは素人のやることだ」と、ピシャッと言われました。

**朝倉**　荒島さんが入られて、映写室は何人体制になったんですか。

**荒島**　僕と入れ替わる形でひとり辞めて4人体制。その後、ひとりが自由が丘武蔵野館に移って、3人体制になりました。その人数で「早番」、「遅番」、そしてごくまれに、1日をひとりでやる「通し」、というシフトで回してました。

　僕は当時、脚本の仕事もやりつつ、2勤2休で週に4日間くらい入ってたかな。勤務はおもに「早番」か「遅番」でした。大井武蔵野館と、大井の閉館後に入った自由が丘武蔵野館でも「通し」は少なくて、僕もそれぞれの館で2～3回しか経験しなかったと思います。

　そういう武蔵野系のシフトに慣れていたので、その後、浅草の劇場に入った時、「ずいぶんと『通し』の日が多いんですねえ」と言ったら、「えっ、当たり前でしょ？」、って言われてしまいました（笑）。大井では、「『通し』はあまりやらないようにしよう」という暗黙の了解がありましてね。もちろん、人員も十分に足りていましたから、「通し」で入らなきゃいけない状況がそもそもそんなにはなかった、ということもあったんでしょうけれど。

## 「映写トラブルが起きたら、お前はどうする？」

**朝倉**　初日に入って、最初にされたことはなんだったか覚えてますか。

**荒島**　まずは、映写機にプリントを掛けることを習ったんじゃないかな。僕も今、新人に映写を教える時はプリントを掛けることから始めますから。まずはとにかくフィルムの〝通り道〟をしっかり覚える。やはりこれが基本中の基本なんですよ。そして2日目くらいに、スプライサーでフィルムを繋ぐことを習った記憶があります。

**朝倉**　映写機は途中で新しいものが導入されたりしたんですか。

**荒島**　いいえ。私が入ってから閉館までずっと、同じ旧式の映写機を使ってました。

　ただ、機械は旧式でしたけれども、映写の環境としてはきちんと整ったものでした。というのは、レンズがきちんと4本揃っていたんですよ。つまり、4つの上映サイズに、きちんと対応できた。

**朝倉**　「スタンダード」、「シネスコ」、「ヨーロピアンビスタ」、「アメリカンビスタ」。

**荒島**　これは実はすごいことでしてね。お客さんとしては映されたサイズでしか見ることはできないですか

ら単純に比較することはできないかもしれませんが、映す側からすると「正しいフィルムサイズで映すと全然違うぞ」、って感じるんです。
　だから「なんとも頼もしい環境だなぁ」、と思って、すごくやりがいを感じました。当時の映画館でレンズをそれだけ揃えていたところは少なかったはずです。都内の名画座では、（旧）文芸坐でも対応できたのかなぁ……。

**朝倉**　荒島さんが観客として通われていた時、たとえば他の映画館で「ちょっとサイズがおかしいな」とか、その他、不満を感じられたことはありましたか。

**荒島**　ありましたよ～。某劇場での3本立てに行ったら、まともに上映された作品が1本もなかったなんてこともあって（笑）。1本目ではスクリーンのサイズが違い、2本は映写のレンズが違っていて、3本目ではなんと途中から違う映画が始まった（笑）。

**朝倉**　すごいですねぇ（笑）

**荒島**　でも大井では、客として行っていた時でも、そういう不満はすごく少なかったんです。……あっ、音が出なかったことが1回あったかな（笑）、しかしとにかく非常に少なかった。これはべつに働いてたから褒めてるわけではなくて、不満はなかったですねぇ。

**朝倉**　原田さんは、「うちの劇場にはレンズが4本あるんだぞ」というようなことは教えてくれたんですか。

**荒島**　饒舌なかたではないから、聞かないと教えてくれない（笑）。なので後に親しくなってからいろいろ聞いたんです。「サイズの違いにはどう対応するんですか？」とか、もうあらゆることを聞きまくった。

**朝倉**　そうやっていろいろなことを聞いてくれたことは、原田さんとしては頼もしかったでしょうね。昔の映写室は治外法権的な〝聖域〟だったという話を聞いたことがありますが、大井ではそういう感じはありましたか。

**荒島**　昔の映画館ではたしかに、映写室は「機械場」と呼ばれていて待遇もよかったらしいですが、大井では、事務所が映写室に対して頭が上がらないということはなかったです。
　これも原田さんから言われた大きなひと言なんですが、「トラブルが起こった時どうするか」、と。「たとえばフィルムが切れた時、お前はなにをいちばん最初にする？」、って、ひとりだけでの映写を任されるようになった頃、突然聞かれたんですよ。
　フィルムが切れると、事務所でブザーが鳴る仕組みになっていたんです。だから私は、「まずはブザーを止めます」、と答えた。すると、「それじゃあダメだ」、と。
　前任者だった先輩からは、そのように教わっていたんですよ。でも原田さんは、「違う。まずは、フィルムが切れたことを事務所に連絡しろ」。それはつまり、「トラブルが起こった時に映写室だけで処理しようとするな」ということなんです。
　トラブルの発生でお客さんからのクレームの矢面に立つのは、事務所と受付です。だから、まずはそちらに報告しなければいけない。もちろん、切れたフィルムをすみやかに繋ぐことも重要だし、お客さんに詫びを入れることも大切だけど、「まずは事務所に連絡をしろ」、と。「映写係だけが偉そうにするんじゃなくて、事務所や受付とのいい関係を保つんだ」。このことは今でも肝に銘じて、守ってます。

## 支配人の矜持、映写技術者の矜持

**朝倉**　そういう体制だと、事務所側と映写室側はお互いに意見しやすかったでしょうね。だから小野さんも映写室側に意見を言われたり。

**荒島**　そうですね。
　小野さんは、ご自分が作られた番組に対して絶対の自信を持っているかたでした。そんな小野さんが組んだ番組に対して、他のスタッフがからかって怒らせてしまった、ということもあったらしいです。小野さんは矜持をもって作品を選んでましたよ。
　そして僕も、映写する映画を分け隔てしないんです。正直に言って、嫌いな監督もいるし、嫌いな映画もありますが、しかしどんな映画であっても、仕事として上映する作品についてはベストな状態で掛けよう、と心がけています。なので、「こんな映画を掛けさせやがって！」と思ったことは1回もない。もちろん、見てて「面白くないなぁ」、って思うことはありますが（笑）、手を抜いたりはしない。だから私は番組に対してなにかを言ったことはなくて、なんでも掛ける。もちろん、掛けるのが大変なプリントもあるんですけれどね。

**朝倉**　なんでも掛けるのがプロの映写技術者なのだ、と。

**荒島**　そう思うんです。映写の仕事を始めてもう20年経って、これまで多くの映写の人から話を聞く機会があったんですが、噂では、作品によって手を抜く人っているらしい。そんな話を聞くと、「あなたはこの仕事を愛してないのか？」と思っちゃう。たとえばピントを合わせない、とか、ボケていてもそのまま放っておくとか、他の人から指摘されても直さないとか。
　僕はどんな映画であろうと、とにかく映すのが好きですから、ちゃんと映ってないと気が済まないんです。だから他の映画館に行って映写がいい加減だと「おい！お前ら！」と言いたくなる。まあ、よっぽどひど

くないかぎり、実際には言わないですけど。

**朝倉**　事務所側から映写室に対して「こうしてほしい」という要望はよく来たんですか。

**荒島**　ええ。たとえばフィルムについて、劇場によっては、巻頭と巻末のそれぞれ1尋くらいは使わない、ということがあったらしいですが、大井では、これも小野さんの指示だったようですが「1齣でも長く映す」という方針でした。ですから極力長く、ぎりぎりまで映していました。「最後の音まできちんと映写する」、「最後の1齣までちゃんと映す」、ということは徹底してました。

　その他に、「スクリーンの横に漏れている光をなんとかしてほしい」と言われて、映写窓に黒紙を貼ったり。こういう技術は今でも役に立っていて、これらは全部、大井で学びました。

　小野さんは本当に、画面の隅々まで見ていますから、指示も細かいんです。音量についても、場面によって少しでも音が大きくなったり小さくなると、ボリュームを下げたり上げたりしていました。たしかに、昔の映画にはダビングがめちゃくちゃなものがあって、同じ作品のなかでも音が小さくなったり大きくなったりするんですよ。また、劣化によっても変化する。だから、「この映画の、何分何秒から何分何秒まではこのボリューム。ここからここはこのボリュームで行く」、と、しっかりメモをつけておく必要がありました。もちろん、全部の作品に問題があるわけではないのですが、そういう対応をしなければいけない時があるんです。

**朝倉**　指示はどういう形で入るんですか？

**荒島**　初日の1回目に必ず、小野さんか、営業の人が客席で上映の状態をチェックしていて、なにかあったらすぐ映写室に駆け込んでくる。大井のプログラムのなかでも特にレイトショーは小野さんが思い入れを持ってやられていた企画でして、僕はシフトの関係でその初日に担当することが多かったんです。後年は映写室で待機するようになりましたが、最初の頃は僕も場内で見ていましてね、小野さんと並んで見ていると、「ここ、ボリュームをあと0・5大きく」とか耳打ちされるわけですよ。

**朝倉**　すると言われたことをメモして、2回目以降に反映するわけですか？

**荒島**　いや、その時点ですぐ映写室に戻って対応しました。客席から試写室までそれほど距離がなかったですから。

**朝倉**　大井のメインプログラムは、基本的に土曜日と日曜日で違う作品をかけてたんですよね。

**荒島**　そうです。そして僕は土日に出勤することが多かった。

**朝倉**　すると、番組の最終日と初日に立ちあうことなる。

**荒島**　そうなんです。

　土日で上映作品を入れ替える、というのは面白い考え方ですね。そうするとお客さんは週末の2日間で1週間の番組を全部見られるわけですから。

**朝倉**　この点も非常に考えられていたんですねえ。

**荒島**　ええ。それで、私は映写する側としてどんな作品も掛けるんですが、なかには「この映画、また上映するの？」というような思いが生じたりもする（笑）。『恐怖奇形人間』を3ヶ月に1回やる、とかね。あと、沢田研二とか、タイガースの映画もよくかかってましたが、しかし不思議なことに、そういう作品にものすごくお客さんが入るんですよ。小野さんがつねづねおっしゃっていたのは、「上映作品はある程度、反復していかなければだめだ」ということでした。「上京した人が見に来るんだから」ということで、4月になったら定番の番組をやるとか。

**朝倉**　プログラムを見ていて、「この作品はけっこうな頻度で上映していたんだなあ」というものが何本もありましたが、そうか、そういうことも考えておられたんですねえ。

**荒島**　地方の映画ファンが上京される。そういうかたがたに、ひと通り作品を見てもらうために、ある程度は同じ作品で1年間、回すようにしよう、と。本当に、「よく上映してる映画なのに、なんでこんなにお客さんが入るんだろう？」ということがあって、びっくりしました。そういう〝小野マジック〟がありましたね。

## フィルムのチェックと修繕

**朝倉**　フィルムは上映の何日前に届くんですか。

**荒島**　基本、1週間前でした。大井があった当時は都内にまだ名画座が多くあって、プリントの稼働率も高かったから1週間前だったんでしょうが、今は「早めにください」とお願いすればもう少し早く届けてくれます。

**朝倉**　届いてから上映するまでの間に、準備としてやることがたくさんあると思うのですが、期間も短くて余計に大変だったのではないでしょうか……。

　フィルムが届いて、最初にやられることは？

**荒島**　作品が間違ってないか、タイトルを確認することです。大井で、『水戸黄門漫遊記』と『爆笑　水戸黄門漫遊記』が間違えていた、ということがあったんですよ（笑）

**朝倉**　違っている場合はどうするんですか？

**荒島**　フィルムが存在しているものについては正しいものに替えてもらいますが、『爆笑　水戸黄門漫遊記』は、なかったんですよ。今では両作ともプリントはあるはずですけれど。

**朝倉**　似たタイトルですと、やはり間違いが起こりやすいんでしょうね。ご著書に書かれていたのは『乾いた花』と『乾いた湖』。あと、『野獣死すべし』も、仲代達矢版と松田優作版、そして藤岡弘版もあって紛らわしいですねぇ。

**荒島**　『野獣死すべし』といえば、これも本にも書きましたけど、浅草の劇場にいた頃に松田優作版の『野獣死すべし』のフィルムを見たら、松田優作のタイトルが抜け落ちてる。「新しいプリントなのに、なんで齣が飛んでるんだ?」と思ったら……。

**朝倉**　他の館で、フィルムを切って持って帰る人がいたから、と。

**荒島**　たまたま、傷んで切ったのかもしれませんが。

　大井で松田優作特集をやった時はたしかにものすごい入りで大変なことになりましたけど、まだその頃はタイトルはちゃんとした状態だったと思います。

**朝倉**　フィルムのチェックは閉館後にされるのですか?

**荒島**　いえいえ、掛けながらです。

**朝倉**　準備のなかで特に大変なのは?

**荒島**　修繕作業ですね。

**朝倉**　その大変さは、入られてすぐに痛感されましたか。

**荒島**　いや、実際に作業したのは、入ってだいぶ経ってからでした。なぜか僕は、フィルムの修繕を教わった時期が遅かったんです。

　最初の何ヶ月間かは見習い期間として、映写室にふたりで入っていたのですが、原田さんと一緒に入っても修繕のことをなかなか教えてくれなかった。だから他の人からやり方を聞いたんですけど、その後で原田さんが教えてくれました、「こんなやり方ではだめだ」なんて言いながら（笑）

**朝倉**　原田さんは、荒島さんが他の人から指導されるのを待ってたんじゃないですか?　その上で改めて、やり方を教えたかったのではないでしょうか。

**荒島**　いやぁ、わからないけど（笑）

　「モーターなんか使っちゃ駄目だ」とかね。他の人は使ってたんですけど。当然、使ったほうが早いですから。

**朝倉**　荒島さんのことを見込んでいらしたんだと思いますよ。

## 映写室を開けると海だった

**朝倉**　あと、ご著書のなかに〝フィルムの海〟というお話が出てきますね。フィルムを巻き付けている芯が外れて、ほぐれて、部屋いっぱいに広がってしまう……考えただけで恐ろしい事態ですが。

**荒島**　僕は実体験ではまだ1回もないです、ありがたいことに（笑）。僕が映写指導で協力した『シグナル　月曜日のルカ』という映画に〝フィルムの海〟のシーンが出てくるんですが見るたびにドキッとして、心臓が縮む思いがします、「ああ、これはヤだなぁ」って（笑）

**朝倉**　その〝海〟を目撃されたことは?

**荒島**　私はないんですけど、先輩が遅番で出勤して映写室に入ったら〝海〟で、「げげっ!」となったことがあったらしいですよ。

**朝倉**　元に戻すのは大変な手間でしょうねぇ……。

**荒島**　1巻以上のフィルムが一度にほぐれてしまう、という事態はあまりないでしょうが、それでも、昔の映画は1巻が15分ぶんくらいありますから、410メートルに及ぶ。それだけのフィルムが狭い部屋いっぱいに広がるわけです。「フィルムの頭とお尻を押さえておけば、ほぐれてもそんなに苦労はしないよ」という話を聞いたことはあるんですけど、いやぁ、僕は体験したくない（笑）。頭とお尻を押さえる、といっても途中のフィルムが捻じれているから簡単には巻き取れないでしょうし、フィルムで手を切ってしまうおそれもある。以前、劣化してギザギザになったフィルムで怪我をしたことがあって。素手で扱うと見事なまでに切れるんですよ。

## 爆音上映

**朝倉**　荒島さんが大井におられたときに、お客さんがいちばん入った番組って、なんだったか覚えておられますか。

**荒島**　『キャロル』だったかなぁ。

**朝倉**　ああ、ロックバンド「キャロル」のドキュメンタリー。伝説的な作品です。

**荒島**　あの映画は権利関係がめちゃくちゃらしくて、いろいろと問い合わせの電話が入ったらしいですけど……。たしかあの時は『太陽を盗んだ男』との2本立てだったと思うんです。キャロルのファンがすごかったのは——劇場側としてはものすごくありがたいことなんですけど——1日に2回くらい上映したんですが、『キャロル』が終わると館の外に出て、『太陽〜』が終わってから改めてもう一度、入場料を払って入っ

てくれた。あれはありがたかったな。そしてお客さんから、「音をもっと大きくしてほしい」と言われたんですよ。だからフルボリュームにして。スピーカーが飛ぶんじゃないかと心配しました（笑）。

**朝倉**　〝爆音上映〟ですね。

**荒島**　スピーカーがあまり良くなかったので、音はめちゃくちゃで。とにかく、いろいろと負荷のかかる上映でした。

あとお客さんが入ったのは、やはり松田優作特集の、しかも最後のほう。特集の最初の頃はそうでもなかったんですが、日が経つにつれてだんだん尻上がり的によくなっていって、毎回立ち見、というような状況になった。

立ち見と言えば、閉館の日の最終回の『ヘアピン・サーカス』も、ぎゅうぎゅうの大入りでした。

**朝倉**　荒島さんは、大井では映写以外にもなにかお仕事を任されたりしていたんですか？

**荒島**　もぎりを1回くらいやったかな。あと後年になってから、チラシの、いちばん最初に作る〝仮チラシ〟を作ってたんですよ。

**朝倉**　あっ、スピードチラシを作られてたんですか。

**荒島**　なんで僕が作るようになったか覚えてないんですけど、たぶん、表とかを作るのが好きだったからだと思いますが……そうか、Windows95が出た時に僕がパソコンを買って、こういうのをすぐに作れるようになったんです。それでその後、大井にパソコンが入って、「僕が作りましょう」と言って作ったんです。

## 忘れられない上映作品

**朝倉**　大井で荒島さんが映写された作品で特に忘れられないものというと、阪東妻三郎の映画『魔像』と『稲妻草紙』でしょうか。ご著書でエピソードを紹介されてますが、フィルムが本当にひどい状態だったそうで。

**荒島**　ええ……（笑）。今だったら、もう少しうまく修繕できたと思うんですよ。あのころはまだまだ未熟だったし時間もなかったので限界がありましたが、今、もう少し時間をくれればもっと長尺の形で上映できましたね。

**朝倉**　修繕できなければ齣を落とす。すると尺が短くなってしまうんですね。

**荒島**　齣をずいぶん落としてしまって……。当時は「落とすしかない」と思ったんですよ。でも今であれば、齣を落とさずになんとかできる。同じくらいのレベルのフィルムを今も扱うことがありますけど、技術を覚えましたから。たとえば全巻ではないものの1巻だけほとんど傷だらけで傷みまくり、という作品を掛ける際もあまり齣を落とさず上映できますよ。

**朝倉**　なるほど。しかし、とにかく当時は大変だったことでしょうねえ……。

『魔像』のフィルムが収まってる缶を開けた時、どう思われましたか。

**荒島**　開けた瞬間に「これは短い！」と（笑）。それと、ひどい酢酸臭がしました。フィルムは、状態がひどいものは粉を吹いていることがあって。さすがにそこまではなかったんですがねえ。

しかし阪妻の映画はやはり人気があったから結構な頻度で上映されてはいたのでしょうが……うーむ、今でも、思い出すだに寒気がします（笑）。あの時の上映では何回、切れたかなあ。2回くらい切れたんじゃなかったかなあ。この後で、新文芸坐が阪妻特集で同じフィルムを掛けたんですよ。「よくあのフィルムで掛けたなあ」と思いましたが、こちらで修繕しておいたから、というのもあったでしょうね。……いやあ、あの状態のフィルムをわずか1週間で修復した、というのが、まためちゃくちゃなことで（笑）。時間があれば、もっとちゃんとできていたはずです。

**朝倉**　タイムテーブルは、たとえばスピードチラシやプログラム上ではもう組まれて、予告されていますよね。でもその予告後、上映の1週間くらい前に実際のフィルムが届いて、検品してみたら想定よりも上映時間が短かった……という場合は、タイムテーブルを変更されたのですか。

**荒島**　『魔像』の時に関しては、変更しなかったんですよ。だから休憩時間が20分とか、いつもより長くなっちゃって。「そんなに時間が詰まったんだったら、上映をもう1回増やせばよかったのに」という声が現場などからあがってきましたが、それを聞いた時、「あんなフィルムでさらに1回なんて増やせるわけないじゃないか！」、って思いましたよ（笑）

**朝倉**　（笑）

**荒島**　（※上映作品一覧をぱらぱらと見ながら）……ああ、この時の『日本の夜と霧』も、プリントの状態がひどかったな。今はいいプリントがありますけど、当時は真っ赤な、封切り当時のもので。ものすごく縮んでいて、音と画がずれるところがあったんですよ。

**朝倉**　そういう時はどうするんですか。

**荒島**　もうそれはやりようがないです。対処できない。

**朝倉**　演説シーンが多い映画ですから、ずれるのは困りますね。

**荒島**　全体的に、ではなかったんですけどね、一部分だけで。でも音と画がずれるということが本当に起こるんだなあ、って思いました。

**朝倉**　1本1本にそれぞれ思い出がありそうな感じですよね（笑）。

**荒島**　あるような、ないような。この一覧を改めて読んで、いやあ、これを掛けてたんだなあ、という作品がすごくありました（笑）。今の職場で映している映画でも、初めてのつもりで見てて、途中で「あっ、前に映してた！」というものもあったりします（笑）。

**朝倉**　昔の知り合いに会ったような感じですか（笑）。

忘れられない作品は数多くあるでしょうが、そのなかで『若い素肌』について伺いたいと思います。これもご著書のなかでエピソードを紹介されてます。

**荒島**　あの作品は、プリント的には問題のないものでしたが、びっくりしました。入って間もないころでしたから、よけいにねえ。

**朝倉**　この作品には、荒島さんの故郷の、通い慣れた映画館が写ってたんですよね。それを、映写技師として映写室の窓から見る、という。素晴らしい体験ですねえ。

**荒島**　ええーっ、って思いました。実はその時以来、あの映画には出逢ってないんです。大井で上映したきりで。もう上映素材がなくなってしまった映画って、あるんですよ。『若い素肌』も、もう1回見たいですけどね。あの映画にはある種、運命を感じました。

**朝倉**　他にも忘れられない作品はありますか。

**荒島**　特定の作品じゃないですけど、忘れられない上映としては大林宣彦監督特集。

その特集の時に、予告篇集を上映したんですが、さっき言った、レンズが4本、ありますね。で、大林宣彦監督の作品は上映サイズがばらばらなんですよ。レンズは4本ありますが、映写機に着けられるレンズは、大井の場合、2本だけなんです。しかし予告篇集ではサイズが3つ、ないし4つ変わる。そういう時にはどうしたらいいか……。

その時にやったのは、映写を一回止めて、レンズを外してつけ替えて再スタートしたんですよ。これはすごく面白かったですね。この時だけです、こんなことをやったのは。

**朝倉**　それもまた素晴らしい……。

**荒島**　映写を止める、というのはねえ……。

そういえば昔、他館で見ていた時に、レンズを間違えて映写していたことがあったんです。「ああ、間違えてる。どうするのかなあ」と思ってたら、映写を止めず、そのままレンズを外して付け直した（笑）

**朝倉**　ははは（笑）

**荒島**　レンズを外すと、スクリーンはぼけぼけの状態で、光だけがぼんやりと映るんですが、ずいぶん豪快なことをやるなあ、って眺めていました（笑）

大林特集の予告篇の上映時では、止めるところに黒味を付けたんです。つまり、黒味のフィルムのところで止めて、レンズを替えて再スタートした。そんなことをやりました。

自動でレンズを変更する時は、レンズ交換用の黒味のフィルムが用意されていたので、そのフィルムを上映している間にレンズを変更することができたんです。原田さんが、レンズ交換に要する時間の見当をつけた長さの黒味のフィルムを作っておられたんですよ。

**朝倉**　そういうものもすでに用意されていたとは、なんとも細かい心配りですねえ。

そしてその予告篇集の上映にあたっては、映写を担当される皆さんに、「こうするように」ときちんと申し送りもされていた。

**荒島**　ええ。そういう申し送りもちゃんとしていました。僕は大井でのやり方が染みついてますから、今でもきちんとやっています。

**朝倉**　ノウハウがしっかり生かされているんですね。

なお、大林監督は大井に何度も来館されたとのことですが、館側のこうした心配りとか、しっかりした体制に信頼感を抱いておられたでしょうね。

**荒島**　そうですかね。

しかし小野さんは、大林監督の作品がお好きですよね。

**朝倉**　小野さんは『ＨＯＵＳＥ　ハウス』をご覧になって、サラリーマンを辞められたそうですから。

**荒島**　僕も大井に最初に見に来たのは『ＨＯＵＳＥ　ハウス』でしたし（笑）

**朝倉**　ああ、そうでしたね！

## 16ミリフィルムの難しさ

**朝倉**　大井では16ミリ作品も多く上映していたと思うのですが、そうすると映写機が変わるんですか。

**荒島**　そうです。特別に設置してました。しかし大井の16ミリ映写機は、教室などの小規模なところで上映するような機械を、映画館でも掛けられるように改造したものだった。大きいランプを付けていましたが、それでも画面が暗かったし、ピントも合わないし……。しかしたくさん掛けましたよ、16ミリでしか素材が残っていない作品がけっこうありましたから。

**朝倉**　荒島さんが働いておられた時にはどうだったかわかりませんが、アニメや特撮物などのＴＶ作品もよく掛けてたんですよね。

**荒島**　僕が入った時にはそういう作品はもう掛けていませんでしたが、客としては行ってました。

**朝倉**　TV作品などはお客さんとしてご覧になって、画面が暗いと感じました？

**荒島**　いや、画面が小さいのであまりそういう感じはしないんですよ。でも劇場映画のシネマスコープ作品なんかだと、ただでさえ光量が足りないところに広げるので、ものすごく暗いんです。しかも、シネスコ作品はピントがボケる。なので、悲惨な状態です。原田さんのお知り合いの映写のかたが一度、見に来られたことがあって、その時はたまたま16ミリの映画だったんですが、「これ、ピンはちゃんと来てるの？」と言ってました。原田さんは、「16ミリだから合わないんだよ」とおっしゃってましたね。

## あっ、合った！

**朝倉**　映写の仕事でいちばん大変なことってなんですか？

**荒島**　事故が起きればそれは大変なんですけどね、それよりも大井時代でいちばん大変だったのは、やっぱりピントです。実は、大井に勤めていた時には、いわゆる〝会心の上映〟というのは、1回もないんです。

**朝倉**　そうなんですか！

**荒島**　今にして思うとあの頃って、本当にピントが分かってなかった。合ってるのか、合ってないのか。正直、あの時のお客さんには申し訳なかったなという気持ちがありますよ。「あっ、これでいいんだ」という、自分のなかでOKが出せるようなピント合わせが、大井時代はできなかった。

**朝倉**　しかし、大井で掛けたフィルムって、〝曲者〟が多かったでしょうから……。

**荒島**　まあたしかに、ピントが合うも合わないもない、なんてものもありましたからねえ。ただ、それはそうなんですが、本当に、ピントに関しては合わせられなかったですよ。

　本にも書いた、某映画評論家のエピソードですが——。

**朝倉**　場内から映写室に向かって、OKサインを出してくれた、といういいお話です。

**荒島**　その時に掛けていたのが、鈴木英夫監督の『その場所に女ありて』なんですけど。鈴木監督は僕と郷里が同じなんです。それもなにか偶然なんですが……。その時の上映プリントというのが封切り当時のもので、そんなにひどい状態ではないにもかかわらず、どんなにピントを調節しても、合っているのか合ってないのかわからなかったんですよ。だからOKのサインを出してくれていても、自分としては「これで合ってる」という感じがしない。大井時代は、ずーっとそれですよ。

　もちろん今はわかります、「あっ、合った！」という感覚がね。これはつまり、フィルムの粒子が見えるようになったんですよ。見えるようになったのは自由が丘武蔵野館に勤めていた時なんですが、ある日、突然に「あーっ！」って、分かった。特に意識していたからではなく、突然のことでした。もちろん、フィルムにもよりますから、粒子が見える・見えないはありますけど。古い映画をデジタルリマスターしたものでも、粒子が出てる映画と出てない映画というのは、パッと見でわかるんですよ、映している時に。それがわかるようになったのは、映写に携わって5年以上経ってからのことでした。

**朝倉**　作品はなんでしたか？

**荒島**　それは覚えてない（笑）。自由が丘では東宝の封切り作品を掛けてましたから新作だったと思いますが。

**朝倉**　粒子の見え方はカラー作品や白黒作品によって違うんですか？

**荒島**　色の有無ではなくて、そもそも作品によって見え方がばらばらなんです。ただ、なかには全然わからないものもある。非常に困るのは、けっこうピンボケを使っている場合があることで。

**朝倉**　作品の演出上、意図的に画面をピンボケにしている。

**荒島**　そういう時は当然、どんなに合わせようとしても合わない。粒子自体は、ピントが合っていてもぼけていても存在しているからわかるんですけど。

**朝倉**　映写さん泣かせですね。

　DVDを見ていると黒い部分が止まっているのが気になります。

**荒島**　デジタル映像の場合、動いていないところは同じ信号ですから、実際に止まってるんですよ。いっぽう、フィルムで見ると粒子が動いている。これはつまり、時間が動いている・時間が映っている、ということなんですね。

## 「映写技術者」と名乗る訳

**朝倉**　荒島さんが最初におひとりで掛けた作品はなんでしたか？　またそれはどれくらい経ってから……。

**荒島**　時期ははっきりとは覚えてないけど、3ヶ月くらいかな。

**朝倉**　早いですね。

**荒島**　いや、普通はそんなもんですよ。最初はねえ……『喜劇　駅前弁当』だったかなあ、とにかく駅前

シリーズでした。その時は朝からの勤務で、たしか「通し」の日だったと思うんですよ。日曜だったのか、とにかく初日の担当で。しかしプリントはよかったです。

**朝倉**　朝から、というと通常プログラムですか。

**荒島**　そう。……いや、もしかしたらレイトショーではもっと早い時期からひとりで映写してたかもしれないなあ。レイトはね、トラブルが多いんですよ。とにかく究極的に悪いプリントをよく掛けたものですが、違ったかなあ。とにかく、駅前シリーズをひとりで掛けた、ということは覚えてます。

**朝倉**　忘れられない上映作品はなにかありますか。会心のものの他に、失敗してしまったなどでも結構ですが。

**荒島**　『大盗賊』を掛けた時だったと思うんですが……。大井の上映形態は半自動みたいなものだったんです。「プログラム」という機械がありまして、それをスタートさせて、ある時間が来ると映写機が動く、という。フィルムに銀紙を貼って、それで「プログラム」を操作するんですけど、それが変なところに入ってしまい、終わってはいけない箇所で終わっちゃった。

　大井では上映時に3回、トラブルがあると招待券を出してたんです。1回目に銀紙のトラブルがあって、さらにまた銀紙のトラブルで止めちゃった。その修復後に映写機をスタートさせる時、映写室に来た小野さんが、「3回目、止めたら招待券だよ」と。「次は大丈夫だろうね?」、って言われました。……大丈夫だったんですけどね。

**朝倉**　ああ、良かったですねえ。

**荒島**　僕は、大井時代は招待券を出さなかったんです。

**朝倉**　素晴らしいですね。その時の映写機の不具合は故障だったんですか。

**荒島**　いえいえ、単に銀紙に起因するトラブルでした。映写機のランプがつかなくなったこともありますよ。その時はリレーの接触が悪くて。汚れを掃除したら直ったんですけどね。

**朝倉**　映写機という機械を相手にするわけですから、なにが起こるかわからないですね。

**荒島**　僕は自分の仕事を映写技師と言わずに映写技術者と言ってますけど、技師というのは機械も直せてこその技師なんだろうな、と思ってるんですよ、機械のことになるとやはりお手上げになってしまう。だから壊れてほしくないですね。

## 観客になる時

**朝倉**　映写をされていて、「観客」になってしまうことはありますか。

**荒島**　それはしょっちゅう。泣いている時があります(笑)

**朝倉**　好きな映画が上映されると、「今日はこれを掛けるのか!」なんて。

**荒島**　ありますね。どちらかというとイヤなんですけども(笑)

**朝倉**　あっ、イヤなものですか。

**荒島**　仕事に徹することができなくなっちゃうんじゃないかな、って。思い入れが強すぎて夢中になってミスしてしまう、なんて困るし、避けたいですから。そういう作品に遭遇することはこれまで何度もありましたけれどね。

　これは大井ではなくて自由が丘でのことなんですが、オールナイトの、たしか橋本忍特集で『日本沈没』を上映したんですよ。僕はこの映画がものすごく好きでしてねえ……。自由が丘でのオールナイトはフィルムを1巻ずつ掛ける「巻掛け」方式で、その時は、たまたまふたりで担当してたんですが、掛けながら、僕はもう冷静でいられなくなってしまった(笑)。もちろん、ミスをしちゃいけない。そう考えながら、いつも感極まってしまうシーンでは、もう半泣きの状態になってしまって。

**朝倉**　荒島さんおひとりなら存分に泣けるのに。

**荒島**　でももうひとりいるから変な表情もできない(笑)。感情的にすごく複雑なものがありましたね。

　ひとりで掛けながら泣くのはいいんです、ミスさえしなければね。でも他の人と一緒にこの映画を映写するというのは勘弁してほしいなあ、と思いました(笑)

**朝倉**　この他にも荒島さんがお好きな作品はたくさんあると思いますが、今後のためにも内緒にしておきましょう(笑)

　映写の仕事について、原田さんからは「映写に徹するように」と言われていましたか?「観客として見ろ」と言われましたか? そして今はどちらであるべきとお考えでしょうか。

**荒島**　原田さんはきっぱりと「仕事に徹しろ」と言ってました。「仕事中に映画を見るものじゃない」と。ただそのいっぽうで、「映画を見るんだったらやっぱり映写室がいちばんいいよ」とも言われた(笑)。焦点もここで合わせているし、画面がいちばん明るく見える場所ですから。あと、「場内で映写の状態をチェックすることは重要だ」とおっしゃってました。私も必ず、場内で確認するようにしています。映画評論家の森卓也さんが「キネマ旬報」に、映写に関して書かれた有名な文章があるんですが、そのコピーを取ったものが映写室に置かれていたんです。

**朝倉**　森さんの、「上映問題に関して言いたい幾つかの事柄」（「キネマ旬報」（キネマ旬報社）１９８７年4月上旬号（Ｎｏ・９５７）掲載。改訂版は『アラウンド・ザ・ムービー』（平凡社）所収）という記事ですね。当時の、主に名古屋の劇場で森さんが遭遇された映写に関する問題を、要望も交えて書かれたものですが。

**荒島**　おそらく小野さんがコピーを取られたんだと思うんですけどね。「こういうことはするな」という意味で。

**朝倉**　森さんの要望として、こういうことが書いてあります。ちょっと読みますと……。

「一応スタートさせたら、一度客席に下りて、フォーカス、音量、音質ともども再確認して頂きたい。体験的に言うのだが、映写室のガラス越しに画面のフォーカスを合わせるのは、両眼とも1.2の私でも、確かめにくい。サウンドも、機械室の中で聞くモニタースピーカーの音では、場内の実情はわからないからだ」。

**荒島**　映写室の窓越しでスクリーンを見るのと、客席で見るのはやはり違うんです。場内に入って、ピントが甘ければ合わせればいい。音が大きければ絞ればいい。空調が暑すぎるか、寒すぎるか、肌で感じろ。それらにまずいところがあれば、修正すればいいんだ。簡単な仕事だよ、と。まあ、なかなか簡単ではないですけどね。僕が入った時、これをやれている映画館は結構少なかったと思います。やれるのにやらなかったのかわかりませんが、できていない映画館があったから、森さんがああいうふうに書いたわけで。ですから僕は今でも、森さんが書かれていたことはしないようにしよう、と思っています。

## キャメラマンの眼で映写する

**朝倉**　映写されていると、映画キャメラマンの気持ちはなんとなくわかるものですか？

**荒島**　ああ、もしかしたらそれはあるかもしれない。

映していて――これはまたピントの話になっちゃいますけれど――特に昔のシネマスコープの作品って、ピントが画面全部に、しっかりとは合わないものなんです。どこかボケてしまう。映写機のクセもあって、どこかにピントを合わせると別のどこかがぼけてしまう、ということがあるんです。これを〝キャメラマンの眼〟として考えると、「どこにピントを合わせてほしいだろうか」ということに思いが至るんですよ。

**朝倉**　キャメラマンと映写技術者が共鳴する。

**荒島**　本のなかで、イベント上映でＯＫマークをくれたゲストがいた、というエピソードを書きましたが……。

**朝倉**　ええ。その部分を読みましょう。「監督やカメラマンなどのゲストを招いて、一緒に作品を見るイベント上映で、映画が終わったあと、ゲストが映写窓越しにこちらへＯＫのサインを送ってくれたりしたら……それはもう欣喜雀躍します」。

**荒島**　そのゲスト、実は岡崎宏三さんなんですよ。

**朝倉**　おおっ！　川島雄三や小林正樹などと組んだ名キャメラマンじゃないですか！

**荒島**　ええ。すごくうれしかったですよ。その日は岡崎さんが見に来られるということで、本当に緊張しつつ、どこにピントを合わせるかを見ながら調整したんです。あれは忘れもしない、『恋の空中ぶらんこ』の時でした。

「僕が岡崎さんだったら、この画はどこにピントを合わせてほしいか」ということを全編にわたってずっと、ということではなかったですが考えたんですよ。岡崎さんが来場された日が上映初日ではなかったので、当日までに何回か掛ける機会があって、どこでどうなるかはわかっていた。だから「このシーンではここで合わせよう」と決めていたんです。そして上映後に、岡崎さんからＯＫマークをいただけた。この作品も思い出深いですね。……と考えると、そうか、これが快心の上映だったかもしれないなあ。

## 映画監督として、映写技術者としての体験を活かす

**朝倉**　荒島さんは個人映画監督として『フィルム・フェチ』（２０１３年公開）などを撮られているわけですが、映写技術者としての体験も生かすことができましたか？

**荒島**　自分で実際に映画を作ってみて思ったのは、映写の際に負担をかけないようにしよう、ということでした。とまどうことがないように、たとえばタイトルはちゃんと前のほうに出すようにしよう、とか。映す側にとって非常に不親切な映画って、あるんですよ。本来ならそこまで気を配る必要はないんでしょうけど、でもフィルムを掛ける側になった場合にねえ……。

あと僕が映画監督の友人に言っているのは、「普通に興行している時に、映画館できちんと見てほしい」ということです。「試写室で見たって、なんにもわからないから」って。

**朝倉**　映画館でちゃんと見てほしいと。

**荒島**　映画を見るのは試写室だけ、という人はけっこ

う多いんですよ。渥美清さんは必ず、浅草の映画館（コヤ）で見た、と。「浅草の人に認められて、本物である」とおっしゃっていたそうです。
　以前、舞台出身の監督、脚本家が「いかに映画を作ってヒットさせるか」という話をしていましたが、舞台の人は、生のお客さんと接しているわけです。だからお客さんを喜ばせるツボがわかっているわけです。でも映画の場合は、作り手が生の観客に接するためには映画館に行くしかない。これは特にアニメ関係の人はやらないといけないと思うんです。お客さんは作品中の人物として、実写の、「生身の人間」を相手にするわけではない。「生身の人間」が出ていれば、お客さんとしてはまだ感情移入しやすいわけですけれども、それが絵だと違うわけですよ。

**朝倉**　作品世界への共感と作中人物への共感、という点でアニメは2つ、ハードルがあると。

**荒島**　ですからアニメの場合は、ひとりよがりに陥ってしまっている作品がけっこうあると思うんです。そういう作品を映写していると、「作り手はこれで満足かもしれないけど、劇場内はこんなに静まり返ってるんだよ」と教えてあげたくなる。
　これはアニメに限らず実写でも、今の若い監督などでありがちなのが、友達など内輪だけで盛り上がる、ということで。お客さんたちと一緒に楽しんで、その楽しみを共有することこそが、映画における仕事の、真の〝完結〟だと思うんです。身内の空間で喜んで終わってしまうのはちょっと寂しいですね。ちなみに岡本喜八監督は試写では見ずに、ちゃんと劇場でお金を払ってご覧になっていたそうです。

**朝倉**　映画会社内の試写室で、スタッフや社員たちだけの内輪で鑑賞して終わりにしなかった。だからやはり劇場に足を運ばないといけないんですね。
　大井で上映されていた時に、ご自分の作品を見に来られていた監督、って、おられましたか？　現役の監督、また、すでに第一線を退かれた監督も……。

**荒島**　現役の監督はよくわからなかったのですが、小野さんが招待券を手配されていたこともあって、鈴木英夫監督などはよくいらっしゃってましたね。あと、松林宗恵監督もいらしてました。特に舞台挨拶をするわけでもなく、突然、予告なしに来場してくださるかたがいらっしゃいましたけど、あくまでもお客さんとして来場しておられました。

## 幻の『ヘアピン・サーカス』

**朝倉**　大井武蔵野館は、閉館の頃はお客さんが少なくなっていったんですか？

**荒島**　後で聞いたところでは閉めるほどの状況ではなかったようですけれども。

**朝倉**　閉館直前はフィルムをほぼ日替わりで上映していたんですよね。

**荒島**　僕が言ったんですよ、「告知しちゃってるんですから、全部の作品を上映しましょうよ！」、って。

**朝倉**　掛けるほうとしては大変だったんじゃないですか？

**荒島**　いや、幸いなことに状態が悪いプリントはそんなになかったから、掛けるのは大変ではありませんでした。ただ僕は途中でインフルエンザに罹っちゃった。

**朝倉**　そうでしたか……。
　そして、最終回の上映作品は『ヘアピン・サーカス』。私は大好きな映画です。最終日の思い出は、いかがですか。

**荒島**　最終日。僕は、「幕を閉めるのをやめよう」、って言いました。

**朝倉**　ああ……。

**荒島**　そして、最終日の最終回が終わった後、2日間、家に帰らなかった。同僚の家に泊まって飲み歩いたんですよ。もうみんな、寂しがって……。映写と、受付の人たち5〜6人でね。それで閉館の翌日、まだ映画館はあるわけですからね、「最後に『ヘアピン・サーカス』を自分たちだけで見よう」と。「まだプリントがあるから、今のうちだよな」、「やっちゃおうか！」、なんて言ってね。でも映している途中で営業の人からストップがかかって、結局中止。「なんで今ごろやってるんだよ。夜のうちにやればよかったのに……。今からじゃあだめだよ」と言われて。

**朝倉**　みんな、閉じたくなかった……。

**荒島**　閉じたくなかったですよ。

**朝倉**　閉館が決まったのは、いつでしたか？

**荒島**　11月だったかなあ……チラシを作る、ぎりぎりになって。たしか最初は年内で閉めるはずだったのを、小野さんがかけあって、閉館の時期をずらしてもらったんだと思います。「1月31日までなんとかやらせてください」、って。

## あらゆる意味で〝かゆいところに手が届く〟映画館だった

**朝倉**　荒島さんが感じておられた、大井の座席のベストポジションはどこでした？

**荒島**　客時代はたいてい、前のほうに座っていました。でも働きはじめて比べると、大井のスクリーンは、前方ほど暗く見えるんです。

いちばん前はすごく暗かった。逆に後ろへ行くほど明るく見えたので後ろの席で見るようになりました。

**朝倉**　総括的な質問になりますけど、映写技術者として、また、観客として、大井武蔵野館はどういう映画館でしたか？

**朝倉**　難しい質問だなぁ（笑）。……やっぱり、「こんな映画があったんだ！」ということを教えてくれた映画館でした。僕が在籍した5年弱〜4年間は特にそういう映画館だった。

入るちょっと前、純粋に客として来てた時は、そういう〝発掘上映〟的なことよりも、むしろテレビシリーズをやってくれたり、ヘンな特集企画を立ててくれる映画館でしたけど。僕が入ってからはやっぱり、タイトルすら知らない映画をたくさん上映して……。しかもその時にかかったきり、今考えると特にそうなんですけど、その時にしか見られなかった作品をいっぱい掛けてくれましたね。

**朝倉**　小野さんご自身も、「わからないままに掛けてたよ」って、おっしゃってました。

**荒島**　そう。掛けるまでわからない（笑）。「こんな映画があったんだ」みたいなね。素晴らしい事に、大井での上映で掛かったきり二度と掛かってない作品がいっぱいあります。

**朝倉**　あの時、見ておいてよかったなあ、という意味で印象に残った作品はありますか？

**荒島**　やっぱり、『快人 黄色い手袋』。僕はこういう取材を受けるたびにこの作品を紹介してるんですけど、あの時は本当に、「こんな作品があったのか！」と思ったんです。なんと、伴淳三郎のヒーロー物（笑）、なんですけど。あの伴淳が変身するんですから（笑）。もちろん、ウルトラマンとか仮面ライダー的な変身とは違いますよ。映画として、今見ると「うーん……」と思うものでしょうけど、見た時はすごく面白かった（笑）。いわゆる名作的によくできた映画とは違うんだけど、変に……たとえば力道山や林家三平が出てたりするわけですよ。それで笑わせてくれて、しかもヒーロー物だという。オープニングがまた衝撃的で。原作が『月光仮面』の川内康範なんですけど、いきなり出てきて口上を述べる。「なんだそれ？」って、思うでしょ（笑）。で、大井で掛けた後、他の館でやろうとしたけど、フィルムがパーになっちゃったんですよ……。上映時に、僕は映写室で大笑いしました。お客さんもけっこう入ってたんじゃないかな、最悪のプリントでしたけどねえ。

大井はどういう映画館だったか、という質問への答えですが、いろいろと、かゆいところに手が届くことをさせていただいた。これはありがたいことでしたね。

**朝倉**　たとえばレンズのことにしても理解があって。

**荒島**　僕が森卓也さんの文章を読んで――まあ、入る前にそれを想っていたかどうかというのはちょっと記憶が定かではないんですけど、「僕が映写をする立場になったらこういうふうにしよう・こういうふうにしたい」と思っていたことが全部できた映画館だったんですよ。

**朝倉**　そういう思いを最大限尊重してくれた、と。

**荒島**　ええ。今働いている映画館もそうなんですけどね。

**朝倉**　「こうしたらどうですか？」という意見も言いやすかったですか？

**荒島**　言いやすかったし、仕事もやりやすかった。最初が大井武蔵野館ではなかったら、もしかしたら映写の仕事をこんなに長くやらなかったかもしれないです。

やっぱり、大井での仕事は面白かった。上映する映画も面白かったですけど、仕事としても、ものすごく楽しかったんですよ。

僕のキャリアがたとえば封切館からスタートしていたら……もちろん、封切館でも、面白さ、難しさがあるわけですけど、それよりも、やはりあれだけ波乱万丈な名画座で……。原田さんが言ったんですよ「大井での1年間は、普通の映画館の5年間分だよ」、と。20年やってたら100年のキャリアになっちゃいますが（笑）、つまり、それくらいいろいろなことが起きた（笑）

**朝倉**　いろいろなフィルムを掛けたりするわけですからね……。ちなみに、『稲妻草紙』、『魔像』以上のフィルムはその後、現われましたか？（笑）

**荒島**　いや。全編ヒドイ、というのは、今のところあれっきりですねえ。部分的には『魔像』級はありましたけれども。今だったら、「こういうフィルムでもなんとか上映しましょう！」とは言いませんもの。「あっ！　これ掛けられません！」と言っちゃう（笑）。「まだ掛けられるけどヒドイ」というレベルじゃなくて、「もう掛けられないほどにヒドイ」というレベルのプリントはいっぱいありますよ。

**朝倉**　今なら違う作品に差し替えてもらう。

**荒島**　うん。……大井でもあの時、べつに無理してやる必要はなかったと思うんですけどねえ（笑）

**朝倉**　でもそれを上映するところが大井らしさだったんでしょうねえ。

**荒島**　当時は「やるからには絶対にやれ！」という空気があったのかなぁ（笑）。しかし映写関係でも特に大きなトラブルというのはなかった。僕も、きちっと仕事をしていたつもりですから。

鼎談

# 映画の見かたを教わった

小野善太郎
太田和彦
下村健　日本映画研究家

※本鼎談は、2015年11月3日、横浜の映画館・シネマノヴェチェントで開催された、小野善太郎氏主催のイベント、「甦る！大井武蔵野館魂」の会 Presents『失われた映画を求めて』で、前田陽一監督作品『虹をわたって』（1972、松竹）の上映に続き、「特別トーク・イベント」として行われたものです（採録にあたり、内容を再編集いたしました）。

## 小野氏の名画座体験

**下村**　大井武蔵野館は、私にとりましても非常に思い入れのある映画館です。そこで今日は小野善太郎さんと太田和彦さんのおふたりへの聞き手役を兼ねて、お話に絡ませていただきたいと思います。どうぞよろしくお願いいたします。

では最初は小野さんに、大井武蔵野館の立ち上がりと、小野さんが同館に関わられたあたりのお話をお聞きしたいのですが。

**小野**　はい。私のそもそもの名画座通いのルーツは、横浜の鶴見にあった「京浜映画劇場」なんです。すごい映画館で、日本映画を中心に、通常のプログラムで、たしか5本立てみたいな番組編成だったかな……。

（※客席の鈴村たけし氏より、「7本立てなどもあったよね……」の声が）

**太田**　すごい（笑）

**小野**　当時の名画座の通常プログラムはせいぜい3本立てがいいところでしたが。

**下村**　昔は、3本立ての名画座、って多かったですね。

**小野**　ええ。とにかくものすごい量の作品を見せてくれる映画館と出逢ったわけです。料金も、当時、多くの名画座では「ぴあ」とか「シティロード」を持参すると割引になるという制度を設けていましたが、京浜映画劇場は半額ぐらいになっちゃう（笑）。「とんでもない映画館があるなあ！」と思って。鶴見という場所も、当時の私の住まいが新横浜あたりだったものですからオートバイだとけっこう近くだった。そういったことからよく行きましたね。この映画館で1980年に「ヨコハマ映画祭」の第1回が開催されるなどして、私はその時に、今日いらっしゃっている同映画祭の立ち上げ人の鈴村たけしさんと知り合いになったりしたんですけれども。

私はもともと地方の学生の時から映画は見てはいたんですが、「就職したらもう、映画みたいなやくざなもの――（笑）は、見てはいけないんじゃないか」と思わないではなかった（笑）。一部上場企業のサラリーマンになったのですが、しかしそれでも映画は見続けていましてね。そして、この名画座に出入りしているうちに、自分のなかに〝映画館魂〟みたいなものが興ってしまって。それで京浜映画劇場の支配人に、「私を使ってくれませんか？」という話をしたんですよ。

**下村**　売り込まれた。

**小野**　そうです。そうしたら、「やめたほうがいいよ」と。だいたい映画関係のみなさんは、「やめたほうがいい」って言うんです、後から恨まれたくないですから（笑）。私はもちろん、どうなっても恨むつもりなんてなかったんですけど、支配人は「この館では将来がないよ」と言うんです。で、「東京にある映画興行会社が、どうやら大井町に映画館を作るらしい」と教えてくれまして。

**太田**　それが大井武蔵野館。

**小野**　ええ。当時は「新規に映画館を作る」ということがほとんどない状況で、閉

館するいっぽうでした。そんななかで、しかも「名画座を作る」と。名画座は映画館としてもさらに希少な形態ですからね。「今どき珍しいな」なんて思いつつ、「新しく作るならばとにかく人手が要るのではないか」と考えて、紹介していただいたんです。しかしあたりまえの話ですが、そのときすでに、従業員は決まっていたんですよ（笑）。

**下村**　もうすでに人員は確保されていた。

**小野**　はい。でもたまたま新宿武蔵野館に勤めていた営業のかたが辞めることになったとのことで、空きが出るので「新宿でもいいなら」と、新宿武蔵野館に行ったんです。だから入社したのは大井武蔵野館がオープンする年なのですが、最初の配属は新宿で。大井のことを横目で見ながら、ロードショーを担当してたんです。

## 大井武蔵野館〝開館プログラム〟秘話

**小野**　それで、大井武蔵野館のオープニングの番組編成のことなんですが……。新宿武蔵野館の事務所で私の隣の机に座っていた人が大井の最初の支配人として行くことになっていたんですけれども、いわゆる映画マニアではなかったんです。映画会社にいる人は、もちろん映画に詳しいかたもいますが、そんなに知らない人もよくいるものでして。特にロードショーというのは、逆に映画マニアだと〝間違えちゃう〟ことがよくある。「自分がいいと思う映画は当たらない」、みたいな（笑）。

**下村**　自分の感覚が必ずしも人にも受けるとは限らない。

**小野**　ええ。映画会社や配給会社に入る人は面接の時に「君はどんな映画が好き？」と言われても絶対に本音は言わないらしいです、そうすると落ちちゃう、って（笑）。

　それはともかく、大井武蔵野館のオープンにあたってまずは番組を組まなくちゃいけないわけですが、その支配人は私に、「君は映画が好きで入ってきたんだから分かるでしょう。組んでみてよ」と言ってきまして。だから大井武蔵野館のオープニング番組は実は私が組んだんです。本当に生まれて初めて組んだものでした。

**太田**　あっ、そうなんだ。へぇえ……。

**小野**　これがその、最初のチラシですね（写真1）。

**下村**　オープンは1981年7月19日のことですね。

**小野**　はい。

**太田**　小野さんが、大井武蔵野館の記念すべき開館第1回上映作品を組んでいたと

写真1　大井武蔵野館オープニングチラシ

は知らなかった。『ダウンタウン物語』と『リトル・ロマンス』か。

**小野**　このチラシにある「百円玉で映画が」というのは、開館記念料金200円のところをさらに、「ぴあ」、「シティロード」、「キネマ旬報」を持ってきてくれた人は100円にしたんですよ。

**太田**　すごいね。

**小野**　この時に初めてわかったんですが、名画座の番組って、とにかく先まで、たくさん組まないといけない。

**下村**　この時のプログラムでは2ヶ月分、組まれたんですね。

**小野**　ええ。まずは派手めなアメリカ映画がいいだろう、ということで組みまして。だから最初は日本映画じゃない（笑）

**下村**　大井武蔵野館というと、どうしても日本映画のイメージが強いですが（笑）

**小野**　最初の番組は100円興行なので、アメリカン・メジャーの映画会社では許可されないんです。洋画でも邦人系の配給会社、東宝東和とか日本ヘラルド映画の作品ならばOK。ということで、最初は東宝東和の2本立てですね。

**太田**　へえ。

**小野**　『リトル・ロマンス』は私が好きな映画でダイアン・レインが、『ダウンタウン物語』にはジョディ・フォスターが出てますから、美少女2本立て。

**太田**　つまり、小野さんの好みの映画だね（笑）

**小野**　ははは（笑）。2週目の番組は、日本ヘラルド映画の『明日に処刑を…』と『砂のミラージュ』。東宝東和はエンターテインメントっぽくて、ヘラルドは渋い系。『明日に～』はマーティン・スコセッシのメジャーデビュー作みたいな映画です。『砂の～』は、私が大学生の時に見てすごく感動した、アルマンド・ロブレス・ゴドイという監督のペルー映画なのですが、ちょうど権利が切れるタイミングだった。「じゃあ俺がかけなくちゃ！」ということで。……まるで私こそが選ばれたみたい（笑）

**太田**　本当にそうだなあ。

**小野**　そうでなければ『砂のミラージュ』は最後に上映されないまま、日本で配給切れになってましたから。

**下村**　チラシにも「日本で最後の上映となります」と書いてありますね。

**小野**　この作品はたしかその後、ビデオにも、また、今でもDVDになっておらず、再配給もされず……フィルムセンターではやったのかな。みなさんもぜひ出会っていただきたい映画です。

**太田**　それはたしかに貴重だ。

## 大井ロマンも同時オープン

**下村**　大井武蔵野館の2階にあった大井ロマンも同日のオープンですか？

**小野**　はい。最初は「にっかつ大井ロマン」という館名で、にっかつ作品を封切る予定でした。2館とも名画座番組で回していくのは量的にも興行的にも大変なので、片方は封切りにしたようです。当時、にっかつのロマンポルノ路線は、安定した動員が見込めたようで。ちなみに「にっかつ大井ロマン」の「ロマン」は、べつに「ロマンポルノ」に由来するわけじゃないんです。会社が、新宿で、「新宿武蔵野館」のほかに「新宿ロマン」という劇場もやってまして。

**太田**　ああ、あったあった。

**小野**　それと館名を連動させただけなんです。

**下村**　しかしたまたま館名と路線が合った、と（笑）

**小野**　ええ、うまい具合に……と言いたいところですが、実はそうはならず（笑）。地元で、「ポルノ反対！」という住民運動が起こってしまい、急遽、松竹の封切り番組でスタートすることになって。その後、名画座2館体制となりました。

**太田**　で、館名から「にっかつ」も取れたの？

**小野**　はい。以来、邦画の名画座番組を組む時も、ポルノ作品はあまり前面に出せなかったので苦労しました。題名に「セックス」とか「人妻」とかついちゃうと、かけづらくて。『四畳半襖の裏張り』とか『実録阿部定』、ああいう程度ならわからないんですけども（笑）

**太田**　いや、わかるよ（笑）

## ロードショーの面白さ

**小野**　というわけで大井武蔵野館でオープニングの番組は組みましたが、実際の仕事としては新宿武蔵野館で洋画ロードショー作品を手がけまして。するとこれが非常に面白い。

私は名画座育ちで、つまり〝結果が出ている〟映画ばっかり見ていたわけです。「ヒットした」とか、「『キネマ旬報』で評価が高かった」とか。でも封切映画の場合は、

評価や結果が出るのはこれからで、どうなるかわかりませんし、映画が数字で測られる。そういう〝興行〟というものが実に面白くて……。特に記憶に残っている映画は『エレファント・マン』とか『ブッシュマン』（『ミラクル・ワールド／ブッシュマン』）ですね。

**太田**　『ブッシュマン』はヒットしたじゃない。

**小野**　大ヒットでした。ご覧になりました？

**太田**　いや、見てない（笑）。『エレファント・マン』は後に見たけどね。

**小野**　東宝東和に、業界で〝伝説の宣伝マン〟と言われる人がいて。有名なのは「決してひとりでは見ないでください」という……タイトルはなんだったかな。

**下村**　あっ、『サスペリア』ですか。

**小野**　そうです、そうです。とにかく「とんでもないなあ」という映画の宣伝は、そのかたによるものでした。『エレファント・マン』も、予告編で、主人公の顔を覆うかぶりものが取れるところでカットするとか、『ブッシュマン』の、コーラの瓶を望遠鏡にしているようなビジュアルとか。これもヒットした『ランボー』も、話としてはベトナム帰還兵のトラウマみたいなものを描いた、けっこう地味な映画なんですよ。主演はシルベスター・スタローンですが、アメリカでいうところのメジャー映画ではなかった。それが、日本版の惹句では「ハイウェイを埋めつくす700台のパトカー!!」と派手に謳ってて。しかしパトカーはたしか7台も出てこないんです（笑）。

とにかく、そういう——ハッタリ的な（笑）——宣伝と、大きな結果を目のあたりにしていると、実に楽しい。5年ほどロードショーをやって、「これからずっとこれをやっていこう！」と腹を決めた矢先……大井町に転勤になっちゃった。

**一同**　（笑）

**小野**　だから正直、大井武蔵野館に行った時は「なあんだ」って思いました（笑）

**下村**　最初はそちらに行きたかったはずなのに（笑）

**小野**　そう。名画座をやりたくて入ったんですけどねえ。

## 大井町へ

**下村**　それで、大井武蔵野館に配属されたわけですね。

**小野**　ええ。私は3代目の支配人ですが、そのころは実際に番組を組むのは、支配人よりも営業担当者の仕事だったんです。

**下村**　それが細谷さん（＝細谷隆広氏）ですか。

**小野**　彼は大井の2代目の営業担当で、それまでは自由が丘武蔵野館、当時は自由が丘武蔵野推理劇場って言ってたかな、で番組を組んでいました。私が大井町に行った時は細谷さんが番組編成の担当だったので、「おまかせするから、当たる番組を組んでね」なんて言いまして（笑）。

**下村**　私はてっきり、小野さんが支配人としてずっとおひとりで番組を組んでいたのかと思ってました。

**小野**　いや、私はすることがなくて、当時、廊下の壁にたくさん穴があいてたので、それをパテで埋めて直したりしてました（笑）

**下村**　小野さんが大井武蔵野館に行かれたのは何年のことですか。

**小野**　86年の夏でした。それから細谷さんもいた頃は、番組としていちばん〝強力〟だったかもしれないです。

**下村**　と、言いますと？

**小野**　私も別に壁の穴埋めばかりしていたわけじゃなくてですね（笑）、頼もしい営業担当とふたりで番組を考えるようにしたので、上映作品の幅が広がったんじゃないかなと。

## 観客として、劇場として

**下村**　太田さんが初めて大井武蔵野館に行かれたのはちょうどこの頃ですか。

**太田**　そうですね。僕は見た映画をノートに書いているんだけど、初めて大井で見たのは1985年の11月28日で、作品は『稲妻』と『夜の流れ』。『稲妻』は何度も見ていて、『夜の流れ』目あてに行ったんです。それから、12月17日には『戦国群盗傳』『右門捕物帳　三十番手柄 帯解け仏法』『江戸遊民伝』の3本立てに行ってる。

**小野**　いずれも〝細谷プログラム〟ですね。

**太田**　小野さんが大井に来た86年だとね……『暖簾』、『箱根山』、『グラマ島の誘惑』、『縞の背広の親分衆』という「川島雄三大会」に行ってるなあ。

**小野**　あっ、この時はいました。

**太田**　小野さんが組んだ？

**小野**　いえいえ、〝細谷プログラム〟（笑）。ただ、壁の穴もだんだんなくなってましてね。

太田　塞ぐ穴がもうなくなって、そろそろ番組の穴を埋めはじめるころかな（笑）
一同　（笑）
太田　この時の「川島雄三大会」ではその後に『イチかバチか』『喜劇とんかつ一代』を見たりして、川島作品をずいぶん稼がせてもらいました。
　この年は特に大井に通った回数が多い。他にも内田吐夢の『宮本武蔵』2本立て、マキノ正博の『血煙高田の馬場』、『江戸の悪太郎』などを見てます。
小野　川島雄三やマキノ特集というのは、後に館としてひとつの基本的なプログラムとなっていくことになるんですが、これは細谷さんじゃないと立ち上げられない企画でしたね。大井では最初のころ、アニメや特撮作品を中心としたプログラムを組んでいまして。大勢のお客さんが来てくれてたんですが、しかしそれらこそがまずビデオソフト化されまして。
下村　ちょうどそういう時期にあたるんですね。
小野　それでお客さんが次第に減ってきちゃった。その流れを受けて、番組的に「ビデオでは見られないものを」という感じになっていったんです。

## 大井武蔵野館〝らしい〟特集

太田　大井に通った記録を改めて読んでいてね、『南郷次郎探偵帳　影なき殺人者』『セクシー地帯』『女体桟橋』っていうのは、すごく大井武蔵野館〝らしい〟作品だなあと思ったんだよ（笑）
下村　新東宝の特集ですね。
小野　やっぱり、大井武蔵野館がいちばん注目されたのは新東宝の特集上映でした。
太田　この辺からいよいよ〝大井カラー〟が出てきたんじゃないかな。新東宝特集は、まさに先駆けなんだよね。
小野　そうです。新東宝の映画って、映画史の本を読んでも、「安っぽいエログロ路線だった」とか「駄作の山を築いて潰れた」みたいなことが書いてある。じゃあどんなものなのかと作品を見ようと思っても見られなかったんです。しかし、「国際放映という会社が新東宝のプリント版を山のように持っている」ということがわかった。ですが、どこの映画館もあまりかけようとはしなかったようで（笑）
下村　上映しようとする館がなかったんですか（笑）
小野　まあ、それまで新東宝作品はプリントの在りかがはっきりしていなかったから、ということだったようなんですけれどね。まあ、とにかく一気に出てきた。その作品群を、権利を持っていた国際放映がリスト化したのですが、これが結構立派なリストで。
太田　じゃあそこから、いろいろなことがわかったわけだね。
小野　ええ、本当に。分厚いリストで、「こんなにあるのか！」と思いました。
太田　じゃ、たとえば斎藤寅次郎の『誰よりも金を愛す』なんて、セレクトする側としては知ってて選んでたの？
小野　いや、それがですね、細谷さんクラスの人でも、リストを見てもわからないんですよ（笑）
太田　そりゃあわからないよねえ（笑）

## 大井の新東宝特集を支えたキーパーソン

小野　それで、脚本家の桂千穂さんに声をかけまして。あのかたは、もうなんでも見ておられるので……。
下村　たしかに桂さんは、「新東宝の映画は全部見てる」と豪語されてます。
小野　そのリストをお渡しして、セレクトをお願いしたんですね。
下村　ほう……。
小野　すると、「これを見せなさい」ってリストアップしてくれるんです、ボランティアで……（笑）
太田　じゃあ桂さんは、「『誰よりも金を愛す』。あれは斎藤寅次郎監督だ」ということはもちろん知ってた。
小野　はい。「全部知って」ますから（笑）。そして、「僕の言う映画をかけてれば間違いない」、と。
太田　それはすごいね。しかし『南郷次郎〜』は、当時の僕の評価は低いんだよ（笑）……40点。
一同　（笑）
小野　ま、なかには……（笑）
下村　『南郷次郎〜』は、石川義寛監督の作品ですね。
太田　その石川監督も撮ってるオムニバス映画『恋愛ズバリ講座』。これも評価は40点だなあ。

**小野**　あっ、低いですねえ。50点満点で、じゃないですよね？（笑）『恋愛〜』は私は結構好きなんですが。

**太田**　もう1本の、石井輝男監督の『セクシー地帯』は70点だよ。これは良かったな……って、これはあくまでも、僕の評価で、だよ（笑）

**小野**　桂さんはもうとにかく「僕以上に新東宝を分かっている人間はいない」と自信たっぷりでしたから（笑）

**下村**　これはちょっと余談になりますけど、石井輝男監督のお通夜に桂さんがいらしてまして。しばらくして、石川義寛監督が弔問にいらしたんです。石川監督がお焼香を済まされた後、桂さんは石川監督のもとへ行かれて、「僕は監督の大ファンです」、って、ご挨拶されてましたよ。あの桂さんがまるで普通の一ファンのようで、とても印象的でした。

**太田**　本当にファンなんだねえ。しかも石川義寛という、それほどメジャーじゃない監督が好きというのはすごいね。

**小野**　やはりものすごい映画ファンなんですよ……。大井の最初の頃の新東宝特集では、そんな桂さんに選んでいただいた作品をそのまま上映しました。

　それでひと通りかけた後で、今度は館側でプログラムを組んでみたんです。そのチラシをお送りしたら、「これは誰が組んだの？　支配人？……分かってないなあ」と（笑）

**太田**　「分かってないなあ」か（笑）

**小野**　しかしこちらでセレクトしてみた映画が実に面白かったり、当たったりするんですよ。桂さんはそのことに対して「間違ってるよ」って言うんですが（笑）、間違ってても、当たっちゃうんだからしょうがない（笑）

**太田**　〝当たれば官軍〟（笑）

## 特集から気づくこと

**下村**　こういった、〝他でかからない作品〟というのはやはりセレクトが難しいですよね。

**小野**　まったくわからないですからね……。でも、新東宝特集は、上映したらいろんな反響がありまして。ファンの皆さんに来ていただくなかで、いろいろなかたの要望が入ってくるようになって広がっていきました。そうしたかたと一緒に勉強していったわけです。

**太田**　大井武蔵野館が新東宝の番組をかけるようになって、あの映画会社のユニークさが世間に知れ渡ったよね。

**下村**　社としてのカラーも、ですね。

**小野**　新東宝は作品のタイトルからして他社と違うでしょ。

**太田**　インパクトがある（笑）

**小野**　『南郷次郎〜』とか、このあたりはまだおとなしいですけど。……ちょっと度忘れしましたが、あの映画のタイトル……何本目の生娘でしたっけ？

**下村**　九十九本目、ですね（笑）

**小野**　そうそう、忘れちゃいけない（笑）

**太田**　『九十九本目の生娘』（笑）

**小野**　これなんてやっぱり、「タイトルで見せよう」という、迫力……というんでしょうか（笑）

**太田**　「タイトルは金がかからない」という小野さんの名言がある（笑）

**一同**　（笑）

**小野**　しかし今にして思えば、新東宝の映画は、決してタイトルだけのものではなかったですね。

**太田**　もちろんそう。

**小野**　石井輝男さんをはじめ、いろいろな監督がいたわけで。作品を多くかけてみてわかったんですが、新東宝でも立派な映画がある。

**太田**　あります、あります。

**小野**　しかし、立派な映画はだいたい大井ではかかってないんですけどね（笑）。どうしても〝エロ〟、〝グロ〟、〝アクション〟系に走っちゃって（笑）

**下村**　いわゆる大蔵貢時代のものですね（笑）

**小野**　そればっかりでした（笑）

**太田**　新東宝の立派な映画というと、丹波哲郎のデビュー作（『殺人容疑者』）とか、いいのがあるものねえ。

**小野**　ええ、本当に。

　ちなみに、国際放映が持っていた新東宝作品のプリントのなかには、35ミリではなくて16ミリでしかないものもありまして。大井にはもともと、16ミリ上映のためにポータブルでかけられるような装置はあったんですが、この上映を機に「これか

らは16ミリの映写機は常設してないといけないな」と実感しまして。それなりの装置をそろえました。

## 初心に帰って組んだ特集

**太田**　小野さんは86年に大井の配属になったということだけど、閉館はいつのことだっけ？

**小野**　99年です。

**太田**　ということは13年ぐらいか。あんがい短かったんだね、今から考えると。まるで一瞬の火花のような……もっと長かったような気がしたけどねえ。

**小野**　そうですね。私もあっという間に時が過ぎた気がします。まあ、深かった、ってことで（笑）

**太田**　本数、多かったからねえ……（笑）

**小野**　年間で300本ぐらいかけてました。

**下村**　小野さんがご自身で番組を組むようになったのはいつのことなんですか？

**小野**　1987年7月ごろに営業の細谷さんが、中野武蔵野ホールに支配人として行くことになったんです。私が単独で組むようになったのはその後ですね。

**下村**　最初に組まれた番組はなんでしたか？

**小野**　それは――。私が以前の会社（映画とは関係ないんですが）に就職したのが1977年で。さっきも言ったように「もう映画は見ずに、仕事しよう！」なんて思って過ごしていたんですが、その夏に『HOUSE　ハウス』を見たんです。

**太田**　大林宣彦。

**小野**　ええ。それを見て、「ガツン！」というか、「ガクン」というか……「ガックン」ときた。「ちょっとコケつつも、惹かれる」、というんですかね。

**下村**　その感じはわかります。

**小野**　実はその少し前にも、ロマンポルノの『新宿乱れ街　いくまで待って』を見て。これは脚本家の荒井晴彦さんのほとんどデビュー作に近いような作品ですが、これにも「ガックン」ときまして。それで「やはり映画を見るのはやめるわけにいかないな」と思ったんですよ。

**下村**　なるほど。強烈な鑑賞体験だったんですね。

**小野**　企画を考えながら、ふと、『HOUSE　ハウス』がちょうど10年前の77年の7月30日の公開だったことに気づいたんです。「じゃあ、大林宣彦監督特集をやろうかな」と思いました。つまり10年前の大きな出会いを思い出したんです。その間に大林さんは多くの作品を撮られてましたしね。

　だから、〝『HOUSE　ハウス』から10年目の夏〟という思いをこめて組んだ「時空を駆け抜ける大林宣彦」特集（1987年7月20日〜8月14日）が、私の、大井のオープニング企画に次ぐ単独企画なんです。それで、大林監督ご本人にもお声をかけまして。「特集上映をやりたいんです」という手紙を、〝10年目の夏〟ということをメインに書いて、監督宛てに出したんです。そうしたらご快諾いただきまして、大きな企画にすることができました。

**下村**　ゲストを呼ばれたのは、大井としてはその時が最初ですか？

**小野**　いえいえ。ゲストをお招きするイベントは、それまでも細谷さんが企画して数多く開催していました。

　ちなみに、それから10年後の97年には〝『HOUSE　ハウス』から20年目の夏〟という特集もやりました。この時の目玉企画としては、大林監督に『麗猫伝説』というTVムービーがあるのですが、映画の匂いが濃厚な作品なので、映倫に申請をしまして、映画として「登録」する、ということをしました。残念なことに、〝『HOUSE　ハウス』から30年目の夏〟は、大井武蔵野館がなかったのでやることができませんでしたが、今はこの会場である映画館・シネマノヴェチェントがありますからね……。そこで今年は7月30日から、〝『HOUSE　ハウス』から39年目の夏〟として、監督の映画特集をなんらかの形で実現できるんじゃないかと思ってます。もちろん、〝40年目の夏〟もやりたいです。

## 〝教養〟から自由に

**下村**　太田さんの鑑賞体験、というと、どのようなものだったのでしょうか。

**太田**　僕も映画が好きでずっと見てたんだけれど、ある時期から日本映画派になってきてね。最初に見るのはやっぱり名作路線。成瀬とか黒澤とか。

**下村**　そうすると、見に行かれるのは並木座あたりですか。

**太田**　そう。並木座とか、あちこちでやっているのを追いかけていて、ある時に大井武蔵野館を知って行き始めてから、まったく知らない映画を見る楽しみができた。それまでの「あれを見ておかなきゃ」という〝教養〟から、頭のなかが、がらっと

変わったんだ。そういう意味で大井武蔵野館は僕の映画館通いの恩人なわけ。

**下村**　はい、はい。

**太田**　それで何度も行くようになったけれど、たとえば〝森繁のなんとか社員〟みたいなのを見て「やっぱり面白くないなあ」と思ったり（笑）

**下村**　つまり〝面白くなさ〟を確認する（笑）。私もそういうことがあります（笑）

**太田**　「若い頃の森繁は達者だなあ」とか「映画の撮り方が下手だなあ」とか……。映画の見かたの幅がうんと広がった。「名作ばかり見ていたら、映画の面白さはわからないな」と気づいたんだ。僕が大井に通った14年間のなかでも最大に感謝しているのは91年にやった丸根賛太郎の『春秋一刀流』と『天狗飛脚』。

**小野**　おお。

**太田**　これが実に素晴らしくて。

**小野**　すごい映画ですよねえ。

**太田**　これを見終わった後の、駅まで帰る時の興奮を今も忘れないもん。映画を真似て、走ろうかと思ったよ（笑）

**一同**　（笑）

**太田**　丸根賛太郎という監督の名前も知らなかったんだけど、その後〝丸根フリーク〟になってね。おそらく8割5分ぐらいは見てると思うなあ。その後も大井でやったでしょう。

**小野**　かけられる作品はだいぶかけました。

**太田**　『狐の呉れた赤ん坊』とか……。とてもとても感謝してる。あの上映をやっていた頃は、館としても、いちばん、脂が乗ってたんじゃないかなあ。

**小野**　丸根賛太郎って、山中貞雄とか伊丹万作よりちょっと時代が遅くて。

**太田**　そうそう。

**小野**　丸根監督が不幸だったのは、デビューしてからすぐに戦争期に入ってしまうことなんですよ。

**下村**　そうですね。

**小野**　１９３９年の『春秋一刀流』がデビュー作で。

**太田**　これは本当に素晴らしい。

**小野**　あのかたはもともとはシナリオライターだったようですが、ずっと、「監督をやりたい」と言っていたそうです。

**太田**　調べてみたんだけど、たしか山口出身の人だったと思うな。

**小野**　うちでかけた時、丸根監督はご存命でした。

**太田**　あ、そうでしたか。

**小野**　ぜひゲストとしてお呼びしたいと思ったんですけど、たしか、脚をお悪くされているとかで。それに遠方にお住まいで、「残念だけど」ということになったんです。

**下村**　それは惜しかったですね……。

## 時代劇特集の反響

**太田**　明朗時代劇はもともと大好きで、山中貞雄、稲垣浩、そして丸根の『天狗飛脚』を見て、「ああ、この路線でさらにスタイリッシュなものがあるんだ！」と思ったんだ。

**小野**　『春秋一刀流』は冒頭からすごいんですよね。

**太田**　すごかったな、あれは……。何年か経って、また上映してくれたから、また見に行って。1本の映画を2回見るというのはとても大事なことだと思った。

**小野**　私は当時、『春秋一刀流』も『天狗飛脚』も知らなくて。名画座にとってお客さんがいちばん少ない時期は12月なんですが、「忠臣蔵」シーズンでもあるので、そこで時代劇をやれば特定のファンが来てくれるだろうと思ってプログラムを組んだんです。そうしたら、林家木久蔵師匠、今は名前が変わられましたが。

**下村**　木久扇師匠ですね。

**小野**　なんとTV番組の『笑点』で宣伝してくれたりして。最初の口上で、「大井武蔵野館で時代劇特集をやるから、みなさん見てください」って（笑）。お礼に招待券をどっさり送ったら、「木久蔵ラーメン」をどっさり送ってくれました。

**一同**　（笑）

**太田**　口上といえばこの間、ラピュタ阿佐ヶ谷での中川信夫特集（「挑む　生誕１１０年　中川信夫〜青春のビッグバン」２０１５年9月〜10月）で、誰かが喋ってたね。

**下村**　ああ、柳澤愼一さんの前口上ですね。以前、同館の別の特集の時にゲストでいらして、それ以来、ああいう〝遊び〟をやってくださっているそうですよ。

## 「OMF会報」が「突然」やってきた

**太田**　そういうことで、並木座とはまた違った大井武蔵野館にすっかりハマっちゃ

って。僕は好きになると、新聞を作るのが昔からの習慣でね（笑）

**下村**　（笑）。それが「大井武蔵野館ファンクラブ会報」ですね。

**太田**　略称で「ＯＭＦ会報」という新聞を作って送った。全部で10号まで作ったかな。

**下村**　全10号ですね。創刊は１９８９年12月です。

**太田**　タイトルは「突然創刊号」。

**小野**　これは本当に「突然」やってきたんです（笑）。郵送されてきた。

**太田**　新聞を創刊しても見せる人がいないから最初は2部しか作らなかったんだ、僕のところと小野さんね。それで大井に送ったんだけれども「発行元」が書いてないから小野さんが薄気味悪がってね（笑）

**下村**　創刊号は封書で送られたんですか？

**太田**　うん。

**小野**　……とにかく匿名で届きまして。

**太田**　新聞に「太田和彦」と名前を書いても、知ってるわけがないよな、と思ってさ。

**小野**　封筒にも差出人のお名前がなくて……

**太田**　ああ、差出人も書いてなかったんだ、失礼しました（笑）

**小野**　いえいえ、私はね、「そういうことかなあ」と思ったんですよ。

**太田**　「そういうこと」？

**小野**　つまり「あえて匿名」という。

**太田**　なるほど……。

**小野**　時々、そういうかたがおられたんです。匿名で封書が来て、開けてみると1万円札が入ってるとか（笑）

**太田**　あっ、それ俺、いえ、ウソ（笑）

**一同**　（笑）

**小野**　そして太田さんの時は、この新聞が入ってたんですよ。

**太田**　変質者と思われたかな（笑）

**小野**　いえいえ！（笑）。読んだらすごく面白くて。

**下村**　おふたりは、その前にはお会いになったことはなかったのですか？

**太田**　面識はあったよ。「小野さんって、背は高いし、格好いい人だなあ」と思ってたし、そもそも「こういう変わった映画を組んでいる映画館は、どういう人がやっているのか？」にも興味があったしね。それですっかり憧れて。その後、行った時に「俺だよ」って言ったら「なあんだ」って（笑）

**小野**　（笑）

**下村**　太田さん、ご執筆にあたってはペンネームを使われてたんですよね。「陸津悠」。

**太田**　ペンネームはいっぱい持ってた。大勢の人が参加してるように見せたくて（笑）

**下村**　たしかに創刊号だけは、太田和彦というご本名は入っていないから分からないですね（笑）

**太田**　「寸評：陸津悠（映画評論家）」って書いたんだな（笑）。小野さん、毎回読んでた？

**小野**　もちろんですよ！　館内に貼りだしてましたもん。

**太田**　ああ、貼り出してあったか。

**小野**　館内のいちばん目立つところに貼ってました。

**太田**　そうか、そうか。

**小野**　時々、「ほしい」という人もいましたから、コピーして差し上げてましたよ。

**下村**　第1号から貼り出してたんですか？

**小野**　ええ。ただ、最初はお名前がなかったですから、貼り出して、併せて、館からのメッセージも添えておいたんですよ。「どなたなんでしょうか？」、と。

**一同**　（笑）

**小野**　（笑）。「このたびはありがとうございました。もしよろしければ声をおかけください」って。

**太田**　ああ、そうだったかな。

**小野**　そうです。そうしたら、「俺だよ」と声をかけてくださって。第2号で、このことについてちょっと書かれてますね（笑）

**太田**　そうそう（笑）。「創刊号の大失敗」という記事でね（笑）。「期待をこめて作った創刊号に、なんの反響もないので編集部はクサったが、真相をしらべたら封筒の裏になにも書かずに出していたから、と判った」（笑）

**小野**　アヤシイものがやってきたけど（笑）、読んでみたら実に面白いので、「これを独占したらアカン！」、と（笑）、貼り出したわけです。そうしたらやっぱりお客さんに好評でしてねえ。

**太田**　好評だった？

**小野**　そりゃあ好評でしたよー。

**太田**　ああ、うれしいな。

**下村**　2号からはちゃんと、「発行人：太田和彦」って入ってますね。

**太田**　ははは（笑）

## 「OMF会報」の味

**太田**　今みたいにパソコンなんてないから全部手書きでね。でもこういうのは得意でさ。なにかというと新聞を作ってたんだ。壁新聞なんかは貼るだけなんだけどね。しかし、とにかくこの会報を作るのは楽しかった。

**小野**　こちらも楽しかったです。「ウチの毎回のチラシも、こういう感じでできたらなぁ……」とシットしました（笑）

**太田**　大井武蔵野館の良さをなんとか知らせたい、と思ってね。

**小野**　ありがとうございます。

**太田**　その特徴は、番組編成に尽きると。

**小野**　当時の、名画座との比較、という記事も面白かったですね。「よくできてるなぁ……」って。

**太田**　小野さんに喜んでいただければ、こんな幸せはないですよ。

**下村**　どういうペースで発行されてたんですか？　新しいプログラムができると、とか……。

**太田**　暇ができた時、という感じだったな。「雷蔵映画ベスト20」（※3号所収）とかねぇ。

**下村**　力が入ってますよ。ただ、制作期間としては、ちょっと間が空いたりしてたんですね。

**小野**　次号がいつ来るかわからなくて。来ると「あ、また来た！」って（笑）

**太田**　会社に勤めていたから残業のふりをして書いて（笑）。会社のコピー機を使ってね。「名画座かんぺ」ののむみちさんと一緒で、こんなに小さい字を書くことはできないから、大きく書いて縮小する。

**小野**　ああ、そうなんですか。

**太田**　僕はデザイナーだからね。

**下村**　なるほど。

**太田**　1人で記事書いて、1人でデザインをして。

**下村**　1号作るのにかけられた時間は？

**太田**　そうだなあ。4時間ぐらいかな。

**下村**　じゃあ、残業して（笑）

**太田**　そう。下書きなしで、右上からレイアウトしながら書ける。「これぐらいスペースが空いていればもう少し書けるな」とか。のむみちさんの「名画座かんぺ」が出てきた時に、「あ、僕がやってきたことは無駄じゃなかったな」って思ったよ（笑）。

**下村**　これをフリーハンドで書いていた、というのはすごいですね。

**太田**　復刻してくれるそうでうれしいけど、紙面をワープロに変換しちゃうと面白くないかもしれないね。

**下村**　活字で起こしちゃうとですね。

**太田**　うん、味がなくなっちゃうかもしれない。

**下村**　そうですね。やっぱり手書きの味が損なわれるでしょうね。

**太田**　そうかもしれない。

## のべつ、映画

**下村**　おふたりが本格的に言葉を交わされたのはいつごろのことですか？

**太田**　小野さんは、大井に行けばいるけれど、館での仕事があるから外に連れ出してゆっくりお話しする、ということはできないわけよね。

**下村**　ああ、それはそうですね。

**太田**　終映が11時ぐらいで……それからお掃除して、落し物を調べたりとかしてたわけでしょう。

**小野**　そうですね。落し物はめったになかったですが。

**太田**　他にはなにをしていたの？

**小野**　だいたいあの時はひたすらに映画とデート（笑）。とにかく、映画館に転職してみて、「こりゃいいなあ」って思ったんですよ、映画館に行く必要がないんですからね（笑）

**太田**　それはそうだよね（笑）

**小野**　仕事を終えて、「さあ映画だ！」なんて言うことがなくて、のべつ映画ですから。

**太田**　あと、このことは会報に記事として書いたけど……終映後に小野さんが掃除をしてたら転んで……。

**小野**　足の骨を折りまして。

**太田**　「この映画の呪いがかかった」って言ってさ。

**小野**　あれは開場の前でした（笑）

**太田**　開場前だったか（笑）

**小野**　入口の脇のあたりに軽いスロープがありましてちょっと滑って転んだんです。あっ、と思ったら、足首が普通では曲がらない方向に曲がってて。医者から「普通はこんなふうにうまくは折れません」なんていわれてその日から入院でした（笑）

## たどり着いた〝境地〟は……

**太田**　僕は勤めが銀座だったから、大井町はわりあい近い。だから会社を抜け出して、ぱーっと来てね。見終わると一目散に戻る。

**下村**　ああ、戻られるんですね。

**太田**　もちろん戻る。それで、新聞を作る（笑）

**一同**　（笑）

**太田**　本当によくやったなあ……。会報の第5号でも紹介してるけど、大井の特集としてやっぱり印象深いのは「全日本とんでもない映画祭」。

**下村**　「全とん祭」。

**小野**　実は、その企画の第1回をやった1990年は、少しやばそうだったんです、閉館の危機が……。だから「ここで1回、〝総括〟しておかないとな」と思ってやった企画なんですよ。

**太田**　「全とん祭」は力を入れてやってたよねえ。

**小野**　そうです。私はもともと「とんでもない」という言葉が好きでして（笑）

**一同**　（笑）

**小野**　「とんでもない映画」とか、そういうのも好きでした。「清く正しく美しくない」やつが（笑）

**太田**　僕もね、「この名画座はとんでもない映画ばかりかけて、たぶん長続きしないなあ」と思って。だから応援したい気持ちがすごくあったんだ。

**小野**　いやあ、ありがとうございます。ただ大井は「とんでもない映画」をかけていたからこそやっていけたという面もあるんですね。あそこで並木座のような路線の番組をやってたら、お客さんは皆、由緒ある並木座さんに行かれて終わり、ですから。

**下村**　そうですね。

**太田**　とにかく「とんでもない映画」をかけていたことによって育てられたファンはめちゃくちゃ多いと思うよ。下村さんも一生懸命通ってたって言うし。

**小野**　そういうつもりでやってたことはたしかなんですよ。つまり、「ここで育ってもらいたい」っていう。

**太田**　大いに育ったと思う。だって昔の大新聞の映画批評とかキネ旬ベストテンなんかでは表われない本当の映画の面白さ。映画技術の面白さとか、話術の面白さとか、スターの魅力というものに気づかされて、僕の映画の視野は大きく広がった。

**小野**　「とにかくたくさん見せたい！」という気持ちがありました。映画がたくさんあるなかで、「下手に〝選択〟はしたくない」という感じ……。その究極がレイトショーになっていくんですけど。

**下村**　僕が大井に見に行かせていただいたのはかなり終わりのほうですが、昼間はなかなか行けなかったのでもっぱらレイトショーの、なかでも「『お宝』発掘キャラバン」によく行きましたよ。

**小野**　あれはまさに、「かけられる映画は全部かけてやろう！」というつもりで挑んだんです。

**下村**　とにかくすごかったです。聞いたことがないような作品がよくかかってましたね。

**小野**　というのはですね……普段から他館ではあまりかからない映画をかけている大井武蔵野館としても、どうしても、いわゆる名画座的な、なにか「〝組み合わせの妙〟を見せたい」というような、一種のすけべ心があるじゃないですか。「いい組み合わせだね」と言われてみたい、とか。

**太田**　1本必ず名作を入れる、とかね。

**小野**　ええ。ところがそれをやっていくと、そのいっぽうにセレクトから漏れてしまう映画が山のようにあるんですよ。でも〝組み合わせの妙〟みたいなことを考えていると、それらの作品をなんとかしたくてもどうしようもない……。それで、どうしようかと考えに考えて、やっと見つけた答えは、つまり「選ばない」ということなんです。

**太田**　そうか、「選ばない」、ね。大井武蔵野館の名キャッチフレーズ、〝日本映画の墓掘り人〟を彷彿させる話だなあ。

**小野**　名画座で十何年と仕事をして、たどり着いた結論は、「なるべく作品を選ばない」（笑）。プリントがあるなら、右から左にかける（笑）。結局、考えてないのと

大して変わらないんですけどね（笑）

**下村**　そんな大井にハマってしまった僕も、見るものを選びませんでした（笑）。『お宝』発掘キャラバンにかかってるから毎週、それを必ず見る」。そしてスタンプを押してもらって、とにかく50個ためる（笑）

**太田**　見る理由はただひとつ、「今、大井でやってるから」だけ（笑）

**下村**　だから、ヘンな話ですが、劇場に行くまで今日はなにを見るか分からないような状態でした。

**小野**　あっ。かけてるほうもなんだかわからなかった（笑）

**一同**　（笑）

**小野**　だって、どこをどう探しても作品の資料が出て来ないんですよ（笑）。映画評なら時々あったけど、「どうせ外れてるだろうな」とかね。

**太田**　たしかに封切り当時の評価なんて、まったくあてにならないから。

**小野**　ええ。そういうわけでとにかく片っ端から……片っ端からと言っても、プリントについては東宝と松竹にはかなり残ってるんですけど、他の映画会社の作品は少ないので、東宝と松竹が中心だったんです。

## 〝最後のお披露目〟は大井で

**太田**　僕が「小野さん、すごいなあ！」と思ったのは、フィルムが廃棄される前の作品を積極的にかけていたこと。「たいしたもんだな、偉いことだなあ」って思ったよ。

**小野**　上映用のフィルムって、やっぱりいろいろな映画館で長年にわたって繰り返しかけられてると当然傷んできますからね。それ以外にも保存の状態など、さまざまな理由から上映が難しくなって、廃棄せざるを得ないフィルムが出てくるんです。

**下村**　廃棄と言っても、映画会社が持っているその作品のマスターポジやマスターネガがあれば上映用のプリントが捨てられてしまうだけで作品自体がなくなるわけではないんですけど、もちろん見られる機会は減ってしまうわけですからね……。

　そういう作品をかけるにあたっては、映画会社に「ジャンクされるフィルムのリストを下さい」って言われてたんですか？

**小野**　いや。やはりなにかしらの形で情報が来るんですよ。大井がそういう作品を積極的にかけていることは、映画会社にもだんだん知れ渡ってきましてね。担当者にはクールな人もいれば、ホットな人もいて（笑）。「これ、整理されてしまうのでぜひかけてください」とか、「このプリントはもうなくなってしまいますよ」とか。

**太田**　へええ、そうなの。

**小野**　それで、「じゃあ最後のお披露目は絶対にしましょう！」と。まあ、〝最後の上映〟と言うとお客さんにも来てもらえる、という、そういう経済効果もあるので（笑）

## 博物館か、発掘隊か

**太田**　今でこそ、ラピュタ阿佐ヶ谷とか神保町シアターで旧作映画ファンはうれしい悲鳴状態だけれども、このころは大井武蔵野館ぐらいしかなくて、（※閉館後）その間ずーっとなかったから。今は天国だよ。

**下村**　今はいろいろなところで上映してますからね。私は大井の『お宝』発掘キャラバン」でしょうもない映画をずーっと見てたので、大井が閉館になって、3ヶ月ぐらいしたら無性に「なにかつまらない映画が見たい！」って思ったんですよ（笑）

**一同**　（笑）

**小野**　『お宝』発掘キャラバン」は本当に発掘でしてね。並木座さんは、言ってみれば〝博物館〟じゃないですか。つまり、誰かがかつて発掘してきたお宝が飾ってある。こちらは〝発掘隊〟そのものですから。博物館に並ぶ前なわけです。

**太田**　そうか、発掘隊ね。

**小野**　なので、誰もわからないんですよ。

**太田**　掘って「出てきた出てきた」と。

**小野**　ですからお客さんも、あそこまでつきあってくれるかたはもう、面白いとか、そういうレベルじゃないですね（笑）

**下村**　そうですね（笑）

**小野**　もう「見れるだけでいい」という境地ですかね（笑）

## スタンプ制度も独特

**下村**　あと私にとって魅力的だったのはスタンプですね。「どうしても50個貯めよう」と思って。

**小野**　スタンプを50個貯めるとですね……。

**太田**　なんだっけ？

**小野**　……たしか、10個ごとに区分してたんですよ。
**下村**　ええ。10個で招待券がいただけました。
**小野**　年間で50番組、組んでたんですが、レイトショーって1本立てでしょう。昔はとにかく、何本立て、というのが名画座の肝だったので、1本というのはどうも申し訳ないという思いがあったんです。金銭的にもね。
**太田**　単価が高くなる、ということだね。
**小野**　ですから、それをスタンプでお返しして、なおかつ、その制度自体も面白がってもらいたい、っていう気持ちがありまして。1回来ていただくごとにスタンプを押したんです。10回ごとに1セットになっていて、賞を3つ作ったんですね。まずは、「全制覇賞」。それから、「いちばん入らなかった映画を見に来た賞」（笑）
**一同**　（笑）
**小野**　こちらとしては「ありがたいなあ」、という気持ち（笑）。お客さん側も、「よし！　俺が見た映画がいちばん入らなかった！」って思う（笑）
**太田**　なにを自慢してるのかわからない（笑）。「あの人が来ると入らないんだよ」みたいなことにもなりかねないな（笑）
**小野**　もうひとつの賞は、「いちばん入った映画」だったかな。そうすると結局、10回全部見に行けば、招待券が3枚返ってくる（写真2）。
**下村**　私はレイトショーを招待券で入ってしまうと、その回はスタンプを押してもらえないのが悔しくて。
**太田**　贅沢を言っちゃだめだよ（笑）
**下村**　（笑）。なので、それは昼間の回に使わなくちゃいけないんです。レイトでは使いたくなくて（笑）
**小野**　入場人員については年間の順位を付けてましてね。数自体は発表しなかったかもしれませんけど……ちょっとそういうことで遊んだと言いますかね。

## 書籍との連動企画

**太田**　大井と言えばね、西河克己映画祭も忘れられない特集だよ。あれも「よく組んだなあ」と思った。
**小野**　ワイズ出版さんの本が出たタイミングでした。
**太田**　『西河克己映画修業』。
**小野**　ワイズ出版は最初期の本、『石井輝男映画魂』を出される前に、あちらの社長がうちにいらしたんです。映画がお好きだけど、別の仕事をされていて。でも、「映画関係のことがやりたいので、今度本を出したい」と。それまでに1回、チラシ集かポスター集みたいなもの（『前売券シネマグラフティ』）は出されてたようなんですけど、今度は評論を出したい。そこで候補が3つあって、「石井輝男、岡本喜八、増村保造のどれにするか迷ってる」、と言うんです。
**下村**　いいところに目を付けますね。
**小野**　そこで「支配人のご意見は？」って聞かれたので、私はすぐに「石井輝男」って言ったんです。なぜって、当時、いちばん評価されてなかったでしょ。
**太田**　うん。
**小野**　岡本喜八や増村保造はもう当時、本があったんじゃないかな。
**下村**　そうかもしれませんね。
**小野**　そのふたりはいろいろなところで見る機会がありましたが、石井輝男は無視されてましたね。
**太田**　大井武蔵野館的だ（笑）
**小野**　新東宝作品をよくかけてましたから。ですので、石井監督の本が出て以降、

写真2　大井武蔵野館の招待券（下村氏所蔵）

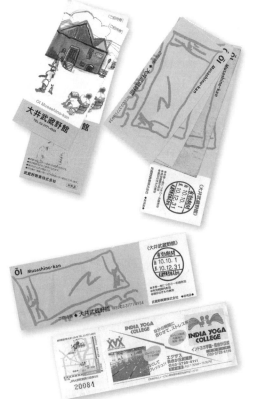

出版に合わせて「いろいろな監督の特集をやろう」ということになり、そのなかに西河克己監督の特集があったんです。

**太田**　そういうことだったのか。西河克己特集のなかでは『俺の故郷は大西部（ウエスタン）』に高得点をつけたんだよ。80点。

**小野**　あっ、評価高いですねえ。これはニュープリントを焼いたんです。

**下村**　この映画でニュープリントを焼く、というのはすごいことです（笑）

**太田**　「本当に焼くんですか?」みたいな感じだよねえ（笑）

**小野**　名画座では、それまではプリントがあるものを上映してたわけですけど、どんどんジャンクにされちゃって、ある時からプリントがなくなってきてるじゃないですか。それで、石井さんの『映画魂』の出版の記念のイベントの際に、「ニュープリントを焼こう」と思ったんです。普通だとちょっと厳しいんですが、出版記念の他にもいろいろあったので。それで、ちょうどそのころは石井さんが東映で撮ったエログロ路線の作品って、ほとんど見られなかったんですよ。

**下村**　いわゆる〝異常性愛路線〟。

**小野**　ええ。それも『江戸川乱歩全集 恐怖奇形人間』とプラス1作品ぐらいだけで。なので、この機会に、異常性愛路線の作品のなかからニュープリントを焼こうということになって。桂さんに「最高傑作ってなんだと思いますか?」って聞いたら、「『徳川いれずみ師 責め地獄』だ」って言うんですね。「こんなにすごい映画は見たことがない」とむちゃくちゃに褒めるんです。「じゃあそれをなんとか上映しよう!」ということで、費用を出して、ニュープリントを焼きました。

すると情報誌の「シティロード」で、通常は新作を紹介するコーナーでロードショー作品と同じように取り上げていただいて……。しかも推薦文を桂さんに書いていただいたことで大ヒットしました。

## 作品の発見

**太田**　井上梅次の『嵐を呼ぶ楽団』も忘れられない1本です。

**小野**　ああ、面白いですよねえ。

**太田**　これは傑作。小野さんから「絶対見ろ」って薦められて。今ではカルトな人気作品になってるね。

**小野**　同じ『嵐を呼ぶ～』でも、『～男』のほうは有名ですけど、『～楽団』は知られてない、と。だから、結局、大井で、私自身もいっぱい発見したんですよ。

**太田**　『～楽団』は最近もどこかでやってたね。

**下村**　ラピュタ阿佐ヶ谷でしたかね。近年はわりとよくかかってます。

**太田**　今、人気があるんだよ、この作品。

**小野**　面白いですもん。ＤＶＤにはなってないけど、ＬＤ（レーザーディスク）化はされたかな。

**下村**　ＬＤにはなりました。

**小野**　その企画のときには、私もちょっと推薦したんですよ。「東宝ゴクラク座」っていうＬＤだけのシリーズがありましてね。その特集上映も何度かやりました。東宝って、映画マニアの社員が多いんじゃないですかねえ。

**太田**　大井武蔵野館が十数年で何本ぐらいかけたか、というのはちゃんと数えたことはある?

**小野**　1週間に2回、プログラムが変わって、だいたい3本立てか2本立てでした。私が最後のほうに決めてしまったのは、「日・月・火・水」と「木・金・土」のセットで、土日はぜったいに、どちらの番組にもかかるようにして。土曜日がある「木・金・土」が2本立てで、「日・月・火・水」は3本立て。

**太田**　そうだ。そうだったね、思い出した。

**小野**　それにプラス、レイトショーがあるでしょう。つまり、1週間に6本かける。それで52週ですから、年間３００本。

**太田**　ということは、10年で３０００本か。

**小野**　まあ、初期のころはそんなにかけなかったかもしれないですけどね。

**太田**　もちろん、小野さんは全部見るわけでしょう?

**小野**　いやー、これがねぇ、見れてないんですよ……。

**太田**　仕事で、か。つらいよなあ。でも大部分は見られたでしょう?

**小野**　うーんとね、だから正直言って、映画を〝見る〟よりも〝組む〟ほうが優先になっちゃったなと。それはちょっとさびしいですね。

**太田**　みなさんそう言うよ。「職業にしちゃうと楽しめない」ってね。

**下村**　でも、「こんな作品があった」という発見があると、それはやはり楽しいんじゃないですかねえ。

**太田**　そういうなかで小野さんが、なんも知らないままに見て「これはすげえなあ」って印象に残った作品というとなに?

**小野**　それは『春秋一刀流』ですね。
**太田**　やはりそうなんだなあ。
**小野**　他には『天狗飛脚』、『嵐を呼ぶ楽団』……やっぱり、普通の人が知らないような作品ですね。
**太田**　僕と趣味が一致してるなあ。
**小野**　あと有名になりましたが『鴛鴦歌合戦』、『君も出世ができる』とか……あと『虹をわたって』(笑)
**太田**　『虹をわたって』は大井でもやったの？　そうか、前田陽一監督が来た時にやったんだっけ。
**小野**　何度もかけました。僕がこの映画を最初に見たのは封切りじゃないんですね。72年の封切りの時は受験生だったんで……。それでね、『虹をわたって』みたいな映画は、封切りで見逃すともう埋もれちゃうんですよ、有名な監督だったら文芸坐などでやりますけれど。
**太田**　今は封切り以来50年ぶりに上映みたいなのはとても多いからうれしいよね。

## 古いフィルムを扱う苦労

**小野**　何年ぶり、と言うとですね……フィルムって、缶に入ってるんですが、当時封切って、1巻だけ残っているフィルムは、ずっと映画会社の倉庫にあったもので。それを何十年ぶりかで開ける、という感じですけど、まさに、なかに入ってる空気は、何十年前かの空気なんです(笑)
**太田**　いいこと言うねえ(笑)
**小野**　で、開かないんですよ。缶がスチール製で錆びてたりなんかしてて。
**下村**　保管している先では出庫前に開けないんですね。
**太田**　フィルムはダマになってない？
**小野**　もちろんそういうこともありますし、もう状態の良くないプリントも山のようにありましたよ。でも、大井には、ものすごい熟練の映写技師である、原田臨さんというかたがいまして。原田さんがいなければ実際には上映できなかったかもしれません。
**下村**　プロフェッショナルの技師に支えられていたんですね。
**小野**　ええ。それで、フィルムの状態って、開けるまで分からないんです。缶を開けるとまず空気とにおいがやってくるんですね、わっ、と。「大丈夫か？」っていう感じの……。それでフィルムを見ると「こんなものがかかるのか」っていう。映写機ってかなりのテンションでフィルムをひっぱるんですが、しかしフィルムって手で触ると、ポロ……っていっちゃう。
**太田**　怖いねえ。
**小野**　テンションがかかる縦方向には強いんです。いっぽう、横方向は弱いので、横に力がかかるとばらばらと……。
**太田**　ああ、捻ったりすると。
**小野**　フィルムの両端にはパーフォレーションという穴がありまして(写真3)。あれは、映写機の歯車の歯でフィルムを送るための穴ですけど、ほんのちょっとしか開いてないんです。フィルム自体が切れる、ということはあまりないんですが、そのパーフォレーションがだめになるとフィルムが送られていかないので、映画を見てて、「がらがらがら……」ってなって、ぶつ、って切れちゃう。時々燃えちゃって、というか溶ける。
**太田**　映写中のフィルムが燃えるのを三百人劇場で見たことがある。「あ！　フィルムが燃えた！」って。「そういうシーンかな？」と思っちゃった(笑)。その時はそれで映写が止まって。

**写真3**　フィルムの両端の穴がパーフォレーション

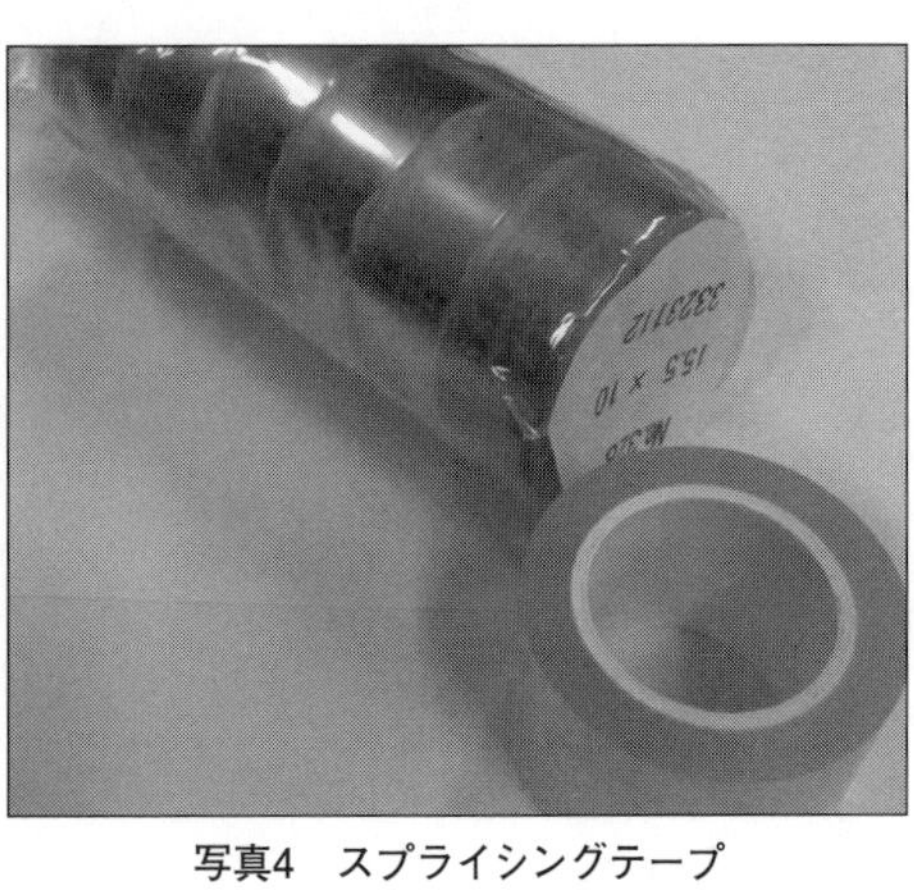
**写真4**　スプライシングテープ

**下村**　そういうことはありますね。フィルムが熱でやられちゃう。
**小野**　ですから、大井でも本当に「よくかけてたな」と思いますよ。古いフィルムは、普通の映写機のテンションだと切れちゃうので、映写機のばねの力を弱めたりして。もちろん弱めすぎたりするとかからなくなっちゃいますし。そういうことを長年やってたんです。
**下村**　本当にすごい技能がいるんですね。
**小野**　あと、フィルムのパーフォレーションがもうぼろぼろに欠損している、ということがあるんです。そうするとかからないんですね、現実的に。
**太田**　それは無理だ。
**小野**　そういうフィルムをかける時は、フィルムとフィルムを繋ぐ映写用のテープ（写真4）を、切れている〝区間〟に貼って、そこに簡易のパーフォレーションとして穴を開けていくんです。そうすると映写機のなかでは、通常は「カタカタカタ」という音がするんですが、その部分に来ると音が「ガラガラガラ」という感じになる。しかもその補修した箇所は、1回、映写機を通ると——テープが止まってるだけですから——だめになるんです。だから次の上映用にまた貼って、穴を開ける。
**太田**　それは怖いねえ。冷や汗ものだね。
**小野**　まさに冷や汗ものですよ。……ですが、年間３００本かけて上映時にトラブルがあったのはトータルで1％もなかった。
**下村**　あれだけ古い映画をかけて、ですからねえ。すごいです。

## 映写室は治外法権

**太田**　大井武蔵野館の映写は、良いと評判でしたよ。映写技師のかたがちゃんと見てるなと。三百人劇場では3回ぐらい「ピント合ってないぞ！」って、映写室に怒鳴り込んだことがあった（笑）
**小野**　そういうところは、常駐のかたがやってないんですね。
**下村**　熟練のかたではない。
**太田**　そうなんだねえ……。三百人劇場で番組を担当されてた人が神保町シアターに移って来て、声をかけたら「いつも怒鳴り込んできた太田さんですよね」って言われた（笑）
**一同**　（笑）
**小野**　私もロードショー館勤務のころは映写室にいろいろ言ったりしてまして。技師さんに嫌われてたんじゃないでしょうか。昔は映写室というのは治外法権みたいな感じで、もう、職人の世界と言うんですかね、映画を作る裏方さんもそうですけど。だから、「なにを言ってんだ？　こいつは」と。こっちは、お客さんにとって良いこと、当たり前のこと——つまりは映画館側に良い評判になること——を言ってるつもりなんです。しかし職人さんからすれば、人から言われたくない。
**太田**　昔かたぎの職人だとね。
**小野**　ええ。「言われたくないなら、ご自分で気づいてくれませんか？」、なんて言っちゃったりして（笑）
**一同**　（笑）

## 鑑賞の裏技

**小野**　しかしフィルムによってはどうしてもピントが合わないということも現実的にあるんですね。フィルムが、〝ワカメ〟という、皺がよった状態になっていて。
**太田**　つまり、フィルムが波打ってる、と。
**小野**　ピントがどこにも合わない、というか、画面が常に〝かげろう〟のようになるとか。
**下村**　特に、シネマスコープサイズのものはなりますよね。
**小野**　なるなる。
**下村**　『どんと行こうぜ』を「お宝発掘キャラバン」で見た時に、なんかずっとピントが合わなくて……。
**小野**　しかしフィルムって、上映していると次第に熱が加わってくるので、何度かかけてると直るんです。だから、初日に見ちゃいけない。
**太田**　そうか、フィルムが慣れてくるんだ。
**小野**　フィルムに熱が通るんで〝ワカメ〟がだんだん直ってくる。
**太田**　つまり「第1回上映は避けろ」ということだね（笑）
**小野**　そういうことです。と言っても、さっき言ったような状況で最後のほうはプリントが傷んでくるので、いちばん最後も避けたほうがいい（笑）
**太田**　〝旬〟があるんだね、映写にも。
**小野**　上映の4回目ぐらいかな、ベストは（笑）

一同　（笑）

太田　フィルムは生ものだからなあ。ＤＶＤはそんなことがぜんぜんないから。

小野　あの当時ももうだいぶ、ビデオが出回り始めたんで、よく言われましたよ。「フィルムってのは、黒いベルトみたいなものが回ってるんだろう？」って。ようするにビデオテープ。

下村　ああ。そこに画があるとは思わない。

小野　だんだん一般のかたにはフィルムというものがわからなくなってきちゃって。磁気テープが回ってるんじゃないかと。もっとも、今では時代がさらに変わっちゃって、今の封切りはディスク上映ですしね。

　ちなみに、大井でドルビーシステムを入れた時も……ドルビーと言うのはもちろん立体音響になるわけですが、「『独立愚連隊』をなんでドルビーでかけないのか？」って言われたことがあります。

下村　無茶なことを言いますねえ（笑）

## “変わらぬメニュー”か、“発掘”か

太田　『独立愚連隊』と言えば岡本喜八特集もよくやったね。お客さんもよく入ったんじゃない？

小野　最初のうちはよく入って、だんだん入らなくなっちゃったなあ……。やはりそればっかりやるというのも……。

下村　他所でもやってましたからね。

太田　そうだね。

小野　大井としては並木座さんが羨ましくて。つまり、番組が変わらないじゃないですか。

太田　“定食”だもんなあ。

小野　まさに“定食”で、メニューが変わらなくてもお客さんが来る。こっちは、発掘、発掘……でやって行くんですが、やっぱり疲れてくる。まあ大井は、打率で勝負するしかない、ってことで。3割面白ければ、イチロー並み（笑）

太田　しかし何度も言うけど、大井は本物の映画評論家を多く育てたと思うよ。

小野　やっぱり、映画は見てなんぼ、ですからね。

太田　本当にね。

小野　だから、実際に上映して見てみると、評論家のかたの文章でも「見直してないまま書いてるな」っていうものが……まあ当時はビデオとかがないので、自分がプレスシートかなにかを見てストーリーを思い出してると、そのプレスシートがもともと間違っている、ということがよくあるんです。だからその評論でも間違ってる、話の展開が。

太田　だって、映画記事を書いてる人でも、ＤＶＤだけで書いて、映写で見てない。「それじゃ映画を見てることにはならないよ」って言うんだけどさ（笑）

小野　まあ今は……一応、確認はソフトでできますんでね。

太田　本当に文を書く時は——台詞を採るとか、そういう時は——ＤＶＤがないと書きにくいけどね。

　だから、プロとしての批評文は最初はスクリーンで見てなきゃ書く資格はないと思ってるよ。

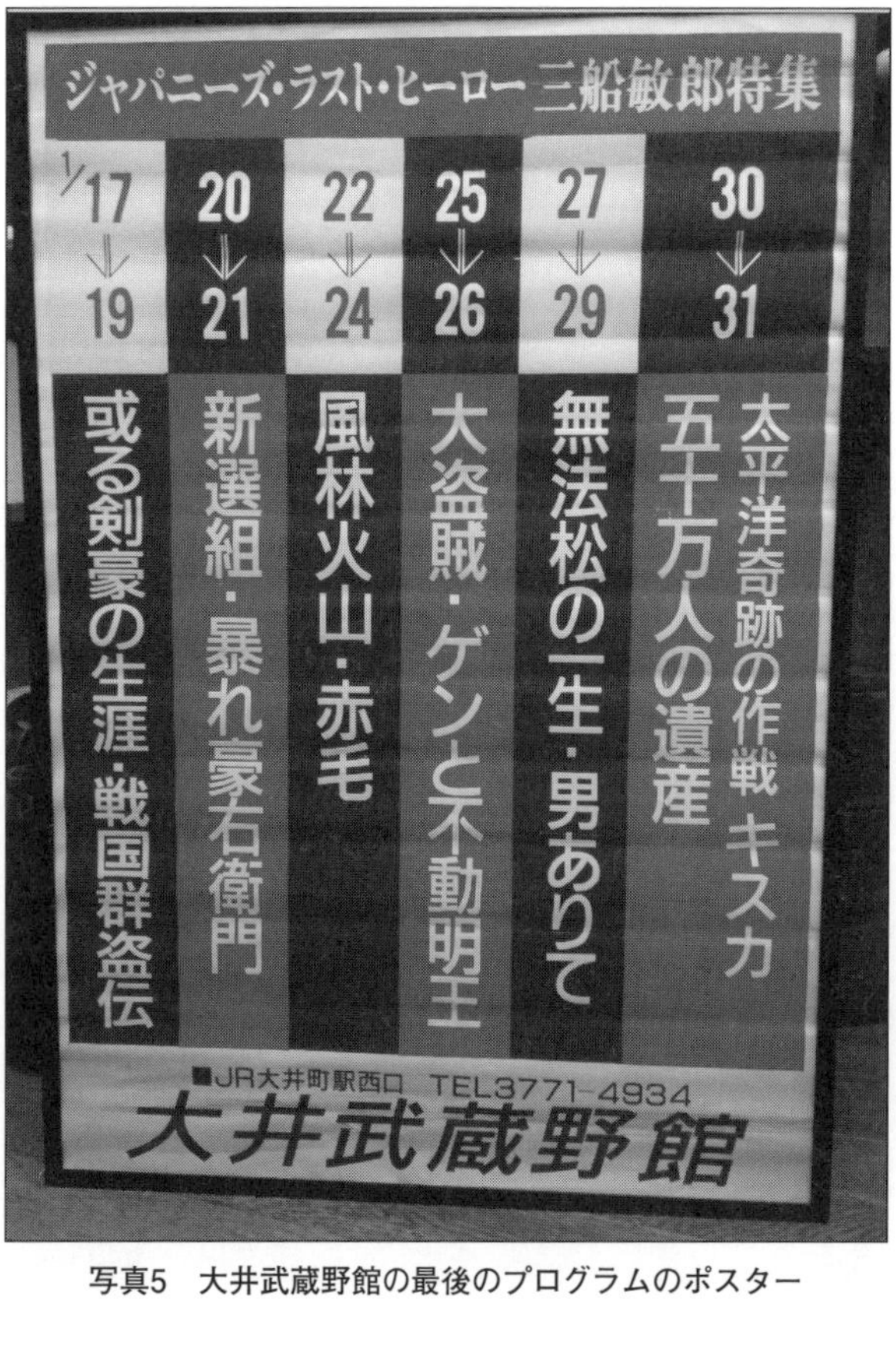


写真5　大井武蔵野館の最後のプログラムのポスター

## 〝いつかやってくる日〟が

**下村**　90年代の終わりぐらいになって、並木座をはじめ、名画座がどんどんと、立て続けに閉館しましたよね。で、1999年1月、大井武蔵野館も突然、閉館、ということになりましたが、あの時は、3ヶ月ぐらい先の番組まで決まってましたよね。
**小野**　そう、決まってたんですね。〝いつかやってくる日〟が、ついにやって来た、ということになっちゃったんですけど。
**下村**　今日はここに持ってきたんですが、これが大井武蔵野館の最後のプログラムのポスターです（写真5）。
**小野**　ああ……。この特集名の「ジャパニーズ・ラスト・ヒーロー」というのはまさに三船敏郎のことを意味していたんですが、ちょうど劇場も「ラスト」になっちゃった。これはべつに、大井の最終番組として組んだ企画ではなかったんですね。閉館、ということがもっと早くに分かっていれば「ベスト・オブ・大井武蔵野館」みたいな特集をやりたかったなあ。
**下村**　それはぜひ見たかったです。
**小野**　ちなみに、こういうポスターは、このような字だけのものを刷ってくれるポスター屋さんがありまして。
**太田**　3色刷りだね。シルク印刷で。
**小野**　時々、こういうものでも、「ほしい」というお客さんがいたな。
**下村**　私もたしか、閉館の時にいただいたんですよ。
**小野**　閉館の時以外にも、ほしがるかたは時々いらっしゃいました。「なんでこんなものを？」と思ってましたけど。
**太田**　1月31日が最後の上映だったんだね。
**下村**　だから閉館の1月はもう、無理にでも決まっていたものをかけた、という状態だったのではないですか。
**小野**　そうですね。だから日程がものすごく詰まってるでしょう。
**下村**　詰まってましたね。
**小野**　普通は2～3日で回して行く予定で組んでたけど……。
**下村**　つまりは、3ヶ月くらいでかける予定だったものを短期間でかけることになってしまった。
**小野**　ケツカッチンになっちゃったので。すでに番組はオファーしてある。ですから「もう全部かけよう」ということで。日程がぐんと狭まって、2日変わりくらいで。
**下村**　このポスターは昼間のプログラムのものですけど、レイトショーもやっぱり3ヶ月先まで決まっていたのが、短期間で組まれることになったんですね。
**小野**　そうです、そうです。
**下村**　レイトショーに通っていた身としては、これまでは週に1回行けばよかったのが3日変わりになりましたので（笑）……しかも同じ時に、中野武蔵野ホールで前田陽一監督の特集のレイトをやってたんですよ。
**小野**　ああ、そうでしたか。
**下村**　今日は大井に行って、明日は中野に行って、また1日おいて、また大井に来て、という……。それで、行くと同じ顔がいっぱいいるんですよ、同じ行動をしている人が（笑）
**一同**　（笑）
**太田**　「あの人、また来てる」というのはよくあるね（笑）
**小野**　やっぱり、並木座さんがその前に閉まっちゃった時に、ちょっとやばいなあと思ったんですよね。王道の並木座あってこそ、それを補足する大井、ってつもりでしたから。
**太田**　僕にとっては文芸坐の閉館も本当にショックだったね。あそこはまあ、3年後にはやる、という噂があったからまだ希望はあったけど、噂が本当になるかどうかわからなくて。名画座のなかでも〝巨星墜つ〟という感じだったね。今は立派になってよかった。
**下村**　まあ文芸坐は本当に伝統のある名画座でしたからね。
**太田**　うん。文芸地下が特に好きで。市川雷蔵特集は文芸地下で始まったし。

## 特にヒットした映画

**太田**　大井でいちばんヒットした映画はなに？
**小野**　超ヒットしたのは、『草迷宮』ですね。
**下村**　寺山修司。
**太田**　へえ、渋いねえ。
**小野**　あれは三上博史さんが出てますよね。ちょうどあの人がブレイクしてた時期だったんです。

**下村**　そのタイミングに合ったんですね。

**小野**　当時は『草迷宮』はビデオ化されてなくてフィルムを上映するところもなくて。併映はなんだったかな……『田園に死す』じゃなくて…『上海異人娼館　チャイナ・ドール』だったかなにかで。『草迷宮』はオムニバスの1編で、長さも40分ぐらいなんですよ。だからお客さんの回転がいい（笑）

**太田**　なるほど。

**小野**　〝絶対量〟を入れることができますからね。普通の映画だと、極端な話、来ても入れないということで、帰る人もいたと思うんです。その時は回転もできたんで、座席数は96なのに、５００人ぐらい来ました。

**太田**　あのころかなあ、雑誌の『Ｔａｒｚａｎ』で「私の好きな場所」というインタビューを受けて、大井武蔵野館で写真を撮らせてもらってね。

**小野**　ええ。

**太田**　それで、文章を書いたけれども、普通、映画館に入ると空いてるとうれしい、自分の好きな席に座れるから。でも武蔵野館は混んでるとうれしくてねえ（笑）。座れなくて後ろのところのバーに立って見たのはうれしい思い出だね。「こんなに入ってる！」って思ってさ。

**小野**　やはり興行は入ってくれないとね……。とにかくそれこそが〝生命線〟ですから。

**太田**　人気番組の定番作品で何度も何度もかけて、当たった、っていうのは？『君も出世ができる』かな？

**小野**　『君も～』は、あまり入らなかった。

**太田**　ああ、そう。

**小野**　やっぱり、時代劇の、『丹下左膳餘話　百萬両の壺』とか『鴛鴦歌合戦』、『春秋一刀流』も発見したらお客さんも気づいて。あと『天狗飛脚』。

**太田**　へえ。うれしいねえ、それは。

**小野**　時代劇ファンというのは、やはり固定のかたがいる他に、若い人も……普通の、本格的時代劇はあまり好まないとかね。

**太田**　東映調、みたいな。

**小野**　『鴛鴦～』とか、ああいうのだといい、という……いわゆる明朗時代劇ですね。そういうのに来ていただいて、びっくりするし、それで、良さが伝わったんだと思いますね。ですから、やっぱり時代劇っていうのはいちばん安定してたかな。

**太田**　そのころの学生とか映画ファンは難解な映画、アラン・レネとかが主流だったけど、『春秋一刀流』を「面白い！」っていう若い人がいるのがとても心強くてね。

## 困った時の……

**小野**　あっ、何度上映しても入った、と言えば『恐怖奇形人間』ですね。

**下村**　やっぱりそれがありますね（笑）

**小野**　いちばん重要なのを忘れてました（笑）

**太田**　大井のドル箱作品（笑）

**小野**　そうそう。「困った時の『恐怖奇形人間』」。しかし「なるべく『恐怖～』をかけないで番組をもたせるのがプロの技だ」と思ってたんです（笑）。かければ必ずお客さんは来ていただけますので。この作品がなかったら、閉館はもっと早かったかもしれない（笑）。しかし、石井輝男監督の映画でも、『恐怖～』以外は、そうは入らないんです。

**太田**　石井監督の〝地帯〟ものなんて好きだけどなあ。スピーディな演出で。

**小野**　そうですね。でもね、それと、〝当たる〟というのはちょっと違うんですね。やっぱり……ドラマの部分はさて措いて、とにかく「とんでもない」かどうか（笑）

**太田**　フムフム（笑）

**小野**　それと、ビデオにならないんで。どうしても見たければ映画館で見るしかない。だからそういう意味でもなんか選ばれた映画みたいだな、という気がしますね。あの作品も海外版のＤＶＤはあるんですけど、それを持っちゃうとそれで終わりです。いつでも見られる、と思うと感激がなくなっちゃう。

**太田**　ＤＶＤを買うと安心して、いつまでも見ないというのはよくある。だから映画館に足を運ぶのは大事だなと思う。

**小野**　そうです。持ってると「いつでも見られる」と思うんです。「いつでも見られる」というのと、「いつまでも見られない」というのはたいして変わらない気がします。

**太田**　本当にそうだよね。

**小野**　この日しか見られない・この1週間しかない・この次があるかどうかわからない、という、そういう、「しょうがなしに」を上映している映画館で、映画と向きあう。ＤＶＤを持っていて「じゃあ、今日はこの映画でも見るか」っていうのは、構えが違うでしょう。

**太田**　うん。真剣に見るもんね。
**小野**　映画館では、つまらないと本気で腹立てたり。だから真剣なんですよ。
**太田**　しかし僕は最近あまり腹を立てなくなったな（笑）。人が丸くなって、すべてを肯定する（笑）
**小野**　私もたしかに、今ではそのような〝打率論〟を自分で見出してからは腹を立てなくなりました。
**太田**　僕はノートに評価の点数を書いてるけど、どんどん甘くなってるね。昔は「辛口だ」って気取ってたけど、すぐ80点とか出しちゃう（笑）
**下村**　僕も大井でずっと映画を見ていたら、映画に対するハードルがすごく下がりましたよ。大概のものは普通に見られるようになりました。
**太田**　それはやっぱり映画の見かたが上手になってるんだと思うよ。見ている途中で「これはずいぶん陳腐な話だなぁ」って思えば、違う面を楽しめばいいしさ。……まあ「元を取ろう」ということかもしれないけど（笑）。もちろん名作は名作で素晴らしいし、好きなものは二度目、四度目、五度目と見て安定した感動に浸れる。結局みんないい（笑）
　やっぱり映画の見かたが上手になってると思うなあ。大井武蔵野館のおかげだよ。
**小野**　いえいえ……。
**太田**　本当に。
**小野**　でもそうかもしれない（笑）

## シネマノヴェチェントという存在

**下村**　大井のおかげで、映画を見る目を育てられましたよ。
**小野**　でもまあ残念ながら閉館してしまいました……。ですけど、だから、大井武蔵野館閉館の時に、ここ（シネマノヴェチェント）のオーナーで総支配人の箕輪克彦さんが、「自分たちで映画館ができないか」といわれまして。それからかなり時間は経ちましたが、16年後の今年（２０１５年）、なんとここができたんです。
**太田**　立派だね。初めて来たけれど驚いちゃった。場内に「どうだ！」って感じで映写機がある。そちらに向って手を合わせたくなったよ（笑）
**小野**　大井も、ここのように映写機が見えたんですよね。
**太田**　そう。あそこで映写してるなって分かる。
**小野**　だから私もここに来ると、大井武蔵野館が甦ったような気がして実にうれしいです。
**太田**　今でも映画館に行くとね、「うわあ、でかくていいなあ」って、本当にうれしいもんね。
**下村**　ある程度の大きさのスクリーンで見てこそ、っていうことはありますからね。
**小野**　だから、ここにこの映画館があるというのが信じられない気がするんです。今ここにある奇跡（笑）
**太田**　ここは、番組選定はどういうふうにやってるの？　リクエストは受け付けてるかな……。

## 映画ファンの夢

**下村**　太田さんは以前、神保町シアターで特集を組まれましたよね。
**太田**　あそこでは2回、特集をやらせてもらってね（「昭和の原風景」（２００９年）、「映画と酒場と男と女」（２０１０年））。あれはうれしかった。夢がかなった。
**下村**　それらの企画は、神保町シアターに細谷さんがいらして実現したものですね。
**太田**　そうです。
　映画ファンの夢は「映画を1本撮ること」ではなくて、「自分で番組を組むこと」。特集上映1ヶ月とかね。で、相談するじゃない。「これはこの前、あそこでやってましたから止めましょう」とか「フィルムがない」とか「これが興行の難しさだねえ」とか言っちゃってさ（笑）
**一同**　（笑）
**太田**　特集が始まると、お客さんの入りが心配になって「今日、入ってる？」とか電話する（笑）
**小野**　その気持ちは大いにわかります（笑）
**太田**　それで「まあまあです」と言われると自分も駆けつけて「ひとり増やそう」とかね（笑）。毎日データが来るからね。あれは面白かったなあ。
**下村**　お話は尽きませんがここらへんで……。どうもありがとうございました。
（拍手）

アンケート

# 私はこれを見た

**Q１：大井武蔵野館には何回くらい行かれましたか？**
**Q２：見た作品で、忘れられないものを5～10本、挙げてください**
**Q３：忘れられない特集、イベントや忘れられない光景を教えてください**
**Q４：初めて知った監督・または改めてその魅力に目覚めた監督を教えてください**
**Q５：意義はどのようなものだったと思われますか？**

（掲載は原稿到着順）

## 下村健

**日本映画研究家**

しもむら・たけし　１９６３年生まれ。日本映画研究家、新東宝は専門分野。シネマヴェーラ渋谷ほかの上映企画協力。石井輝男プロ役員、中川信夫監督を偲ぶ集い「酒豆忌」実行委員

**A１**
数えていないのではっきりは判らないけど１５０～２００回ぐらいか？

**A２**
筧正典監督『結婚の夜』
蔵原惟繕監督『狂熱の季節』
野村芳太郎監督『東京湾』
田向正健監督『とめてくれるなおっ母さん』※あまりにもつまらなくて逆に忘れられない。
西村潔監督『ヘアピン・サーカス』※個人的にはこの作品自体はあまり評価していないが、大井武蔵野館の最終番組であったため「これが最後かよ！」と思い記憶に残ってしまった。

**A３**
レイト番組「お宝発掘キャラバン」、隠れた良作からどうにもこうにもつまらない作品まで本当に玉石混淆、これに通ったお陰で映画の面白さの基準点が下がり大概の作品は平気で観られる様になりました（笑）

**A４**
特定の監督や作品ではなく、映画を観るということ自体の視野を広げてくれた様に思う。

**A５**
当時の他の名画座文芸坐や並木座などでかからないマイナーな作品を上映してくれる貴重な存在であった。
大井武蔵野館が閉館して暫くしたら「ああ、しょうもない（褒め言葉）映画が観たいぃ」と大井ロスに悩まされてしまった。

# たかぎ

ホームページ『キネマ洋装店』店主

たかぎ　1967年生まれ。会社員。神保町シアター、シネマヴェーラ渋谷にて「キネマ洋装店」女優と衣裳の特集上映に参画

**A1**

1回だけとなってしまいました。

**A2**

そのただの1度きりの大井武蔵野館体験は、閉館する年（1999年）の正月の時代劇傑作三本立て（※編集註：特集「チャンバラ・スタア★日本一決定戦　バンツマ対アラカン」内の「特別付録・オモシロ時代劇三連発」）として、『鴛鴦歌合戦』、『天狗飛脚』、『丹下左膳餘話　百萬両の壺』でした。そのいずれも忘れられません。

**A3**

当時の自分はまだいわゆる旧作邦画の面白さに目覚め始めた頃でした。小津、黒沢、成瀬、溝口、川島、エトセトラ……巨匠といわれる監督の作品を追い掛けて並木座などに通っていた時分だったかなと思います。山中貞雄ってスゴイ監督がいた、とか『鴛鴦歌合戦』って戦前のミュージカル映画の傑作、みたいなことを映画書から知ってふと駆けつけたのがきっかけでした。

**A4**

『鴛鴦歌合戦』も『丹下左膳　百萬両の壺』も、もちろん評判通りの面白さだったのですが、『天狗飛脚』にはドギモを抜かれました。そしてどの映画書にも載っていない、知らない監督、丸根賛太郎の作品。疾走感、ユーモア、ウイット、エンターテイメントのエッセンスが凝縮されていました。

場内の熱気もスゴくて、ゲラゲラ、クスクス、笑い声でみんなで映画を楽しんでる一体感もそれまでになかった体験。

その当時の自分、正直時代劇は古めかしくてダサいイメージがあったので、どちらかというと敬遠していたのですが、どっこい、食わず嫌いはソン！　と反省。

そのあと、三百人劇場で丸根特集があったときには特集の全作品を鑑賞するまでに。いわゆる名作や巨匠をおっかけるだけでは物足りない！　と胸の中の邦画マニアへの扉がパカーッと開いたきっかけは大井だったのかと思い出されます。

**A5**

1回しかいけなかったわたしには答える資格はないのですが、あえて書くなら、その1回だけで邦画には名作・巨匠の作品でなくても埋もれた傑作が実はゴロゴロしてるんだぞ、観なきゃソンだぞ、ということを教えてくれたような気がします。あのとき扉が開いたので。

---

# 細川周平

音楽学者

ほそかわ・しゅうへい　1955年生まれ。著作に『遠きにありてつくるもの　日系ブラジル人の思い・ことば・芸能』（みすず書房）、『近代日本の音楽百年　黒船から終戦まで』全4巻（岩波書店）、他

**A1**

30回か40回ぐらい。

**A2**

『洲崎パラダイス　赤信号』
『特急にっぽん』
『鴛鴦歌合戦』
『セクシー地帯』
『黒線地帯』
『ああ爆弾』
『君も出世ができる』
『初春狸御殿』
『ある殺し屋』

**A3**

川島雄三特集
50ｓハードボイルド
ニッポン・ミュージカル特集
増村保造特集
新東宝特集（グラマー三人娘、ライン特集など）
市川雷蔵特集

**A4**

川島雄三や市川雷蔵をまとめてみました。新東宝は三原葉子も石井輝男も武蔵野館で発見しました。岡本喜八は大井町で見たあと、阿佐ヶ谷で大回顧展に通い満足しました。『鴛鴦歌合戦』、『君も出世が出来る』をはじめとする日本のミュージカル特集にも目と耳を見開かされました。今では簡単に見られますが、80年代後半に初めて見たときには腰を抜かしそうでした。

**A5**

映画に一番熱中していたのは70年代末から80年初頭で、ＡＴＧ、小津安二郎、溝口健二、鈴木清順は池袋の文芸坐での土曜夜オールナイトで相当数まとめて見ましたが、１９８６年ごろに武蔵野館に出会い、そこからはみでてしまうＢ級をよく見に行き、いったん気に入ると、その月の「マイ特集」になりました。その方面の話し相手はほとんどいなかったのですが、百科事典的サックス奏者で作曲家のジョン・ゾーンと約束して見に行きました。休み時間にあそこがすごかったとしゃべり、ここは何々の引用とか教わりました。

大井町の再開発された道を行くと、珍品、珍優を見に行く気分が高まりました。外国映画はほとんど見に行かなかったと思います。「会報」はいつも楽しく読みましたが、その場と帰りの電車で読んで保存はせず読み捨てました。１９９１年から5年間海外に在住し、帰国後は勤務の職や子育てがあり武蔵野館というより銀幕自体から遠ざかってしまいました。ですから武蔵野館へは86年ごろから5年間の通いだったことになります。99年の閉館は少し遅れて知り、感慨にふけりました。

---

## 小西康陽

音楽家

こにし・やすはる……１９５９年生まれ。１９８５年、ピチカート・ファイヴのメンバーとしてデビュー。作編曲・音楽制作・ＤＪ。近年は自ら歌ったり

**A1**

全然思い出せませんが、年に3〜4回、という程度だったのでは。

**A2**

全然思い出せませんが、川島雄三の特集で、
『グラマ島の誘惑』
『貸間あり』
『喜劇 とんかつ一代』
『洲崎パラダイス 赤信号』
『愛のお荷物』

ヴィム・ヴェンダースの特集で
『ことの次第』
を観た記憶があります。大井ロマン？
市川崑の『三百六十五夜』、とかも大井のオールナイトだったか。

**A3**

忘れられない光景といえば、やはり大井町の駅から劇場に向かう一本道の向かって左側に政治結社の黒く大きな街宣車がいつも駐車していたこと、ですね。

もうひとつ、『ことの次第』という映画を観に行って、上映時間ちょうどギリギリ、場内が暗くなってから席についたら全然違うＳＦ映画が始まって、あれ、オレ劇場間違えたか、とずっと心配しながら観ていたら、それは劇中に撮影していた映画のシーンだった、という。これはむかしどこかに書いたことがあります。

**A4**
川島雄三、ということになるのでしょうか。

**A5**
正直なところ、当時の二十代前半の自分は、大井武蔵野館が特別な劇場だった、という認識を全然持ち合わせなくて、たとえば大塚名画座と鈴本キネマ、文芸坐と文芸地下、みたいな「東京の名画座」という存在とだけ思っていたはずです。ですから、こうしてアンケートに答えるような資格などないのですけれど。でも、いちばん好きだった五反田ＴＯＥＩシネマ、八重洲スター座、新宿ローヤル、飯田橋佳作座、銀座並木座などと並んで、安くて好きな名画座のひとつだったことはたしかです。

## 木全公彦
**映画評論家／ライター**

きまた・きみひこ……1959年生まれ。数年前、ニューヨークの映画狂たちの実態を記録した「シネマニア」なるドキュメンタリー映画を観た。彼らの常軌を逸した映画廃人ぶりには驚くとともに同族嫌悪を抱いたが、映画への見識は遥かに日本の映画獣の方が優れていると思った。映画獣の勝利！

**A1**
数えられないぐらい。初めて行ったのは1984年8月の東映アニメ特集。

**A2**
『牡丹燈籠』（ＴＶ版・中川信夫）、『自動車泥棒』、『春秋一刀流』、『天狗飛脚』、『九十九本目の生娘』、『海女の化物屋敷』、『嵐を呼ぶ十八人』、『偽大学生』

**A3**
・1986年夏の桂千穂さん監修の大蔵新東宝特集。
・小野善太郎氏の支配人時代になって、毎年のように上映される斎藤耕一のＧＳ映画。

**A4**
常連が多いコヤだったが、特に川島雄三特集は常連率高し。元祖御三家映画にオバハンが大勢来ていたのにもびっくり。やはり大蔵新東宝のいかがわしさに目ざめたことが大きいかな。

**A5**
●川島雄三、岡本喜八、増村保造、中平康、市川崑、勅使河原宏、石井輝男、今村昌平、松竹ヌーヴェルヴァーグ、マキノ雅弘、成瀬巳喜男……自分のごひいき監督の未見作をかなりこのコヤで、拾うことができた。感謝。
●レイトで毎週やってた『禁男の砂』シリーズ全4作全部通った。何が悲しゅうて、こんな作品見に、遠方まで行ったのか。ただただ達成感があったのみ。
●何度も前田陽一特集があったと思うが、その中のある一日の思い出。まだ上映開始まで時間があったので、入口のウィンドウのポスター『新幹線大爆破（フランス公開版）』を眺めていたら、野球帽のおっさんに声をかけられた。「これ、おもしろい？」と聞かれたので、いかに日本公開版と違うかと説明した。「詳しいねえ」とおっさんは感心しきり。「それで今日はこれから映画見んの？」「はい」「それはおもしろいのかね」「もちろんですよ！　前田陽一監督ですから。ねえ監督！」と言ったら、前田監督は照れたように笑った。ぬっと手を差し出したので、握手してもらったら、掌をこちょこちょとくすぐられた。その日のトークショーで前田監督は、『虹をわたって』に出演した天地真理のソープ嬢疑惑事件についてしゃべっていたが、何年後かのトークの時も、その話ばかりしていたのが印象に残っている。
●レイトショーで必ず見かけるオバハンが、女子トイレで髪を洗っていて、小野支配人に怒られていた（笑）。
〔総括〕大井武蔵野館はシネフィルを育てたコヤでなくて、映画獣と映画ファンの集う異空間だったと思う。

# 伊藤彰彦

映画史家

いとう・あきひこ……1960年生。著書に『映画の奈落　完結編　北陸代理戦争事件』（講談社α文庫）、『無冠の男　松方弘樹伝』（講談社）、『最後の角川春樹』（毎日新聞出版）、『仁義なきヤクザ映画史』（文藝春秋）

**A1**

数え切れないですね。京浜東北線の映画館は私の「学校」でした。76年に名古屋から上京し横浜に住んだ私は、週に2回は高校をサボって、夕暮まで川崎、横浜、鶴見、蒲田の映画館にいました。川崎、蒲田は安くてでかい惣菜パンを売っている店が商店街にあり、映画の前に買いました。シウマイ弁当を食べながら映画を観ている人がいるなと思うと、作家の田中小実昌さんでした。増村保造の『女の小箱より　夫が見た』を観たのは「川崎銀星座」（プログラムが素晴らしかった）。オールナイト上映のゲストの黒木和雄に馬鹿な質問をし、夏文彦（バラのトミイ）に怒鳴られたのが「鶴見文化」。昼日中に映画を観る後ろめたさを味わったのが、京浜工業地帯の労務者の人たちが寝に来る「横浜ニュース劇場」、川崎競輪帰りの人たちが血走った目で映画を観る「川崎国際」。けれど、88年に就職をして堅気になって田園都市線沿線に引っ越し、京浜東北線の映画館から足が遠のきました。大井武蔵野館が出来て、また京浜東北線に引き戻された感じです。

**A2**

『徳川いれずみ師　責め地獄』を観た日のことが忘れられません。桂千穂さんに師事していた私は、あるうららかな春の午後、目黒区碑文谷にある桂邸を訪れ、桂さんの愛猫を膝に抱く佐藤肇監督を紹介されました。桂さんの淹れた紅茶をいただきながら、桂さんと佐藤さんが目を輝かせ『徳川いれずみ師　責め地獄』のシナリオのことを、「あんなしなしなした構成ってないよね」と合槌を打っている姿を、ぼんやり眺めていました。数年後にやっとこの映画を観ることができましたが、いまもって「しなしなした構成」という言葉の底意がわかりません。大井武蔵野館と聞いて思い出すのは、『責め地獄』と桂さんと佐藤肇さんと気怠い昼下がりです。

**A3**

根岸吉太郎の『狂った果実』を観に行ったら、中平康の『狂った果実』が上映され、上映後、呑気に「フィルムが告知と違っていました」とアナウンスが流れたこと。

大井武蔵野館の「始めにシナリオありき」特集と大井ロマンの「ルイス・ブニュエル特集」を1ヶ月間、チャンポンで観て、少し映画がわかったかな、と思ったこと。

**A4**

川島雄三全作品
西河克己の日活作品
丸根賛太郎の現存する全作品

**A5**

現在、ラピュタ阿佐ヶ谷やシネマヴェーラで行なわれている国書刊行会などの映画本刊行と連動させた上映会を、ワイズ出版刊の『石井輝男映画魂』や『西河克己映画修業』の発刊の際に先駆けて行なったこと。

90年代のワイズ出版の「日本カルト映画全集」や『映画秘宝』の発刊と軌を一にし、シネマヴェーラの「異形・妄執の人々」特集につながる「カルト邦画プログラム」のひな型を作ったこと。

まるで書き割りのような場末の町のドン突きに映画館があるという、町と映画館の、日常と非日常の不思議な関係を現出させた映画館であったこと。

大井武蔵野館がなくなって、「丸八」でとんかつを食べる以外、この街に降り立つことはなくなりました。

# 渡辺武信

詩人／建築家／映画評論家

わたなべ・たけのぶ……１９３８年生まれ。２０１０年、設計監理の実務から引退、日本建築家協会住宅部会名誉会員

私が映画評を書き始めたのは１９６４～１９７０年に渡って刊行された「凶区」の誌上である。同誌は本来、詩の同人誌だったが同人が皆、映画好きだったので、年末には〝映画ベストテン〟号を刊行して「映画芸術」「キネマ旬報」などに送っていて、それが映画専門誌からの執筆依頼につながったのだった。(「凶区」は先行する多くの同人誌が合併を繰り返して成ったたが、その間の事情は『移動祝祭日』（２０１０年、思潮社刊）に記したから詳細は略す)。私は日活アクションのファンで、同人誌に最初に書いたのも裕次郎＋ルリ子の『赤いハンカチ』（舛田利雄、64）だった。しかし映画雑誌から執筆依頼が来るようになった１９６０年代末期からは東映任侠映画について書く機会が多くなった。私の最初の映画評論集『ヒーローの夢と死』（72）にも任侠映画論が多いが、私の好みの原点は60年代の日活アクションにあり、１９７１年に日活アクションが終焉すると、「誰かが書き残しておかねばならない」という使命感から、「キネマ旬報」編集長・白井佳夫に直訴して日活アクションに関する連載を始めた。これが72年から79年まで9年間続いて上中下3巻の『日活アクションの華麗な世界』として刊行された。この本は書籍化される前の連載中から、一部のマニアに限られるものの反響は大きく、私が湯布院映画祭に常連ゲストとして招かれるようになったきっかけも初期実行委員たちがキネ旬の連載を愛読していたからだ。映画評論家としてのキャリアを確立するにつれ、名画座で催される監督や俳優とのトークショーに招かれるようになった。ここでようやく大井武蔵野館の話に入れる。

編集者が調べてくれた結果、私は大井武蔵野館のトークショーに2回招かれていたことが解った。第1回は86年11月、和田誠と「ニッポン・ミュージカルの時代」と題して話した。2人ともハリウッド・ミュージカルは大好きだが〝ニッポン〟という但し書きがあるのは羽仁進が監督し、私と山田宏一が脚本に歌の始まりのきっかけとギャグを付け加える仕事をした『恋の大冒険』（羽仁進、70）が上映されたからだ。主演は〝ピンキーとキラーズ〟で、記録映画出身の羽仁進は歌手を使う娯楽映画には不慣れなので、親しい山田宏一に相談し、彼が私を誘ってくれたのだった（私は当時草月アートセンターから刊行されていた「季刊・フィルム」に『パイ投げから世界の崩壊まで』と題する長篇スラプスティック論を書いたばかりだったので山田も私を羽仁に紹介し易かったのだろう）。この作品は脚本の画面に羽仁、山田、渡辺の名がきちんとクレジットされている唯一の商業映画で、傑作ではないが愛すべき小品として湯布院映画祭でも前夜祭で上映された。

和田誠はヒロインがカバとダンスするラスト・シークエンスのアニメを担当した美術監督で、脚本にはクレジットされていないが、ホテルの一室で連日の深夜に行われる脚本会議に必ず出席し、私と山田が漠然とした記憶を提示すると「それは○○だね」と題名を言い当てるので、映画マニアを自認する私たちも感心するより、むしろ呆れていた。この企画以来、和田、山田、渡辺は親交を深め、唯一、自分専用のカラーテレビを持っている和田の事務所兼自宅を訪れて「日曜映画劇場」を一緒に観るようになった。

大井武蔵野館の第2回では、宍戸錠と長谷部安春監督と話した。上映作は錠が自分の出演作のベスト2だという『拳銃〈コルト〉は俺のパスポート』（67）、『みな殺しの拳銃』（67）。これらはいずれも日活アクション末期のロー・コストモノクロ作だが、ハードボイルド映画の傑作である。前者の監督は野村孝だが、後者の監督をする長谷部が助監督を務めている。『拳銃…』ではラストの決闘で大型車で襲ってくる悪玉に対して、錠が自分の身体がやっと入る浅い穴を掘り、上を通過する車底に磁石付きダイナマイトを貼り付けて爆破するシーンがある。監督がその穴の底に冬の蠅がうごめいている絵を撮りたいと言い出し、撮影も冬なのでチーフ助監督の長谷部が暖房の効いた日活の食堂で蠅を集めていて、「これがチーフの仕事かよ」とぼやいていた。

実は宍戸錠との出会いは古く71年に遡る。日活アクションが終り、彼がテレビの『ゲバゲバ90分』に出演していた頃、テレビ局近くの喫茶店で会った。かなり長く話して印象的な言葉も拾ったが、インタビューではなく執筆のための取材で、それは『宍戸錠―醒めた意識のダンディ』として「朝日ジャーナル・71年3月12日号」に掲載された。この中で日活時代の宍戸錠が好きな私は『ゲバゲバ90分』を批判している。それでも相性が良かったのか、日活アクション

の本が気に入ってくれたのか、チャンネルｎｅｃｏというマイナーなテレビで、彼がホストを務める番組に長い間、連続してゲストに招いてくれたり、私が近い世代の建築家として注目していた鈴木恂（まこと）設計の自宅（錠の生前に焼失）に招いてくれたりした。映画スターを安易に友と呼ぶのは礼を失することだが　私にはそういう感情も否めないので、この〝醒めた意識のダンディ〟が他界して心寂しい思いをしているが、読売新聞に短い追悼文を寄稿できたことがささやかな慰めとなっている。

## 高崎俊夫

**編集者／映画評論家**

たかさき・としお……１９５４年生まれ。企画・編集した映画・文芸・音楽関連の書籍は50冊を超える。著書に『祝祭の日々――私の映画アトランダム』（国書刊行会）がある

**A1**
だいたい30～40回ぐらいかと思います。

**A2**
『たそがれ酒場』、『イチかバチか』、『お嬢さん社長』、『黒線地帯』、『黄線地帯』、『セクシー地帯』、『九十九本目の生娘』、『エノケンのとび助冒険旅行』、『天狗飛脚』、『アンドレイ・ルブリョフ』ほか。

**A3**
もちろんこの劇場の定番である川島雄三、岡本喜八、石井輝男、中川信夫特集はよく通いましたが、意外に記憶に残っているのは、アンドレイ・タルコフスキーの特集です。『鏡』と『僕の村は戦場だった』、そして『ローラとバイオリン』と『アンドレイ・ルブリョフ』の２本立ては特に忘れられません。

**A4**
やはり『九十九本目の生娘』の曲谷守平でしょうか。同時上映の曲谷監督の『蛇精の淫』も見ているはずですが、こちらは、まったく記憶にありません。

**A5**
私の記憶の中では、大井武蔵野館というのは、一九七〇年代の後半における上板東映を引き継ぐようにして現れた名画座というイメージがあります。ちょうど「月刊イメージフォーラム」の編集者時代の終わり頃から、映画業界をまったく離れていた一九八〇年代の後半にかけて、よく通っていて、自分と〈映画〉を繋ぎとめてくれていた存在だったように思います。この時代はアメリカン・インディーズ系のとんがったカルト・ムーヴィーが続々、紹介されていましたが、邦画カルトの発掘というカウンター的な試みの場としても貴重だったと思います。

---

## 森　遊机

**映画研究者／書籍編集者／プロデューサー**

もり・ゆうき……映画研究家・書籍編集者。フランス映画社、ＰＬＤＣ＝ジェネオン、復刊ドットコムほかに勤務後、スタジオジブリの月刊誌「熱風」に「映画プログラムという迷宮」連載中。共著書に『完本　市川崑の映画たち』、『大塚康生インタビュー』ほか。『フランス映画社の時代』（仮題）などを準備中

**A1**
正確ではないのですが、年に数回くらいとして……トータルで１００回くらいは通ったでしょうか。

**A2**
これが初見だった市川崑『恋人』、『愛人』。須川栄三『太陽は呼んでいる』、『君

も出世ができる』、『野獣狩り』。ラストの感動でイスから立ち上がれなかった斎藤耕一『落葉とくちづけ』。渡辺邦彦『白鳥の歌なんか聞えない』、『制服の胸のここには』。川島雄三『箱根山』。そして、ラスト・プログラムの西村潔『ヘアピン・サーカス』。

**A3**

・89年の市川崑オールナイト。『恋人』のラストで、「End」と英語でエンドマークが出た瞬間、満員の場内から「ほおーっ……」と感嘆のため息が出たこと。佐藤忠男さんも来ていました。

・暑い夏、土曜の午後。『箱根山』に入場したら、画面内でも暑い夏だったという臨場感。

・『落葉とくちづけ』を観終えたら、階下のロビーで同作主題歌の中古EPレコード（￥1000）を売っていたこと。小野支配人ならではのファンサービス！

・映画の後で支配人室に寄り、小野さんと雑談するのも毎回の楽しみでしたが、以前から探していた『ブルークリスマス』のシナリオ本（美本！）を、ポンと気前よく下さったこと。

**A4**

やはり、映画史的にあまり語られない、昭和40年代の東宝監督作品群をスクリーンで観られてありがたかった。須川監督は、A2で挙げた以外にも、『野獣死すべし 復讐のメカニック』、『百万人の大合唱』。森谷司郎監督の『初めての旅』。渡辺邦彦監督の『恋人と呼ばせて』、『阿寒に果つ』など、つつましくウェルメイドな佳品が大好きでした。

**A5**

題名を知るばかりで観ることがかなわず、当時ソフト化もされていなかった作品たちを、銀幕で（主に35mmで）観られたことに大感謝。そして、小野支配人の温和なお人柄と見識が、何よりの原点であり起動力でした。

---

# 内藤　篤　シネマヴェーラ渋谷創業者

# 内藤由美子　シネマヴェーラ渋谷館主・支配人

ないとう・あつし……映画を中心としたエンタメ関連の弁護士。2006年にシネマヴェーラ渋谷を創業、洋画の字幕翻訳も手掛ける

ないとう・ゆみこ……2006年開館の「シネマヴェーラ渋谷」支配人。2014年ごろからプログラミングを担当。日々奮闘しています

**A1**

篤……70～80回くらい？

由美子……30回から40回くらい？（※すみません、はっきりしません）

**A2**

篤……『大悪党』増村、『億万長者』、『人間模様』市川崑、「ラインシリーズ」石井輝男、『100発100中』福田純

由美子……『その場所に女ありて』、『悪の階段』、『脱獄囚』鈴木英夫、『危いことなら銭になる』中平康、『ガス人間才1号』本多猪四郎、『天狗飛脚』丸根賛太郎

**A3**

篤……市川崑の新東宝もの

由美子……鈴木英夫監督特集

**A4**

篤……鈴木英夫

由美子……鈴木英夫、丸根賛太郎

**A5**

由美子……私にとって大井武蔵野館と言えば鈴木英夫監督なのですが、埋もれた作家を再発見した功績は大きなものだと思います。今の東京の名画座のニ

ッチ感というかシネフィル感の元祖ともいうべき存在であり、大井町武蔵野館が〝映画都市・東京〟の礎を築いたことは間違いありません！　熱烈なファンがいるのも頷ける充実のラインナップが素晴らしい!!　日々プログラミングに頭を悩ませている身として頭が下がります。

## 吉濱葉子

**スタジオａｍｓ三軒茶屋 元支配人**

よしはま・ようこ……１９５８年生まれ。１９８５年～96年、アムス西武三軒茶屋スタジオａｍｓにて、日本映画の旧作上映に力を入れる

**A1**

限られた時間の中でとても足しげく通うというわけにはいきませんでしたが、かろうじて一般的な映画ファン程度には見に行ったかなと思います。でも、毎月送られてくる大井武蔵野館の上映スケジュール表を見ながら、見に行く都合がなかなかつかない事に何度悔しい思いをしたかは数えきれません。

**A2**

見た作品というよりも、見ずじまいになってしまった作品が忘れられません。夢野久作シリーズ『瓶詰め地獄』、『少女地獄』、『ドグラマグラ』など、毎回上映日程に必ずチェックを入れ、あれ程たびたび上映していたのに結局一度も見に行っていない。とても興味があったのですが、当時の私は、清く、正しい、懐かしの日本映画優先だったので、どうしても後回しになってしまいました。今でもそれが心残りです。

**A3**

恐らく、大井武蔵野館が最も本領を発揮したのはカルトムービー特集ではないでしょうか。怪奇、猟奇、倒錯的なタイトルの思いもつかない作品群はただのオーソドックスな映画ファンの私には、ちょっと別世界でしたけど？　熱狂的な映画マニアを相当喜ばせてきたんでしょうね。あと「全日本とんでもない映画まつり」も印象に残っています。具だくさんのお鍋の様なパワフルな魅力がありました。それぞれの上映作品につけたサブタイトルも趣向を凝らしていて面白かったです。

**A4**

川島雄三監督作品の大ファンだった私にとって大井武蔵野館でのたびたびの上映は大変嬉しかったです。また「カワシマクラブ」という存在を知ったのも大井武蔵野館だったと思います（間違っていたらごめんなさい）。彼らが自分たちでお金を出しあって上映できるフィルムに焼いてくれたおかげで、当時川島監督の見る事のかなわなかった貴重な作品をやっと見る事ができた嬉しさは忘れられません。彼らの川島監督に対する並々ならぬ情熱に圧倒されたのを憶えています。

とにかく、川島監督作品によく通い、ますますその魅力にはまった私ですが、同時に岡本喜八監督の作品も大好きで、大井武蔵野館があまりにたびたび上映するので当時私が携わっていたスタジオａｍｓで、この2人の監督を特集として組めなかったというのが残念な限りでした。まあここでほとんどの作品を見る事ができたのだから喜ぶべきなのでしょう。

**A5**

映画市場の名作、傑作や、恐らく当時封切られて以来一度も再上映されなかったであろう珍品や埋もれた佳作まで多岐にわたるラインナップは、どこの映画館も絶対に真似のできない強気なプログラミングにあったと思います。

一度パンドラの箱を開けてしまえばもう怖いものは無い。

上映する情熱の荒波が押し寄せてはさらにパワーアップされて返されてくる。映画ファンならそこで何度でも溺れていたい。大井武蔵野館とはそんな場所でした。

## 武藤康史　評論家

むとう・やすし……1958年生まれ。2023年4月、編書『里見弴 小津映画原作集 彼岸花／秋日和』（中公文庫）を出した

**A1**

何十回か……にはなると、思うが。

**A2**

ある映画をどこの映画館で見たのかは今となってははっきりせず、それに大井武蔵野館でどんな映画がかかっていたかがわからなければ思い出しようもなく、とりあえず図書館に行って1990年前後の「ぴあ」をざっと見たが、『独立愚連隊』、『電送人間』、『破れ太鼓』、『狐の呉れた赤ん坊』……などは大井武蔵野館で見たような気がするものの、『ああ爆弾』、『忘八武士道』、『君も出世ができる』、『大当り三人娘』……などは別の映画館で見たのかもしれない。

**A3**

『鴛鴦歌合戦』で「なななんです その傘を……」と服部富子が歌い出した瞬間、私を含む二、三人が一斉にアハハと笑ったことをおぼえている。客の入りはパラパラ程度だった。

上映作品の公開当時の資料や「キネマ旬報」の紹介記事のコピーなどがロビーにまめに掲示されていて、必死に読んだ。そこに書いてある映画のあらすじが、今見たばかりのその映画とは違っていることがよくあった。おかげで何か大切なことを学んだ気がする。

**A4**

これも本当に大井武蔵野館で初めて知ったのかどうかはっきりしないことが多いが、たぶん丸根賛太郎はここで知ったと思う。

**A5**

とにかく私にとっては大切な場所だった。

大井武蔵野館がなくなってからは大井町に行くこともなくなった。ところが数年前から劇団四季の劇場に行くためにまた大井町駅でよく降りるようになった。観劇の帰り、ふと思い立って大井武蔵野館があった場所に行こうとしたが、たどり着けなかった。かつてあれほどかよったのに、途中の道も記憶とは違っていて茫然とした。

---

## 鈴木卓爾　映画監督／俳優

すずき・たくじ……1967年生まれ。監督作は『私は猫ストーカー（09）』、『嵐電（19）』など

**A1**

おそらく数回と記憶しています。

**A2**

『西鶴一代女』、『山椒大夫』

**A3**

溝口健二特集。

**A4**

初めて溝口健二監督を観たのは大井武蔵野館でした。『山椒大夫』は、その鮮明な白黒感を記憶しております。

**A5**

内外の古くに作られた映画も、新しい映画も、大井武蔵野館という空間に、京浜急行線で見に行く事は、映画の普遍のところにあるワクワクを確かめる感覚があったと思います。

## 塩山芳明

エロマンガ編集者

しおやま・よしあき……1953年群馬県生まれ。明大夜間部卒。下請けエロ漫画編集者歴46年（叙勲等一切無し）。富岡市内から上信線、上越新幹線を乗り継いでの遠距離通勤歴30年

**A1**

30〜40回。

**A2**

『踊りたい夜』（封切り時、半年遅れの田舎で観て以来だから深く感動した）、『九十九本目の生娘』、『まらそん侍』（安中市のマラソン大会は益々人気を呼んでます。隣接する富岡市住民の弁）、『怪異宇都宮釣天井』、『夢で遭いましょ』、『悲しき60才』、『野獣の青春』（初めてではなかったが、観る直前に偶然廃屋化した「大井町東映」付近を散歩。その前のキャバレー付近でジョーのアクション場面のロケをしてたので驚いた）

**A3**

雷雨の中での石井輝男監督のオールナイト。「どんな天気でも石井輝男監督の特集とあっては駆け付けない訳には……」と語る、押し出しの無い桂千穂を見掛けた。

**A4**

曲谷守平、井上梅次、佐伯幸三

**A5**

一流の洗練された文化は千代田区内や青山・六本木には絶対に存在しない。ソープと右翼の街宣車をかき分けてたどり着き（お稲荷さんを右手に眺め）、地の果てで実体験するものだと体で教えられた。新旧「文芸坐」や「シネマ・ロサ」よりも、はるかにいそぎんちゃく的吸引力が確かにあった。

---

## 鈴村たけし

ヨコハマ映画祭元代表

すずむら・たけし……編著書に「冬のつらさを　加藤泰の世界」、「女優芹明香伝説」（ワイズ出版）など

**A1**

記録を取っていないので正確には分かりませんが、1999年に閉館になるまでの十数年、月に2回くらいは通っていた気がします。大井武蔵野館は基本2〜3本立てだったので、月5本、年に60本とすると、総計で千本までは届かずともそれに近い数は観たかも知れません。

**A2**

『鴛鴦歌合戦』
『天狗飛脚』
『君も出世ができる』
『その場所に女ありて』
『けんかえれじい』
『女獄門帖　引き裂かれた尼僧』
『虹をわたって』
『しとやかな獣』
『黄金のパートナー』
『ひとり狼』

これは難題。大井は名作、秀作、傑作、快作に加え、珍作、怪作、凡作、駄作など、それこそ何でもござれだったので、換言すれば観た映画のすべてが魅力的で、まさに〝禁じられた遊び〟でした。でも、そう言ってしまえば身も蓋もないと心を鬼にして上記の10本を挙げさせていただきます。いまではそのほとんどをDVDで所持していますが、どこかの映画館《コヤ》でかかれば駆けつける愛しの映画群であります。

**A3**

トークショーなどのイベントは多かったですが、大井はあまり予算が潤沢に

なかったせいか、小野支配人になってから半分くらいのイベントで司会のお鉢がまわってきました。自分以外の司会分も含め、石井輝男、井上梅次、大林宣彦、澤井信一郎、西河克己、岡本喜八、周防正行、三村晴彦、小沼勝、前田陽一、相米慎二、牧口雄二などの監督陣、原田芳雄、野村宏伸、天池真理、中村晃子、若杉英二、入江若葉などの俳優陣との豪華トークと楽しい打上げ会はすべて良き思い出になっています。

そんな中でも一番の思い出は1988年3月、マキノ雅弘監督とトークをさせていただいたことで、お宅までクルマで迎えに行ったこともよく憶えています。監督はご高齢で体調があまり良くなくクルマの中ではぐったりされていましたが、トークでは聞きしに勝るマキノ節が炸裂し、当方が用意した質問の十分の一も伺えずタイムオーバーとなってしまいました。これには慌てましたが、観客の皆さんの熱狂がビンビン伝わって来る至高の体験でした。最後のハイライトはマキノ監督の「みなさん、どうか日本映画を愛して下さい！」と号泣しながらの絶叫でした。同じような号泣プラス絶叫は湯布院映画祭でもあって、これは「映画監督・マキノ雅弘」というDVDに収録されているのが有名で、そちらが先と思われている向きもありますが、湯布院は1991年のことなので、実は大井の方が先なのであります。

もうひとつ、僕が編者となって「日本カルト映画全集『沓掛時次郎 遊侠一匹』」（ワイズ出版刊）という加藤泰監督関係の本を出版したとき（95年）、その記念上映として股旅映画の代表作、すなわち同作に『瞼の母』、『関の彌太ッぺ』（山下耕作監督）を加えた超豪華3本立てを組んで下さり、それを鑑賞したあと出版パーティーを開催し、同作の脚本家であった鈴木尚之さんなどが駆けつけて下さったことも生涯忘れ得ぬ思い出です。

**A4**

大井で発見した監督は、丸根賛太郎を始め多々おりますが、むしろ発見はしていたが、すべてを観てはいなかった石井輝男、マキノ雅弘、鈴木英夫、森一生などの監督の旧作を徹底的に観られたことが、かけがえのない体験でした。

**A5**

「映画館が学校だった」とよく言われますが、われわれ映画ファンにとってはまさにその通りで、人生のなんたるか、どう生きるかを示してくれる〝良き教師〟であると同時に、さまざまな悪の魅惑に誘い込む〝不良仲間〟でもあったわけです。前者の代表館は並木座、後者が大井と言っても過言でなかった気がします。でもそんな清濁併せ呑ませてもらい現在の自分があるのでしょう。

大井は「全日本とんでもない映画祭」「カルト（に成りそこねた）映画祭」などに代表されるように、名画座というより、玉石混交の雑多な上映が特徴で、もちろん〝石〟も多かったのですが、中にとてつもない〝玉〟もあったりして、そういう意味で映画ファンにとって絶対外せないコヤでした。

僕は1980年代に3年間、毎日新聞に「鈴村たけしの映画館」というコラムを毎週連載していて、そこで大井を取り上げたことがあり、こんなことを書いています。「いまいちばん過激な映画館は大井武蔵野館だといわれている。（略）並木座が名作路線なら、こちらは徹底した大衆映画路線。映画関係者や熱心な映画ファンが、それこそ全国から本当の生きた映画史に触れようと集まっている。（略）支配人の小野善太郎氏は映画好きが高じて、とうとう映画館に勤めてしまったという経歴の持ち主。その彼が全国の映画ファン注視の館の運営を任されているのだ。映画仲間が気軽に集える広場のようなコヤにするというのが彼の夢だ」（1985年8月30日付）。

## 金子修介

**映画監督**

かねこ・しゅうすけ……1955年生まれ。東京都渋谷区出身。東京学芸大学卒業後、日活に助監督として入社、1984年「宇能鴻一郎の濡れて打つ」にて監督デビュー

（※編註：当時のパンフレットにある）1987年12月20日は『山田村ワルツ』を撮影中で12月アタマから28日まで茨城県大子町におり、予告されていたトークイベントには参加出来ませんでした。クリスマスまで撮影してましたから。小沢なつきが「クリスマスには間に合わせたい」を歌っていました。

橋本以蔵監督とは何らかのトークをした記憶はありますが、それが大井武蔵野館であったかは分かりません。なお同年の12月8日に、『恐怖のヤッちゃん』

が報知映画祭読者投票ベスト1を受賞したと聞き、大子駅に報知新聞を買いに行きました。

　大井武蔵野館には1988年11月23日には行っておりまして、声優の村田博美さんと壇上に登っています。

　村田さんは、『1999年の夏休み』ではナオト（中野みゆき）の声を吹き替えで演じてくれました。その後、私の映画では『毎日が夏休み』でも、ラストの声をやってくれています。

　村田さんは、『時の旅人』や『ボビーに首ったけ』では主役です。

　ミーハー的人気が出るのを嫌って、以後アニメを断ってCMや映画予告などで活躍されていた方で、壇上に上がるようなことは、この時だけではないかと思われます。だから、この時ご覧になった方は、非常に貴重な体験をされたのではないでしょうか。その後、小野支配人、ヨコハマ映画祭の北見、三浦さんらと近所の居酒屋に行って、村田さんも囲んで楽しく飲んだことをビジネスダイアリーに記してありました。読んで思い出しました。

## 天野譲二　ライター兼編集者

あまの・じょうじ……1967年生まれ。著書（共著含む）に『悪趣味邦画劇場』、『日常洋画劇場』、『電子遊戯鬼畜道』、『面白いDVDの本』、『幻の未発売ゲームを追え！』等

**A1**
　おそらく20〜30回ぐらい。やはり学生の頃に通いまくって、脳の滋養にしていましたね。

**A2**
『女獄門帖　引き裂かれた尼僧』

『江戸川乱歩全集　恐怖奇形人間』

『狂った野獣』

『徳川いれずみ師　責め地獄』

『鴛鴦歌合戦』

『毒婦お伝と首斬り浅』

『処女監禁』

『犬神の悪霊』

『九十九本目の生娘』

『マニアック』

　どんな映画か忘れてしまったので番外ですが、『愛奴』も鑑賞した時は妙に心に引っかかる映画でした。

**A3**
　最初に観に行ったのは劇場公開時に成人映画として公開されたウィリアム・ラスティグ監督『マニアック』だったので、電話して「高校生だけれど入れますか」と尋ねて、向こうがキョトンとした感じで特に問題ないですと答えていたことを記憶しています。特集は、やはり全とん祭（全日本とんでもない映画祭）と牧口雄二監督特集！　そして大井武蔵野館に来館された石井輝男監督と牧口雄二監督を生で拝見した時の喜びと言ったら。牧口監督は初見の自分に気さくに対応してくださっていたので、その後映画館前で記念撮影になった時、映画館の人に知人と勘違いされたのか、入らなくていいんですかと聞かれたのを覚えています（知らんふりして入れば良かった、笑）。あと、『徳川いれずみ師　責め地獄』のイベントで桂千穂さんが「脚本を書いて水上火刑をクライマックスにして石井輝男監督に見せたら、大変感心された後、それを冒頭のクライマックスにしてよと言われて、えらい苦労した」という話に笑い転げました。

**A4**
　子供の頃に見た渋谷〝ハチブドー酒〟東映の看板が印象的だった『毒婦お伝と首斬り浅』と『女獄門帖　引き裂かれた尼僧』を初めて観て、もう牧口雄二監督にベタ惚れになりました。本当に東映らしからぬ耽美と叙情性に溢れた麻薬のような映画で、『女獄門帖』は上映される度に駆け付けていましたね。余談になりますが、そのリビドーがあったからこそ、映画秘宝『悪趣味邦画劇場』でお声がけしていただいた時に手を挙げて、牧口監督について拙文を掲載して

いただき、色々な方に読んでいただいたようで、その後の牧口監督の新作や再評価へのつなぎ役になれたと自負しています。他にも『江戸川乱歩全集　恐怖奇形人間』の石井輝男監督、『狂った野獣』の中島貞夫監督も大井武蔵野館で知りました。しばらくして、1階がディスカウントストアやカラオケボックスになって、2館体制が1館体制になったのは、淋しかったですね（東日本大震災後の石巻日活パールシネマでも味わいましたが）。

**A5**
映画ベストテンに来るような定番名画、特撮やアニメ、統一性の無い三本立てといった名画座が多い中、明らかにそれらから逸脱しつつも面白い作品を発掘するという視点からプログラムを編成して、傍流のアウトサイダー映画団というか作品群を発掘して再評価につなげてくれたことだと思います。特に新東宝と70年代東映映画の発掘と再評価への貢献は大きかったのでは。今は、大井武蔵野館も大井スタンプも近隣に住んでいた仲の良かった親戚も姿を消し、20世紀の大井町を偲ばせるものは湯喜の看板ぐらいですが、私にとって大井武蔵野館は、亀有名画座と並ぶ映画人生の恩人です。『オン・ザ・ロード』ニュープリント上映会でお会いした時に申し上げましたが、小野善太郎さん、ありがとうございました。

## 寺岡裕治

**映画ライター／編集者**

てらおか・ゆうじ……1977年生まれ。「銀幕ー002 飛翔するジャン・コクトーへの挨拶」の編集、今泉力哉監修『アンダーカレント』パンフへの寄稿など

**A1**
30回ぐらい？（体感、体験の質としては160回ぐらい）

**A2**
『気まぐれ冠者』（35年、伊丹万作）
『鴛鴦歌合戦』（39年、マキノ正博）
『春秋一刀流』（39年、丸根賛太郎）
『悪人志願』（60年、田村孟）
『君も出世ができる』（64年、須川栄三）
『月曜日のユカ』（64年、中平康）
『自動車泥棒』（64年、和田嘉訓）
『とべない沈黙』（66年、黒木和雄）
『好色源平絵巻』（77年、深尾道典）
『毒婦お伝と首斬り浅』（77年、牧口雄二）

**A3**
とりとめなく、私的エピソードを記します。
・中学2年で並木座や文芸坐に通いはじめた半年後、大井で『鴛鴦歌合戦』を観て、映画の沼の深みにはまった。そして大井の一階か階段の中途のところで雑誌『映画芸術』（プロダクション映芸）や監督サイン入りの書籍『石井輝男映画魂』（石井輝男、福間健二著、ワイズ出版）を購入しさらに深みにはまった。のちに石井輝男監督の『ねじ式』（98年）の撮影準備現場にお邪魔し、「キネマ旬報」でワイズ出版社長・岡田博さんの追悼記事を編集し、「福間健二さんを送る会」で配布する冊子を編集することになろうとはもちろん、思いもせずに。
・ロビーに掲示されていたキネ旬「日本映画監督全集」や「俳優全集」のコピーを、受付でで実費を払えばもらうことができて、それを熟読して、映画のことばかり考えるようになっていった。
・『クレージー黄金作戦』（67年、坪島正）のラスベガスでのダンスシーンで「恥ずかしい……」という女性の声が響いたこと。しかし、それも含めて、緊張感のある場面として記憶している。
・西河克己監督のトークで「山崎巌さんという一晩で脚本を書く人がいて」と言うフレーズを聞いて、脚本をそんなに早く書けるものかと驚いた。
・「ロビーでお話した方との映画談義が楽しかったのでまたお目にかかりたい」という旨の、おそらくご高齢の方の手紙がロビー掲示板に張り出されたことがあったのが、忘れられない。会えたんだろうか？

・15歳だったと思うが「第一回周防正行映画祭」で初めて映画館で成人映画（『変態家族 兄貴の嫁さん』84年）を満員の場内で観て妙な感動を覚え、成人映画4本立ての亀有名画座通いを始めた。

・フィルム状態の悪い山中貞雄『丹下左膳餘話 百萬両の壺』（35年）上映を何度も観て、どこでフィルムが飛ぶか覚えてしまい、飛ぶ箇所に入るギャグが今回の上映でウケるか心配してドキドキしている自分を発見し、もう抜けられないな、と覚悟した。

**A 4**

中高生の頃に行っていたので、ほとんどの監督を初めて知りました。つまり、私にとって大井は、映画的自己形成の場所でした。中でも印象深い監督を記します。

・和田嘉訓監督。『自動車泥棒』（64年）を観て、東宝プログラムピクチュアのなかでなぜこんなアヴァンギャルドな映画ができたんだろうと興味を持って、過去の「映画評論」誌に載った和田監督の脚本、倉橋由美子原作の『蠍たち』、ヴィスコンティ『若者のすべて』（60年）のような『ダウンビート』、『今昔物語』などを読んだ。特に気になったのはこの監督は当時、ジャン・ヴィゴの『新学期 操行ゼロ』（33年）を観ていたのだろうか、ということ。かなり経ってチーフ助監督だった松本正志監督に伺ったらフィルムセンターの上映で観ていたはず、とおっしゃられていた。

・田村孟監督、森川英太朗監督、高橋治監督。『悪人志願』（60年、田村孟）、『武士道無惨』（60年、森川英太朗監督）、『彼女だけが知っている』（60年、高橋治）の知られざる松竹ヌーヴェル・ヴァーグ3本立てが最高だった。爽快なほどねじくった『悪人志願』の脚本は未だたびたび読み返すが、足立正生監督からラストを日本人論として観たとの感想を伺い、作品の記憶がより鮮やかになった。「キネマ旬報」の高橋治監督の追悼記事のため、篠田正浩監督の事務所にお邪魔したら「高橋の映画、どこで知ったの?」と驚かれたこともあった。

**A 5**

あえて個人的な視点から書きます。

過去、作品に下された評価をあてにしていたら、人生はつまらなくなる。

知られざる映画を発見しながら見ることには、面白いとか退屈とかはひとまず置いて、格別の驚きが伴う。

どんなフィルムにもなにかしらの言い分が秘められていて、それに耳を傾けると、新鮮な視界が開ける。

キャバレー杯一などが立ち並ぶ大井町の光景には私が育った西東京の住宅街には足りない、長い年月を経て醸し出された風情がある。以上を、教えてくれました。

さらに余談を付記すれば、大井武蔵野館や数々の名画座で観た作品をはじめ、古い日本映画の面白さを、小学生からPCで動画編集したりしている若き世代に伝えるにはどうしたらいいか、などとあれこれ思案、模索、実践したりしています。

# 宇田川幸洋

映画評論家

うだがわ・こうよう……１９５０年東京生まれ。著書『無限地帯 From Shirley Temple to Shaolin Temple』（ワイズ出版）、共著『キン・フー 武侠電影作法』（草思社）。日本経済新聞に映画評をかいている

**A 1**

はっきりとはおぼえていません。数十回ぐらいとしか言えません（「数」というのは最近では2、3とかんがえる人が多いようですが、ぼくの感覚では5、6です）

**A 2**

『春秋一刀流』、『九十九本目の生娘』、『天狗飛脚』、『憲兵と幽霊』、『地獄』（中川信夫）、『大虐殺』、初期の『多羅尾伴内』シリーズ、『私刑（リンチ）』、『禁男の砂』シリーズ

**A3**

川島雄三、中川信夫の特集が多かった気がしますが、ぼくは特集に熱心にかよいつめたという記憶がありません。2館で上映していたころ上と下をつなぐ階段に行列ができていたのが「忘れられない光景」です。知ってる人によく会いました。

**A4**

丸根賛太郎のおもしろさは大井ではじめて知りました（それ以前に山田宏一さんから聞かされてはいましたが）。中川信夫も「東海道四谷怪談」は並木座で見ていましたがそれ以外の「非・名作」にたくさん出会わせてくれて感謝です。石井輝男も「江戸川乱歩全集　恐怖奇形人間」（１９６９）は封切で見ていましたが、多くの作品はここで知りました。中川、石井をはじめとする新東宝映画の魅力も知りました。

**A5**

封切以来ほとんど上映されていなかった「江戸川乱歩全集　恐怖奇形人間」を毎年上映し、観客の熱狂的反応をえてリヴァイヴァル（復活・再生）させ、カルト・ムービーの名作にしたのは武蔵野館の功績ですし、それに象徴される、新東宝作品等のいわゆるゲテモノの魅力の見なおしは意義のあることだったと思います。その映画観は現在活動しているいくつかの名画座にひきつがれています。

---

# 若木康輔

**構成作家・ライター**

わかき・こうすけ……１９６８年生まれ。現在、映画ライター業のほうは一から出直しの心境。このアンケートで半可通をばらせて良かったです

**A1**

ほとんど行った記憶がありません。念のため映画の記録ノートを確認すると、１９９９年1月13日に『やさぐれ姐御伝　総括リンチ』のレイト上映を見に行ったのが最初で最後でした。

申し訳ないです……。どうしてここまで縁遠かったかというと、当時、僕は新宿昭和館にアルバイトで入っておりまして。似た日本映画をよくやっていても、大井武蔵野館は濃いファン向けの映画をとことん掘る映画館で、昭和館は仕事にあぶれた労務者や無職の暇つぶしの場所（3本立て自由席のかけ流しで、あんまり見応えのあるものを並べると常連に「眠れない」と文句を言われる）と、考え方は真逆といってよいほど違っていたのです。自然と、大井武蔵野館に対してはアンチに近い感情を抱いていました。ただでさえ、マニアックな話をしたがるお客には「あ、そういうのは文芸坐の地下（文芸坐2）でおねがいします」と答える位でしたし。

恐縮ですが、名画座ごとに客層の違いがあり、それなりのライバル意識が残っていた時代の証言ということで大目に見てください。

**A3**

『やさぐれ姐御伝　総括リンチ』を見た時のノートから抜粋します。

「面白かったけど、拍手まですることはなかったぞ大井武蔵野館の小屋付きファンたち。日本のプログラムピクチャーがオタクたちのターゲットになっているサマを目の当たりにして、複雑な気分だった」

重ね重ね恐縮。『スーパージャイアンツ』シリーズで宇津井健のタイツ姿を見たら、宇宙ロケットの煙が上に上がっていたら、とりあえず笑ってみせるのが古い日本映画を楽しむコツなのだ的な悪ズレした流行、ありましたでしょう。正確な発生源は分からないのですが、大井武蔵野館がそういう連中にエサを与え育てているに違いない、ろくでもない場所だ、と僕は決めつけていました。

## A4、およびA5

いろいろあったろうと思うに留まりますが（なにしろ「東京人」2022年12月号の木全公彦さんの文のおかげでようやく全体を知った程度なので）、石井輝男の東映での異常性愛路線の、再評価の発信地となったことに関しては僕も全く異論はないです。ただ同じ石井輝男の東映でも、昭和館はギャングものや『網走番外地』シリーズのほうを繰り返しかけるところだったから、あくまで石井輝男の認識は往年の大ヒットメーカーでした。〈キング・オブ・カルト〉と称されてもピンとこないし、かえって評価を不当に曲げられるような気がして、ますます対抗心に拍車がかかりました。

しかしそれは、昭和館では見られない石井輝男が厳然としてある、ということでもあり。だんだん意地を張り続けてもいられなくなって、半ば根負けのような気持で出かけたのが先述の『やさぐれ姐御伝　総括リンチ』でした。

そうなると、他のはどこで見ていた……？　と疑問が生まれ、改めて記録ノートを確認し直すと、『徳川いれずみ師　責め地獄』は1998年6月24日にBOX東中野で、『江戸川乱歩全集　恐怖奇形人間』は1999年12月16日に自由が丘武蔵野館のほうで見ていました。石井輝男の異常性愛路線は、この頃にはすでに他の館でも見ることができるようになっていた。大井武蔵野館が開拓したプログラムの恩恵を、いつの間にか僕は享受させてもらっていたわけです。

つまりは大井武蔵野館の一番の功績は、レンタルビデオが普及した時代に映画館でしか見られないもののため出かける面白さがある、といち早く提示していたことだったのかなと。今頃になってですが。

---

# 轟夕起夫

**ライター、映画評論家**

とどろき・ゆきお……1963年生まれ。ライターとして映画をなりわいに。その〝基礎〟は、大井武蔵野館に作ってもらった——と言っても過言ではありません

## A1

おそらく100回前後でしょうか。

## A2

『徳川いれずみ師　責め地獄』、『九十九本目の生娘』、『偽大学生』、『トイレット部長』、『自動車泥棒』、『こちら葛飾区亀有公園前派出所』、『ミスター・ジャイアンツ　勝利の旗』、『Mr・ジレンマン　色情狂い』、『男一匹ガキ大将』、『空いっぱいの涙』

## A3

たしか『拳銃は俺のパスポート』上映後に聞かれた、主演の宍戸錠さん、映画評論家の渡辺武信さん、長谷部安春監督のトークショー。ザ・グレイテスト・ショーマンの錠さん！　それから4年に1度の閏年、「2月29日生まれ」の原田芳雄さんの誕生日記念特集。珍しく打ち上げにも参加し、原田さんともお話が！　石井輝男監督、天尾完次プロデューサー、福間健二さん司会のイベントも。もちろん石井監督サイン入りの本、『石井輝男映画魂』を劇場で購入した！

## A4

一番強烈だったのは、『玉割り人ゆき』、『玉割り人ゆき　西の廓夕月楼』、『女獄門帖　引き裂かれた尼僧』、『徳川女刑罰絵巻　牛裂きの刑』などの牧口雄二監督。名前だけは知っていたが、その作品群を目の当たりにして、ヤラれた。

## A5

初めて行ったのは大井ロマン時代、ニュー・ジャーマン・シネマ特集で『ことの次第』と『ベロニカ・フォスのあこがれ』だったと思う。気づけば「名画

座最後の砦」と称し、日本映画を様々な角度からＤＩＧってくれた。つまりは、観客の欲望に応え続けた底なしの「名画座モンスター」であったのではと。

## 高鳥都

ライター

たかとり・みやこ……１９８０年生まれ。著書に『必殺シリーズ秘史』、『必殺シリーズ異聞』、編著に『必殺仕置人大全』、『90年代狂い咲きVシネマ地獄』ほか

大井武蔵野館には行ったことがない。大学に合格し、いざ上京という直前に閉館してしまったから。ちょうど間に合わなかった世代です。

なのに、なぜアンケートの依頼を受け、参加しているのか……その理由は後述しますが、名のみ知っていた「伝説のカルト名画座」の功績をわたしが実感したのは、牧口雄二監督へのインタビューでした。

２０１４年３月、まだライターとして駆け出しのころ、ラピュタ阿佐ヶ谷の東映ニューポルノ特集に携わったことをきっかけに、大病から復帰された牧口監督の取材が実現。京都の自宅での２日半にわたるインタビューは「映画秘宝」に前後編で掲載されましたが、のんびり食事をしたり、バスで銭湯に行ったりという思い出とともに忘れられない体験となりました。

そんな取材中、何度も話題に出たのが『玉割り人ゆき』、『徳川女刑罰絵巻　牛裂きの刑』、『女獄門帖　引き裂かれた尼僧』など叙情とエログロの牧口映画を繰り返し上映し、90年代の再評価を担った大井武蔵野館のこと。当時の資料を手に、大井での日々をうれしそうに語る監督の顔を、いまも思い出します。『悪趣味邦画劇場』、『日本カルト映画全集８』、『東映ピンキー・バイオレンス浪漫アルバム』といった書籍でのフィーチャーも、大井あってこそでしょう。

２０２１年12月５日、牧口雄二監督逝去。享年85。もちろん「映画秘宝」で追悼特集を組むことになり、異例のカラー７ページを確保しました。ちょうど編集部の入れ替わりという混乱もあり、自分がやらねば誰がやるという気持ちで際どい交渉をし、構成から人選まで一任させてもらうことに。

そして元大井武蔵野館支配人の小野善太郎さんにもご参加いただこうと、名画座かんぺの発行人・のむみちさん、編集者の朝倉史明さん経由でアポを取りました。これも忘れられない——銭湯を出たところで小野さんから折り返しの電話をいただき、まずは挨拶だけと思っていたら熱い牧口トークが止まらず、「このままでは湯冷めする！」と近くの軒下で寒さをしのいだ、あの夜。

やがて追悼特集の取材中に本書の企画と、ある事情でストップしている状況を聞きましたが、そのときは「まぁ、絶対に出るでしょ。出ないわけがない」と楽観視していました。翌年の秋、わたしは立東舎から『必殺シリーズ秘史　50年目の告白録』という著書を刊行し、続編が決定した前後で大井本の企画が止まったままであることを知りました。

えっ、マジか。そんなことがあっていいのか。

「立東舎から出せるのでは」——担当編集の山口一光さんがマキノ雅弘好きということもあって謎の確信に至り、朝倉さんを紹介すると、トントン拍子で話がまとまり、８年越しの企画が実現。メールの履歴を見たら、２０２２年の11月末、ちょうど本書刊行の１年前のやり取りでした。

そこから先はノータッチ。当初のタイトル案が『本物のシネフィルを育てた伝説の名画座「大井武蔵野館」の栄光』という、いささか高尚なものだったので「もっとベタに『伝説のカルト名画座「大井武蔵野館」の栄光』とかどうでしょう」と提案したのみで、このアンケートが二度目のオツトメです。

そんなわけで大井に行ったことのない立場で参加する申し訳なさもありますが、東映の牧口雄二作品に松竹の必殺シリーズ……京都の撮影所のフィルムに魅入られた者として、ほんの少しだけ本書の役に立てたことをうれしく思います。あとは諸先輩方の寄稿ほか、間に合わなかった世代として伝説のカルト名画座の栄光を一読者として楽しみたい。

O.M.F (大井武蔵野館ファンクラブ) 会報
Ohi Musashino-kan Fan Club
第一回 西河克己映画祭
壮挙！丸根賛太郎大特集
年間本数による映画ファン度
名画座クイズ
1991.6.3 No.8
年明け新番組決まる
1989.12.5 No.1
新春、市川大戦争 スタジオamsの逆襲
1989.12.19 No.2
OM対談
またもや、市川フェスティバル ただし今度は、雷蔵だ
おめでとう 星川清司さん、直木賞受賞
1990.2.7 No.3
雷蔵映画ベスト20
惜しい！成田三樹夫さん逝去
1990.3.8 No.5
映画ファンの夢
全とん祭、再び！ OMはやはり不滅です
尼僧のたたり
小野さんの復讐
1991.2.15 No.6

復刻

# 大井武蔵野館ファンクラブ会報

## O.M.F.（大井武蔵野館ファンクラブ Ohi Musashinokan Fan-club）会報

本書の編者・太田和彦は、大井武蔵野館を愛するあまり、個人的に新聞を作っていた。その名は、「大井武蔵野館ファンクラブ会報」、略して「ＯＭＦ会報」。

これから上映される作品・特集の見どころ紹介や、映画に関するニュースの他、街の情報などが味のある手書き文字で綴られたこの会報はおもにロビーの壁に掲示され、大きな反響を呼び、多くのファンが食い入るように読んだ。

このたびここに、営業当時に発行された10号を掲載。さらに〝最終号（１９９３年）〟から30年ぶりとなる〝最新号〟も初公開します！

# O.M.F.（大井武蔵野館ファンクラブ Ohi Musashinokan Fan-club）会報

突然創刊号
1989.12.5. No.1
Oh: Musashin-kan Fan-club®

X'mas プレゼントはビデオで

特集上映 ニッポン奇才・異才・鬼才カントクシリーズ 寸評・陸津悠（映画評論家）

| 日程 | 監督 | 作品 | 寸評 | おすすめ度 |
|---|---|---|---|---|
| 1/17〜20 | 市川崑 | 愛人 | 53年の作品。有馬、越路、岡田の女優陣。風俗が楽しみ。 | ◎ |
| | | 恋人 | 51年。池部良がデートして天ぷらを食べる。当時のセンスが見もの。 | ◎ |
| 21〜24 | | 億万長者 | マンガ・タッチの意欲作。木村功（いいぞ）、久我美子、山田五十鈴など。 | ○ |
| | | プーサン | ドキュメント・フィルムの挿入に本気。越路吹雪が軽妙な役。 | |
| 25〜27 | | 盗まれた恋 | 「恋なんて、所詮スポーツ」と森雅之が言う。軽妙恋愛ドラマ。 | ◎ |
| | | あなたと私の合言葉 さようなら、今日は | 若尾文子、佐分利信、京マチ子…のすれ違いロマンス。崑の都会調。 | ◎ |
| 28〜30 | | 女性に関する十二章 | 伊藤整のベストセラーの映画化。恋愛倦怠期の解決を軽く描く。 | ○ |
| | | 私は二才 | 大根、船越英二、山本富士子も、崑の手にかかると…。感動の作品。 | ○ |
| 31〜2/3 | 今村昌平 | にあんちゃん | 文部大臣賞もらって、今村が恥じた作品。でも、いいぞ | |
| | | 盗まれた欲情 | 今村の処女作。こんな面白い映画はめったにない。必見。 | ◎ |
| 2/4〜7 | | 豚と軍艦 | イマヘイ初期の大作。爆発するエネルギー。丹波哲郎がオカシイ。 | ◎ |
| | | 果てしなき欲望 | 小沢昭一、加藤武らの怪演が見もの。今平流重喜劇の極。 | ◎ |
| 8〜11 | | にっぽん昆虫記 | 戦後映画史を飾る空前の作品。現実のドラマ化でも、なお面白い。 | ◎ |
| | | 赤い殺意 | 流浪のトランペット吹き露口茂のわびしさ。ワイシャツの舞うシュールなカット。 | ◎ |
| 12〜14 | | エロ事師たちより 人類学入門 | 盟友・小沢昭一を主役に。おかしくも淋しい結末。撮影がいい。 | |
| | | 神々の深き欲望 | 神話の域に達した、おどろくべき強靭な作品。タイトルバックがいい。 | ◎ |
| 15〜17 | 岡本喜八 | 若い娘たち | 水野久美がすばらしい♡ コミックタッチのカット割りに岡本の青春が。 | ◎ |
| | | 結婚のすべて | 岡本のデビュー作。モダンな画面とテンポ。アイドル雪村いづみ、だ。 | ○ |
| 18〜21 | | 独立愚連隊 | オカモト・アクションの代表作。佐藤允もいいが、中丸忠雄が憎めない。 | ○ |
| | | 独立愚連隊・西へ | 加山雄三がまだ青っぽくていい。水野久美チャン、うつくしいのだ！ | |
| 22〜24 | | 血と砂 | 三船、加山、佐藤允、伊藤雄之助、仲代。これだけでも見たくなる。 | |
| | | どぶ鼠作戦 | 加山主演の岡本ヤル気の西部劇タッチ戦争アクション。 | |
| 25〜28 | | 暗黒街の対決 | 左遷させられた、ヤンチャの三船刑事のコマカな往復ビンタが迫力！ | ◎ |
| | | 暗黒街の顔役 | オカモト暗黒街の第2作。主演が鶴田だけにちょいとウエット。 | |
| 3/1〜3 | | 斬る | 武士を捨てたやくざ（仲代）と、百姓から武士になった男（高橋悦史） | ○ |
| | | 戦国野郎 | 加山、中谷一郎、佐藤允に星由里子そして水野久美♡の痛快時代モノ。 | |
| 4〜7 | | 座頭市と用心棒 | タイトル通り勝新と三船の対決だ。同じ画面におさまるだけで見もの。 | |
| | | 侍 | 黒沢を離れた三船がのびのびと演技。伊藤雄之助のグロテスク武士。 | ○ |
| 8〜10 | | 赤毛 | 岡本、三船コンビの意欲作。幕末を背景に革命の論理を問う。 | |
| | | 吶喊（とっかん） | 幕末を生きる名もない若者の青春を描いた監督の心情映画。 | |
| 11〜14 | | 殺人狂時代 | 仲代主演のブラックコメディ。奇想天外なバカ話。この頃の仲代はいい。 | ◎ |
| | | ああ爆弾 | 伊藤雄之助による浪曲を使ったミュージカルコメディ。いや、アクの強いこと。 | |
| 15〜17 | | 江分利満氏の優雅な生活 | 戦中派サラリーマンの屈折した心情を、アニメまで使って描く意欲作。 | ◎ |
| | | 近頃なぜかチャールストン | 喜八得意の集団戦中派コミカルタッチに哀愁がにじむ。 | |
| 18〜20 | | 青葉繁れる | 仙台を舞台にしたバンカラ学生明朗編。井上ひさし原作だ。 | |
| | | 大学の山賊たち | 大学スキー部の青春映画。合宿の小屋に強盗が。追う鶴田刑事。 | |
| 21〜24 | | 日本のいちばん長い日 | 東宝8・15シリーズのきっかけになった作。岡本の敗戦観は出ているか。 | |
| | | 肉弾 | 戦争と青春を、一度、正面から見つめたかった岡本の屈折がここにある。 | |
| 25〜27 | | ジャズ大名 | 筒井康隆原作の殿様ジャムセッション。いかにも面白そうだが… | |
| | | ダイナマイトどんどん | ヤクザ同士が、野球で勝負。北大路欣也の流れ者投手がカッコいい。 | ○ |
| 28〜31 | 鈴木清順 | ツィゴイネルワイゼン | 清順の迷宮的演出に満ちた野心作。どの画面にも清順印が。 | |
| | | 素っ裸の年令 | 子ども主演のホノボノ不良もの。赤木圭一郎デビュー作。大金はキリストか!? | |
| 4/1〜4 | | 東京流れ者 | 全編ポップアートの画面で渡哲也が「流れ者に女はいらねェ」と吐く。 | ◎ |
| | | けものの眠り | 長門裕之のドキュメントタッチのミステリー。試行期の清順演出が見もの。 | |
| 5〜7 | | ハイティーンやくざ | よくこんなフィルムあったナー。今回シリーズ最高の注目作だ。見るぞ！ | ○ |
| | | 春婦伝 | 慰安婦・野川由美子♡が川地民夫に寄せる恋。清順の異色戦場もの。 | |
| 8〜11 | | 刺青一代 | 和泉雅子が足の裏ふみながら「愛してチョーダイナ」と唄う。伊藤弘子は観音だ。 | ◎ |
| | | 関東無宿 | ヤクザの角田は伊藤弘子（実に実にスバラシイ）を見て動揺する。これ見てない人とは、話しない。 | ◎ |
| 12〜14 | | 悪太郎 | 清順リリシズム第1作。野呂圭介、杉山元の極恋慕コンビがいい。 | ◎ |
| | | けんかえれじい | ご存知。野呂、杉山コンビ再び登場。「鶯すけば 笛吹きゆけり 木の葉風 | ◎ |
| 15〜18 | | 殺しの烙印 | 清順スーパーハードボイルド。殺し屋ジョーはメシのたける匂いにヨワい。 | ◎ |
| | | 野獣の青春 | 世界唯一、最高の悪夢的ハードボイルド。川地民夫の変質者コワい。 | ◎ |

## 年明け新番組、決まる

### スーパーダイナマイト大行進だ！

名画座「オモシロ時代劇スペシャル」のあとをうけて、注目されていた新ラインナップがついに発表された。映画の面白さの粋といえる四監督の特集。注目は何といっても、市川崑の都会恋愛軽妙ドラマだ。今まで「どこにもかかっていないし「犬神家」以降の市川しか知らない人には正に待望の名画といえよう。日本のコクトーといわれたKONタッチを味わうのとは別に、当時の現代風俗が、そのまま画面で見られるのが大きな楽しみだ。そしてOM（大井武蔵野館）常連の岡本喜八の一大回顧上映は、正に傑作、好漢の全貌を知るまたとない機会だ。もう今からワクワク。今のうちに会社に長期休暇届を出しておくとよい。（水戸夏人）

### OMタウン

映画のあとは、熱々のラーメンだ。大井町を反対側に出た商店街の[illegible]通り。ラーメン専門の「永楽」がいい。ここは渋谷の「喜楽」タイプの焼ネギ入り平打ちめん。客の殆どがラーメンと、煮たまごを注文して、うまそうに食べている。カウンターの中で、太ったオッサンが手ぎわよく丼をさばいてゆく。OMの帰りは、ここへ寄るのが、又楽しみなのだ（野見松太郎）

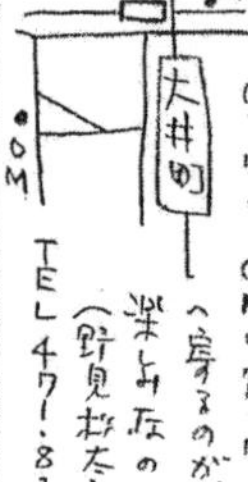


TEL 471・8225

# O.M.F（大井武蔵野館ファンクラブ）会報
Ohi Musashino.kan Fan-Club

おでん三角号
1989,12,19 No.2
Ohi Musashino Fan-Club®

編集長：陸津 悠
発行人：太田和彦,
106 港区麻布台3-3-27
麻布台フラット1F アマゾンデザイン

## 検証！日本の映画監督たち vol.5 市川崑特集 byスタジオams TEL.413-1711 （付評）陸津 悠

| | | | おすすめ度 |
|---|---|---|---|
| 1/29・月 | 人間模様 | 上原謙には婚約者（月丘千秋）がいるが、山口淑子（！）は青年社長よりも上原にひかれる。 | ◎ |
| | 果てしなき情熱 | 「湖畔の宿」「夜のプラットホーム」「雨のブルース」などのヒット曲でつづる甘い物語 | ◎ |
| 30・火 | 銀座三四郎（銀座の猛者） | 珍しい柔道もの。藤田進、銀座鳥鍋のおやじに河村黎吉（楽しみだ!!）志村喬，飯田蝶子，伊藤雄之助まで出るぞ。いやに年寄の多い映画だ。 | ◎ |
| | 暁の追跡 | 新橋の交番にカメラを据え，ドキュメンタッチで警察の活躍を描く野心作。 | |
| 31・水 | 夜来香（イエライシャン） | 戦争の影を残すメロドラマ。上原謙と久慈あさみ。今や全くなくなったタイプの映画。 | ◎ |
| | 熱泥地（現金と美女と三悪人） | 100万円強盗犯人・藤田進は酒場女をさらって北海道へ。追う男，東野英治郎、崑には珍しいアクション | ◎ |
| 2/9・金 | 盗まれた恋 | 失職した踊り子と銀行家・森雅之の恋のかけひき。ダンディー森をみるだけでも価値。 | ◎ |
| | ブンガワンソロ | ジャワを舞台に三人の脱走兵（池部良，森繁久彌，伊藤雄之助）を描く。 | |
| 10・土 | 青春怪談 | ただし日和ケ「自由学校」のヒットにのった獅子文六作の映画化。若き日の北原三枝みもの。 | ○ |
| | 炎上 | 崑のみならず三島作品でも最高の傑作。雷蔵もちろんだが，メフィスト仲代がすばらしい!! | ◎ |
| 11・日 | 処刑の部屋 | 石原慎太郎原作で目的のない青春のいら立ちを描く。若尾文子ゴーカンされる。 | |
| | 野火 | 大岡昇平の反戦文学の傑作だが，崑演出は，反戦映画のパターンを完全に破る。 | |
| 12・月 | 破戒 | 島崎藤村の古典を，市川雷蔵で映画化。白黒画面と藤村志保（デビュー）美しい。 | ○ |
| | ぼんち | 大阪の足袋問屋の息子雷蔵は，のらくらもので女に手も早いが，雷蔵のもう一面の魅力。 | ◎ |
| 13・火 | 日本橋 | 泉鏡花原作による今回最高の目玉作品。芸者，淡島千景と山本富士子の競艶。 | ◎ |
| | ど根性物語・銭の踊り | 崑がカツシンの個性にまかせたお楽しみ映画。 | ○ |

## 新春、市川大戦争 スタジオamsの逆襲

本紙も既報のとおり，OM（大井武蔵野館）の年明け番組の目玉は，角川映画以前の市川崑作品だ。ところがこれを知って仰天したのが，OMと並ぶ邦画発掘の雄，三軒茶屋スタジオamsの土濱さん。かねてより「検証！日本の映画監督たち」シリーズとしてコツコツと上映をつみ重ね，前回の「清水宏」特集は89年度最高の番組と高い評価を得ていた。そして，満を持していた市川特集だけに「正面からバッティング。お客の奪いあい」と心配するのも無理はない。しかし詳細に調べてみると，OMは1月17日から30日まで，SM（スタジオams）は1月29日から2月13日と，重なる日は1日だけ。（しかしOMは28と30日なので実質は全くなし）そして肝心のバッティングする番組は「盗まれた恋」ただ1本だけ，と，正に両者で談合したような見事な展開。であればこれは満天下の市川ファンを狂喜させる「大・市川崑フェスティバル」と名づけてもおかしくはない，との陸津先生の説得に土濱さんもコックリ。むしろ積極的にマスコミに働きかけ，「今，初期の市川がブーム」と，盛上げる方が得なのだ。実際，フィルムセンターでも出来ない，これだけの連続上映は，正に，日本映画を愛するOM，SM，偶然の大偉業である。（呉佐計雄）

## 対決！市川勝負 by 水戸貞人

| チェック | OM | SM |
|---|---|---|
| 番組の特徴 | 都会調風俗ドラマで崑の軽妙なタッチを | あらゆるジャンルに挑む，テクニックのデパートの面目躍如 |
| 掘出しもの | あなたと私の合言葉 さようなら，今日は | 熱泥地 現金と美女と三悪人 |
| 目玉 | 愛人 | 果てしなき情熱 |
| 定評作 | 私は二才 | 炎上 |
| 珍品 | 女性に関する十二章 | 銀座三四郎 |

（総評）フィルム発掘の執念についてはやはりSMがリード。なかでも「熱泥地」「人間模様」など，「こんなのあったの？」と思わせるに十分。一方OMは恋愛風俗ものに的をしぼったセンスある番組。映画の後，酒のむにはSMに地の利あり。ラーメンならOM。

## OM対談

O　このバッティングには驚いたね。

M　作品がダブらない，のが不思議。それでいて，初期の市川作品はかなり消化できてる。

O　中期の文学作品や原作ものもいいが，むしろそれ以前の通俗メロドラマが楽しみ。

M　それが通（ツウ）だ。→

O　それ，シャレなの？

M　……。

O　作品的にはどうかね。

M　というよりも，その当時の現実に取材した風俗そのものが，まず見ものだ。

O　皮肉屋のダンディー，森雅之や上原謙が気軽に出てる映画ってのが貴重。

M　僕は「果てしなき情熱」が楽しみ。ルンバの「夜のプラットホーム」って歌が好きなんだ。

O　こういう大企画こそマスコミ新聞・雑誌でとりあげてほしい。

M　連中，試写会まわってチョーチン記事書くしか考えつかないからな。

O　新作は紹介しなくても自主的に宣伝するからいいんだ。むしろ旧作の上映こそ意義。

M　いや，初めてみる作品はすべて新作なのだよ。

O　なる程ナー。その通りだ。

M　そのためにもこのOMF会報の意義がある。

O　でも発行部数6部じゃナー。

M　手書きだもんナー。

O　頼まれたわけじゃなし……。

M　喜ばれてるわけじゃなし……。

O　切手代，自分もちだし……，

M　結局，自分だけの楽しみ……。

O　ヒマなんだ……，

M　……。

（シーン）

## コラム Café Tannerre カフェトネール

市川雷蔵がついた監督といえば，三隅研次，森一生があり，それぞれ代表作がある。しかし演技者として一躍，名を高めたのはやはり市川崑作品「炎上」であろう。美青年若殿のイメージを破る，ドモリの暗い青年犯罪者」は一世一代の賭けだったが，名演出と神技に達する演技は大絶賛を浴び，ブルーリボン賞ほか男優賞を総ナメ，最初の彼の代表作となった。このコンビは他に「破戒」がある。（野見和太郎）

## OMF創刊号の大失敗

期待をこめて作った創刊号に，何の反響もないので編集部はクサったが，良く調べたら，封筒の裏に何も書かずに出していたから，と判った。どこから来たか判らない妙な会報に皆，ウス気味悪い思いをしたという。よって2号からはタイトル横に明記する事としました。フッ！ 書くよな。

# O.M.F.（大井武蔵野館ファンクラブ Ohi Musashinokan Fan-Club）会報

ラーメン支那竹号
1990.2.7 No.3
Ohi Musashino Club®

編集長：陸津悠
発行人：太田和彦
シナチクのことを最近メンマというが辞書にはのっていない

## またもや、市川フェスティバル ただし今度は、雷蔵だ

本紙・特捜班はこのたび独自のルートを通じてOMの「ニッポン奇キシリーズ」に続く番組予定リストを入手した。それによると4/19〜5/12が、お得意のヘンタイ企画で「愛と哀しみの変身人間たち」。そして5/13〜6/13は、これは珍しい航空映画の特集「ニッポン飛行機野郎」だ。本紙は上映作品リストも入手しているが、まだ先のこと、詳しい紹介はいづれ、にゆずるとして、

その後、「美空ひばり一周忌」後の企画がすばらしい。ファン待望の、又々・市川雷蔵特集」なのである。雷蔵没してすでに21年、俳優としての評価は高まるばかりだ。それも「朗雷会」のようなファン的団体とは別に、真のスター性を見なおそう、という映画ファンの動きが高まっている。この夏、博多でも何か大きなイベントがあるらしい。「炎上」「眠狂四郎」「ある殺し屋」ばかりが雷蔵ではない。従来、忘れられていた大衆時代劇にこそ、真の雷蔵の気品、魅力がある。本紙は、日本唯一の雷蔵評論家・橋本氏の献身的協力をもって、OMに、熱烈なリクエストをするものである。

（ここからシュプレヒコール）
「雷蔵がァー、見たいー！
6本じゃー、少いぞー!!」
（以下、繰返す）

## おめでとう 星川清司さん。直木賞受賞。

雷蔵映画の脚本といえば星川さんをおいて他はない。眠狂四郎シリーズをはじめ「剣鬼」などで、雷蔵最大の魅力である朗々たる口跡を生かす名セリフを連発させたのだ。このたび小説「小伝抄」で直木賞をうけられたのは雷蔵ファンにとってもこの上ない喜びである。この道の先輩、故・隆慶一郎＝池田一朗を次ぐ大型時代作家として注目の的だ。願わくば雷蔵をイメージヒローとした作品を！

## これが見たい！ 雷蔵映画ベスト20（生涯全出演作153本より） 選定：橋本光恵（雷蔵評論家）

| 作品 | 監督 | 年度 | 寸評 |
|---|---|---|---|
| 女と三悪人 | 井上梅次 | '62 | 別称"泥棒横町の人々"とも、和製「天井棧敷の人々」とも言われる隠れた傑作。 |
| 無宿者 | 三隅研次 | 64 | 父の謎を知った時の主人公の驚き。西部劇仕立ての中に父と子の悲劇が。 |
| 江戸へ百七十里 | 森一生 | 62 | 山手樹一郎原作の明朗ものの映画化。大人の味わいを出す雷蔵と嵯峨三智子コンビの最高作。 |
| 濡れ髪牡丹 | 田中徳三 | 61 | 男嫌いのヤクザの女親分の気持をつかんでしまう、風来坊やくざ・雷蔵の癖が「口笛」。とぼけた表情が…。 |
| 新・鞍馬天狗 | 安田公義 | 65 | 紫ねずの着物をまとったエレガントな鞍馬天狗。杉作たちに正体をあかすシーンの何ともいえない優しい笑顔♡ |
| 影を斬る | 池広一夫 | 63 | 青葉城きっての独身プレイボーイ侍のもとに嫁いできた娘が剣の達人。妻と芸者の二面をみせる嵯峨の美しさ。 |
| 花の兄弟 | 池広一夫 | 61 | 単純明快な娯楽やくざ時代劇。弟に扮した橋幸夫と街道を歩くシーンで、雷蔵が歌い始めるが…。 |
| 花くらべ狸道中 | 田中徳三 | 63 | 弥次喜多に化けた狸の雷蔵と勝新の珍道中記。勝新がポニーテールでタンゴを踊る。狸ぽい茶毛のカツラがカワイイ♡ |
| お嬢吉三 | 田中徳三 | 59 | 作品の出来では「弁天小僧」に及ばぬが、艶っぽさ、悪っぽさはこちらが上。唇も紅い艶やかな遊び人・お嬢。 |
| 鯉名の銀平 | 田中徳三 | 61 | 長谷川伸のヒーローは雷蔵にピタリ。溢れるばかりの情熱をぐっと抑えて愛する者のために己れを犠牲に。腕に刻んだ鯉の刺青 |
| 沓掛時次郎 | 池広一夫 | 61 | 色のイメージでいうなら「朱色」。お絹さんをじっと見つめる時次郎の瞳が、キラキラと潤んで…。 |
| 安珍と清姫 | 島耕二 | 60 | 小さい頃、この映画を見るのが恥しかった。まるで女みたいにナヨッとしてたから。でも、今見ると、それがいい♡ |
| 切られ与三郎 | 伊藤大輔 | 60 | 御用提灯が迫る朝霧深い池のほとり。初めて知った真実の愛。喜びに覚醒した与三郎がすべてを抱いて水の中に！ |
| 手討 | 田中徳三 | 63 | 岡本綺堂原作のご存知「お菊と播磨」。非情な印象とは違う誠実さにみちた播磨の雷蔵…。 |
| 遊太郎巷説 | 田坂勝彦 | 59 | 柴錬が創りあげた美剣士の極み。人間を感じさせない白やかな遊太郎。全篇、さし絵のような味わいだ。 |
| 眠狂四郎・無頼剣 | 三隅研次 | 68 | 全篇にちりばめられた伊藤大輔の名セリフ。「それはそれ、恋は恋」。ラストのほつれ毛が炎にゆれる。傑作！ |
| 眠狂四郎・人肌蜘蛛 | 安田公義 | 69 | これぞ柴錬の本質。ドイツ文学・ホフマンの世界を思わせる猟奇的耽美の世界。敵役むらさきに扮する緑魔子も必見だ。 |
| 斬る | 三隅研次 | 62 | 剣のみに己れを託す雷蔵の存在感が圧倒的。剣の持つ美しさ、孤高さ《ゴシック?》、危険さ、すべてが台詞ではない画像と気魄で語られる。 |
| 剣鬼 | 三隅研次 | 65 | 柴錬が自作映画化中、最高の出来と推した傑作。居合抜と花作りに精を出す斑平は御殿女中と犬の間に生まれたという…。 |
| 剣 | 三隅研次 | 64 | 三隅研次の珍しい現代劇。雷蔵はストイックな大学剣道部の部長に。三島由紀夫は自作映画化のベスト3にこれを入れた。 |

## OMタウン

大井町駅から、OMへ向かう道すじといえば殺風景そのものとお思いだろうが、ちょっと待て。ひとつ裏通りに入ると、懐かしき昭和30年代の町並が化石のように残っている。川島雄三の佳作「洲崎パラダイス・赤信号」の世界にひたれる。駅から向って左側、いやでも目につくのが、ソープランド「湯喜」（名前がスゴい）のビル。この正面玄関アプローチのレリーフを見てみよう。明らかにボッティチェルリの名作「春」「ビーナスの誕生」を模しているが、左右で踊る半裸の美女が、つい盆踊りのスタイルになってしまっていて、思わずニコニコさせられる。

## OMチェック

市川崑特集では「恋人」がよかった。当時の銀座好きがよく出ていて、舗道を歩くのを斜め上から移動で撮るお得意のショット、モノが落ちるのをキッカケに多用する、などよくわかった。ナイトクラブ「銀馬車」で森繁の司会で登場するスイカ顔の歌手が「逢生の恋」歌ってびっくり。

# O.M.F(大井武蔵野館ファンクラブ Ohi Musashinokan Fan-Club)会報

焼鳥レバー号
1990.4.17 No.4
Ohi Musashino Fan Club®

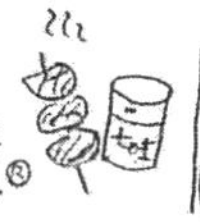

編集長:陸津悠
発行人:太田和彦
(会員募集)条件 OMに月2回

## 「映画宝島」ホントに出る 本紙も編集に協力

第二次映画雑誌ブームとかで角川「プレミア」「ジパング」、ビクター出版「ニュー・フリックス」などにぎやかだが、これだけは企画だおれだろうと噂されていた「映画宝島」が本当に出版された。発売元はJICC出版。何しろ編集担当者(マチヤマ)自らが店頭にホントに出たのか確認に行き、思わず一冊買ってしまったという。去る17日に全国有名書店に並ばれたはずだ。編集方針の、新作紹介よりは、旧作を!過去の名作観にとらわれずともかく面白い作品を発掘したい。そして名画座、特に大井武蔵野館をとりあげたい。この殺し文句に本紙編集長もコロリ。中特集「名画座パラダイス」の編集に全面協力。OMの小野さんを座談会にひっぱり出すのに成功した。ところがこの座談会がまた大荒れで、担当マチヤマは「失敗か!」とうなだれたが、詳しくは雑誌で見てほしい。その他にも「発掘!幻のアンチ名作映画祭」やヘンタイコラムのオンパレードはなかなか壮観。「なんでこういう映画雑誌なかったの?」という広告コピーもあながちはずれていない。しかしあくまで創刊準備号、初刷三万部を(こんなに刷っていいのかなぁ?)売り切らないと次は出ない。出なくても特集は決まっている。OMFは、これからも「映画宝島」とは提携してゆくつもりなので今スグ、本屋へ行って一人3冊買うように。しかし発行部数12部(本紙)と3万部が互格に提携するのだから信じられない話だ。

## 惜しい!成田三樹夫さん、逝去

去る4月10日の新聞をみて驚かれた人も多いと思う。9日午後6時45分。55才の若さで名優・成田氏が永眠した。切れ味のいい演技とドスのきいた低音のセリフまわし、とりわけ、腹の中では相手の値ぶみしながら、顔ではもっともらしくアゴふって感心してみせる(ある殺し屋)的の演技が印象深い。またNHK教育TVの将棋講座をつとめた程のプロの実力をいかした「座頭市地獄旅」もよかった。あらわれただけで楽しくなる存在感ある役者が少なくなっているだけにあまりにも惜しい。心から御冥福を祈ります。

## OMF近況

・陸津悠氏:「映画宝島」の「でたとこセミナー」、そして「シティロード」で「陸津悠の名画座救出記」が始まり、ついに少しも陽の目をみた、と張り切っている。

・井坂夜衣子氏:このところ取材で忙しく、ちっとも映画見れないと嘆いていたが「雨の輝く朝に」でウップンが晴れたとか。

・太田和彦氏:「ブルータス」連載の「シネマ大吟醸」はやくもネタ切れ、と毎晩、ヤケ酒とか。酒よりも映画を見よ。

## OM マニアック追求シリーズ PART・I 愛と哀しみの変身人間

絶対に他館の追従を許さぬOM十八番。これだけそろうのは驚異!

| | | |
|---|---|---|
| 4/19 | 電送人間 | ファクシミリ時代を予言したSF作。鶴田浩二、白川由美、中丸忠雄、と本格大作だ。脚本・関沢新一 |
| ↓ | ガス人間第一号 | ガスに変貌した男が美しい踊りの家元・藤千代(八千草薫だぞ)を襲うというが一体どーするんだ!? |
| 23 | 美女と液体人間 | 液体人間が火の海で絶命する悲惨なラストシーン。息づまる展開。変身人間の最高作と評判高い。 |
| 24 | 透明人間現わる | 恩師の娘と結婚したさに実験台となって透明化するが、姿が見えないのでまるでモテない、という悲劇! |
| ↓ | 透明人間 | 第二次大戦中に「透明特攻隊」となり国のために闘う。日本軍もいろいろ考えたのだ。 |
| 28 | 透明人間と蝿男 | 復讐のため自らを蝿と化すが(なんでだ!)その相手も透明化して逃げるというややこしい映画。 |
| 29 | 女吸血鬼 | 橘外男の「地底の美肉」を中川信夫が、黒沢治安の美術で映画化、というだけで判るはず! |
| ↓ | 花嫁吸血魔 | 全く資料がないが、池内淳子主演でこのタイトルだから何となくわかる。吸うか、吸われるか!?(ソレがモンダイだ) |
| 5/3 | 恐怖奇形人間 | 日本最高のハイパー監督・石井輝男のエログロ代表作として誉れ高い名作。見逃すな! |
| 8 | 吸血鬼ゴケミドロ | 一昨年逝去した映画評論家、佐藤重臣氏がこよなく愛した怪奇ものの代表作。 |
| ↓ | マタンゴ | これも重臣氏が絶賛した名作。マタンゴとはキノコのお化け。世界に誇るバイオホラーの傑作だ。 |
| 12 | ウルフガイ・燃えろ狼男 | 満月の夜、狼にヘンシーンとうれしいパターンを千葉真一が。奈美悦子♡もお楽しみだ。 |
| 4 | 血を吸う薔薇 | 吸血ものといえば山本迪夫だ。女子学園の青年教師が夜ごと生徒の血を…。もうゾクゾクだ。 |
| ↓ | 幽霊屋敷の恐怖・血を吸う人形 | シリーズ第一作。なんといっても中尾彬ですよ!じめじめした日本的風土がタマラン。 |
| 7 | 呪いの館・血を吸う眼 | 吸血俳優の決定判、岸田森を得て、クローネンバーグも真っ青の世界が… |

# O.M.F(大井武蔵野館ファンクラブ)会報
Ohi Musashino-kan Fan Club

うな丼きも吸号
1990.8.8 No.5
Ohi Musashino Fan club Ⓡ

編集長 陸津悠
発行人 太田和彦
(会員募集)条件.OM月2回

## 映画ファンの夢、いまここに
## 第一回全日本とんでもない映画祭

名画座・男娼の霊峰としてだれに頼まれたのでもない悪戦苦斗を続けてきた、われらのOMが、上映作品一〇〇本を記念して(大体そんなもんだろう)ついに夢の企画を実現した。映画発掘の鬼・小野さんが、これなら太鼓判をおしたケッ作中の傑作25本の大上映。第一回とんでもない映画祭(略称・全とん祭)である。そもそもは雑誌「映画宝島」が、この頃創刊されるはずで、それに合わせて、何かお祝いイベントを、とOMF会長の太田と編集のマチヤマが小野さんに、たきつけたのが発端。雑誌持参の方、2割引とか、上映後にヤキトリパーティとか楽しい企画を立てていたのだ。ところが!ダメ出版社のJICCは、準備号あれだけ売れたのに「儲からない」と放棄。期待の映画雑誌、とマスコミや通(ツウ)の間でも絶賛をあびたんだ、何故、もう少しガマンしないのだ!これに反してエライのがOMの小野さん。「男が一度、口に出した事は、必ずやる」と何のバックもないのに黙って実行したのだ。これこそ、真の映画人、男の中の男である。こうなればわしらの使命は唯ひとつ、ズバリ

### 満員御礼

これっきゃない。今こそ、会社を学校をサボる時。いやマジに、これだけバラエティもって日本映画を楽しめる絶好のチャンス。サー行くぞ!!

## TV局も取材

注目をあびる「全とん祭」にTBSから取材が来た。深夜番組の「キャッチアップ」。小野さんに申し込みがあり、支配人ではチョット宣伝になりすぎるというのでOMF・太田にオハチが回ってきた。電話を受けた太田は「判りました。日本映画の発展のため、一肌、脱ぎましょう」と快諾。「で、撮りはいつですか?」ときいたところ女性キャスター、申し訳なさそうに「……いえ、今回は、アノ……若い人対象の番組ですから……ソノ……どなたか若い方を紹介していただければ……」と蚊の鳴くような声。太田は、翻然と「自分は若くないのだ」と悟った。そして腹立ちまぎれに紹介したのが元「映画宝島」のマチヤマ。翌日、そのキャスターから明るい声で電話あり「マチヤマさんOKでしたァ。今日夕方OMの前で撮影しますが太田さんも、見にイラッシャイマスカァ……」。太田は、声ひくく「行かない」と呟いて電話を切ったのだ。

《放映》8月21日 TBS 夜24:30〜24:40「キャッチアップ」

カフェBAR「金魚」
一見カワイイ風だが何んとなくコワい。アブナイ衣裳で…。

パブ「漫画」
なに考えてこういう名前つけるんだろうねー。

大衆酒場「寿毛平」
やはり読み方はあのように…?

## OM界隈

映画、み終ってウロウロしてたら次々に奇妙な看板を発見。さすがに怖くて入れなかったが大井町はすごい所だ。

### 第1回『全日本とんでもない映画まつり』前篇 寸評・陸津悠

(本命・オシドリ,独連 大穴・女獄門帖 ダークホース 君出世)

| | | |
|---|---|---|
| 8↓14 | 女獄門帖・引き裂かれた尼僧 | 「全とん祭」最大の穴、モンダイ作と噂の高い倒錯もの。一体どんな映画なんだ |
| | 忘八武士道 | あの石井輝男が丹波哲郎で小池一夫のアナーキー時代ものを映画化といえばもうタマラン |
| | 江戸川乱歩全集・恐怖奇形人間 | 出ました!これやらなくちゃーはじまらない(何が?)。悲愴美だぞ! |
| 15↓18 | 他人の顔 | 原作・安部公房、監督・勅使河原、主演・仲代達矢の不条理ゲージツ作がなぜここに? |
| | 盲獣 | 小野さんも「全とん祭」にスゴイの選ぶよナー。増村保造がマジに巨大な女体オブジェ作って…。 |
| 19↓22 | ああ爆弾 | これなんでしょねー。いまだに評価まっぷたつのモンダイミュージカル。最後にぶちまけるんだが…。 |
| | 鴛鴦歌合戦 | 80年代最大の発見、と評価されるカルトムービーの旗。不勉強だった映画評論家は腰を抜かせ! |
| | 君も出世ができる | 全とん祭、前半イチ押しがこれだ。サラリーマンが会社で歌って踊る。浜美枝♡も出るんだよーん |
| 23↓25 | 怪人二十面相 | もしかしてと思ってたが、やっぱりこの映画あったんだ。監督・弓削進って知ってるう? |
| | 多羅尾伴内・七つの顔 | シリーズ第1作。片岡千恵蔵は変装の名人だが、スグに、ア、千恵蔵だと判るように苦心 |
| 26↓29 | みな殺しの霊歌 | 任侠ものの巨匠・加藤泰が佐藤允を得て、自らの企画を映画化した現代劇の意欲作。 |
| | 独立愚連隊 | コレ見てない名画座ファンはまさかいないだろーねー。痛快まるかじり。映画ってコレですよ! |
| | 独立愚連隊西へ | そこへ加山雄三が加わってこれが又々いいんだナ。昔の加山はホント、いいですよー。 |

# O.M.F(大井武蔵野館ファンクラブ Ohi Musashino-Kan Fan Club)会報

たこ焼熱々号
1991.2.15 No.6
Ohi Musashino Fan Club®

タコ焼に欠かせないのが青海苔だが、食べ終ったあと歯に残る。

## 全とん祭、再び！ OMは、やはり不滅です

昨年夏、満天下の心ある映画ファンから絶賛をあびたのが、あの「第一回全日本とんでもない映画祭」。異端の名画とすじのOM支配人・小野さんが、独自の映画眼で選んだ傑作、ケッ作、全25本だった。会報の遅れでその結果も報告がおそくなったが、もちろん大成功。番組によっては立ち見ギッシリの日もあったという。マスコミにもとり上げられ、おおいに気を吐いた。しかし、このヒットの陰に涙の物語があるのを知る人は少ない。

それは他ならぬ小野支配人の身に起こった。

### 尼僧のたたり

8月某日 満員のあとの館内清掃はやはり楽しい。心はずむ気持で電灯を次々に消し、最後のスイッチに手を出した時、閉まっているはずのドアがふいにスーと開いた。おかしい。誰かいるはずもないが調べてみると床がぐっしょり濡れている。不審に思ったがそのままにして一階のカラオケルームを通りすぎようとした時、おでんどう、とばかり大転倒。「痛…」としばらく我慢していたが、これが足部挫傷骨折の意外な大ケガ。以降小野さんはなんと一ヵ月半もの入院を余儀なくされたのだ。幸い、フィルム借出しも終り、上映への支障は食い止められたが、ケガだから頭はしっかりしており、満員の小屋を見に行けない口惜しさ！ やはりこれは、禁断のフィルム「女獄門帖・引き裂かれた尼僧」を禁を破って上映した、たたり、と悟った。しかし、映画ファン、OMファンのためならば足の一本や二本と高笑いする小野さんこそ、真の映画人、真の興行師と言わねばならぬであろう。

### 小野さんの復讐

その傷も癒え、氏は、決然と「第2回全とん祭」開催を決意。またくすばらしいラインナップを作りあげた。この機会を逃したら見られぬ作品ばかり。本当の映画の面白さがここにある。全とん祭こそエリートのための映画祭。前回を上まわるヒットにさせ、「足供養」としようではないか。

## BIG対談

陸津悠(映画評論家)
太田和彦(映画ファン)

太 センセイはじめまして、
陸 ウム。
太 こんどの全とん祭ですがセンセイの注目は何ですか？
陸 ウム。やはり松田瑛子、片桐夕子、沙耶子の三名花、勢ぞろいだろうナ。
太 ははあ、肉体派。
陸 それぞれのボインを比較するだけでも楽しみだ。
太 あ、違うんですか？
陸 うまく小・並・大とそろえたところに小野君の審美眼を感じたね。
太 楽しみです。他には？
陸 そりゃキミ、水野久美だよ。
太 お好きなんですね。
陸 この名前きいただけであたしは、もう…♡
太 岡本喜八の時代モノ。
陸 今だったら短パンも、もう少しハイレグだろうになア。
太 女優ばかりですね。
陸 ……ははは、どうも(逃)

## 第2回「全日本とんでもない映画祭」寸評(前編) 陸津悠 (◎本命 ○カタい △穴 ♡ウフフ…)

| | | | |
|---|---|---|---|
| 3/3↓6 | 大奥浮世風呂 | 松田瑛子といえば大島の「愛のコリーダ」。ここでは志賀勝を相手に大奮戦。脚本・田中陽造だぞ！ | ♡ |
| | ㊙女郎市場 | ロマンポルノの名花・片桐夕子が、あの荒木一郎原作、田中脚本、曽根監督で、花ひらく秀作。 | ○ |
| | エロ将軍と二十一人の愛妾 | どうです この安っぽいタイトル。でもこの格調なさ、がいいんだよね。沙耶子の胸が、ムネが… | ♡ |
| 7↓9 | 必殺4・恨みはらします | OM小野支配人の、この映画祭に賭ける執念がタイトルにも。深作は日本のフライシャー？ | ○ |
| | 忍者武芸帖・百地三太夫 | 男から見ると真田広之ってホント、ハンサムだと思うんだが。アクションできない男優なんて！ | △ |
| 10↓13 | 戦国野郎 | 加山雄三、中谷一郎、佐藤允に星由里子、水野久美！おなじみ喜八一家の時代・アクションコメディだ。 | △ |
| | 春秋一刀流 | (ここだけオレが書く！ 太田和彦)これこそ今、私が最も見たい、幻の名画(らしい)丸根賛太郎の大傑作(らしい)。小野支配人に自慢そうに紹介された恨み、はらすぞよ！休暇届もう出したかんな！ | ◎ |
| | 天狗飛脚 | | ◎ |
| 14↓16 | にっぽん泥棒物語 | 山本薩夫の職人的映画作りのうまさはもっと評価されるべき。左翼の教化主義がどうの、なんてバカいうな。 | ○ |
| | 巨人と玩具 | 開高健の原作を発表してスグ、増村が映画化した。映画で「現代」を描こうとする意欲が…。 | △ |
| 17↓19 | ろくでなし稼業 | 出ました！これはうれしい日活アクション・コメディ。とっぽいジョーに余裕の二谷、楽しいよーん | ◎ |
| | ギターを持った渡り鳥 | 最近ますます見直されている小林旭。チョウ・ユンファ ファンのあなたに、ぜひ見てほしい。 | ○ |
| | 紅の流れ星 | この一本のファンは多いんだ。舛田利雄の最高作という人もある。イカした渡哲とはこのことだ。 | ◎ |
| 20↓23 | 日本一の色男 | いやー何といってもコレですよ。身も心も落ちこんだ時、一人、スーダラ節、つぶやいてる俺がカワイイ。 | ○ |
| | クレージーの大爆発 | クレージーみる人は、みんな友達だア。むずかしい映画みる奴ァ、ゴクローサン。これっきゃないよ！ | ○ |

# O.M.F（大井武蔵野館ファンクラブ Ohi Musashino-Kan Fan Club）会報

モツ煮みそ味号
1991.3.15 No.7
Ohi Musashino Fan Club ©

どんな居酒屋でも必ずうまいのがモツ煮込だが、のどが乾く

## 快調スタート！第2回全とん祭「春秋一刀流」に感動の嵐

期待に先行して、いきなり始まった「第2回全とん祭」。はたして、どじょうは三匹いるかてこと危ぶまれたが、いやあ、いるいる。お客様は神様。どじょう扱いしては申し訳ないが、初プログラム「ボインの大中小」は、満員立見、それも二重、三重の大盛況。出だしに賭けた小野さんは「してやったり」の表情に顔もエロっぽく…いやいや。

ナカンズク、ファンを驚倒させたのは幻の監督・丸根賛太郎の「春秋一刀流」「天狗飛脚」の2本。この日を一年待っていたという太田和彦氏は

▼いやあ、大感動です。僕の大好きな、山中貞雄・伊丹万作につながるユーモア時代劇。「春秋」のサムライ三人の、ひょうひょうとした味。後半の哀感。「運命だ」こんなセリフを重味をもって吐けるのは片岡千恵蔵ならでは。スタイリッシュな演出は、近年最大の発見。「天狗」が終った時は涙で拍手したくてたまらなかったです。

―と、手ばなしの絶賛。「生きててヨカッタ」とまで洩らしたのだ。

映画ばかりは見てみなければ判らない。教科書的映画史観よさらば！さあ、後半戦に突入だァ。

**OMタウン**

OM行く途中、右手にある太郎と花子の銅像は一体、ニャンだ？

## 井坂夜衣子のシネ・レポート おたくの輪ひろがる

はたして「クリーク」にOMは載るか？

雑誌「クリーク」で「今、ミニシネマがオシャレ」というレポートを頼まれたOMFの井坂は、マガジンハウス担当者の取材リストへ勝手にOMを組み入れ、ある日、小野さんへインタビューにやってきた。若い女性にはこの他、ニコニコの小野さんは美人の御来館に、お茶を入れたり売店のポテトチップスひんむいたり大サービス。「どーぞ映画みてってください」と「エロ将軍と21人の愛妾」をムリヤリみせた。思わぬ時間を食った井坂はその足で渋谷ユーロスペースへ。三隅研次大特集で張切る北条さんは「小野さんはタッパもあるし、モテルんだよナー」と感想。次に行ったのが渋谷「ル・シネマ」。小野さんは好きな企画できてうらやましい。ウチは相当ムリして「ファエル」特集だ…と嘆語。さてその足で「キノ青山」へ。

はじめて訪ねた館で、映画も見てないのでシラーとしてしまったが、「よく行く映画館は？」の逆質問に、井坂が「OMとか…」と答えたところ、がぜん「オー、それは本物！」。一気に、旧知の仲になったそうだ。サスが小野さん、と心地よい疲れでマガジンハウスへ戻ると、ポンと背中をたたく、なれなれしい男がいる。「安くみないでネッ」と振返ると、なんと、元OMの支配人の細谷サン（現・武蔵野ホール）。一日、OMの霊にとりつかれた日であった。

## 第2回「全日本とんでもない映画祭」寸評（後編） 陸津悠．（◎大穴 △カタい ○穴 ♡ウフフ…）

| | | |
|---|---|---|
| 3/24 ↓ 27 | 変態家族・兄貴の嫁さん<br>東京ディープスロート夫人<br>神田川に淫乱戦争 | 全編、小津安二郎の演出、カット割りのパロディで作ったコメディ・ポルノという破天荒な作品。◎<br>「東京物語」をはじめ、東京を冠したタイトルは多いがその中でも最も格調低いのがコレ。しかし中味は大違いだぞ！<br>80年代カルトムービーを語るとき欠かせぬ作品。監督・黒沢清，助監・周防正行，美術・万田邦敏 もう今はすごいキャスト |
| 28 ↓ 30 | 濡れた荒野を走れ<br>太陽を盗んだ男 | 鈴木清順の新作「夢二」では、哀れ首ツリにされた長谷川和彦の脚本。監督・沢田幸弘<br>第一作「青春の殺人者」でキネ旬一位となった勢いで作りあげた大作。そして10年…。 |
| 31 ↓ 4/3 | うれしはずかし物語<br>みんなあげちゃう♡<br>桃尻娘（ピンク・ヒップ・ガール） | こんな映画知らないでしょ。ワシも知らん。だから楽しみ。川上麻衣子のキュートなお色気♡<br>ムチムチ娘を描かせたらナンバーワン，弓月光のノーテンキなエロチック漫画の映画化ですと♡<br>あの「桃尻娘」が映画になったとはそりゃあ楽しみ。この3本，目尻タレっぱなしじゃ♡ |
| 4 ↓ 6 | 黄金のパートナー<br>冒険者カミカゼ | 藤竜也（リノ・ヴァンチュラ），三浦友和（アラン・ドロン），紺野美沙子（ジョアンナ・シムカス）。ハイ，何でしょう？<br>内藤誠・桂千穂・中島貞夫の脚本に千葉真一，真田広之，秋吉久美子，あご静にてとくれば 娯楽アクションしか考えられないネ。△ |
| 7 ↓ 10 | 網走番外地・望郷篇<br>暗黒街の対決<br>からっ風野郎 | ここは新宿昭和館…じゃなかったOM版アクション3本立。やはり「番外地」が入らねば。<br>モー、これ見てない人はウラヤましい。このテンポ，この切れ味。オトコ三船のハードボイルド代表作。○<br>俳優志願をした三島由紀夫は監督に東大法学部同期の増村保造を指名。徹底的にシゴかれたという作品だ。 |
| 11 ↓ 13 | 不良少女魔子<br>八月の濡れた砂 | 判るかナーこの2本立。そう，あの「日活」最後の2本立。このあとロマンポルノに転身したのだ。<br>その日活挽歌となったみずみずしい作品。ワシの長編論文デビューもこの作品じゃったヨ。ホロリ |

# O.M.F（大井武蔵野館ファンクラブ）(Ohi Musashino-kan Fan Club) 会報®

ネギぬた青柳号
1991.6.3.No.8
Ohi Musashino Fan club ®

ぬたはマグロや赤貝でも作るが、やはりアオヤギが一番だ。今が旬である。

## 〈名画座パラダイス・協賛〉名画座クイズ（答は下段）

問題＝①②③④群を線で結べ　監修＝陸津悠

①－A、新宿昭和館
B、文芸座2
C、大井武蔵野館
D、浅草名画座
E、スタジオams
F、浅草新劇場
G、並木座

② 1、青柳信雄、斎藤寅次郎、渋谷実などのシブイ監督特集や、高峰三枝子、笠置シヅ子、岸恵子、岡田茉莉子らの息の長い女優シリーズに定評。人気・不人気にかかわらず上映可能な作品は常にすべて集めるという徹底性には頭が下がる。

2、任侠映画専門館として不動の地位と客層を誇る。戦前の味を残すグランド・スタイルの館内も魅力だ。競馬新聞を貼ってあるのもここらしい。

3、東映、日活、大映、東宝、松竹…とかつての五社協定をまるで無視した無関係な3本立は常に異色。しかもその中に必ずキラリと光る1本がある。

4、従来、ゴミといわれかえりみられなかった作品を次々に特集。日本映画の底知れぬバイタリティを見つめなおし、しかも異色の傑作を発見し、上映した功績は、はかりしれない。ここの番組編成こそ、名画座のカガミだ。

5、ここでかからない日本映画は、もうないのではないかと思わせる精力的な上映は文化庁表彰モノ。日替り3本立を2週間なんてのを平気でやる実行力。名画・異色に加え、当たらなかった若手の新作にも光をあてているのが好ましい。

6、ベストテン・クラスの、いわゆる名作をえんえんと繰返し上映。映画ファンが一度は見なければならぬ作品が常にかかっているのは誠に有難い。2度、3度みてこそ真に映画のディテール、真価が判るのだ。

7、こちらも、全くカンケイない3本立が、えんえんと続き思わずこの共通項は？と考えてしまう。カラー、白黒、シネスコなんでもこいの自由さがイイ。

③ 代表的番組

イ、「サザエさんの青春」「サザエさんの結婚」「福の神・サザエさん一家」
ロ、「ロビンソンの庭」「九月の冗談クラブバンド」「高校大パニック」
ハ、「晩春」「秋刀魚の味」
ニ、「木枯し紋次郎」「鹿野市あばれ火祭り」「恐喝こそわが人生」
ホ、「九十九本目の生娘」「女体渦巻島」「憲兵と幽霊」
ヘ、「若き日の信長」「喜劇・駅前大学」「よさこい旅行」
ト、「暴動島根刑務所」「日本の首領《ドン》・完結篇」「網走番外地・吹雪の抗争」

④ 近所のうまい店

a. 居酒屋「味里」の〈開運・大吟醸〉
b. 「永楽」の〈煮たまご入りラーメン〉
c. 居酒屋「三州屋」の〈いか大根煮〉
d. 「飯田屋」の〈どじょう鍋〉
e. 居酒屋「浪曼房」の〈清泉・純米〉
f. 「並木やぶ」の〈鴨なんばん〉（冬場のみ）
g. 居酒屋「赤鬼」の〈鱈の卵〉

## よみがえれ！名画座 やるじゃんPARCO劇場

その数が次第に減りつつある中、識者（この場合の識者とは＝知的で教養高く、センスがあり、ハンサム又は美女で、モテモテの人）の間で、その価値を見直されつつあるのが名画座だ。そんな時代の風潮を敏感に反映した企画〈名画座パラダイス〉が渋谷PARCO劇場で6/7よりはじまる。

これは今はなき「三鷹オスカー」「上板東映」「京一会館」に現役の「並木座」「池袋シネマセレサ」そしてわがOMの、それぞれふさわしい特色ある3本立を上映するというもの。番組編成における企画の意義をみつめなおす名企画だ（ややこしい）。シンポジウムには大森一樹監督はじめ、各名画座関係者、もちろんわれらが座長・小野善太郎氏も出席する。背の高さとハンサム度では絶対勝てる。ちなみにOMの日は6/12.水 オモシロ・チャンバラ・ムービーとして「鴛鴦歌合戦」「天狗飛脚」「百万両の壺」を上映。絶対のお徳用。この日だけは超満員になるよう会員は、全員駆けつけ、やたらホメることにしてくれい！

〈答〉A-2-ト-e，B-5-ロ-a，C-4-ホ-b，D-3-ニ-d，E-1-イ-g，F-7-ヘ-f，G-6-ハ-c 易しすぎたか？アナタが気狂いか!?

# O.M.F（大井武蔵野館ファンクラブ Ohi Musashino Kan Fun Club）会報

丸干うるめ号
1991.9.11 No.9
Ohi Musashino Fun Club ⓡ

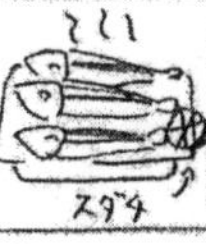


丸干しの最高峰は土佐うるめ。荒波にもまれ脂肪が少い 焼きすぎると硬くなる。

## 出た！とんでもないシリーズNo.3 時代劇に不可能はない！

今や、心ある映画ファン、映画興行主、映画ヒョーロン家の台風の目、となった感のあるOM名物「全日本とんでもない映画祭」。その第3弾ラインナップが発表された。うれしいではないか。なんと！オモシロ時代劇の大特集。時に、思い出したように作られ、そして毎度、期待を裏切られるのが時代劇というジャンル。しかしこれこそ、日本映画の至宝。現代劇では出来ない、誇張や体制批判、ユーモアやスラップスティックそしてピンクや残酷、忍術、歌謡、ドタバタ…。時代劇の形さえとれば何でも許されたのがこのジャンルなのだ。ちょんまげの似合う顔や、着物の着方、ロケーションのできる昔の風景。しきたりを知った大道具、小道具等々は、到底、昔の時代劇にかなわない。今こそ、もしかするともう復活できないかもしれない時代劇を見つめなおしたい。そう、正に「時代劇に不可能はない」のである。

## 時代劇は今ブーム

文芸座ル・ピリエのえんえんと続く市川雷蔵特集や、ユーロスペース「三隅研次・白刃の美学」の大ヒットにみられるようにホンモノ時代劇は映画ファンに干天の慈雨といえよう。いよいよマキノ雅弘の大回顧といきたいものだ。

## 壮挙！丸根賛太郎大特集

丸根賛太郎

1914生まれ。後の名編集者、菅沼完二や稲垣浩に師事。

今、心ある映画ファン（これっばっかりだけど）の間で「見たこ」「見た！」だけで通じるのが丸根賛太郎監督の「春秋一刀流」「天狗飛脚」。OM会報でもたびたびとりあげたが、今度ついに監督特集が実現した。OMが発掘し、カルトムービーの雄となったのがあの「鴛鴦歌合戦」。それ以来最大の目玉、〈日本映画の最終秘密兵器〉がこの人である。殆ど誰も見たことのない作品ばかり。これこそ、本年度映画界、最大の壮挙であろう。今回は上映されないが、黒澤明脚本、宮川一夫撮影による「土俵祭」そして市川右太衛門の「殴られたお殿様」も最近ビデオ化された。あてにならない新作よりも過去に、名品を発掘する。これこそ真の映画ファンであり、名画座の正しい道なのだ。教科書的日本映画史を塗りかえるかもしれない、作品の大特集。文化庁はなぜOMに金を出さないのだ！

## とんでもシリーズ第3弾！「全日本とんでもない時代劇まつり」寸評 by 陸津悠（◎必見 ○通(ツウ) △未見）

| | | | | |
|---|---|---|---|---|
| 9/20 ↓ 22 | マキノ雅裕 | 鴛鴦歌合戦 | こんなに面白い時代ミュージカルがあったのかと熱狂的ファンを生んだ大傑作！ | ◎ |
| | | 続・清水港 | 石松の芝居演出に悩む新作家（千恵蔵）が夢の中で森の石松になって… | ◎ |
| | | 血煙高田馬場 | 山ほどあるマキノ傑作群の中でもとりわけ評判高いのがコレ。阪妻が走る走る！ | ◎ |
| 23 ↓ 26 | 伊丹・山中 | 気まぐれ冠者 | 伊丹作品でも研究書でとりあげられない隠れた傑作。アヴァンギャルドとユーモアの結合！ | ◎ |
| | | 赤西蠣太 | 志賀直哉の文学を軽々と越えたといわれる、日本には珍しい知性ある諧謔。（イミわかる？） | ◎ |
| | | 丹下左膳余話・百万両の壺 | これこそ日本映画の最高傑作にして、すべての映画の範たる大名品だ。 | ◎ |
| 27 ↓ 10/1 | 丸根賛太郎 | 春秋一刀流 | 山中・伊丹はこの2人だけではなかった。ユーモア、ペシミズム、洗練。なんと処女作！ | ◎ |
| | | 続・蛇姫道中 | 長谷川一夫、大河内伝次郎、山田五十鈴、京マチ子の共演。たっぷり前編のダイジェストがつく。 | △ |
| | | 天狗飛脚 | 日本最高の走る映画。あの市川右太衛門が巨体をのせて江戸の町から京へ！ | ◎ |
| 2 ↓ 5 | | 小太刀を使う女 | 脚本・依田義賢、撮影・宮川一夫による明治の時代劇。硬質な演出。月丘夢路、色っぽい。 | ○ |
| | | かくて神風は吹く | 阪妻、アラカン、千恵蔵、右太衛門、共演の国策映画。カッチンコッチンの大作。 | ○ |
| | | 鳥人 | 飛行機の祖といわれる伝説の人・幸吉をアラカンで描く時代劇。紙芝居的演出が不思議だ。 | ○ |
| 6 ↓ 9 | | 博多どんたく | 阪妻が博多の商人役で侠気をみせる。入江たか子といいムード漂わす名場面。 | ○ |
| | | 狐の呉れた赤ん坊 | 阪妻の無法松につながる役どころの人情時代劇。スタイリッシュな演出がニクい。 | ◎ |
| | | 風流活殺剣 | 月形龍之介、高田浩吉、岩恵子によるユーモア時代劇らしい。今回一番の期待作。 | △ |

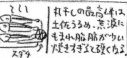

# O.M.F.（大井武蔵野館ファンクラブ Ohi Musashino-Kan Fun Club®）会報

にしん丸焼号
1993.2.2, No.10
© 禁無断転載

にしんは魚の中でもとりわけ栄養価が高く、スタミナ補給昼めしに最適。たまにカズノコが入ってるとラッキーである

## 世界に先がけ、ついに、実現 第一回 西河克己映画祭

日本の映画興行界を常に一歩リードするわが大井武蔵野館はこのたびまたまた素晴しい大特集を放った。名づけて「第一回西河克己映画祭」。これは2月21日発売予定の単行本「西河克己映画修業」（ワイズ出版）にあわせて企画されたもの。日本の映画研究書もようやく本格化し、黒澤・小津らの巨匠でなく、従来B級とされ評価されることのなかったマキノ雅弘や中川信夫の本格的研究書が出はじめたのは実によろこばしい。OMはその都度、特集上映を組んできた。「森一生映画祭」「石井輝男映画魂」「情念の作家 増村保造」がそれである。そして今度は青春の巨匠・西河克己である。特筆すべきは「俺の故郷は大西部」のカラーニュープリントをおこした事。日本を舞台にテンガロンハットにガンベルトも勇ましく、完全な西部劇を作ってしまったこの作品は、知る人のみ知る（あたり前か）珍品中の珍品。和製ウエスタンではもう一本、宍戸錠主演「メキシコ無宿」があるが、こちらはホントにメキシコロケしちゃった分だけカルト性は薄いのだ。「西部劇でーやっちゃえ」という最盛期日活の若さとイキオイと無鉄砲。量産体制あってこその異色作は、今日この、ケチな日本映画界をあざ笑うであろう。（水戸夏人）

西河克己（1918〜）
最近作「一杯のかけそば」

### 解説

西河克己監督は戦前、松竹大船に入社。渋谷実、中村登らについたあと新生日活に移った。身につけた大船の良質なメロドラマ作法は日活の若さとあいまって日本映画にそれまでになかった若い人による若い人のための明朗青春路線を作り、希代のスター・吉永小百合を得て見事に開花した。毎月のように作られた吉永＝浜田光夫コンビの青春映画は『しーらーけていないで、手に手をとおって」の歌のように今見ても未来に希望を託すという神話的世界を量産した。当時は裕次郎の男性アクション、小百合の青春ドラマが日活不動の2本立。したがってこの2人の共演は案外に少い。「若者むけ青春映画」というジャンルがテレビのトレンディドラマ（ばかめ！）になり下がった今、懐かしき青春を、光り輝く吉永小百合を改めて見てみたい。吉永といえば大女優らしいけどチットも面白い映画がないと？な昨今、若いんにもいい機会だ。バブル崩壊の今、ビンボーこそ青春、という甘くせつない世界にひたってみよう。

### 新刊紹介

「粉雪まみれの映画小僧」集英社
若手の新進女流ライターによるニューウェイブ評論集。しなやかでイキの良いタッチは映画へのあふれんばかりの愛に満ちている。装丁もオシャレなお徳用1600円。

## 特別レポート 年間本数による映画ファン度

本物の通（ツウ）はこうなる

監修＝陸津悠（映画評論家）

| 年間本数 | ファン度 | 作品選定 | 見方 | 最近みた作品（よく行く劇場） | 好きなタイプ | 信頼する評論家（購読雑誌） |
|---|---|---|---|---|---|---|
| 1〜5 | 普通 | 一緒に行く人が決めてくれる | 退社後のデートで「映画でも」という感じ。またはもらったチケット利用。クライ映画や考えさせるのはダメ。名画座は汚いからイヤ | ターミネーター2 有楽町マリオン 日比谷映画 | スピルバーグ | 水野晴郎（週刊文春） |
| 6〜10 | 映画好き | 話題作 | 新聞の映画広告などで、今こんなのやってるんだと漠然と知っている。自分から誘ってみに行く。休みの日に行く事もある。 | 氷の微笑 みゆき座 テアトル西友 | トム・クルーズ エディ・マーフィ | おすぎ（ぴあ） |
| 11〜20 | 映画ファン | ミニシアターもチェック | 評判のものは一応みておこうと、ヒマがあれば出かけてゆく。一人でも行く。最終日にかけつける事もある。見逃すとちょっと残念に思う。 | 髪結いの亭主 銀座文化 シネセゾン渋谷 | ロバート・デ・ニーロ ケビン・コスナー | 淀川長治（シティ・ロード） |
| 21〜50 | 趣味は映画 | 好きな監督がいる | 監督の名前や代表作を知っている。新聞・雑誌の映画評を読む。映画の話するのが好き。書店などで安いチケットを買って見る。 | 黒い罠 シネ・ヴィヴァン六本木 シャンテ・シネ | ビム・ベンダース 侯孝賢 | 中野翠（FLIX） |
| 51〜100 | 映画マニア | 見逃した作品を追いかける | 「ぴあ」が出るとスグ今月の番組をチェックする。優先的に見る映画のスケジュールを書く。古いのも見る。撮影、音楽などのスタッフにも目配りする。 | 濡れ髪剣法 池袋文芸座 銀座並木座 | 小津安二郎 アラン・ルドルフ | 小林信彦（キネマ旬報） |
| 101〜200 | 映画狂 | 新作映画の大体の内容は知っている | 映画の研究書、単行本を買う。「リュミエール」の廃刊が残念。映画について何か書いてみたい。好きな評論家がいる。見た作品をメモしておく。作品の出来不出来、「ここが惜しい」などと言う。 | 武蔵野夫人 大井武蔵野館 ユーロスペース | 川島雄三 C・イーストウッド（監督） | 蓮實重彥（イメージフォーラム 映画芸術） |
| 201〜300 | 異常者 | 映画中心にすべてのスケジュールをたてる | 金がかかるのでもはやロードショー館には行けない。特定の名画座に毎週来るので気味悪がられている。見ている本数はプロより多い。映画の話しかしないので嫌われる。 | 美しき母 フィルムセンター アテネ・フランセ | 鈴木清順 三隅研次 | 山根貞男（ユリイカ） |
| 301〜400 | 狂人 | 毎日、映画に行く | 映画が生活の中心で、何で食べているかわからない。何でもいいが自主上映や実験映画は見ない。サイレント映画は好きだ。いつも映画館にいるので友達はいない。見た作品のメモするひまもない。 | サザエさん ACTミニシアター スタジオams | 中川信夫 マキノ雅弘 | 宇田川幸洋（映画宝島） |
| 400以上 | 聖者 | 1日に2館 夜はオールナイト | 移動と寝る時間以外はすべて映画館にいる。一日中、陽に当らないので青白く不健康。会話もしないので失語症、もうまともな社会生活はできない。見てない映画があるのが不安。 | 青春デカメロン 川崎国際 浅草新劇 新宿昭和館 ヨコハマニュース | 渡辺邦男 青柳信雄 | なし（週刊文春）※ひろったもの |

## そして、1999年1月31日、大井武蔵野館、閉館。OMF会報は、第10号が最終号となってしまった。

この直後、太田は雑誌「Tarzan」（1999年3月10日 No・299）に以下の文章を寄せた（以下、全文を転載）。

**特別寄稿　大井武蔵野館追悼**

### 名画座最後の砦、ついに落つ！

名画座御三家、最後の一館・大井武蔵野館が閉館した。

大井は文芸坐（正統日本映画全集）、並木座（巨匠の名作）にかからない作品を一手に引き受け上映し続けた。岡本喜八、鈴木清順は当たり前、川島雄三も中川信夫も森一生もマキノ雅裕も市川崑も石井輝男も本多猪四郎・円谷英二も、雷蔵もひばりも、みんなみんな大井が最初に特集した。西河克己映画祭、舟木一夫映画祭、新東宝の女神たち／小畑絹子・北沢典子・前田道子・三原葉子・万里昌代をやった映画館が他にあるか。

それを映画館みずからが楽しんでいる余裕がいい。チラシの月替わりキャッチフレーズ「強力胃袋向き闇なべ映画館」「映画中毒者の秘密の隠れ家」や、「全日本とんでもない映画祭（全とん祭）」「ニッポンパワフルコメディーズ」「タイヘンレイトショー夏の夜の悪夢」「狂い咲き怪奇大作戦」等々企画ものタイトルのセンスと遊び心。

これらの番組は従来考えられていた日本映画の総体のワクをとんでもなく広げ、その果てしないパワーとエネルギーを認識させ、それまで誰も知らなかった傑作のダイヤモンドを次々に発掘していった。例えば日本ミュージカルの最高峰『鴛鴦歌合戦』や忘れられていた作家丸根賛太郎の『春秋一刀流』『天狗飛脚』は大井の発掘上映により日本映画史にその名をはじめて位置づけられた。過去の作品に宝物を発見するのは究極の名画座だ。またジャンクの決まったフィルムの最終上映をレイトショーでえんえんと続け、その最後をみとったのも名画座の意地といえよう。

《日本映画の墓掘り人》《名画座最後の砦》はついに落ちた。巨星墜つ。そして一つの伝説が残った。

●太田和彦

## ――それが30年ぶりに復刊。11号が出た。

# O.M.F（大井武蔵野館ファンクラブ Ohi Musashinokan Fan-Club）会報

餃子ゆでたて号
2023.8.15
Ohi Musashinokan Fan-club ®

ギョーザは、焼きもいいがゆでたてを、激辛醤油でふうふう食べたい。

## 閉館から24年 今よみがえるOM

日本映画史に埋もれていた名作を、つぎつぎに発掘上映した、伝説の名画座「大井武蔵野館」略称OMの、功績を検証する動きは、ついに一冊の本にまとまることになった。タイトルは『伝説のカルト映画館 大井武蔵野館の6392日』。ここをめぐる数々の記事やファンの声。なかでも上映全作品のリストはぼう大で、これ以上に館の特徴を表わすものはない。さびれた大井町駅西口から、とぼとぼ通い詰めた日々が今こうしてよみがえる。「私の映画観は、この映画館で育てられた」とリフレインで懐かしむ人も多いだろう。開館1981年閉館1999年、18年の歴史がここにまとまった。

快挙を喜ぶ元支配人・小野善太郎さん

そこに、古い作品を上映する名画座の意味がある。ある意図をもとに番組を編成し特に知られざる作を重視したOMは、まさにその先駆者で、それは現在の名画座、「ラピュタ阿佐谷」「神保町シアター」そして「国立映画アーカイブ」に引きつがれた。文学研究に古典は必須。そして映画もまた同じなのだ。

## 論説 名画座の使命とは

陸津悠

20世紀に発明された最大の芸術である映画は百年の歴史をこえた。文学は図書館にゆけば古典を読める。しかし映画は上映してくれなければ見られない。映画は広いスクリーンで見ることを前提に作るので、DVDでは見たことにならない。

## 編集者インタビュー

―苦労したところはどこですか？

朝倉 上映作品のリストです。ぼう大な量の、正式な作品名、製作年代、上映期間の確認など、もうへとへとです。

―ご苦労様です。全部で何本ですか？

朝倉 1000は軽く越えている。監督名もいれたので、立派なアーカイブですよ。

―記事的には？

朝倉 OMは鼎談、対談などがたくさん残っていて、それらが詳しく長い。みな読みごたえがありますね。

―出版を機会にどこかで「大井武蔵野館映画祭」やりませんか？

朝倉 そりゃいい！ 人気作品全30本。会場では本も売って、トークもやる。太田さんがいい。

―Tシャツも作る。

朝倉 だれが買う？ いまは最後の仕上げで忙しいんです。

―これ差し入れです

朝倉 ホカ弁かい。

大回顧〈OMのベスト3作〉百花繚乱の番組ながら、そこにはくっきり「OM印」が。ああ また見たい！

| | | |
|---|---|---|
| 陸津悠 | 春秋一刀流<br>天狗飛脚<br>狐の呉れた赤ん坊 | 監督・丸根賛太郎の発見こそOM最大の功績。処女作「春秋一刀流」で、すでにしてユーモア、テンポ、人情味あふれる話術を会得しながら、終盤の哀感は胸にせまる。まさに山中貞雄の再来と、目を見晴らされた。 |
| 野見杉太郎 | 大学の山賊たち<br>顔役、暁に死す<br>暗黒街の対決 | OMは監督・岡本喜八を気に入ってたびたび特集。中でも滅多にかからない初期の作は、俳優の活かし方、ドライなカッティング、音楽効果で、ハワード・ホークスを見るような面白さ。左遷された敏腕刑事、三船敏郎が司葉子様の胸をつかんで、水道館口に突っこむ場面に、お怒。 |
| 奥飛騨宏 | 俺の故郷は大西部《ウエスタン》<br>歌くらべ荒神山<br>続清水港 代参夢道中 | 駄作佳作はげしい西河克己を「映画祭」として大特集したのには驚いたが、アメリカ西部劇をそのまんま日本におきかえた「俺の故郷は〜」は大ケッ作。南田洋子がガンベルトで歌い踊る。「歌くらべ〜」は斎藤寅次郎の彼らしい名品。「続清水港」は小国英雄の名脚本で得たマキノ雅弘の快作。 |
| 呉佐計雄 | 風船<br>箱根山<br>グラマ島の誘惑 | 今や人気ナンバーワンとなった監督・川島雄三をはやくから連続上映して、ファン、研究者を育てたのもOMの功績。『幕末太陽伝』「洲崎パラダイス 赤信号」などの有名作でないものに、いかに川島のセンスがあふれていたか。「グラマ島〜」の反戦意識はもっと注目されていい。「箱根山」の加山・星由里子コンビの爽やかさ♡ |
| 水戸夏人 | 女体桟橋<br>女体渦巻島<br>九十九本目の生娘 | OMといえばこの路線。スゴイ題名ながら、まっ当な刑事ものになる石井輝男の体当たりロケが生き、吉田輝雄、天知茂、三原葉子らが生き生きと。タイトルすごけりゃ上映ある「九十九本目の生娘」（監督・曲谷守平）は最上川から失踪した娘の生き血で鉄刀を鍛えるワカラン映画 |
| 伴秋せ | 鴛鴦歌合戦<br>嵐を呼ぶ楽団<br>銀座カンカン娘 | 音楽映画を盛んにかけたのこそOMの特色。歌って、踊って、友情をわかせて……。映画はこれでいいんだという至福の世界が、ここに。大名作「君も出世ができる」もOMで発見。どこかでニッポン音楽映画祭やってくれ。 |

**対談** 「名画座かんぺ」発行人が聞く

# 「ＯＭＦ会報」の作り方

## 太田和彦 × 「名画座かんぺ」発行人 のむみち

合いの手／構成：朝倉史明

のむみち　1976年生まれ。古書往来座店員。「名画座手帳」の企画・監修。宮崎日日新聞にて「のむみちの名画座タイムス」を連載中

### 「ＯＭＦ会報」は、こうして作られていた

**のむ**　「ＯＭＦ会報」は1号つくるのにどれくらい時間をかけてたんですか？

**太田**　4時間ぐらいかなあ。

**のむ**　4時間！

**太田**　うん。紙面構成は大きめの表と記事が基本で、まず先に表を作り、縮小してレイアウト用紙に貼り込む。縮小にあたっては、のむみちさんも「名画座かんぺ」を作るときに気にしていると思うけれど、〝可読の限界〟があるわけでね。「どこまで縮小できるか？」を判断する。その大きさで全体のレイアウトが決まり、あとは余白に入れる記事を書けばいい。

**のむ**　レイアウトは「まず先に表ありき」なんだ。

**太田**　僕はデザイナーだから〝完成形〟から入っていくんだよ。レイアウト台紙は資生堂の原稿用紙の裏を使っていた。裏面から見てもグリッドが透けて、使い勝手がよくてね。まず最初に表を作って、切り貼りをする。その余白に書く文章はスペースを見て下書きなしで一発で書ける。スペースがなくなったら終わればいいわけでね。簡単なことなんだよ。

**のむ**　いやいや……。スペースに合わせて文章をきれいに終わらせられるというのはすごいです。

**太田**　書いていけば自然にそうなっちゃう。文章を書いて、カット（挿絵）も手書きして。

**のむ**　カットがまたいいんですよー。かわいい。

**太田**　グラフィックデザイナーだから絵を入れたくなるんだ。写真も入れたんだけど。

**のむ**　紙面にさらにメリハリが出て、いいですね。

**太田**　レイアウトが終わると会社のコピー機で切り貼りのない1枚の紙にして完成。……つまり、会社が終わってから作業するわけ、みんな帰ってから（笑）

**のむ**　上映作品などの情報については、館側に聞いてたんですか。

**太田**　うん。小野さんから情報をもらったらすぐに作る。とにかく上映が始まる前に発行しないと意味がないからね。「ＯＭＦ会報」は「宣伝チラシを僕が代わって作ります」という気持ちで始めたわけだし、なにより大勢のお客さんに来てほしいからさ。

**のむ**　「会報」は館内に掲示されていたんですか？

**太田**　あまり覚えてないんだよ……。まあ、自己満足でやってたから。

**のむ**　いえいえ、本当に素晴らしいです。そして発行部数は6部、って書いてありましたけど。

**太田**　うん、そんなもんだった。作って、大井武蔵野館（以下、ＯＭ）に送る。会社の紙を何十枚も使うのは気が引けるし、郵送料もかかるからね。

### 大井武蔵野館はどういう映画館だったのか

**太田**　ＯＭはもともと、当時の勤務地だった銀座から近いこともあってよく行ってたんだ。

**のむ**　太田さんは「ＯＭＦ会報」の刊行当時は資生堂にお勤めだったんですよね。

**太田**　うん。

当時は、ＯＭみたいな独特な番組プログラムを組む名画座が少なくて。巨匠の作品をかけていた並木座とか、大型作品路線の旧文芸坐とかでね。そんななかでＯＭは〝日本映画の墓堀り人〟を自称して、どこでも扱わない珍しい作品を、文字どおり掘り起こしては上映していたわけ。正直に言うと、なんだ

かわからない作品もかかっていたけど（笑）
しかし「今日見ておかないと、下手すると永遠に見られないかもしれない」という作品を上映していたから、客としてはとにかく脇目も振らずに通って。日に3本見るのはなかなか大変なことだったけれどスゴイ作品がいっぱいかかってね。「この作品の上映は本当に今日で最後だぞ！」というのは誇張でもなんでもないんだ。近々ジャンク（廃棄）されてしまうフィルムを積極的にかけたりしてね。まさに〝涙の上映会〟だよね。とにかく、そういう作品もかけていたというのはたいしたものだと思う。〝墓掘り人〟を名乗るだけあって、しっかり掘って、かつ〝埋葬〟もした、ということだからね。本当に偉業だよ。

――太田さんとしてはそんな同館を応援したかったわけですね。

**太田**　会報を作るにあたっての願いは「ＯＭにお客さんを増やしたい」に尽きるんだ。集客を促進するためには「ＯＭで見たものの感想文」を載せるんじゃなくて「これからこういう面白いものを上映するぞ！」とか「見所はここだぞ！」という紹介を入れようと。併せて「大井町って面白いところだよ」という情報も入れる。「こういう飲み屋がありまっせ」とかね。

**のむ**　「ＯＭＦ会報」って、その当時、多くの人が欲しがったんじゃないかなあと思うんですよ。

**太田**　雑誌の「Ｔａｒｚａｎ」でＯＭについてのインタビューを受けた時、編集部の沢田（＝沢田康彦氏）に「ほしい人に会報をプレゼント」という企画を提案してね。するとけっこう応募が来てね。このころに、会報に釣られて、というわけじゃないにしても、ＯＭで映画を見始めた若い人たちがどう感じていたのかということを知りたいな。たとえば、当時20歳前後のヒマな学生だった人が、ＯＭで上映していた作品群からどういう影響を受けたか、とか、そういう話が聞ければうれしいなあ。

## 「ＯＭＦ会報」の〝肝〟

**太田**　紙面で特に大事にしてたのが作品コメント。

**のむ**　すっごく読み応えがあります。

**太田**　特に創刊号なんて大作だったよ。作品の内容を紹介して、コメントを入れて〝オススメ度〟も入れてね。このころにはもう、けっこうな本数の映画を見ていたから、かなり自信を持って書けるものもあったしね。まだ見ていないものについても、「この点を狙って見に行けばいい」と書いてたな。

**のむ**　表のなかで〝オススメ度〟についてなにも書かれてない作品は？

**太田**　「普通」ということ。全部に「○」を付けると同じになっちゃうでしょ。「◎」が増えすぎないように、とか配分に気をつけてた。

**のむ**　なるほど！

**太田**　各作品紹介のコメント部分は1行で30字ぐらいなんだけど、その分量で映画の魅力を紹介するのは、コピーライティングの勉強になる。コメントって、どうしても似てしまうんだ。「いかに変えるか」と工夫する必要がある。たとえば文末に「！」を使いすぎないとか。通して読んで、作品ひとつひとつの口調が違っている……。これが大切で、意識的に変えていたな。

**のむ**　読者を飽きさせないために。

**太田**　そう。ひとりでやってるからペンネームもいっぱい使ってるんだ。「陸津悠」「呉佐計雄」。

**のむ**　「野見杉太郎」（笑）。名前が面白いですね。「水戸夏人」もいいなー（笑）

――太田さんは本名の他に「陸津悠」名義などで、雑誌の「東京人」をはじめいろいろな媒体で書かれてますよね。

**のむ**　「井坂夜衣子」もペンネームなんですか？

**太田**　井坂さんはペンネームだけど友達なんだ。

**のむ**　ああ、実在するかたなんですね。

**太田**　成田三樹夫の追悼記事（第4号所収）は書いておいて良かったな。

――当時は追悼、という意味がもちろんあったと思いますけど、後年になって、「刊行したころにどういうことがあったのか」ということがわかるという、資料的な側面が新たに加わって貴重ですね。

**のむ**　成田三樹夫はこのころに亡くなったんだ。

――他に脚本家の星川清司さんが直木賞を取ったという記事もありますね（第3号所収）。成田三樹夫も星川清司も大映を中心に活躍されたかたですが、これは太田さんが特に大映がお好きだったから、ということなのでしょうか。

**太田**　いやいや、たまたま大映系の人のニュースが続いたというだけでね。僕は日活がいちばん好きだけど、今の名画座人気は大映だよねぇ。

## 「ＯＭＦ会報」のルーツ

**のむ**　太田さんは「ＯＭＦ会報」よりも先に、居酒屋の新聞「居酒屋研究」を作られてたんですね。

**太田**　「居酒屋研究」は、居酒屋研究会という団体の機関紙で、10人ぐらいに発行してた。第1号は

１９８７年。
**のむ**　これより前には、こういうことはしてなかったわけですか？
**太田**　子供のころからやってますよ（笑）
**のむ**　へえーっ！
**太田**　中学1年の時には学校で日刊紙を発行してたんだぞ。
**のむ**　うわあ！
**太田**　日刊だから当然、手書き。
**のむ**　ガリ版刷りとかじゃなくて。
**太田**　手で書いて、壁にパッと貼る。
**のむ**　どういうことを書いてたの？
**太田**　校内の割れたガラス窓の数を調べて書く。調査報道。叔父が新聞記者であこがれてた。
**のむ**　なるほど、なんだか太田さんのルーツを見た気がします！
**太田**　「週刊制作室」（写真１）も3～4年くらい出していたのかな。
**のむ**　第1号が１９８７年。昭和62年ですね。
**太田**　これも面白かった。「制作室新人5人インタビュー」とか、「野球チーム五連敗」といったニュースを手書きして壁に貼り出す。「山本君、樽平でビール大ジョッキ5杯飲む」なんてのもある。今でも手元にたくさん残しているよ。
**のむ**　素敵だなあ……。ちなみに制作室って、何人くらいいたんですか。
**太田**　大きいんだよ。80人くらい。
**のむ**　わー、すごい！　で、やっぱり「週刊制作室」にも、飲み屋とか食べ物屋の話を載せたんですね。

## 映画ファン度

**太田**　「ＯＭＦ会報」のなかで特に気に入っているのは、第10号の「年間本数による映画ファン度」という企画。
**のむ**　これは傑作です！
**太田**　1本から5本は「普通」。6～10本は「映画好き」。11～20本は「映画ファン」。……そこからぐーっと来て１００本を超すと「狂人」、４００本を超すと「聖者」。
**のむ**　「聖者」（笑）
**太田**　のむみちさんはどのくらい？
**のむ**　私、いちばんひどい時は「狂人」でしたけど。でも今は１００本前後かな。だって忙しいんだもん。
**太田**　言い訳は聞いてない（笑）
**のむ**　わははは（笑）
**太田**　この「聖者」はモデルがいて、快楽亭ブラック師匠なんだよ。
**のむ**　おお！　ブラック師匠。
**太田**　「こんなに映画を見るということが現実にあるのか！」と思ったけど、あるんだなあ、聖者だなあ、って感心した。
**のむ**　「聖者」で、好きなタイプの監督は松田定次と青柳信雄って、なってる（笑）
**太田**　これはつまり「たくさん作ってる監督が好き」っていう意味（笑）
**のむ**　なるほどね（笑）
**太田**　内容じゃあない（笑）
**のむ**　「信頼する評論家」は「なし」。
**太田**　自分のほうが見てるから（笑）
**のむ**　第8号の企画「名画座クイズ」。私これ、全然わからなかった。
**太田**　できなかったの？　情けないなあ。「やさしすぎるかな」って思ってたんだけど。
**のむ**　だって、どの館も行ったことがないんですよ。
**太田**　行ったことないのか！　それはムリだね（笑）

## 初めて大井武蔵野館に行った日

**のむ**　そもそも、太田さんが最初にＯＭに行かれたのって、いつのことだったんですか？
**太田**　それはね……。
**のむ**　ああっ！　知る人ぞ知る、太田さんの映画日

写真1　週刊制作室 1987年8月20日号

記！（写真２）。

**太田**　（※日記を繰りながら）……あった。１９８５年11月28日。『稲妻』と『夜の流れ』の川島雄三２本立てだ。すぐその後12月17日には『戦国群盗伝』、『右門捕物帖　帯とけ仏法』と『江戸遊民伝』の３本立てに行っている。年があけて『暖簾』と『箱根山』、『グラマ島の誘惑』と『縞の背広の親分衆』、『イチかバチか』と『喜劇・とんかつ一代』という川島２本立てシリーズを追いかけている。僕の川島好きはここで決定的になった。

　しかしこうして改めて見るとＯＭはいいプログラムをやってたなあ。岡本喜八特集で行った『大学の山賊たち』や『顔役暁に死す』もよく覚えてる。

——太田さんがつけられている作品のタイトルはもちろん、それぞれの評価も興味深いです。

**太田**　岡本喜八『暗黒街の対決』満点。『江分利満氏の優雅な生活』満点。『斬る』（喜八版）の評価はちょっと低いな。このころは自分の映画の好み、監督の好みがくっきりとできてきた頃だね。

——そのような好みの発現が、ちょうどＯＭでの上映作品と同期した、というところもありますか？

**太田**　いやＯＭが僕の映画の好みを見つけてくれたんだ。岡本喜八、三隅研次。

　ちょうど１９９１年頃に渋谷のユーロスペースで三隅の特集があった。余談だけど三隅の『剣』、『斬る』『剣鬼』を「剣３部作」と名づけたのは僕なんだよ。自分の好みが本当にはっきりしてきたころ。それまでは頭でっかちに「名作から入ろう」だったけれど、巨匠、名作といわれているわけではない映画の面白さに目覚めた。

## 媒体がなければ作る

**太田**　これは変な癖でさ、デザイナーってなにかを作って人に見せる仕事でしょ。だから「良い」と思ったら人に教えたいんだ。けれども人に話すだけではそれまで。見てない映画の話をされても面白くないじゃない。そこで「いちばん得意の新聞形式で、不特定多数に向けて紹介する」、という方法にした。雑誌に映画の連載でも持っていればなにか書けるけど、媒体がなければ……。つまり「メディアがなければ、オレが作る！」っていうことさ。２部作ればもう媒体と言っていい。１部なら日記だけど（笑）
**のむ**　なるほど（笑）
**太田**　そのうちに「ＢＲＵＴＵＳ」で「シネマ大吟醸」（１９９０〜１９９２年）の連載を始めて。「媒体を得たぞ！」という気持ちが強かったな。

## 〝見せる〟工夫

**太田**　デザイナーだから手はいくらでも使える。好きな映画だから文章は泉の如く湧いてくる。
**のむ**　かっこいい！
**太田**　作品紹介は、出演者と内容と、見どころ、笑いどころを入れる。たとえば、（「ＯＭＦ会報」２号所収）市川崑『ブンガワンソロ』は「ジャワを舞台に三人の脱走兵（池部良・森繁久弥・伊藤雄之助）を描く。ただし日本ロケ」……といった具合（笑）
**のむ**　ははは（笑）
**太田**　同じ市川崑の『銀座三四郎』（別題『銀座の猛者』）なんて、のむみちさん好みだよ。「いやに年寄の多い映画だ」。

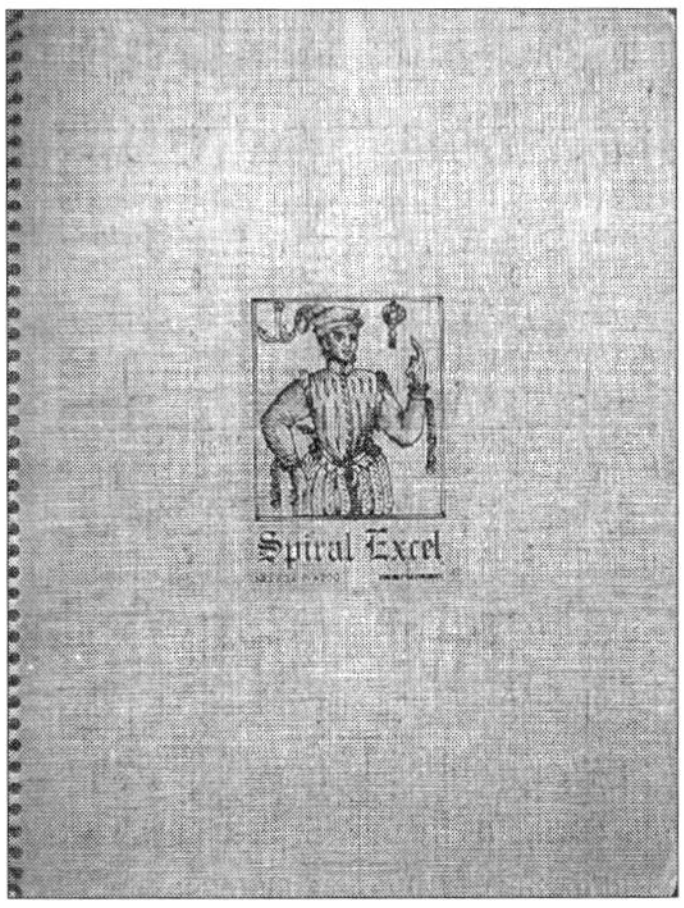

太田氏が今日も書き続けている映画日記は現在、2冊目。写真は第1冊目

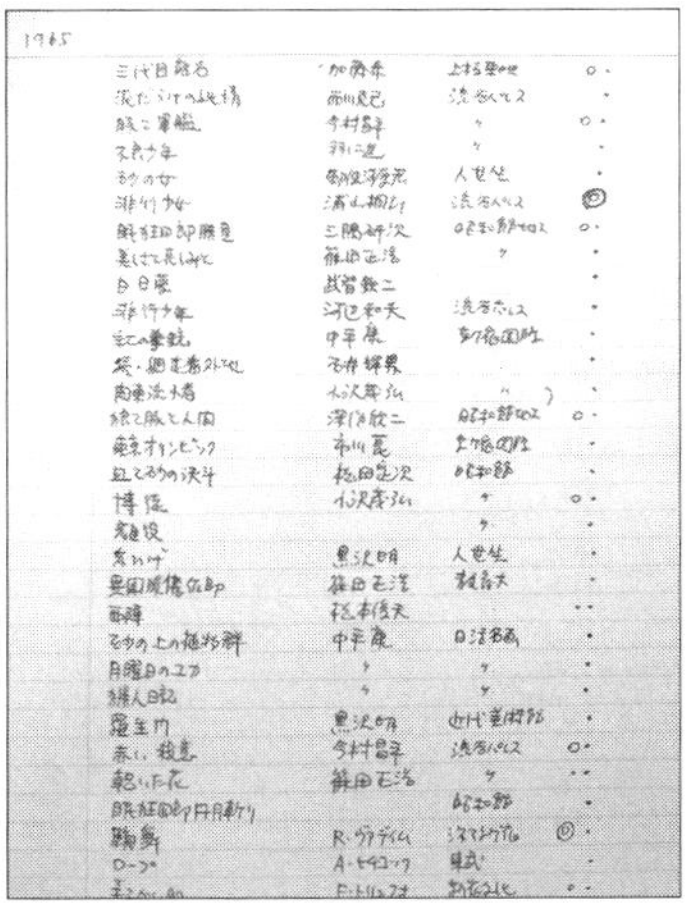

日記のスタートは1965年

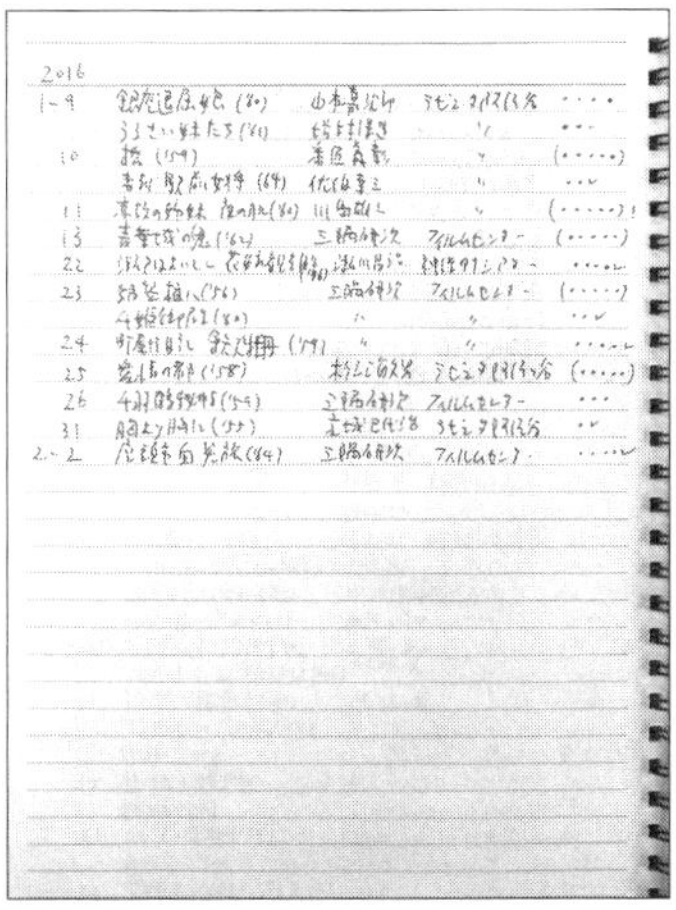

直近の日記（2016年2月2日現在）

写真2　太田氏の映画日記

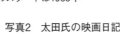

**のむ**　そうそう！　笑ったなぁ（笑）。飯田蝶子って書いてあるのもうれしかった。

——私も、読みながら何回も大笑いしました（笑）

**太田**　「ＯＭＦ会報」を書いているときは本当に楽しかった。当時はよく、ＯＭと「スタジオａｍｓ三軒茶屋」をハシゴして忙しくてね。

——映画をご覧になるために、本業であるお仕事の時間を調整したり、なんてされてましたか。

**太田**　そこまでしてたかな。映画は上映日時が先にわかるというのがいいところだからね。突然「明日やります」ということがないから、予定を組み立てやすいし、もともと宣伝部は出入りが自由で、のん気なものだった。

## 小野さんのアドバイス

**のむ**　太田さんがこの当時、特に熱心にご覧になってたのは丸根賛太郎作品ですかね。

**太田**　当時、小野さんから「太田さん、丸根賛太郎知ってる？」って、口を酸っぱくして言われてた。そこで『春秋一刀流』と『天狗飛脚』を見たら、まさに脱帽モノだった。ホールを出たら小野さんが腕組み仁王立ちで、「ドーダ」と勝ち誇ったように笑っててね（笑）

**のむ**　ははは（笑）

**太田**　小野さんが薦めてくれたのはこの他に、やはり丸根の『狐が呉れた赤ん坊』、須川栄三『君も出世ができる』、中島貞夫『狂った野獣』、井上梅次『踊りたい夜』……。

——どの作品も、現在再評価されていますね。

**太田**　小野さんは、親しくなってから、プログラムのなかでも「これ！」とか「こっちのほうがいい」とか教えてくれてね。

小野さんはミュージカルが好きなんだよ。「映画には歌が入らなきゃ！」といつも言ってて。だから井上梅次が好きで。話の流れからすると必要ないのに、歌って踊って、っていうシーンを本編より力を入れて撮ってるじゃない（笑）

**のむ**　ははは（笑）。梅次ワールド。

**太田**　しかもそういうシーンが3回ある（笑）……まあとにかく、小野さんは映画の面白さを教えてくれた人なんだよ。

**のむ**　小野さんもうれしかっただろうな。

**太田**　うれしかったと思う。薦められればちゃんと見に行ったし、見れば必ず感想を言うしね。つまり「行くこと」が大事でね。行きさえすれば、たとえその作品がたいしたことはなくても、「行くこと」がいちばん大切なんだ。

**のむ**　駄作を見た後がまた楽しかったり（笑）

**太田**　その話で盛り上がれるし（笑）

## ＯＭのこだわり、観客としてのこだわり

**太田**　ＯＭは映写も良かった。デザインが仕事だから、上映にはうるさくてね。スクリーンが湾曲しているのは嫌だし、スクリーンの形が台形に見える状態で見るよりは、前の人の頭のシルエットが被っているほうがまだいい。ようするに真ん中がいいんだ。〝キャメラマンの画角〟で見たいんだよね。見ている位置が隅だと「この映画をちゃんと見た」と言えない気がして。映画に対して失礼、ということだね。

ＯＭはスクリーンに正対に写してたから隅々までピシッとしてうれしかった。映写技師の名人がいたんでしょう、とても安心できてね。場内でいつも座る席も決まってた。

**のむ**　どのへんだったんですか？

**太田**　平凡だけれども、真ん中の前のほう。スクリーンに対して左右センターが基本。

**のむ**　ＯＭのお客さんの入り具合、って、どうだったんですか？

**太田**　わりあい空いていたけれど、もちろん立ち見の回もあってね。そうするとうれしいわけ、「こんなに入ってる！」って（笑）。とにかく普通と逆で混んでるとうれしいのよ。

**のむ**　よっぽど身内みたいに応援されたんですね。

**太田**　ＯＭのお客さんは映画マニア、という感じがしたな。大井町駅からちょっと歩くんで、ぶらっと前を通りかかって「映画でも見るか」と立ち寄る……という感じではなく、知ってて来る人ばかりだったのかもね。道すがらに怪しげなお店もあったしなあ。〈スナック 金魚〉とか、〈パブ 漫画〉とか。入らなかったけど（笑）

## 幻の「映画宝島」

——先ほど出た、ＯＭの影響という話に戻りますが、「ＯＭＦ会報」のなかに町山智浩さんのお名前が出てきますね。町山さんはそののちに「映画秘宝」をやられることになりますが、同誌の路線は大井武蔵野館の血も引いている、と言えるでしょうね。

**太田**　そうだね、言えるね。「映画秘宝」は洋画が強いけれど。町山とは一度、一緒に映画雑誌を作った

んだよ。「映画宝島」の創刊準備号（写真3）。

**のむ**　〝編集頭〟が町山さんなんですね。

**太田**　彼に「『映画宝島』って雑誌を出すから」、って頼まれて。町山とふたりで作ってさ。デザインだけじゃなく編集もやってね。準備号ができて「さあ本番だ！」って思ったら、やらなくなっちゃって……。けっこう面白く作ったんだけどね。

**のむ**　えー、もったいない、面白そうなのに……。

**太田**　小野さんには鼎談企画に参加してもらった。この号では、ブラック師匠に「今年見た映画を全部あげてください」とお願いしたら予定してたページに載せきれず、編集後記にまで食い込んだ。

**のむ**　すごい（笑）

**太田**　いちばん小さい活字にしても入らなくて。それで、ブラック師匠は「聖者だ」と思ったわけなんだよ（写真4）。

## 娯楽映画を見ると……

**太田**　OMの特集といえば、「全日本とんでもない映画祭」がよかった。特集名は小野さん。略称〝全とん祭〟は僕。

**のむ**　そうなんですか（笑）

**太田**　書くと長いから〝全とん祭〟（笑）。作品セレクトの良さがピカ一だった。

OMは映画の見方をすごく変えたと思う。というのは、昔から大新聞の映画評が〝社会性のあるテーマ〟とか、文学的な内容、たとえば〝良いこと〟を言っているみたいなのがすなわち「良い映画」だった。「この映画は、どうして面白いんだろう？」とか「〝職人芸〟を見よう」「映画の面白さはテーマ性なんかじゃないんだ」という魅力に、OMを通じて気づいた。

**のむ**　それは大きな転換ですね。

**太田**　昔の映画ジャーナリズムはすごく程度が低くて。「巨匠大作主義」だったり「文芸映画偏重」だったり「洋画崇拝」だったり。新聞記者が権威になって、量産される日本映画を「こういう映画はごみだ」「日本映画の低迷を嘆く」みたいな扱いしかしなかった。第一見てない。そうではなく「映画でなければ表現できない面白さや感動」「量産が生み出した洗練」「職人監督の個性」といった、「映画の神髄」をOMは教えてくれた。映画の価値の〝下克上〟と言いたいくらいの驚きがあった。

**のむ**　うれしい裏切り。

**太田**　たとえテーマは際物であっても、映像表現や、作り手の情熱があるからこそだな、と気づいた。吉田輝雄がバカみたいなことを真剣にやっているシーンであっても、監督やカメラマンが「ダメだ！」とか言って、何テイクも撮っているわけでしょう。そういう情熱が画面に表れている。もちろん、「あそこは必要だったかな？」と思うところもあるけれど、それはまた空まわりの愛敬（笑）

**のむ**　ははは（笑）

**太田**　丸根賛太郎や森一生など、映画史的には誰も取り上げてこなかった名作がOMを通じてたくさん紹介された。キネ旬ベストテンでは大家の作品、文芸映画、真面目な内容の映画、社会派作品などが主流で、エロ、グロ、ナンセンス、「これは娯楽である」という作品は評価されなかった。でも僕が思うには〝職人肌の娯楽映画〟ほどプロらしいものはないわけでね。そういうことに気づきはじめた。世間で言う「これは見ておかなきゃ」みたいな、たとえば新人・長

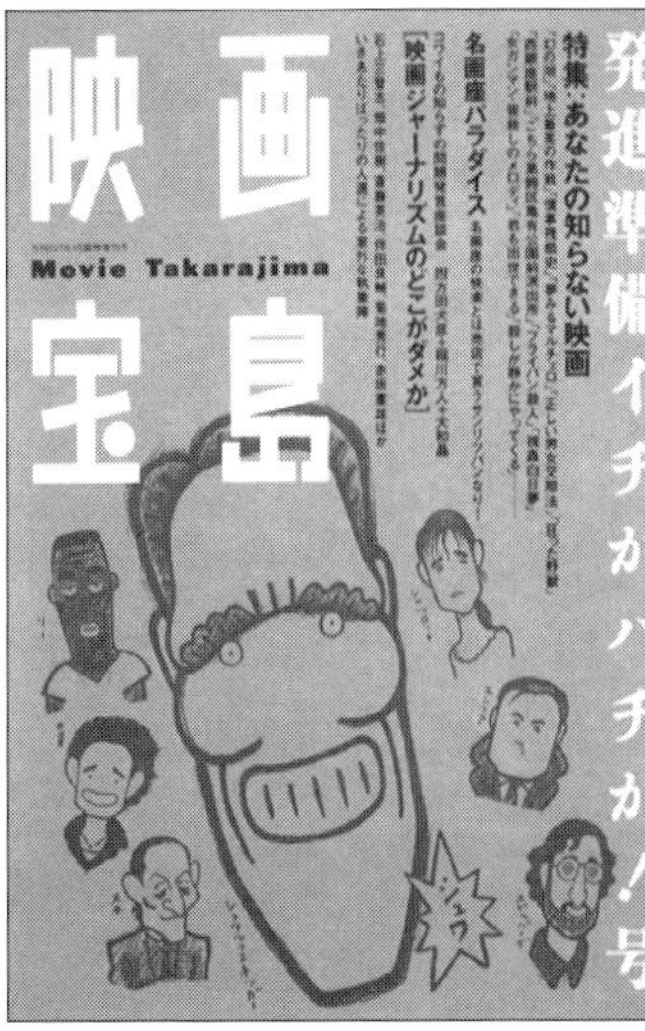

写真3　映画宝島

写真4　快楽亭ブラック（※当時は立川平成）師匠による、1989年の鑑賞映画全リスト。予定ページ内に収まらず、奥付ページに及んでいる

谷川和彦とかも見てはいたんだけど、「昔の映画のほうがぜんぜん上手だよなあ……」って思ったわけ（笑）
**のむ**　なるほど……。
**太田**　日本映画の総体のボリュームの大きさに改めて目が眩むような経験をした、というのが〝全とん祭〟だね。
もうひとつ勉強になったのは、映画は「必ず面白いところはある」ということ。特に娯楽映画はね。逆に文芸映画の失敗作は15分見たら「もうダメだな」ってわかる（笑）。娯楽映画は途中でとんでもないシーンになったりするわけ。「やっぱりあの女優が脱いだ！」とかさ（笑）、必ずトクをするところがある。つまり、サービス精神がある。だから満足できるんだ。これは日本の映画人の根性というのかな。とにかく、その層の分厚さに圧倒されたね。

## 閉館の知らせ

**のむ**　ＯＭの閉館の日は覚えてます？
**太田**　覚えがないんだよ。
——閉館日は99年1月31日で、メインプログラムで『太平洋奇跡の作戦　キスカ』、レイトショーで『ヘアピン・サーカス』が上映されました。
**太田**　サラリーマンだったからなあ。
**のむ**　閉館の知らせを聞かれたときはいかがでした？
**太田**　「困ったなあ、この路線はどこでもやらないだろうなあ」と思ってね……。それと、見逃した作品への悔しさもあった。ＯＭはヒットしたらまた上映してくれたから。「もう1回やってよ」みたいなことがなくなっちゃった。非常に困ったね。
**のむ**　通う頻度がさらに増えたとか。
**太田**　覚えてないなあ。……でも、見てみると、1月10日と閉館3日前の28日に行ってる。10日は『多羅尾伴内　十三の魔像』、監督は苦手の（笑）松田定次、それと『多羅尾伴内　七つの顔の男だぜ』、監督は小沢茂弘。28日の三船敏郎版の『無法松の一生』が最後だったのか。
——「三船敏郎特集」が、通常のプログラムの最後の特集で、それで『キスカ』が最終日にかかったわけですね。
**太田**　「三船特集」か。重量級の企画をぶつけていたんだね。しかし本当にここで勉強させてもらったなあ。好きな鈴木清順もよく見た。
**のむ**　清順、お好きなんですね。
**太田**　ＯＭの清順は『くたばれ愚連隊』、『峠を渡る若い風』、『散弾銃の男』、『百万弗を叩き出せ』とシブイところを見られたのが収穫だった。マキノ雅弘は最初の新東宝の『次郎長三國志』シリーズを全部をやってくれたのがうれしかった。川島雄三、岡本喜八、丸根賛太郎、森一生、石井輝男あたりがＯＭで好きになった監督かな。

## 日本映画の特徴に気づく

**太田**　会社に勤めるようになって良かったのはフィルムセンター（現・国立映画アーカイブ）に近かったこと。銀座隣の京橋だからね。フィルセンもＯＭも会社に近かったのはラッキーだった。あれも勉強になった。フィルセンはテーマで番組を組んでるじゃない。今でもパンフレットを大事に持っているけれども。ずいぶん勉強になったね。フィルムセンターで「これはすごい」と思ったのが清水宏。「清水宏と石田民三」という特集でね。
**のむ**　うわあ、いい特集。
**太田**　清水も石田も、名前も知らなかったけれど、有名ではない戦前の映画の面白さに気づかせてくれた。岡本喜八や鈴木清順の映画は日本離れしていると言われていて、そう感じたが、では肝心の日本映画の特徴は見出せずにいた。そこに清水宏を見て「ああこれかもしれない」と気づき、検証するように全作を追いかけた。言ってみれば「面白そうな作品を見る」時期、「好きな監督を追いかける」時期から「研究テーマを持って見にゆく」時期の始まりだったかな。そのテーマが「日本映画の特徴」だったと。「風景を撮りたがる」とか「台詞でなく表情で表す」とかね、いろいろあるんだけど。後年、石田民三作品を見られるようになってさらに確信を深めたね、ちなみに小津安二郎作品は日本映画の特徴は少ないよ。……今日はよくしゃべるなあ（苦笑）
**のむ**　ははは（笑）。素晴らしい。饒舌、饒舌。
**太田**　自分なりにそこで見出したことを『黄金座の物語』（２００１年に小学館刊（写真5）。２０１５年には、『居酒屋吟月の物語』と解題して日経文芸文庫（写真6））に書いた。論文じゃ面白くないから小説仕立てにして、出演は笠智衆、原節子、三船敏郎、加東大介、田中春男の豪華キャスト（笑）。清水作品と石田作品が核だね。
——なるほど。
**太田**　逆に新作の封切りを見に行くという習慣がどんどんなくなってきてね。新作はいずれ見られるという気持ちがある。名画座は「今見逃したらダメ」という脅迫感があって。成瀬巳喜男の『おかあさん』

はフィルセンで見逃して、鑑賞できたのは20年後だもん。

**のむ**　えーっ。20年後！

**太田**　もしその時に出張してたらおじゃん。それほど見る機会が少なかった。でもまあ、本当によく、こつこつ見た。かつてはフィルセン自体がフィルムをそんなにたくさん持っていなかったし。これは、今は版が違うんだけど、その当時買った「フィルムセンター所蔵映画目録」。これが良くできていてね。新しい版も出てるけど、こちらはダメ。

**のむ**　本当だ、ぜんぜん違う（笑）

**太田**　旧版は良くできた本で、見に行くたびにちょっと線を引いたりしてさ。

**のむ**　役名まで載ってるじゃないですか！

**太田**　それがエライ。映画について書くときに、役名の漢字がわからないでしょう。「よしえ」と言っても、どういう字かわからない。本を書くときはVHSでチェックするから遺漏はないが、それで調べれるものしか、書くことはできなかった。今、神保町シアターで用意してくれている配布リストは、役名があるのが実に貴重。

## 手軽な、しかし貴重な財産

**のむ**　ちなみにこの鑑賞日記の最初の作品ってなんですか。

**太田**　64年に上京して翌65年から記録を始めて、日付はないが上板東映での加藤泰の『明治侠客伝 三代目襲名』から。この年は71本。近代美術館で黒澤の『羅生門』を見ているね。中平康の3本立て『砂の上の植物群』と『月曜日のユカ』と『猟人日記』を見たのはエライが、大学さぼってたんだな。洋画はR・ヴァディム、ベルイマンはかかれば必ず。近代美術館でアントニオーニの『椿を持たぬ婦人』を見たのは貴重だったかな。この頃は映画にのめりこんでなんでも見た。小林信彦、森卓也、石上三登志の評論が指針。

**のむ**　へえー。

**太田**　翌年からは五つ星方式の評価を始めた。年間89本見て、五つ星満点は『お熱いのがお好き』（ワイルダー）、『血とバラ』（ヴァディム）、『炎上』（市川）、『暗殺』（篠田）、『HELP！』（レスター）、『第三の男』（リード）、『男の顔は履歴書』（加藤）、『魂のジュリエッタ』（フェリーニ）、『処女の泉』（ベルイマン）だが『激しい季節』（ズルリーニ）は別格の六つ星。これがわが生涯最高の作品という評価は今も変わらない。『剣鬼』（三隅）四ツ星、『泥棒成金』（ヒッチコック）がなんと一ツ星は、まだわかってなかったな。

**のむ**　ほお……

**太田**　この年、20歳。若い感受性はたいしたものでが映画の吸収力も最高だった。それが間違いなく今の自分を作っているね。観念じゃダメ、観念をどう映像化するか、技術の魅力とか……。

――なるほど。

**太田**　どこでどういう上映を見たという記録は大切で、シネマ新宿の『いぬ』（メルヴィル）と『コンクリートジャングル』（ロージー）と『殺人者たち』（シーゲル）のハードボイルド3本立てなんて素晴らしいじゃないか。新宿西口パレスの『鍵』（市川）、『卍』（増村）『瘋癲老人日記』（木村恵吾）の谷崎潤一郎3本立てもね。日活名画座の『荒馬と女』（ヒューストン）と、『地上より永遠に』（ジンネマン）も好2本立て。同じく『イタリア式離婚協奏曲』（ジェルミ）と、『赤い砂漠』（アントニオーニ）もイタリアもの好企画。

**のむ**　……昔の名画座もやってますねー

**太田**　あなたはこういうのつけてないの？

**のむ**　前はお店のブログに書いてたんだけど、今はぜんぜん……。

**太田**　もったいない！　自分の大切な財産だよ。今はパソコンの時代だからメモしておくのは簡単なのに。まあ余計なお世話だけど。

写真5　『黄金座の物語』

写真6　『居酒屋吟月の物語』

## 好みは変わる

——当時お好きだった監督と、現在お好きな監督とか、作品の好みなどは変わられましたか？

**太田**　変わったよ。ＯＭなき後、今の僕の好みはフィルム・ノワール。もう結論を出したんだけど、映画の究極の楽しみはフィルム・ノワール。暗黒映画のモノクロ。これに尽きる。神様はジャン＝ピエール・メルヴィル。

——和製ノワール物はどうですか、鈴木英夫とか。

**太田**　鈴木英夫はいい。
　あと田中重雄が好きだな。

**のむ**　田中重雄は最近人気がありますよ。

**太田**　まだまだ監督は発掘されると思うね。鈴木英夫研究会ができたくらいだし。田中重雄の本はまだないでしょう。年間３００本作っていたころの作品は、封切り時に批評家もジャーナリストも見ていないまま、その後一度も上映されていない作品が山ほどある。これが宝物。フィルセンはもとより、ラピュタ阿佐ヶ谷、神保町シアター、新文芸坐、シネマヴェーラ渋谷の５館は、有名作ではないこれらをじゃんじゃん上映するのがまことに素晴らしく、上映されていないからプリントもぴかぴか。
　フィルセンが所蔵作品を商業館にどんどん貸し出すようになったのも立派。こうした中から、鈴木英夫や田中重雄、中村登、本多猪四郎、千葉泰樹、松林宗恵、中平康、井上梅次、番匠義彰、増村保造などの、商業作の魅力などが注目され、あるいは若尾文子の再評価など、日本映画の豊かさが今発見されている。ぼくは「日本映画の文芸復興＝ジャパンムービー・ルネッサンス」と思ってるんだ。文化庁は名画座を表彰すべき、いや表彰状などいらんからプリント代を出せと言いたいね。

## 映画は映画だ

**太田**　今あまり人気のない監督は今井正でしょ。映画はいいんだけど描いた社会的テーマが消えると弱くなる。一方表現主義的な映画は残ってゆく。映画評価軸は時間を経て変わってゆく。
　僕は山田宏一さんに目を開かれた。官費留学で行ったフランスで映画を見まくり、帰ってきて最初に書いた朝日新聞の『砂漠の流れ者』評をよく覚えている。朝日新聞がああいう西部劇を取り上げるのは珍しく、この人は映画の見方が全く違うなあと思ったんだ。
　渡辺武信さんの『ヒーローの夢と死〜映画的快楽の行方』（思潮社／１９７２年）にも大きく影響された。原宿のバーに入ったら渡辺さんと和田誠さんが飲んでいて、ぼくはすぐ近くの下宿に走り戻って渡辺さんのその本を持参し、サインをいただいたことがある。和田さんが隣で「ほほう」という顔で見ていて「ボクはいいの？」と冗談をとばしたのがおもしろかった（笑）

**のむ**　うわぁ、いい話〜。

**太田**　今それが基本になっている。ＯＭはその流れだね。その心は「すべて見なきゃだめ」ってことさ。

**のむ**　うん。

**太田**　かつての映画評論家はレベルの低い印象批評だけ。日本公開されたデュヴィヴィエしか知らずに「フランス映画の香り」なんて言って文化人気取りの井の中の蛙。その反面日本映画は「あれは娯楽だ」と切り捨てる。その典型が朝日新聞に書いていた津村秀夫で、社会問題や文芸原作をあつかえば「いい映画」。映画をまったくわかっていない。

**のむ**　へー。そうなんですねえ……。

**太田**　ナンセンス物とかコメディだとか歌謡映画というようなものは、はなから試写にも行かない。でも原作文芸物だと評価する。だから豊田四郎は異常に評価されているけど片っ端から有名文芸小説の映画化をやっているだけでオリジナリティ・ゼロ。下手もいいところで原作にも失礼。趣味も悪い。原作が川端康成なら「いい映画だ」という風潮。今はそんなことはない。

——今はそういう過去の視点がなしになって、というか、フラットな状態で見られるという感じですね。

**太田**　うん。「映画の本質的な魅力ってなんだろう」ということだね。社会性は映画とはまた違う他所の価値だし、文学性もまた他所の価値でしょう。「映画だけにしかない価値、話術、あそこの移動撮影が素晴らしい」とか。いわゆる「問題作」ではなく、ルーティンとして量産された結果の映画的洗練の魅力に気づかせてくれた。だから名画座があれだけの客を集めている。中高年は懐かしさもあるだろうが、のむみちさんのような若い人がどんどん増えているのは頼もしいね。日本映画の財産の文芸復興＝ルネッサンスだね。だから５つの名画座はものすごいいことをやってるんだ。巨匠の作品だけじゃなくて、なんでもやる、っていう姿勢がね。

## 映画は二度生まれる

**太田**　しかし、まだまだ古い日本映画のほうが面白い

ね。艶がある。古い映画はつまらない作品でも少なくともノスタルジーはある。俳優の顔にしても、言葉遣いにしても、風景も……。たとえばロケなら俳優の後ろを見る。その後ろのなにを見るか。貼ってある映画のポスターを見る。すると「これは何年何月のロケか」がすぐにわかるんだ（笑）。街頭の映画ポスターほど的確に時間を特定できるものはないよ。

　映画は同じ作品を二度見ることが大切で、筋はわかっているから、ほかのところをじっくり見られる。風景とか、撮影法とか、脇役の魅力とか、もっと言えば監督はなにをこだわったのかとか。００７は二度死ぬけど「映画は二度生まれる」がぼくの持論。ひとつは時代を経ると客観的に見ることができ、しかもノスタルジーが加わっている。もうひとつは、二度目は話にとらわれず精密に見られるということ。

——そうやって楽しめるというのは、いいですね。

**太田**　うん。ただ最近は、極端なスプラッター描写とか、泣き叫ぶ女を掴まえて無理やりなにかする……みたいなものはもう見たくない。年のせいだな。

**のむ**　なるほど……。

**太田**　見て楽しくなきゃしょうがないからね。川本三郎さんが「日本の戦争映画は見ない」と言っているのは見識だと思った。外国の戦争物は他所の国の話で単純にアクションとして楽しめるけど、日本の戦争物は他人事として見れない。昔は社会的な作品も見ようとしてたけど。

　……それより、やっぱり粋な男のフィルム・ノワールだぜ。いい男といい女がさ。グッと……〃ダンデー〃に（笑）。まあ、それは年のせいでもあるね。さあ、今日はなにを見に行こうかな。

## 大井武蔵野館への道

# 歴代アクセスマップ集

■1981年7月　オープン時

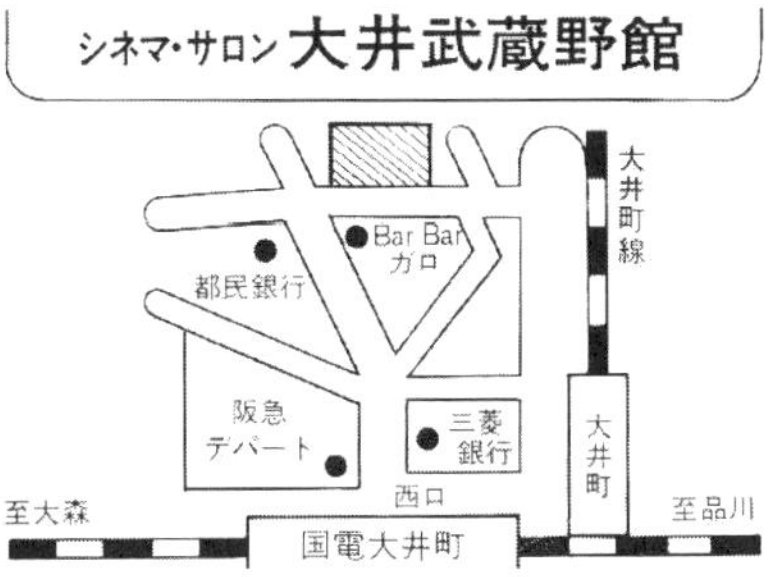


■1987年7月

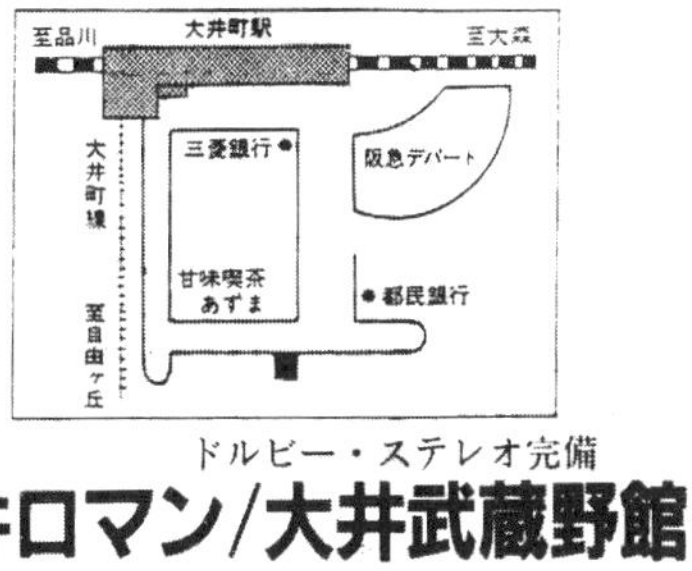


■1988年2月

■1988年8月

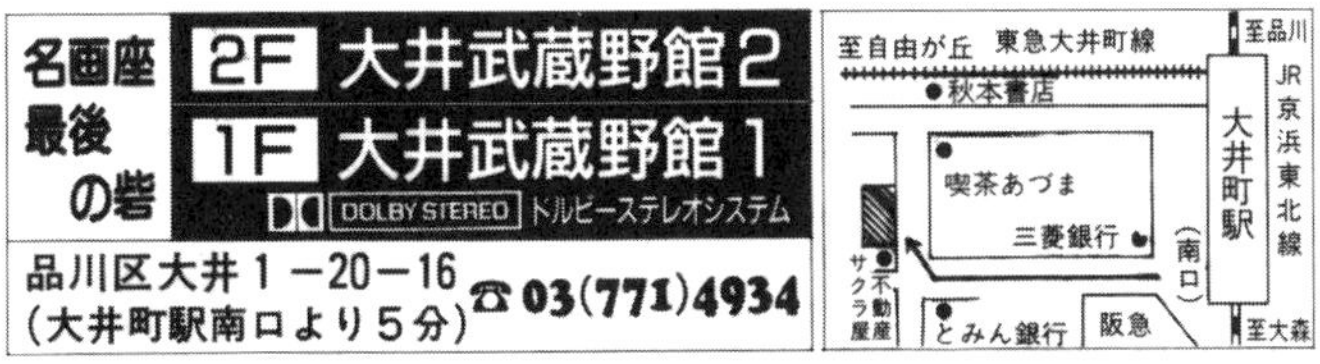


■1990年4月

■1999年1月　閉館間際のマップ

大井武蔵野館・7月19日新館オープン！

# 100円玉で、映画が。

★7月19日～31日迄連日先着50名様にお楽しみプレゼント付チラシ福袋（10枚入）進呈。

ぴあ・シティロード・キネマ旬報を持っていけば、なんと100円玉ひとつで映画が楽しめる。7月19日～31日までの大井武蔵野館。新館オープンを記念した、でっかいプレゼントだ。

7月19日は1時30分より上映

（大駐車場完備）

## シネマ・サロン大井武蔵野館

開館記念料金￥200／ぴあ・シティロード・キネマ旬報を持参の方 ￥100

7/19 SUN～7/25 SAT／ダウンタウン物語★アラン・パーカー／（1：30★5：10）
リトル・ロマンス★ジョージ・ロイ・ヒル／（11：30★3：10★6：45）

7/26 SUN～7/31 FRI／明日に処刑を…★マーチン・スコセッシ／（11：30★2：40★5：50）
砂のミラージュ★アルマンド・ロブレス・ゴドイ／（1：05★4：15★7：25）

※「砂のミラージュ」は日本で最後の上映となります。

## アメリカ映画研究 アメリカエネルギッシュ軍団15人の監督

大人 ￥500／（土曜日オールナイト）

ぴあ・シティロード・キネマ旬報ご持参の方は（100円引）￥400円

8/1 SAT～8/10 MON／ゴッド・ファーザー★フランシス・コッポラ／（10：00★4：05）
ゴッド・ファーザーPARTⅡ★フランシス・コッポラ／（1：00★7：05）

8/11 TUE～8/17 MON／悪魔の沼★トビー・フーパー／（11：30★2：45★6：00）
ハロウィン★ジョン・カーペンター／（1：05★4：20★7：35）

8/18 TUE～8/24 MON／ウオリアーズ★ウオルター・ヒル／（10：40★2：10★5：40）
クルージング★ウィリアム・フリードキン／（1：20★3：50★7：20）

8/25 TUE～8/31 MON／アニマル・ハウス★ジョン・ランディス／（1：40★5：25）
天国から来たチャンピオン★ウォレン・ビーティ／（11：50★3：35★7：20）

9/1 TUE～9/7 MON／エイリアン★リドリー・スコット／（12：35★4：50）
未知との遭遇（特別篇）★スティーヴン・スピルバーグ／（10：10★2：30★6：50）

9/8 TUE～9/14 MON／ファンタズム★ドン・コスカレリ／（11：00★2：25★5：50）
キャリー★ブライアン・ディ・パーマ／（12：35★4：00★7：25）

9/15 TUE～9/21 MON／ミッドナイト・エクスプレス★アラン・パーカー／（12：55★5：05）
タクシー・ドライバー★マーチン・スコセッシ／（10：50★3：00★7：10）

9/22 TUE～9/28 MON／アメリカン・ジゴロ★ポール・シュレイダー／（1：30★5：15）
スターダスト・メモリー★ウッディ・アレン／（11：50★3：35★7：20）

※都合により上映作品並びに期日が変更する場合がありますので、あらかじめご了承ください。

## にっかつ 大井ロマン

一般￥1,300/学生￥1,100（ぴあ・シティロード・キネマ旬報を持参の方 ￥200引き）金・土・祝日前オールナイト

## 特別回数券発売中 ￥1,200

〈期間中4回入場出来ます〉下記劇場で発売中

新宿武蔵野館 ☎（354）5670 ★ 新宿ロマン劇場 ☎（351）2941

自由ヶ丘推理劇場 ☎（717）6341 ★ 中野武蔵野館 ☎（389）3301

シネマ・サロン 大井武蔵野館

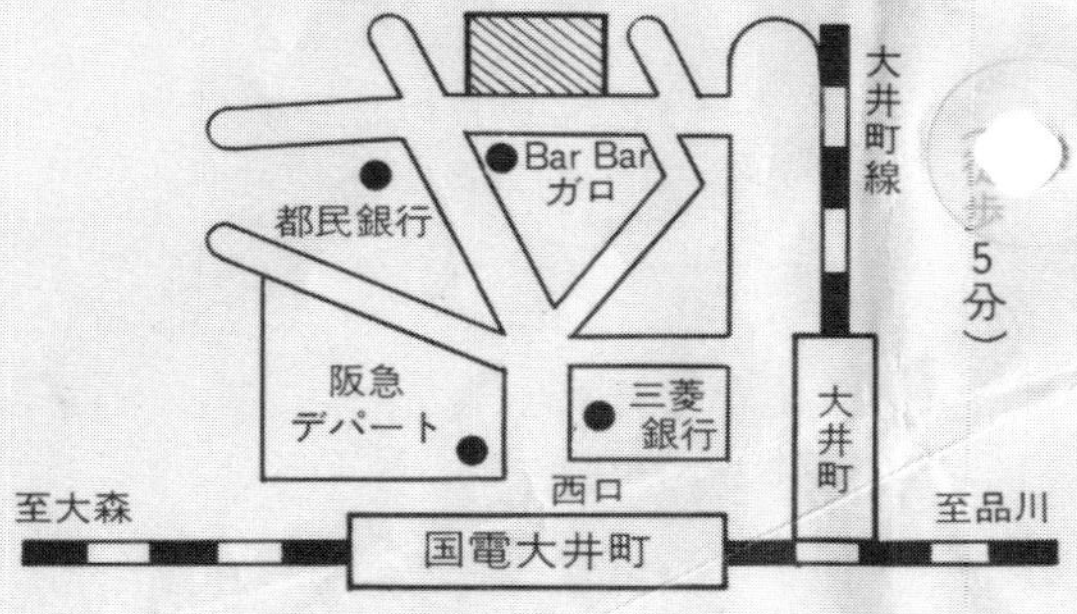


東京都品川区大井1-20-16 ☎（771）4934

THE VERY BEST OF 大井武蔵野館

# 第1回全日本とんでもない映画まつり

## 倒錯大百科〜こんなことがあってよいのかの巻

8/11 土 ↓ 8/14 火

**女獄門帖・引き裂かれた尼僧**（1977・東映）
原作＝島守俊夫「女地獄獄門帖」、脚本＝志村正浩、監督＝牧口雄二、出演＝田島はるか／ひろみ麻耶　11:00/3:30/8:00
**忘八武士道**（1973・東映）
原作劇画＝小池一夫／小島剛夕、脚本＝佐治乾、監督＝石井輝男、出演＝丹波哲郎／ひし美ゆり子　12:15/4:45
**江戸川乱歩全集・恐怖奇形人間**（1969・東映）
原作＝江戸川乱歩、脚本＝石井輝男／掛札昌裕、監督＝石井輝男、出演＝吉田輝雄／小池朝雄　1:45/6:15

★アンチモラル・エンタテインメントの王者・石井輝男監督による「忘八武士道」「恐怖奇形人間」のヌケヌケとした即物的残酷描写は今日もまたボクたち良い子をニコニコさせてくれる。おなじみ江戸川乱歩の「パノラマ島奇談」「孤島の鬼」などから構築された「恐怖奇形人間」は夏が旬だ。ラストの花火は長く語りつがれるだろう。でも今回は「引き裂かれた尼僧」を特にオススメしたい。美しい日本の風景の中に展開されるすさまじいばかりの人間の業、なーんて、でもゲージツなんかじゃないから安心安心。楽しいクライマックスが待ち構えているゾ。

## こんなことがあってよいのかパート2・不条理王国の大宴会の巻

8/15 水 ↓ 8/18 土

**他人の顔**（1966・勅使河原プロ＋東宝）
原作・脚本＝安部公房、監督＝勅使河原宏、出演＝仲代達矢／京マチ子　11:30/3:15/7:00
**盲獣**（1969・大映）16%ニュープリント
原作＝江戸川乱歩、脚本＝白坂依志夫、監督＝増村保造、出演＝船越英二／緑魔子　1:40/5:25

★前回3本は、ヘンタイだろうが、異常性格だろうが、何でもかんでもエンタテインメントにしてしまう東映カラーにホッと救われるが、今回は何とマジだぜ。とんでもないを超越した〝アブナイ〟映画だ。出来れば良い子の皆さんにはお観せしたくないのだが、ショーバイだから、エイッ、観せてしまおう！でもあなたの健康を損なうおそれがありますので注意するべし。

## ザッツ・にっぽんミュージカル〜夢と愛と希望の三連符の巻

8/19 日 ↓ 8/22 水

**ああ爆弾**（1964・東宝）
原作＝コーネル・ウーリッチ「万年筆」、脚本・監督＝岡本喜八、出演＝伊藤雄之助／越路吹雪　11:40/4:25
**鴛鴦（おしどり）歌合戦**（1939・日活）16%
脚本＝江戸川浩二、監督＝マキノ正博、出演＝片岡千恵蔵／志村喬　1:20/6:05
**君も出世ができる**（1964・東宝）
脚本＝笠原良三／井手俊郎、ショウ構成・振付＝関矢幸雄、監督＝須川栄三、出演＝フランキー堺／高島忠夫　2:40/7:25

★ミュージカルは楽しい。でも創るのはムズカシイ。せちがらい日本では歌謡映画が精一杯のところだ。しかし、ここに日本を舞台にして、ミュージカルの精神を見事に映像化しえた作品があった、さあ拍手。時代劇に不可能はないことがよおくわかるカルチャーショック・ムービー「鴛鴦歌合戦」、鬼才・岡本喜八が当然の如くミュージカルに挑んだ異色の「ああ爆弾」、そして最も本場のミュージカルに近い傑作「君も出世ができる」。これを観た日にゃ、アレレ、体が勝手に動いちゃって、話す言葉がみんな歌になっちゃって、どうにもコマッたもんだ。

## 正しいニッポンの名探偵はソフトボイルドだどの巻

8/23 木 ↓ 8/25 土

**怪人二十面相**（第一部・人か魔か？／第二部・巨人対怪人／第三部・怪盗爆砕）（1954・松竹）※全三部を続けて上映
原作＝江戸川乱歩、脚本＝小川正、監督＝弓削進、出演＝若杉英二／沼尾釣　11:40/3:20/7:00
**多羅尾伴内・七つの顔**（1947・大映）16%ニュープリント
脚本＝比佐芳武、監督＝松田定次、出演＝片岡千恵蔵／轟夕起子　1:50/5:30

★ニッポンの正しい名探偵の条件といったら、子供にはやさしく、オンナには手を出さず、金銀財宝株式には目もくれず、殺さず、憎まず、ハヤテのように現われて、そして去っていく、とかなりカコクなのだが、これを軽くクリアしちゃった人間国宝、それが明智小五郎と多羅尾伴内。アメリカン・ハードボイルドの探偵とは差がありすぎで、新たな日米摩擦のタネにならないか心配ダ。

## オレが佐藤允(まこと)だッ！ハミ出しちゃってスマンの巻

8/26 日 ↓ 8/29 水

**みな殺しの霊歌**（1968・松竹）
原案＝広見ただし、構成＝山田洋次／加藤泰、脚本＝三村晴彦、監督＝加藤泰、出演＝佐藤允／倍賞千恵子
(26日のみ10:20)/3:45
**独立愚連隊**（1959・東宝）
脚本・監督＝岡本喜八、出演＝佐藤允／鶴田浩二　12:00/5:25
**独立愚連隊西へ**（1960・東宝）
原作＝蓮本修「武器なき戦場」、脚本＝関沢新一／岡本喜八、監督＝岡本喜八、出演＝佐藤允／加山雄三　1:55/7:20

★日本戦争映画史上最高のオモシロ・ムービーは、なんてったって「独立愚連隊」。岡本喜八監督のキレのいい演出手腕と主演の佐藤允の一筋縄ではいかないキャラクターとのシアワセな出会い。それは全ての日本映画ファンにとっても最高のシアワセと言うべきだろう。そして、それまでの日本映画スタアのタイプから全くハミ出したこの強烈な個性なくしては特異なドラマを成り立たせえないのが「みな殺しの霊歌」だが、タイトルがシブすぎてソンをしているのではないか。ワタシは「オバタリアンをブッ殺せ！」と呼んで、親しくお付き合いしている。

## アナーキーホームドラマ〜ぐちゃぐちゃファミリージグソーパズルの巻

8/30 木 ↓ 9/1 土

**しとやかな獣(けだもの)**（1962・大映）ニュープリント
原作・脚本＝新藤兼人、監督＝川島雄三、出演＝若尾文子／船越英二　11:25/2:40/5:55
**愛人**（1953・東宝）
原作＝森本薫「華々しき一族」、脚本＝和田夏十、監督＝市川崑、出演＝有馬稲子／岡田茉莉子　1:05/4:20/7:35

★日本の予定調和的なホームドラマを根底からひっくり返す痛快作、なんてのを創れる監督はそうはいない。やはり川島雄三とか市川崑のようなセンスがないとね。さて、今回は「しとやかな獣」ほどには知られていない「愛人」をプッシュしたい。冒頭、避暑地でのオーバーな霧、そして湖から結婚式へのアッと驚くつなぎから始まって、極端な過剰と省略の応酬が楽しい。

## 和製007・ゴールデンバトルロイヤルストレートフラッシュの巻

9/2 日 ↓ 9/5 水

**殺人狂時代**（1967・東宝）
原作＝都築道夫「飢えた遺産」、脚本＝小川英／山崎忠昭／岡本喜八、監督＝岡本喜八、出演＝仲代達矢／天本英世　11:20/4:15
**俺にさわると危ないぜ**（1966・日活）ニュープリント
原作＝都築道夫「三重露出」、脚本＝中西隆三／都築道夫、監督＝長谷部安春、出演＝小林旭／松原智恵子　1:05/6:00
**子連れ狼・地獄へ行くぞ！大五郎**（1974・勝プロ＋東宝）
原作劇画＝小池一雄／小島剛夕、脚本＝中村努、監督＝黒田義之、出演＝若山富三郎／木村功　2:40/7:35

★再三登場、岡本喜八監督のウルトラ・ハミダシ・ムービー「殺人狂時代」や、これがデビュー作の長谷部安春監督がアキラを007に仕立て上げようとガンバった怪作「俺にさわると危ないぜ」より、007とは全く関係なさそうな「子連れ狼」こそニッポンの007だったとは！見よ、あの乳母車こそはまさしくボンド・カーではないか。そして雪山で繰り拡げられる忍者軍団との荒唐無稽な対決などなど、「大魔神」の特撮監督だった黒田義之監督はよりメカニカルな部分に力を注いで大サービス！ Thank You Very Much だ。

## 日本列島天下御免！超特急 VS. 路線バス・全開バリバリ対決の巻

9/6 木 ↓ 9/8 土

**狂った野獣**（1976・東映）
脚本＝中島貞夫／大原清秀／関本郁夫、監督＝中島貞夫、出演＝渡瀬恒彦／川谷拓三　11:25/2:40/5:55
**スーパーエクスプレス109（新幹線大爆破・フランス語版）**（1975・東映）
原案＝加藤阿礼、脚本＝小野竜之助／佐藤純弥、監督＝佐藤純弥、出演＝高倉健／宇津井健　12:50/4:05/7:20

★未だに創刊しない「映画宝島」誌、その幻の創刊準備号で、某映画館の某支配人がスペシャル・スイセンしていた「狂った野獣」。これに目を付けるとは、さすがにただのアホではない。「新幹線大爆破」を再編集、健さんや千葉真一ならぬケン・タカクラやソニー・チバがフランス語をしゃべって日本語字幕スーパーという珍品「スーパーエクスプレス109」とともにまずは必見！

## クレージージャパニーズサラリーマン・歌って踊って24時間の巻

9/9 日 ↓ 9/12 水

**続若い季節**（1964・東宝）
原作＝小野田勇、脚本＝長瀬喜伴、監督＝古沢憲吾、出演＝淡路恵子／谷啓　11:35/4:20
**ニッポン無責任時代**（1962・東宝）ニュープリント
脚本＝田波靖男／松木ひろし、監督＝古沢憲吾、出演＝クレージー・キャッツ　1:05/5:50
**日本一のゴリガン男**（1966・東宝）
脚本＝笠原良三、監督＝古沢憲吾、出演＝植木等／進藤英太郎　2:40/7:25

★ドリンク剤の助けも借りず、タイミングとC調と無責任を武器に、歌って踊って高度経済成長を乗り切ったクレージーサラリーマンたち。泉麻人氏スイセンで正編よりオモシロイという「続若い季節」。クレージー・キャッツの本格映画デビュー作で永遠不滅の「ニッポン無責任時代」。そしてオール・クレージー・ムービー中の最高傑作はコレ、と当館常連のクレージーマニア永田嘉久氏が自信を持ってオススメする「日本一のゴリガン男」をどおーん。もちろんマニアの方は、今回が隠れ古沢憲吾監督特集になっていることを見逃しちゃ、イヤーン。

## あやかしの楽園・夢野久作ワールドにおいでおいでの巻

9/13 木 ↓ 9/15 祝

**瓶詰め地獄**（1986・にっかつ）
原案＝夢野久作、脚本＝ガイラ（小水一男）、監督＝川崎善広、出演＝小倉千夜子／小川美那子　12:10/3:10/6:10
**夢野久作の少女地獄**（1977・日活）
原作＝夢野久作、脚本＝いどあきお、監督＝小沼勝、出演＝小川亜佐美／飛島裕子　1:30/4:30/7:30

★さあて、最後にはやっぱり〝倒錯〟の二文字がボクたちを誘う。乱歩に匹敵するファンの多い夢野久作の〝夢の旧作〟（この表現は盗作ダ――筆者告白）2本立。「瓶詰め地獄」は観る前に読め！原作を知る人には目前に大きなピンが立ちはだかる。このピンはモノリスなのか？敢然と輝く真の主人公だ。そして、隠れた巨匠・小沼勝の濃密ネバネバ世界「少女地獄」へようこそ。

★常にベストの形で上映するよう努めておりますが、上映中のフィルムトラブル、やむをえない事情による作品・日時の変更等、また旧作品はプリント状態が不良の場合もございますが、何卒御容赦下さいませ。

## チラシ再録（3）1991年3月

# 第2回全日本とんでもない映画まつり

### とってもヘンな時代劇の饗宴の巻

3/3（日）↓ 3/6（水）

**大奥浮世風呂**（1977・東映）
脚本＝田中陽造、監督＝関本郁夫、出演＝松田英子／志賀勝
12:10/4:40

**㊙女郎市場**（1972・日活／新日本映像）
原作＝荒木一郎「風流宿場女郎日記」、脚本＝田中陽造、監督＝曽根中生、出演＝片桐夕子／益富信孝　1:40/6:10

**エロ将軍と二十一人の愛妾**（1972・東映）
脚本＝掛札昌裕／鈴木則文、監督＝鈴木則文、出演＝池玲子／渡辺やよい　3:00/7:30

★お待たせいたしましたア。日本映画の埋もれたオモシロ映画を探し求めて10年、当館の持てる全精力を注いで選びに選んだ全30本。
まずは前回のオープニング作品「引き裂かれた尼僧」（ホントは「引き裂く尼僧」だあ）と同系列の、と言えばもうわかるよね、そう、あんなとんでもない時代劇大会だ。タイトルにもリキが入っている痛快作「エロ将軍と二十一人の愛妾」、タイトルからは想像のつかないパワフルムービー「大奥浮世風呂」の２本は、さすがの東映らしさに満ちていて、観る前ワクワク、観ていてドキドキ、観終ってドッカーンだぜ。さらに奇才・曽根中生のビックリ傑作「㊙女郎市場」も加わって天下無敵の３本立。小津や黒澤では満足出来ない、という不敵な貴方にこそお送りしたい。

### 真田広之快怪演時代劇の巻

3/7（木）↓ 3/9（土）

**必殺４／恨みはらします**（1987・朝日放送＋松竹）
脚本＝野上龍雄／中原朗／深作欣二、監督＝深作欣二、共演＝藤田まこと／千葉真一　12:20/4:45

**忍者武芸帖／百地三太夫**（1980・東映）
脚本＝石川孝人／神波史男／大津一郎、監督＝鈴木則文、共演＝千葉真一／蜷川有紀　2:40/7:05

★真田広之には何故か偏見を持っていて喰わず嫌い、というヒトが多いのですよねえ、ああ何てもったいない！その素晴らしいアクションに目を向けられることが少ないのは日本映画界の大きな損失だ。しかし、今回の２本を観た日から貴方は変わる。日本映画も決して香港映画に負けてはいないことを知るはず。あの成田三樹夫に匹敵すると言っていい「必殺４」での嬉々とした怪演、そして「百地三太夫」での驚くべきスラップスティック・アクロバット・アクション！真田広之、真田広之をよろしく。

### ちょっとヘンなオモシロ時代劇の巻

3/10（日）↓ 3/13（水）

**戦国野郎**（1963・東宝）
脚本＝佐野健／関沢新一／岡本喜八、監督＝岡本喜八、出演＝加山雄三／水野久美　12:00/4:35

**春秋一刀流**（1939・日活／白峰）16％
原作・脚本・監督＝丸根賛太郎、出演＝片岡千恵蔵／志村喬
1:40/6:15

**天狗飛脚**（1949・大映）16％
脚本・監督＝丸根賛太郎、出演＝市川右太衛門／加東大介
3:05/7:40

★さて、とんでもない時代劇の完結篇。ここでは貴方がまだ知らない丸根賛太郎監督をプッシュしたい。まずは大胆なデビュー作「春秋一刀流」。開巻いきなりの戦争映画かと見紛う横移動ショットから、ラストのチャンバラシーンでの今までに観たこともないユニークな視点のカメラワークまで、新鮮だ。そして「天狗飛脚」は、ありそうで、なかなかない"走る映画"の傑作！角力取りくずれの市川右太衛門、というキャスティングがあまりにもぴったりでまず笑えるが、その巨漢が疾風の如く東海道を駆け抜ける描写は拍手もの。丸根監督はご健在、再評価は今こそ僕たちがしようではないか。おーっと、説明不要のおもしろさ、岡本喜八のウエスタン時代劇「戦国野郎」もお忘れなく。

### 巨匠のパワフルコメディーズの巻

3/14（木）↓ 3/16（土）

**にっぽん泥棒物語**（1965・東映）
脚本＝高岩肇／武田敦、監督＝山本薩夫、出演＝三國連太郎／伊藤雄之助　11:25/3:15/7:05

**巨人と玩具**（1958・大映）ニュープリント
原作＝開高健、脚本＝白坂依志夫、監督＝増村保造、出演＝川口浩／野添ひとみ　1:30/5:20

★結構シリアスな題材を増村保造と山本薩夫は日本人ばなれしたパワフル演出でエネルギッシュな喜劇に仕立てあげる。「巨人と玩具」は開高"重量級"健の原作にさらにスピードを加え、止められない止まらない、走りっぱなしの１時間半で、驚いているヒマさえない、いやホント。そして「にっぽん泥棒物語」もそんじょそこらのありふれたショボイ喜劇などではない。三國連太郎、伊藤雄之助といったひとくせもふたくせもある役者が演出もよろしく本領発揮、怒濤のように笑わせる。満腹だ。

### 日活無国籍ヒーローズの巻

3/17（日）↓ 3/19（火）

**ろくでなし稼業**（1961・日活／新日本映像）16％
脚本＝山内良一／槙瓢兵、監督＝斎藤武市、出演＝宍戸錠／二谷英明　11:40/4:25

**ギターを持った渡り鳥**（1959・日活／新日本映像）16％
原作＝小川英、脚本＝山崎巌／原健三郎、監督＝斎藤武市、出演＝小林旭／浅丘ルリ子　1:15/6:00

**紅の流れ星**（1967・日活／新日本映像）
脚本＝舛田利雄／池上金男、監督＝舛田利雄、出演＝渡哲也／藤竜也　2:40/7:25

★人呼んで"ニッポン国とんでもないタウン"、それが日活無国籍アクションワールドだ。日本映画そして日活黄金時代ならではのプログラムピクチュアの伝説の王国、そこは神戸であって神戸ではなく、函館であって函館ではない。そんな地図にない町で「東京流れ者」以上に渡哲也が笑わせてくれる「紅の流れ星」、ご存知マイトガイ・旭の代表的キャラクター、撃つよりまず唄っちゃう（そしてもちろん唄い終るまで敵も待っていてくれる）「ギターを持った渡り鳥」、ユニークなライバル専門でヒーローを支えたエースのジョーが初主演でさらにハジける「ろくでなし稼業」。流れ流れて落ち着ける場所のなかったヒーローたちだが、なんのなんの、この銀幕こそが彼らの唯一無二の故郷だったのだ。

### 古沢クレージー憲吾ワールドの巻

3/20（水）↓ 3/23（土）

**日本一の色男**（1963・東宝）
脚本＝笠原良三、監督＝古沢憲吾、出演＝植木等／団令子
11:35/2:45/5:55

**クレージーの大爆発**（1969・渡辺プロ＋東宝）
脚本＝田波靖男、監督＝古沢憲吾、出演＝クレージーキャッツ／松岡きっこ　1:15/4:25/7:35

★昨年末の『紅白歌合戦』では歌手別の最高視聴率を記録したり、ニューアルバム『スーダラ伝説』も好評と、近頃ますます盛り上がる植木等（とクレージーキャッツ）。もちろん音楽面での作詞・青島幸男、作編曲・萩原哲晶、そして映画での古沢憲吾監督の存在もゆめゆめ忘れてはなりませぬ。彼らはお互い触発し合い、され合って、古びてしまうことのない"永遠"を手に入れる、という奇跡を起こしたのだ。クレージーが再評価されている今こそ、わが古沢憲吾をも再評価しなければ片手落ちというものだ。

### タイヘンな東京ヘンタイ物語の巻

3/24（日）↓ 3/27（水）

**変態家族／兄貴の嫁さん**（1984・新東宝）
脚本・監督＝周防正行、出演＝風かおる／下元史朗
11:15/2:55/6:35

**東京ディープスロート夫人**（1975・東映）
脚本＝鴨井達比古／小平裕、監督＝向井寛、出演＝田口久美／室田日出男　12:25/4:05/7:45

**神田川淫乱戦争**（1983・ミリオンフィルム／ヒューマックス）
脚本・監督＝黒沢清、出演＝麻生うさぎ／美野真琴
1:50/5:30

★第２作「ファンシイダンス」も鮮やかだった周防正行監督のとんでもないデビュー作「兄貴の嫁さん」は、やはりオリジナルタイトル「お嫁さん日和」の方がピッタリくる。この作品と共にニューカルトムービーとして名高い「神田川淫乱戦争」に加え、今回のとっておきの隠し玉、それは「東京ディープスロート夫人」だ。あ、タイトル見て、今ちょっとバカにしませんでしたか。同じ田口久美主演だからといって、凡作「東京エマニエ[illegible]人」のようなものだろうとあなどるなかれ。これこそは、日本[illegible]表現へのお上の規制を逆手に取ってねじ上げちゃった快作[illegible]だ。こういうことがあるから映画を追いかけるのはやめられないのですねえ。って言われると、ホラ、気になって来たでしょ。よしよし。

### 長谷川和彦って誰だ？！の巻

3/28（木）↓ 3/30（土）

**濡れた荒野を走れ**（1973・日活／新日本映像）
脚本＝長谷川和彦、監督＝沢田幸弘、出演＝地井武男／山科ゆり
11:55/3:50/7:45

**太陽を盗んだ男**（1979・キティフィルム／東宝）
原案＝レナード・シュレイダー、脚本＝レナード・シュレイダー／長谷川和彦、監督＝長谷川和彦、出演＝沢田研二／菅原文太
1:15/5:10

★長谷川和彦って知ってるヒトは手を挙げて下さい。はい、わかりました。というわけでお送りする、想い出の長谷川和彦特集。明確な反権力の姿勢がまぶしい長谷川和彦シナリオの「濡れた荒野を走れ」。そして監督第２作、反権力エンタテインメントの大傑作「太陽を盗んだ男」。白日夢のような、道路沿いにずらりと貼られた幻のローリング・ストーンズ来日公演のポスターの列がやけに印象に残っているが、そのストーンズも来日してしまった今日観直したらどんな気持になるのだろう。試してみたい。

### 映画のマンガ化の巻

3/31（日）↓ 4/3（水）

**うれしはずかし物語**（1988・にっかつ／新日本映像）
原作＝ジョージ秋山、脚本＝竹山洋、監督＝東陽一、出演＝寺田農／本阿彌周子　11:30/4:20

**みんなあげちゃう♥**（1985・にっかつ／新日本映像）
原作＝弓月光、脚本＝井上敏樹、監督＝金子修介、出演＝浅野なつみ／岡竜也　1:05/5:55

**桃尻娘（ピンク・ヒップ・ガール）**（1978・日活／新日本映像）
原作＝橋本治、脚本＝金子成人、監督＝小原宏裕、出演＝竹田かおり／亜湖　2:45/7:35

★橋本治の絶妙なタイトルの「桃尻娘」は映画も突然変異的なニコニコ作。主役コンビ・竹田かおりと亜湖の、押さば押され引かば引かれちゃう、といった呼吸もよろしく、オカマの源ちゃん・便所屋のオジンなどヘンな脇役も充実。タイトルソングも軽快でいい。「みんなあげちゃう」もノーテンキな原作マンガをそれ以上に堂々とノーテンキに描くことに成功してしまった稀有のニコニコ映画。主演の浅野なつみはこの映画のために生まれて来たとしか思えない。そして、フトンのエピソード（観ればわかる）はじめ、おかしくてやがて哀しきアレコレが展開される「うれしはずかし物語」も、中年夫婦役の寺田農と本阿彌周子の達者な演技にニコニコと、今回はニコニコ大会なのでーす。

### ニッポンの「冒険者たち」たちの巻

4/4（木）↓ 4/6（土）

**黄金のパートナー**（1979・東宝）
原作＝西村京太郎「発信人は死者」、脚本＝長野洋、監督＝西村潔、出演＝三浦友和／藤竜也　11:40/3:30/7:20

**冒険者カミカゼ**（1981・東映）
脚本＝内藤誠／桂千穂／中島貞夫、監督＝鷹森立一、出演＝真田広之／千葉真一　1:25/5:15

★アラン・ドロン、リノ・バンチュラ、ジョアンナ・シムカス主演、ロベール・アンリコ監督の「冒険者たち」といえば、映画ファンなら知らないヒトはいない、トライアングルラヴを絡めた青春冒険映画の古典的作品。そのバリエーション的引用映画は数知れないが、この２本は正面きって、ニッポンの「冒険者たち」たらんと、ガンバった。スタッフ・キャストがみんな「冒険者たち」を好きで好きで創ったのだ、ということが嫌味なく伝わる。「冒険者たち」を好きなヒトにこそ、コレも観てもら[illegible]。

### 異色アクション三つ巴の巻

4/7（日）↓ 4/10（水）

**網走番外地／望郷篇**（1965・東映）
原作＝伊藤一、脚本・監督＝石井輝男、出演＝高倉健／杉浦直樹
11:10/4:10

**暗黒街の対決**（1960・東宝）
原作＝大藪春彦「血の罠」、脚本＝関沢新一、出演＝三船敏郎／鶴田浩二　12:45/5:45

**からっ風野郎**（1960・大映）
脚本＝菊島隆三／安藤日出男、監督＝増村保造、出演＝三島由紀夫／若尾文子　2:30/7:30

★異色で、どこか笑いを誘うアクション映画３本。お[illegible]岡本喜八の「暗黒街の対決」は暗黒街シリーズの最高作。黒ずくめギャングのコーラスも楽しい。「網走番外地／望郷篇」は「網走番外地」といいながら南の果て・長崎が舞台というのも石井輝男らしい不意打ち。ちょっとズレたらまるで喜劇になってしまう健さんのギリギリな演技がミモノだ。そして自意識過剰作家、あの三島由紀夫が本気でやればやる程おかしい「からっ風野郎」。これに懲りて、後の「黒蜥蜴」では動かなくていい剥製人間役に留まったのだろう。だが、自主製作のハラキリでろでろ映画「憂国」が封印されているのは遺志に反するのではないか。明らかに三島は、その美しい内臓までも見られたがっていたはずなのだから。

### 夏の光アゲインの巻

4/11（木）↓ 4/13（土）

**不良少女魔子**（1971・日活／新日本映像）ニュープリント
脚本＝藤井鷹史／黒木三郎、監督＝蔵原惟二、出演＝夏純子／宍戸錠　11:40/2:50/6:00

**八月の濡れた砂**（1971・日活／新日本映像）ニュープリント
脚本＝峰尾基三／大和屋竺／藤田敏八、監督＝藤田敏八、出演＝広瀬昌助／村野武範　1:10/4:20/7:30

★これは、わかるヒトにはすぐわかる２本立。あれはもう20年前なのか、と感傷的になるよりは、あのどんづまりから20年も、くたばらずにまだ何とかやっていることを喜びたい。ニュープリントで鮮やかに蘇るあの時代を想い出し、さらに元気をふるいおこす為のプログラムなんだ、と言っておこう。夏・湘南・ヨットと、「狂った果実」からの日活コンクルージョンとしてもキマった「八月の濡れた砂」。そして私のアイドル、僕の彼女、オレのオンナ、と恐れながら呼びたい夏純子サマの「不良少女魔子」。

# 新企画！ タイヘン・レイトショー『真夏の夜の悪夢』

・連日夜9時15分より1回のみ上映（昼の部とは入替制）
・レイトショー入場料金800円均一
※レイトショーは18才未満の方はご入場出来ません
※昼の部ご入場時にレイトショー入場料金も合わせてお支払いいただけます。レイトショーのみご覧になる方も昼の部の最終上映作品が始まって30分後よりご入場いただけます。いずれにしても、レイトショー開始時にレシートをチェックいたしますので必ずお受取になって、決してなくさないようにご注意下さいませ。

★真夏の夜にお送りするタイヘン・レイトショー！（ヘンタイ・レイトショーではございません。）
昼の部には収まり切らない作品を、1日1本1週間単位で上映します。好評でしたら、秋・冬の夜にも続けて上映していきたいと思います。

入場料金は割高と思われるかもしれませんが、料金に見合ったタイヘン・プログラムを組んでいくつもりですので、よろしくお願いします。

では、はじまり、はじまり。

7/3〜9
## 江戸川乱歩全集・恐怖奇形人間（1969　東映　99分）
★石井輝男監督の新作Vシネマ『ザ・ヒットマン』は、かつての“地帯（ライン）”シリーズに連なる傑作だ。秀樹が、丹波がいいゾ。ビデオが嫌いなヒトもこれだけは観るべし。で、石井輝男のもう一つの得意技といったら、コレコレ、タイヘンなヘンタイ・エンタテインメント。今年の夏も、このラストの花火なしでは済まされないよね。メイン・ストーリーは『パノラマ島奇談』と『孤島の鬼』をミックス、さらに『人間椅子』や『屋根裏の散歩者』など乱歩作品のエッセンスもふんだんに盛り込んだ、タイトルに偽りなしの逸品でございます。吉田輝雄はじめ、小池朝雄、土方巽、大木実の真面目な演技もマル。

7/10〜16
## 怪談昇り竜（1970　日活　85分）
★日活版“お竜さん”のはずだった“昇り竜”シリーズの第2作。けれど、タイトルに付いた“怪談”はダテではなく、トツゼン『恐怖奇形人間』路線の怪作となってしまった。もちろん監督は石井輝男。脚本は鈴木清順門下の曽根義忠（＝曽根中生）と石井輝男。日本映画異端派の豪華な競演というべきで、任侠映画としてのストーリーなどそっちのけで展開されるゲテモノ・ワールドが圧巻。このアンバランスぶりは清順の比ではない。これでは第1作の扇ひろ子を引き継いだ梶芽衣子もまるで印象が薄くソンな役回り。でもボクたち良い子は大喜びだ。石井輝男は日活で撮っても、やはり石井輝男なのであった。

7/17〜23
## 生贄（いけにえ）の女たち（1978　東映　82分）
★あの『ディープスロート』から派生した東映の怪作といえば、一本は当館では既におなじみの『東京ディープスロート夫人』、もう一本がコレだ。『東京ディープスロート夫人』は例の深一いノドに着目した作品だったが、こちらは何と『ディープスロート』のもうひとつ（ひとり、ではない）の主演ともいうべきハリー・リームズそのヒトのモノをやっぱり主演に据えてしまった、文字通りの珍作。田中陽造のアイディアを佐治乾が脚本化。監督は山本晋也だが、イマイチ徹底し切れなかったのは惜しい。とはいえ、『東京ディープスロート夫人』と対をなす手術シーンなど、とにかく観なきゃ始まりませんぜ、ダンナ。

7/24〜30
## 絶頂の女（1976　日活　73分）
★実はワタシもこれは観たことがない。しかし、今回の上映が終わるとこのフィルムはジャンク（廃棄）処分、おもしろいのかつまらないのかさえ、永遠の謎になってしまう。だから、まずは観ようではないか。もしおもしろかったら、観たヒトだけの伝説が生まれる。つまらなかったらキッパリ忘れましょ。監督は遠藤三郎。お話は、といえば、ナニナニ、くノ一忍法に伝わる＜筒がらし＞の術を開発し、企業戦争に利用しようとする秘密調査員に成瀬正が扮し、ジェイムズ・ボンドばりの二枚目ぶりを見せるSFタッチのおいろけドラマ、ということらしい。さあさあ、丁か半か、張った、張った。

7/31〜8/6
## 看護婦日記・獣じみた午後（1982　日活　66分）
★鈴木清順シンパの異端派・黒沢直輔、お得意路線のやっぱり怪作。夢を再生する画期的な装置“ドリームリング”の話だから、もうシュールに次ぐシュールな展開で、解明するには、一週間通っていただいてもまだ足りないかもしれない。が、しかし、ああ、この作品もこの上映を限りにジャンク処分が待っている。もう日本では映画館で観ることは不可能になってしまう。いや、日本でだけではない。バチカンでも、パプアニューギニアでも、ユーゴスラビアでも、地球上の何処ででも観られなくなってしまうのだっ。これが夢なら醒めてくれえ。しかし、こうして日本の貿易黒字はさらに増大してゆくのである。

8/7〜13
## ひと夏の秘密（1979　日活　72分）
★いかにも旬なタイトルだが、観てビックリ、『ツィゴイネルワイゼン』等でおなじみの田中陽造の脚本を、これも清順門下の武田一成が監督したこの作品は、太陽が最も輝く夏が舞台なのに、『ツィゴイネルワイゼン』同様、全編に死の気配が漂う異色作なのであった。しかし、『ツィゴイネルワイゼン』が上映されることはあっても、この『ひと夏の秘密』が上映されることはもうない。そう、これも今回が劇場最終上映。この上映自体が“ひと夏の秘密”となってしまうのですねえ。こんなことがあってよいのでしょうか。しかし、よく考えてみると、それもこの作品にはふさわしいのかもしれない。真夏の死、か。

8/14〜20
## 瓶詰め地獄（1986　にっかつ　71分）
★夢野久作の原作を読んだことのあるヒトは、コレの映画化は絶対無理と思うことでしょう。しかし日本映画に不可能はない。原作から人物設定をちょこっと借り、あとは『瓶詰め地獄』というタイトルの語感を頼りに、愛と倒錯のストーリーを創り上げ、そして重要なモノを登場させたのだ。そう、まさしく、この作品の存在意義は、そのモノの登場にこそあるのであって、だから、キャスト・クレジットには正確に、主演＝瓶、と記されるべきなのだ。（実は、この瓶をゲストにお招きしようと連絡を取ってみたのですが、大変残念なことに、先日その一生を終わってしまったという返事が返ってきました。もうその雄姿はスクリーンでしか観ることは出来ないのです。）

8/21〜27
## 夢野久作の少女地獄（1977　日活　92分）
★知られざる実力監督の筆頭といえば、ワタシはこのヒトを推す。小沼勝だ。例えば石井輝男が陽だとすれば、小沼勝は陰という紹介は可能だが、このニッポンでは石井輝男でさえ、陰の扱いなのだから、コマッてしまう。まずは観てもらいたい。代表作といえば、やはり谷ナオミとのコンビ作だが、これらはハードすぎるから、入門編としてはまずこの『少女地獄』をオススメしよう。『瓶詰め地獄』と違って、こちらは正攻法な映画化とはいえ、原作がヘンなだけにやっぱり堂々とヘンな仕上がりになった。夢野久作のハッタリに満ちた大傑作『ドグラ・マグラ』は明晰な名探偵・松本俊夫監督による映画でその謎を解かれてしまったが、小沼勝は探偵の領域には踏み込まず、謎解きの楽しみをワタシたちに残しておいてくれた。さあ、また眠れない夜がやって来る。

8/28〜9/3
## 愛奴（1969　松竹　98分）
★大林宣彦監督が登場する以前のロリコン・ムービー（？）の第一人者といったら、『初恋・地獄篇』でおなじみの羽仁進監督だが、その作品系列の中でも異色な作品。とはいえ、実はワタシも観てないから、モロに解説を引用してしまおう。大学生はある夜、墓地で美しい夫人に呼びとめられて、洋館に誘い込まれると妖精のような女・愛奴を紹介され、官能の世界を漂う。不思議なことに愛奴があえぐと夫人もあえぐことを男は知る。「愛奴は私の官能、ふとした偶然から生と死をさまよっているのです」と夫人。洋館は実は墓場で、男は墓を掘って愛奴を連れ出したが・・・。ハイッ、ここまで。あとは観てみましょうね。

〈速報〉１９９５年 上映スケジュール

ニュープリント・リバイバル・ロードショー

# 東宝ゴクラク座 ☺ ニコニコ大会

［35㎜ ニュープリント／総天然色／東宝スコープ ※『青春銭形平次』のみ白黒/スタンダード・サイズ］

★今回は、東宝よりレーザーディスクにて発売された第１期６作品と、９４年末よりリリースされる第２期６作品を豪華カップリングで６プログラム！ レーザーディスクを買ってから観るもよし、観てから買うもよし、ですゾ。

| | | | |
|---|---|---|---|
| １／１６<br>↓<br>２１ | 大冒険（1965・渡辺プロ+東宝）<br>11:05/4:00（16日のみ 4:15）<br>※予告篇特集 1:00/5:55（16日のみ 6:10）<br>クレージー メキシコ大作戦（1968・渡辺プロ+東宝）<br>1:10/6:05（16日のみ 6:20） | １／２９<br>↓<br>２／２ | 君も出世ができる（1964・東宝）<br>1:10/5:05（29日のみ 5:20）<br>※予告篇特集 11:00/2:55/6:50（29日のみ 7:05）<br>嵐を呼ぶ楽団（1960・宝塚映画+東宝）<br>11:10/3:05/7:00（29日のみ 7:15） |
| １／２２<br>↓<br>２５ | クレージーだよ 奇想天外（1966・渡辺プロ+東宝）<br>1:25/5:10<br>※予告篇特集 11:30/3:15/7:00<br>あっぱれ一番手柄 青春銭形平次（1953・東宝）<br>11:40/3:25/7:10 | ２／３<br>↓<br>５ | １００発１００中（1965・東宝） 2:05/5:30<br>※予告篇特集 12:20/3:45/7:10<br>お嫁においで（1966・東宝） 12:30/3:55/7:20 |
| １／２６<br>↓<br>２８ | 若い季節（1962・東宝） 11:10/2:25/5:40<br>※予告篇特集 12:45/4:00/7:15<br>続・若い季節（1964・東宝） 12:55/4:10/7:25 | ２／６<br>↓<br>１１ | クレージー黄金作戦（1967・渡辺プロ+東宝）<br>11:25/4:10<br>※予告篇特集 2:10/6:55<br>クレージー大作戦（1966・渡辺プロ+東宝） 2:20/7:05 |

※予告篇特集は、第２期リリース６本のうちの『クレージー メキシコ大作戦』『続・若い季節』『お嫁においで』『クレージー大作戦』の４本となります。（『青春銭形平次』『嵐を呼ぶ楽団』は予告篇が現存しておりません。）
予告篇特集と次の作品は、休憩なしで連続上映します。

## 【トークイベント開催】

1月16日㈷ 午後3時50分より （ゲスト）坪島孝監督 田波靖男氏
1月29日㈰ 午後4時55分より （ゲスト）井上梅次監督

特別ご入場料金

一般 ￥１７００ ／ 学生 ￥１４００ ／ シニア（６０才以上の方） ￥１０００
ちらし・情報誌割引 （一般）￥１５００ （学生）￥１３００
最終回の１本のみ ￥１２００
ミューカード割引 （一般）￥１３００ （学生）￥１０００ ※ ミューカードのお申し込みは当館受付にてどうぞ。入会金¥310。

## レイトショー

連日夜９時より１回のみ上映（昼の部とは入替制）
ご入場料金￥９９９均一

前田陽一監督特集（続き）

| | | |
|---|---|---|
| 12/2８→1/3<br>（３１日は休映） | 喜劇・冠婚葬祭入門（１９７０・松竹） | 夜９：００→１０：２５ |
| 1/4→１０ | 喜劇・猪突猛進せよ!!（１９７１・松竹） | 夜９：００→１０：２５ |
| 1/１１→１７ | 三億円をつかまえろ（１９７５・松竹） | 夜９：００→１０：３０ |

◆当初 ９４年１２月２７日までの予定でしたレイトショープログラムですが、とりあえず ９５年1月１７日までの延長が、決定いたしました。しかしながら、それ以降につきましては、まだ結論が出ておりません。引き続き、レイトショーは崖っぷち状態でございます。どうぞ よろしくお願いいたします。

大井武蔵野館 〒１４０ 品川区大井１-２０-１６ ☎ ０３（３７７１）４９３４

# 大井武蔵野館 1995 VOL.●

## 新作『無頼平野』公開記念上映 石井輝男監督特集

## 愛とロマン 聖と俗 貴と腐 カルト王・石井輝男が魅せる地獄のダンディズム！

●石井輝男監督の待望の新作『無頼平野』は、初めての世界に初々しく取り組んだ前作『ゲンセンカン主人』とは打って変わって、ベスト・オブ・石井ワールドとでも言うべき心躍る作品に仕上がった。ラヴロマンス・ヴァイオレンス・エログロ・アクション・ダンスなど、往年の石井映画の全てが注ぎ込まれた荒唐無稽ワールド。なんと吉田輝雄までが25年振りにスクリーンに姿を見せるとは、信じられないくらいだ。しかも、古き良き過去の再現の域に留まることなく、永遠の若さみなぎる石井監督の演出が爆発している。悪魔に魂を売ったという噂は本当だったのか。さて『無頼平野』１本だけで石井ワールドの楽しさが全てわかってしまうといっても過言ではないが、かつての作品を観た上ならば、その楽しみが何倍にも増すことは必然。というわけで、『無頼平野』公開に先がけて、またまたお送りする大井武蔵野館名物の石井輝男監督特集です。

### ニュープリント・リバイバル・ロードショー

**4/23（日）→5/6（土）（14日間）**

■徳川いれずみ師 責め地獄（1969・東映京都・カラー・ワイド）35㎜ニュープリント
脚本＝掛札昌裕／石井輝男　出演＝吉田輝雄／小池朝雄／橘ますみ／片山由美子／由利徹／若杉英二　11:00／2:25／5:50

■明治・大正・昭和 猟奇女犯罪史（1969・東映京都・カラー・ワイド）35㎜ニュープリント
脚本＝掛札昌裕／野波静雄／石井輝男　出演＝吉田輝雄／中村律子／賀川雪絵／若杉英二／由美てる子　12:45／4:10／7:35

●禁断の石井輝男マスターピース。その封印が、今回特別に解かれることになった。今や幻の「猟奇女犯罪史」が25年ぶりにニュープリントで甦るのだ。ここには、ホンモノの阿部定が登場する。「実録阿部定」どころではない「実物阿部定」だ。もちろん、石井タイヘン・ワールドの住人たち、土方巽・小池朝雄・由利徹らもハイ・テンション。そして吉田輝雄は、いつもながらクールに人間どもの修羅場を見据えて、ため息をつく。さらに、眠れる獅子「徳川いれずみ師 責め地獄」も久々に目を覚ますぞ。この２本を観れる機会はもう無いかもしれないと言っても、それは商売用の宣伝文句ではないことを、すでに皆様はよくご存知のはず。この２週間こそは、真のゴールデン・ウィーク。さあ、いらっしゃい。

**5/7（日）→5/10（水）（4日間）**

■やくざ刑罰史 私刑〈リンチ〉（1969・東映京都・カラー・ワイド）
脚本＝掛札昌裕　出演＝大友柳太朗／菅原文太／大木実／橘ますみ／藤木孝／吉田輝雄／片山由美子／高英男　11:05／4:00

■忘八武士道（1973・東映京都・カラー・ワイド）
原作＝小池一雄／小島剛夕　脚本＝佐治乾　出演＝丹波哲郎／伊吹吾郎／遠藤辰雄／ひし美ゆり子／池島ルリ子　12:45／5:40

■江戸川乱歩全集 恐怖奇形人間（1969・東映京都・カラー・ワイド）
原作＝江戸川乱歩「パノラマ島奇談」「孤島の鬼」　脚本＝掛札昌裕／石井輝男　出演＝吉田輝雄／土方巽／小池朝雄　2:10／7:05

●石井タイヘン・ワールドへの初心者入門篇として、すっかりおなじみの３本立。一見刺激的な、手足がちぎれ飛び、首が空に舞うショットも、スプラッター・ムービーなどの悪しきリアリズムとは一線を画した境地に屹立している。なお『無頼平野』ロケハン中に、石井監督とスタッフの方が当館にお越しになり、ちょうど上映していた「恐怖奇形人間」を復習のため（？）ご覧になられたことがありました。その成果は、――『無頼平野』を観れば、わかります。

**5/11（木）→5/13（土）（3日間）**

■東京ギャング対香港ギャング（1964・東映東京・カラー・ワイド）
脚本＝村尾昭／石井輝男　出演＝高倉健／鶴田浩二／丹波哲郎／内田良平／安部徹／待田京介／大木実　11:10／2:25／5:40

■網走番外地 南国の対決（1966・東映東京・カラー・ワイド）
脚本＝石井輝男　出演＝高倉健／千葉真一／吉田輝雄／嵐寛寿郎／三原葉子／由利徹／大原麗子／田中邦衛　12:45／4:00／7:15

●東映のタイトルは大胆だ。シネマスコープ・サイズの画面狭しと映し出される「東京ギャング対香港ギャング」のタイトルは、それだけでスペクタクル。そして、〝網走番外地〟なのに〝南国・沖縄〟で対決しちゃう、その自家撞着なんぞ物ともしない「網走番外地 南国の対決」の対位法的パワフル・タイトル。石井流荒唐無稽アクション・ワールドの極北２本立だが、〝健さん〟というより〝健ちゃん〟という感じの高倉健が、やっぱり良いゾ。

**5/14（日）→5/17（水）（4日間）**

■キンキンのルンペン大将（1976・東映東京・カラー・ワイド）
脚本＝山崎巌／石井輝男　出演＝愛川欽也／坂口良子／星正人／伴淳三郎／田中邦衛／砂塚秀夫／春川ますみ　11:35／4:15

■暴走の季節（1976・東映東京・カラー・ワイド）
脚本＝石井輝男　出演＝岩城滉一／志垣太郎／清水健太郎／中島ゆたか／渡辺やよい／野平ユキ／中田博久　1:10／5:50

■直撃地獄拳 大逆転（1974・東映東京・カラー・ワイド）
脚本＝橋本新一／石井輝男　出演＝千葉真一／郷鍈治／佐藤允／中島ゆたか／丹波哲郎／池部良／嵐寛寿郎　2:40／7:20

●「網走」シリーズを始め、縦横無尽に東映に貢献した石井監督だったが、1970年代が進むにつれ、何故か２本立の併映作の方を撮ることが多くなった。今回はそんな３本立。しかし、低予算の刹那的企画だろうが何だろうが、嬉々として撮り続け、日本の巨匠監督が必ず陥る罠をやすやすと超えていった、そのフットワークの軽さを見よ。映画に対する子供のような〝初々しさ〟こそ、石井ワールドの隠れたキーワードなのだ。

**5/18（木）→5/20（土）（3日間）**

■日本ゼロ地帯 夜を狙え（1966・松竹・カラー・ワイド）
脚本＝石井輝男　出演＝竹脇無我／吉田輝雄／香山美子／三原葉子／真理明美／杉浦直樹／待田京介／嵐寛寿郎　11:25／2:35／5:45

■大悪党作戦（1966・松竹・カラー・ワイド）
脚本＝石井輝男　出演＝高英男／アントニオ古賀／宍戸錠／三原葉子／真理明美／安部徹／嵐寛寿郎　1:00／4:10／7:20

●石井ワールドに新東宝時代の特に「地帯（ライン）」シリーズは絶対欠かせないのだが、残念ながら現在も観ることが出来ない状態が続いている。しかし、新東宝時代の匂いは、東映作品よりも、むしろ番外的なこの松竹での作品に濃厚だから、これもまた見逃せない２本立。『日本ゼロ地帯』の副題にもそそられるしね。どこで撮ろうが、石井輝男が撮れば、しごく当然のことながら、そこに石井ワールドが敢然と噴出してやまない。

●期間中、新作『無頼平野』の予告編を上映。

●新宿シネマ・カリテにて有効の『無頼平野』前売券発売中。
（一般券　1400円
限定つげ忠男画特製Ｔシャツ付チケット　2000円）

●期間中、ワイズ出版刊行の石井輝男ならびに『無頼平野』関連のブックフェアを館内にて開催。

**無頼平野・映画化!!**
原作　つげ忠男
脚本・監督　石井輝男
出演　加勢大周・岡田奈々　佐野史郎・金山一彦
1995年5月中旬
新宿シネマ・カリテ他で公開予定
第1回ワイズ出版プロデュース作品

〈ご入場料金〉

| | | 4/23→5/6 | 5/7→5/20 |
|---|---|---|---|
| 一般 | | 1,700円 | 1,400円 |
| 学生 | | 1,400円 | 1,300円 |
| 情報誌・ちらし割引 | 一般 | 1,500円 | 1,200円 |
| | 学生 | 1,300円 | 1,200円 |
| シニア(60才以上の方) | | 1,000円 | 1,000円 |
| 最終回の１本のみ | | 1,200円 | 800円 |

**同時開催 ワイズ出版 ブックフェア**

石井輝男映画魂　石井輝男／福間健二　3900円　好評発売中
江戸川乱歩全集恐怖奇形人間（日本カルト映画全集1）　1300円　5月上旬発売予定
メイキング・オブ・無頼平野　つげ忠男／石井輝男　1300円　5月上旬発売予定

ワイズ出版　〒160 東京都新宿区西新宿7-7-23 7F　TEL03(3369)9218 FAX03(3369)1436

# チラシ再録（7）1996年

〈速報〉大井武蔵野館 上映スケジュール 1996 VOL.3

## [官能と猥雑の映画装置] 牧口雄二監督特集

| 日程 | 作品・出演 | 上映時間 |
|---|---|---|
| 3／24→27 | 毒婦お伝と首斬り浅（1977 東映）<br>出演=東てる美/伊吹吾郎/橘麻紀 | 1:45/5:20 |
| | 玉割り人ゆき（1975 東映）※デビュー作<br>出演=潤ますみ/川谷拓三/森崎由紀 | 11:20/2:55/6:30 |
| | 玉割り人ゆき 西の廓夕月楼（1976 東映）<br>出演=潤ますみ/中島葵/坂口徹 | 12:30/4:05/7:40 |
| 3／28→30 | 広島仁義 人質奪回作戦（1976 東映）<br>出演=松方弘樹/小林旭/中島ゆたか | 11:50/2:50/5:50 |
| | 戦後猟奇犯罪史（1976 東映）<br>出演=川谷拓三/室田日出男/泉ピン子 | 1:25/4:25/7:25 |
| 3／31→4／3 | 五月みどりの かまきり夫人の告白（1975 東映）<br>出演=五月みどり/伊吹吾郎/山城新伍 | 1:05/5:00 |
| | 女獄門帖 引き裂かれた尼僧（1977 東映）<br>出演=折口亜矢/田島はるか/志賀勝 | 2:15/6:10 |
| | 徳川女刑罰絵巻 牛裂きの刑（1976 東映）<br>出演=川谷拓三/橘麻紀/汐路章 | 11:35/3:30/7:25 |

★ 牧口雄二監督来館！
3月31日 3時25分より 舞台あいさつがございます。
★ 日本カルト映画全集『女獄門帖 引き裂かれた尼僧』（ワイズ出版）3月31日発売予定。

## [極限の人間模様] 増村保造監督特集

| 日程 | 作品・出演 | 上映時間 |
|---|---|---|
| 4／4→6 | 氾濫(はんらん)（1959 大映）16ミリ<br>出演=若尾文子/叶順子/左幸子 | 1:55/5:25 |
| | 偽大学生（1960 大映）<br>出演=若尾文子/ジェリー藤尾/船越英二 | 12:10/3:40/7:10 |
| 4／7→10 | 女経（1960 大映）※3監督オムニバス作品の第1話を担当<br>出演=若尾文子/川口浩 | 11:00/4:00 |
| | 爛(ただれ)（1962 大映）16ミリ<br>出演=若尾文子/水谷良重/田宮二郎 | 12:45/5:45 |
| | 卍(まんじ)（1964 大映）<br>出演=若尾文子/岸田今日子/船越英二 | 2:20/7:20 |
| 4／11→13 | 「女の小箱」より 夫が見た（1964 大映）16ミリ<br>出演=若尾文子/田宮二郎/川崎敬三 | 2:05/5:30 |
| | 赤い天使（1966 大映）<br>出演=若尾文子/芦田伸介/川津祐介 | 12:20/3:45/7:10 |
| 4／14→17 | 積木の箱（1968 大映）<br>出演=若尾文子/松尾嘉代/内田喜郎 | 11:40/4:20 |
| | 刺青（1966 大映）16ミリ<br>出演=若尾文子/長谷川明男/佐藤慶 | 1:10/5:50 |
| | 盲獣（1969 大映）<br>出演=船越英二/緑魔子/千石規子 | 2:45/7:20 |
| 4／18→20 | セックス・チェック 第二の性（1968 大映）16ミリ<br>出演=安田道代/緒形拳/小川真由美 | 11:05/2:20/5:35 |
| | 女体(じょたい)（1969 大映）<br>出演=浅丘ルリ子/岡田英次/小沢栄太郎 | 12:40/3:55/7:10 |

★ 日本カルト映画全集『盲獣』（ワイズ出版）4月発売予定。

【ご入場料金】（4／21→5／4を除く）

一般 ¥1400 ／ 学生 ¥1300
シニア（60才以上の方）¥1000
情報誌・ちらし割引 ¥1200
最終回の1本のみ ¥800
ミューカード割引（一般）¥1100（学生）¥1000
※ミューカードのお申し込みは当館受付にてどうぞ。入会金¥310

## [非日常の巨人] 石井輝男監督特集

幻の逸品〈ニュープリント〉限定復活上映

| 日程 | 作品・出演 | 上映時間 |
|---|---|---|
| 4／21→27 | 明治・大正・昭和 猟奇女犯罪史（1969 東映）<br>出演=吉田輝雄/小池朝雄/由利徹/土方巽/阿部定 | 2:05/5:30 |
| | 残酷・異常・虐待物語 元禄女系図（1969 東映）<br>出演=吉田輝雄/小池朝雄/土方巽/カルーセル麻紀 | 12:20/3:45/7:10 |
| 4／28→5／4 | 徳川いれずみ師 責め地獄（1969 東映）<br>出演=吉田輝雄/小池朝雄/由利徹/若杉英二 | 1:55/5:25 |
| | 残酷・異常・虐待物語 元禄女系図（1969 東映）<br>出演=吉田輝雄/小池朝雄/土方巽/カルーセル麻紀 | 12:10/3:40/7:10 |

【特別ご入場料金】（4／21→5／4のみ）
一般 ¥1700 ／ 学生 ¥1400
シニア ¥1000 ／ 最終回の1本のみ ¥1200
情報誌・ちらし割引（一般）¥1500（学生）¥1300
ミューカード割引（一般）¥1300（学生）¥1100

鉄人パートナー＝鏑木創・魅惑のサウンド

| 日程 | 作品・音楽・出演 | 上映時間 |
|---|---|---|
| 5／5→11 | 忘八武士道（1973 東映）<br>音楽=鏑木創 出演=丹波哲郎/ひし美ゆり子/伊吹吾郎 | 11:00/4:00 |
| | 無頼平野（1995 ワイズ出版+MMI/ビターズ・エンド）<br>音楽=鏑木創 出演=加勢大周/岡田奈々/水木薫/金山一彦 | 12:25/5:25 |
| | 江戸川乱歩全集 恐怖奇形人間（1969 東映）<br>音楽=鏑木創 出演=吉田輝雄/土方巽/小池朝雄 | 2:10/7:10 |
| 5／12→15 | やくざ刑罰史 私刑(リンチ)（1969 東映）<br>音楽=鏑木創 出演=大友柳太朗/菅原文太/吉田輝雄 | 11:30/4:10 |
| | 直撃地獄拳（1974 東映）<br>音楽=鏑木創 出演=千葉真一/佐藤允/倉田保昭 | 1:10/5:50 |
| | 直撃地獄拳 大逆転（1974 東映）<br>音楽=鏑木創 出演=千葉真一/佐藤允/丹波哲郎/嵐寛寿郎 | 2:40/7:20 |

★ 石井輝男監督来館！
5月6日 3時50分（スペシャル・ゲストも予定）

## 鈴木英夫監督特集

（監修・協力＝鈴木英夫研究会）

| 日程 | 作品・出演 | 上映時間 |
|---|---|---|
| 5／16→18 | 大番頭小番頭（1955 東宝）<br>出演=池部良/若山セツ子/雪村いづみ | 2:05/5:30 |
| | 彼奴(キャツ)を逃すな（1956 東宝）<br>出演=木村功/津島恵子/志村喬 | 12:20/3:45/7:10 |
| 5／19→22 | 社員無頼 怒号篇（1959 東宝）<br>出演=佐原健二/藤木悠/上原謙 | 12:55/4:55 |
| | 社員無頼 反撃篇（1959 東宝）<br>出演=佐原健二/藤木悠/上原謙 | 2:25/6:25 |
| | チエミの婦人靴(ハイヒール)（1956 東宝）<br>出演=江利チエミ/井上大助/中村是好 | 12:00/4:00/7:55 |
| 5／23→25 | 目白三平物語 うちの女房（1957 東宝）<br>出演=佐野周二/望月優子/杉葉子 | 12:25/4:40 |
| | 目白三平物語 女房の顔の巻（1960 東宝）<br>出演=笠智衆/望月優子/星由里子 | 1:45/6:00 |
| | 目白三平物語 亭主のためいきの巻（1960 東宝）<br>出演=船戸順/団令子/水野久美/萩美枝 | 3:10/7:25 |
| 5／26→29 | その場所に女ありて（1962 東宝）<br>出演=司葉子/宝田明/水野久美/原知佐子 | 1:45/5:20 |
| | 悪の階段（1965 東宝）<br>出演=山崎努/団令子/西村晃/久保明 | 11:50/3:25/7:00 |
| 5／30→6／1 | 三匹の狸（1966 東宝）<br>出演=伴淳三郎/小沢昭一/宝田明 | 11:10/2:25/5:40 |
| | 魔子恐るべし（1954 東宝）<br>出演=根岸明美/藤原釜足/森繁久弥 | 12:45/4:00/7:15 |

## レイトショー

連日夜1回のみ上映（昼の部とは入替制）【ご入場料金】¥999均一

いま観逃したら一生観れない？！「松竹レア・コレクション VOL.1」

| 日程 | 作品 | 監督・出演 | 上映時間 |
|---|---|---|---|
| 4／12→18 | 快人黄色い手袋（1961 松竹） | 監督=市村泰一 出演=伴淳三郎/鳳八千代/小坂一也/北条喜久 | 夜9:00→10:20 |
| 4／19→25 | 東京オリンピック音頭 恋愛特ダネ合戦（1963 松竹） | 監督=近江俊郎 出演=田村高広/香山美子/林家三平/橋幸夫 | 夜9:00→10:30 |
| 4／26→5／2 | 空いっぱいの涙（1966 松竹） | 監督=水川淳三 出演=田村正和/中村晃子/沢本忠雄/山田吾一 | 夜9:00→10:25 |
| 5／3→9 | 雌が雄を喰い殺す 三匹のかまきり（1967 松竹） | 監督=井上梅次 出演=岡田茉莉子/香山美子/佐藤友美/根上淳 | 夜9:00→10:30 |
| 5／10→16 | 新宿育ち（1968 松竹） | 監督=長谷和夫 出演=松岡きっこ/荒井千津子/川津祐介/金子信雄 | 夜9:00→10:25 |

大井武蔵野館 〒140 品川区大井1-20-16 ☎03（3771）4934

チラシ再録（8）大林特集（表面）（1997年）

# チラシ再録（9）大林特集（裏面）（1997年）

## Welcome to Fantastic「OB」Land!

# 大林宣彦監督〈劇場用映画〉大全集

●10年前に大林監督と約束した夏がやって来た。日本映画苦闘の10年だったが、監督も作品を創り続けられたし、当館も残っていたぞ。当り前に見えて、実は奇跡の夏なのだ。

### ① にぎやかなエントランス

**7/27(日) → 30(水)**

■金田一耕助の冒険（1979 角川）
原作＝横溝正史　脚本＝斎藤耕一／中野顕彰　出演＝古谷一行／田中邦衛／熊谷美由紀／赤座美代子　3:00

■HOUSE ハウス（1977 東宝映像／東宝）
原案＝大林千茱萸　脚本＝桂千穂　出演＝池上季実子／大場久美子／神保美喜／南田洋子　11:00／5:00

■青春デンデケデケデケ（1992 PSCほか）
原作＝芦原すなお　脚本＝石森史郎　出演＝林泰文／大森嘉之／浅野忠信／岸部一徳　12:35／6:35

### ② 正調青春文芸館

**7/31(木) → 8/2(土)**

■廃市（1984 PSC＋新日本制作＋ATG）16mm
原作＝福永武彦　脚本＝内藤誠／桂千穂／大林宣彦　出演＝小林聡美／山下規介／根岸季衣／入江若葉　12:10／4:35

■野ゆき山ゆき海べゆき（1986 日本テレビほか／東宝）※モノクロ版
原作＝佐藤春夫　脚本＝山田信夫　出演＝鷲尾いさ子／林泰文／尾美としのり／佐藤浩市　2:05／6:30

### ③ 懐かしき古里館

**8/3(日) → 6(水)**

■野ゆき山ゆき海べゆき（1986 日本テレビほか／東宝）※カラー版
原作＝佐藤春夫　脚本＝山田信夫　出演＝鷲尾いさ子／林泰文／尾美としのり／佐藤浩市　12:05／4:30

■転校生（1982 日本テレビ＋ATG／東宝）
原作＝山中恒　脚本＝剣持亘　出演＝小林聡美／尾美としのり／樹木希林／佐藤允　2:30／6:55

### ④ 少年少女冒険ワールド

**8/7(木) → 9(土)**

■漂流教室（1987 日本テレビほか／東宝東和）
原作＝楳図かずお　脚本＝橋本以蔵　出演＝林泰文／浅野愛子／南果歩／尾美としのり　3:00

■少年ケニヤ（1984 東映動画＋角川）
原作＝山川惣治　脚本＝桂千穂／内藤誠／剣持亘　共同監督＝今沢哲男　声の出演＝高柳良一／原田知世　11:00／4:55

■水の旅人 侍KIDS（1993 フジテレビほか／東宝）
原作・脚本＝末谷真澄　出演＝山崎努／吉田亮／伊藤歩／原田知世／風吹ジュン　1:00／6:55

### ⑤ Return of the Dead・A館

**8/10(日) → 13(水)**

■瞳の中の訪問者（1977 ホリ企画／東宝）
原作＝手塚治虫　脚本＝ジェームズ三木　出演＝片平なぎさ／宍戸錠／志穂美悦子　11:20／4:10

■予告篇大会Part1（6〜8本分の予定）　1:10／6:00

■ふたり（1991 PSCほか）
原作＝赤川次郎　脚本＝桂千穂　出演＝石田ひかり／中島朋子／富司純子／岸部一徳　1:25／6:15

### ⑥ Return of the Dead・B館

**8/14(木) → 16(土)**

■異人たちとの夏（1988 松竹）
原作＝山田太一　脚本＝市川森一　出演＝風間杜夫／秋吉久美子／片岡鶴太郎／名取裕子　11:20／4:10

■予告篇大会Part2（一部はPart1と重複予定）　1:20／6:10

■あした（1995 アミューズ＋PSCほか／東宝）
原作＝赤川次郎　脚本＝桂千穂　出演＝高橋かおり／林泰文／宝生舞／植木等／原田知世　1:35／6:25

### ⑦ 角川アイドル・パラダイス

**8/17(日) → 20(水)**

■天国にいちばん近い島（1984 角川）
原作＝森村桂　脚本＝剣持亘　潤色＝大林宣彦／小倉洋二　出演＝原田知世／高柳良一／峰岸徹／赤座美代子　3:30

■ねらわれた学園（1981 角川）
原作＝眉村卓　脚本＝葉村彰子　出演＝薬師丸ひろ子／高柳良一／手塚真／長谷川真砂美　11:55／5:20

■時をかける少女（1983 角川）
原作＝筒井康隆　脚本＝剣持亘　潤色＝大林宣彦　出演＝原田知世／高柳良一／尾美としのり　1:35／7:00

### ⑧ 銀幕女優伝説館

**8/21(木) → 23(土)**

■ふりむけば愛（1978 ホリ企画／東宝）
原案・脚本＝ジェームズ三木　出演＝山口百恵／三浦友和／森次晃嗣／南田洋子／岡田英次　1:15／5:05

■女ざかり（1994 松竹ほか）
原作＝丸谷才一　脚本＝大林宣彦／野上龍雄／渡辺善則　出演＝吉永小百合／津川雅彦／藤谷美紀　11:05／2:55／6:45

### ⑨ 愛と苦悩の結晶館

**8/24(日) → 27(水)**

■北京的西瓜［ペキンのすいか］（1989 PSCほか）
原作＝林小利／久我山通　脚本＝石松愛弘　出演＝ベンガル／もたいまさこ／峰岸徹／斉藤晴彦　2:50

■四月の魚 ポワソンダブリル（1986 ジョイパック＋PSCほか）16mm
脚本＝大林宣彦／ジェームズ三木／内藤忠司　出演＝高橋幸宏／今日かの子／丹波哲郎　11:10／5:15

■彼のオートバイ 彼女の島（1986 角川）
原作＝片岡義男　脚本＝関本郁夫　出演＝原田貴和子／竹内力／渡辺典子／峰岸徹　1:10／7:15

### ⑩ 極私的秘宝館

**8/28(木) → 30(土)**

■日本殉情伝 おかしなふたり ものくるほしきひとびとの群（1988 フィルムリンク）
原作＝やまざき十三／さだやす圭　脚本＝剣持亘／小倉洋二／藤谷和夫　出演＝竹内力／三浦友和／南果歩　11:05／4:00

■はるか、ノスタルジィ（1992 PSCほか）
原作＝山中恒　脚本＝大林宣彦　出演＝勝野洋／石田ひかり／松田洋二／尾美としのり　1:05／6:00

### ⑪ 出逢いと別れの広場

**8/31(日) → 9/3(水)**

■姉妹坂（1985 東宝）
原作＝大山和栄　脚本＝関本郁夫／桂木薫　出演＝紺野美沙子／浅野温子／沢口靖子／富田靖子　1:15／5:05

■さびしんぼう（1985 アミューズ＋東宝）
脚本＝大林宣彦／剣持亘／内藤忠司　出演＝富田靖子／尾美としのり／藤田弓子／峰岸徹　11:15／3:05／6:55

■ご入場料金（昼の部）　※毎月第1水曜日はサービスデー 1,000円均一

| | | | |
|---|---|---|---|
| 一般・学生 | 1,500円 | 各情報誌割引 | 1,300円 |
| シニア（60才以上の方） | 1,000円 | このチラシ割引 | 1,300円 |
| ミューカード割引 | 1,200円 | 最終回の1本のみ | 1,000円 |

●ミューカードのお申し込みは当館受付にてどうぞ。入会金310円。

## レイトショー

連日夜1回のみ上映（昼の部とは入替制）
■レイトショーご入場料金　1,000円均一

●昼の部ご入場時に、レイトショー料金も合わせてお支払いいただけます。
また、レイトショーのみをご覧の方も、昼の部の最終作品上映開始30分後よりご入場いただけます。
いずれの場合も、レイトショー開始時にレシートをチェックいたしますので、必ずお受け取りいただき、決して無くさないようにご注意下さいませ。

ランダム・レア・コレクション50本！

### '97日本映画「お宝」発掘キャラバン

**8/1(金) → 7(木)**
㉛逃げてきた花嫁（1956 東宝）
脚本＝若尾徳平／浜村保夫　監督＝青柳信雄　出演＝岡田茉莉子／青山京子／宝田明／古川緑波　夜9:00→10:25

**8/8(金) → 14(木)**
㉜奥様は大学生（1956 東京映画／東宝）
脚本＝長瀬喜伴　監督＝杉江敏男　出演＝香川京子／中村メイ子／木村功／宝田明　夜9:00→10:20

**8/15(金) → 21(木)**
㉝森繁よ何処へ行く（1956 東京映画／東宝）
脚本＝長瀬喜伴／新井一　監督＝瑞穂春海　出演＝森繁久彌／香川京子／杉葉子／宝田明　夜9:00→10:20

**8/22(金) → 28(木)**
㉞おしゃべり奥様（1959 東宝）
原作＝土岐雄三　脚本＝沢村勉　監督＝青柳信雄　出演＝中村メイ子／中島そのみ／久慈あさみ　夜9:00→10:05

**8/29(金) → 9/4(木)**
㉟僕は三人前（1958 東京映画／東宝）
脚本＝井上薫／新井一　監督＝瑞穂春海　撮影＝岡崎宏三　出演＝フランキー堺／香川京子／藤木悠　夜9:00→10:25

**9/5(金) → 11(木)**
㊱僕は独身社員（1960 東宝）
脚本＝松木ひろし　監督＝古澤憲吾　出演＝ミッキー・カーチス／佐原健二／佐藤允／白川由美　夜9:00→10:20

**9/12(金) → 18(木)**
㊲僕はボディガード（1964 宝塚映画／東宝）
脚本＝沢村勉／山根優一郎　監督＝久松静児　撮影＝梁井潤　出演＝渥美清／浜美枝／団令子　夜9:00→10:30

**9/19(金) → 25(木)**
㊳じゃじゃ馬ならし（1966 東宝）
原作＝塩田丸男　脚本＝田波靖男　監督＝杉江敏男　出演＝高島忠夫／池内淳子／浜美枝　夜9:00→10:05

**9/26(金) → 10/2(木)**
㊴青春太郎（1967 東京映画／東宝）
原作・脚本＝田波靖男　監督＝中平康　出演＝石坂浩二／黒沢年男／酒井和歌子／高橋紀子　夜9:00→10:25

**10/3(金) → 9(木)**
㊵街に泉があった（1968 東宝）
脚本＝井手俊郎　監督＝浅野正雄　出演＝三田明／酒井和歌子／黒沢年男／佐藤允　夜9:00→10:25

●常にベストの形で上映するように努めておりますが、上映中のフィルム・トラブル、やむを得ない事情による作品や上映日時の変更など、また古い作品はプリントの状態が良くない場合がございますが、何卒ご容赦下さいませ。

## チラシ再録（10）1998年

〈速報〉 大井[illegible]野館 上映スケジュール 1[illegible]98 VOL. 3

# アニメーション・インパクト 劇場版

| | |
|---|---|
| 3／8(日)<br>↓<br>11(水) | 機動戦士ガンダム (1981 日本サンライズ)<br>脚本=星山博之/荒木芳久/山本優/松崎健一 総監督=富野喜幸 声の出演=倍賞千恵子<br>11:05/4:00<br>機動戦士ガンダムII 哀・戦士 (1981 日本サンライズ)<br>脚本=星山博之/荒木芳久/山本優/松崎健一 総監督=富野喜幸<br>1:35/6:30 |
| 3/12(木)<br>↓<br>14(土) | クラッシャージョウ (1983 日本サンライズ)<br>原作・脚本・監修=高千穂遙 監督・脚本・作画監督・絵コンテ=安彦良和<br>11:10/4:05<br>機動戦士ガンダムIII めぐりあい宇宙<br>(1982 日本サンライズ)<br>脚本=星山博之/荒木芳久/山本優/松崎健一 総監督=富野喜幸<br>1:35/6:30 |
| 3/15(日)<br>↓<br>18(水) | 伝説巨神イデオン 接触篇 (1982 日本サンライズ)<br>脚本=山浦弘靖/富田祐弘/渡辺由自/松崎健一 総監督=富野喜幸<br>10:40/2:05/5:30<br>伝説巨神イデオン 発動篇 (1982 日本サンライズ)<br>脚本=山浦弘靖/富田祐弘/渡辺由自/松崎健一 総監督=富野喜幸<br>12:15/3:40/7:05 |
| 3/19(木)<br>↓<br>21(土) | ＭＥＭＯＲＩＥＳ (1995 松竹)<br>製作総指揮・総監督・第3話監督=大友克洋 第1話監督=森本晃司 第2話監督=岡村天斎<br>12:15/4:35<br>ＡＫＩＲＡ (1988 東宝)<br>原作・脚本・監督=大友克洋 脚本=橋本以蔵<br>10:00/2:20/6:40 |
| 3/22(日)<br>↓<br>25(水) | 迷宮物語 (1986 角川書店)<br>第1話監督=りんたろう 第2話監督=川尻善昭 第3話監督=大友克洋<br>10:55/2:15/5:35<br>幻魔大戦 (1983 角川書店)<br>原作=平井和正/石森章太郎 脚本=桂千穂/内藤誠/真崎守 監督=りんたろう 声の出演=美輪明宏<br>11:50/3:10/6:30 |
| 3/26(木)<br>↓<br>28(土) | 機動警察パトレイバー 劇場版 (1989 バンダイビジュアル)<br>原案=ゆうきまさみ 脚本=伊藤和典 監督=押井守<br>1:15/5:05<br>機動警察パトレイバー2 ｔｈｅ Ｍｏｖｉｅ<br>脚本=伊藤和典 監督=押井守 声の出演=竹中直人/根津甚八 (1993 バンダイビジュアル)<br>11:15/3:05/6:55 |
| 3/29(日)<br>↓<br>4／1(水) | 王立宇宙軍 オネアミスの翼・オリジナル版<br>(1987 バンダイビジュアル)<br>原案・脚本・監督=山賀博之 SFXアーチスト=庵野秀明 声の出演=森本レオ<br>12:25/4:40<br>超時空要塞マクロス 愛・おぼえていますか<br>(1984 ビッグウェスト)<br>ストーリー構成=河森正治 監督=河森正治/石黒昇 声の出演=飯島真理<br>10:20/2:35/6:50 |
| 4／2(木)<br>↓<br>4(土) | うる星やつら オンリー・ユー (1983 キティ・フィルム)<br>原作=高橋留美子 脚本=金春智子 脚色・監督=押井守<br>10:55/2:15/5:35<br>うる星やつら2 ビューティフル・ドリーマー<br>原作=高橋留美子 脚本・監督=押井守 (1984 東宝)<br>12:30/3:50/7:10 |
| その後の予定 | 全日本特撮アラカルト |

【ご入場料金】

一般・学生 ￥１５００/情報誌・ちらし割引 ￥１３００
ミューカード割引 ￥１２００/最終回一本のみ ￥１０００
※ミューカードのお申し込みは当館受付にてどうぞ。入会金¥310のみ。

◆毎月第１水曜日は映画サービスデー ￥１０００均一

## ランダム・レア・コレクション５０本/１９９８日本映画「お宝」発掘キャラバン

連日夜１回のみ上映（昼の部とは入替制） 【ご入場料金】￥１０００均一

| | | | |
|---|---|---|---|
| 3/20(金)→3/26(木) | 11) 黄色いさくらんぼ (1960 松竹) | 脚本=野村芳太郎/山田洋次 監督=野村芳太郎 出演=芳村真理/九条映子/小坂一也 | 夜9:00→10:15 |
| 3/27(金)→4/ 2(木) | 12) 兄さんの愛情 (1954 東京映画/東宝) | 脚本=堀江史朗/西島大 監督=丸山誠治 出演=池部良/石浜朗/久我美子 | 夜9:00→10:20 |
| 4/ 3(金)→4/ 9(木) | 13) 鉄砲犬 (1965 大映) | 脚本=藤本義一 監督=村野鐵太郎 出演=田宮二郎/天知茂/小沢昭一 | 夜9:00→10:25 |
| 4/10(金)→4/16(木) | 14) 悪魔の接吻 (1959 東宝) | 脚本=高木隆/加藤俊雄 監督=丸山誠治 出演=河津清三郎/坪内美詠子/草笛光子 | 夜9:00→10:30 |
| 4/17(金)→4/23(木) | 15) 昼下りの情事 古都曼陀羅 (1973 日活) | 脚本=中島丈博 監督=小沼勝 出演=山科ゆり/宮下順子/風間杜夫 | 夜9:00→10:05 |
| 4/24(金)→4/30(木) | 16) ウナ・セラ・ディ東京 (1965 松竹) | 脚本=山根優一郎 監督=番匠義彰 出演=鰐淵晴子/野々村潔/水木涼子 | 夜9:00→10:20 |
| 5/ 1(金)→5/ 7(木) | 17) サインはＶ (1970 東宝) | 脚本=上條逸雄 監督=竹林進 出演=岡田可愛/中山仁/中山麻里 | 夜9:00→10:20 |
| 5/ 8(金)→5/14(木) | 18) 百万人の大合唱 (1972 近代放映/東宝) | 脚本=高畠久 監督=須川栄三 出演=若林豪/酒井和歌子/岸田森 | 夜9:00→10:35 |
| 5/15(金)→5/21(木) | 19) 昭和エロチカ 薔薇の貴婦人 (1980 日活) | 脚本=宮下教雄 監督=藤井克彦 出演=宮井えりな/[illegible]/麻吹淳子 | 夜9:00→10:10 |
| 5/22(金)→5/28(木) | 20) 美貌の都 (1957 宝塚映画/東宝) | 脚本=井手俊郎 監督=松林宗恵 出演=淡路恵子/司葉子/宝田明 | 夜9:00→10:40 |

常にベストの形で上映するように努めておりますが、上映中のフィルム・トラブル、やむを得ない事情による作品や上映時の変更など、また古い作品はプリントの状態が良くない場合がございますが、何卒ご容赦下さいませ。

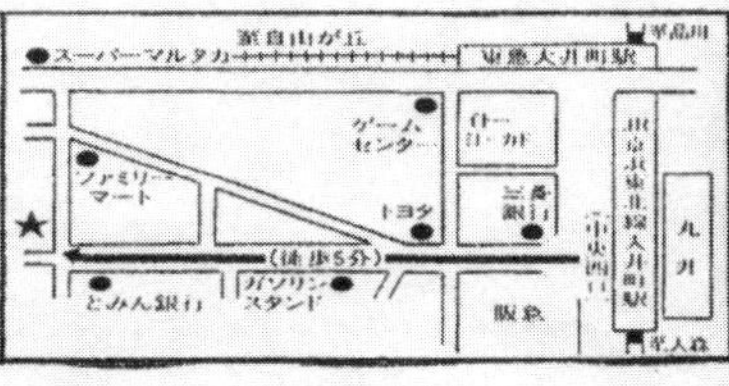


名画座最後の砦

# 大井武蔵野館

品川区大井1-20-16 ☎03-3771-4934

## 武蔵野館レイトショースケジ[illegible]ル

【連日夜9：00より一回上映（昼の部とは入れ替え制）料金＝￥1000均一】
＊各番組とも上映期間が短くなっておりますので、お見のがしなく！！＊

| 閉館のお知らせ | |
|---|---|
| | １９９９年１月３１日をもちまして、閉館することとなりました。<br>長年のご愛顧、誠にありがとうございました。<br>支配人 |
| 12/25(金)<br>↓<br>1/14(木) | **やさぐれ姐御伝　総括リンチ**（１９７４　東映）３５㎜ニュープリント<br>脚本＝掛札正裕／関本郁夫／石井輝男　監督＝石井輝男　出演＝池　玲子／芹　明香／嵐寛寿郎<br>夜９：００→１０：２５<br>※１２／３１～１／３は休映<br>※１／９（土）夜９：００　石井輝男監督来館予定 |
| 1/15(金)<br>↓<br>17(日) | **東京の休日**（１９５８　東宝）<br>脚本＝井手俊郎　脚本・監督＝山本嘉次郎　出演＝山口淑子／宝田　明／司　葉子／三船敏郎／八千草薫<br>夜９：００→１０：３０ |
| 1/18(月)<br>↓<br>20(水) | **結婚の夜**（１９５９　東宝）<br>原作＝円地文子「黒髪変化」より　脚本＝池田一郎　監督＝筧　正典<br>出演＝小泉　博／安西郷子／北川町子／環三千世／柳川慶子<br>夜９：００→１０：３０ |
| 1/21(木)<br>↓<br>23(土) | **上役・下役・ご同役**（１９５９　東宝）<br>原作＝大和勇三　脚本＝沢村　勉　監督＝本多猪四郎　出演＝加東大介／久保　明／水野久美／草笛光子／久保　賢<br>夜９：００→１０：３０ |
| 1/24(日)<br>↓<br>25(月) | **その手にのるな**（１９５８　松竹）<br>原作＝ジョルジュ・シムノン　脚本＝沢村　勉　監督＝岩門鶴夫　出演＝髙橋貞二／小山明子／杉田弘子<br>夜９：００→１０：３５ |
| 1/26(火)<br>↓<br>27(水) | **喜劇・大風呂敷**（１９６７　日活）<br>脚本＝才賀　明　監督＝中平　康　出演＝藤田まこと／田中邦衛／加藤　茶／髙木ブー／荒井　注／小松政男<br>夜９：００→１０：２５ |
| 1/28(木)<br>↓<br>29(金) | **３０００キロの罠**（１９７１　東宝）<br>原作＝笹沢左保　脚本＝石松愛弘　監督＝福田　純　出演＝田宮二郎／浜　美枝／加賀まりこ／三國連太郎<br>夜９：００→１０：３０ |
| 1/30(土)<br>↓<br>31(日) | **ヘアピン・サーカス**（１９７２　東宝）<br>原作＝五木寛之　脚本＝永原秀一　監督＝西村　潔　出演＝江夏夕子／見崎清志／トヨタ２０００ＧＴ／サバンナＧＴ－Ｒ<br>夜９：００→１０：２５ |

大井武蔵野館　〒140－0014　品川区大井1－20－16　℡03（3771）4934

## ■1990年 vol.1より

★**支配人より**――いよいよ20世紀も最後の10年を迎え、世紀末に何が起こるのか、ちょっとワクワクしませんか。ま、名画座にとっては、一寸先は闇、という御時勢ではありますが、だからこそ存在しているうちに、出来うることは全部やるゾ、と意気込んでいます。で、気が急いて、気付いたら４月半ばまでの上映作品をキメてしまっていました。当地では鬼門とも言うべき〝キネ旬ベストワン作品〟も混ざってしまい、どうもコマったものですが、あまり気にせず、〝ちょっとヘン〟を合言葉にお楽しみ下さい。おっと、忘れてはいけません。もう一つの大切な合言葉は、〝一日あと20人！〟。今回発表分の作品が最後までちゃんと上映できるのかどうか、はたしてそのアトがあるのかどうかは、ここまで来てしまいますと、そう、あなた次第であります。

by ONO

## ■1990年 vol.4より

★**支配人より**――当館も1981年７月19日のオープン以来、１Ｆの方は映画館からディスカウント・ストア、そしてカラオケBOXへと様変わりいたしましたが、２Ｆ映画館はファンの皆様に支えられ、何とか10年目へと突入することが出来ました。その感謝と奉仕のサマーギフト、それが今回の「第１回全日本とんでもない映画まつり」です。

過去９年間に上映して来ました日本映画旧作800本以上、さらに新しいものも加えれば軽く1,000本を越す作品の中から当館ならではの基準で選びに選んだ19本プラス特別スイセン作６本の計25本！ビギナーの方には驚きの連続、常連のマニアの方にはふかーい味わいをお届けしましょう。

やや、これはひょっとして〝さよならフェスティバル〟ではないのかと疑われた貴方、うーむスルドイとドキッとしながらも、今はまだ違うのだ、と言い切るワタシです。　by ONO

## ■1990年 vol.6より

前回は当館らしくもなく、何故か小津特集で、このちらしもワープロのコピー版！五反田東映シネマも閉館という事態を迎えてしまったし、世紀末まで10年を残しながら、一足お先に名画座の世紀末か、と今さらのように思われた方も多かったでしょう。そうでしょう、そうでしょう。

そして、ハイッ、今回もまたまたワープロ・コピー版でした。はたして印刷版に戻る日は来るのでしょうか。でも特集の内容は以前の路線に復帰して、当館年末恒例のバック・トゥ・ザ・時代劇！

当初は、林家木久蔵師匠スペシャルイベント付嵐寛没後10年大特集とか、「天狗飛脚」「春秋一刀流」の丸根賛太郎監督再評価特集とか、そろそろ近衛十四郎だ特集とかのネタもあったのですが、諸般の事情で、昨年と同様の三大スタア特集に落ち着きました。お騒がせいたしまして、申し訳ない。

さてさて今回の特集、まずは嵐寛。一目瞭然のオール鞍馬天狗で勝負ダ。なお、「黄金地獄」というタイトルの伊藤大輔作品は、いわゆる「横浜に現る」と呼ばれている伝説的作品の“リメイク”ではなく、戦後に再編集されたヴァージョンです。一部に誤解もあるようですので、念のため。（今回使用のプリントは一般的に現存する中で最も長い１時間30分版です。）

続いては阪妻。昨年不調でしたが、再起を期待しているゾ。特に若い人への私のオススメはまず「伊賀の水月」。クライマックスの大立ち回りは「血煙高田馬場」の２倍の36人斬り、しかもラストではジャッキーチェンしてしまう大サービス！そしてもう１本、戦後すぐの占領軍規制の不自由にもめげず、伊藤大輔が“移動大好き”の本領発揮の演出を駆使、その結果あまりにも映画的な仕上がりをみせた「素浪人罷通る」。観るべし。

最後は私のアイドル№１、千恵蔵でキマリ。また「おしどり」かあ、だって?!何と神をも恐れないことを。（しかし、これをパクったCMが臆面もなくTVで流れた時には驚いた。）今回は伊丹万作の貴重な作品と共にさりげなく（でもないか）プログラムして、またのお越しをお待ちしております。

というわけで、今年も暮れまで何とかたどり着きました。それぞれの企画にご協力いただきました皆様、そして何よりもお越し下さいましたお客様、どうもありがとうございました。この次も、まだまだありますので、よろしく。

## ■1991年 vol.1より

**支配人より**――五反田東映シネマ、三鷹オスカーと、またしても名画座が消えて行き、当館も段々と丸裸という感じになってきました、ブルブル。

しかし、このチラシは４ケ月振りにワープロ・コピー版から再び印刷版へ！今年も当館ならではのオモシロ日本映画を追求して行きたいとは思いますが、いつまでもあると思うな映画館、とにかく観れるうちに観ておいて下さいね。それと値上げも御了承下さい。

さて今回の三大特集、メインイベントは『全日本とんでもない映画まつり』。好評をいただいた昨年夏に続いての第２弾を御用意いたしました。あまりにとんでもなくて入院者続出の前回に勝るとも劣らない自信作！是非フルコースにて御堪能下さいませ。

by ONO

## ■1997年 vol.1より

### ごあいさつ

●オオカミ少年と言われながら、名画座最後の砦＝わが大井武蔵野館も、また新しい年を迎えることが出来ました。これも皆様のご声援のみならず、何と言っても日々のご来館の積み重ねの賜物です。ありがとうございました。しかし今年も年頭の合言葉は「いつまでもあると思うな大井武蔵野館」なのであります。引き続き、よろしくお願い申し上げる次第です。さて肝心の上映内容ですが、こちらもまた独断と偏見で趣味と実益を兼ねた欲張りで過剰なものをこそ指向し続けていく所存です。いつまでも、どこまでも、ついて来てねっ。by ONO

## ■1988年 vol.7より

**★日本映画特集企画担当より**――7月17日といえば石原裕次郎の早くも一周忌。しかし裕次郎は文芸座におまかせして、当館ではやはり7月17日が19回目の命日となる市川雷蔵を。全作品ニュープリント（16㎜）でスクリーンに甦る雷蔵をファンの皆様と共に見届けたいと思います。

しかしこの命日の同じ日本映画界屈指の男優大スターの名前が、ともにIで始まってOUで終る、というのも神様のなせる技でありましょうか。とはいえ、他にこの二人には共通点といえるものは見当らず、映画的イメージもまさに正反対でありました。その輝き方において裕次郎が太陽だとするならば、雷蔵は月光というべきか。スクリーンにおける雷蔵のあふれる品格、名調子の口跡、凛々しく颯爽とした物腰、そして何ともいえぬ色気をたたえ、哀愁と孤独と苦悩を切々と謳い上げる見事な演技、またその一方での、明朗にして軽妙洒脱なところの楽しさ。しかもいずれの作品においても、清冽にして純粋さがあり、そして何よりも美しかった。このどれもが裕次郎には欠けている。

けれども雷蔵は思い半ばにして、37歳という若さで逝ってしまった。念願の新劇団の公演、映画プロデュース、様々な映画出演は全てかなわぬ夢となった。

しかし今、私たちは暗闇に月光の如く浮かび上がるスクリーンに、あざやかに甦る雷蔵をみることが出来る。裕次郎は自ら発光するテレビのブラウン管でも充分だが、やはり月光たる雷蔵は光を映すこのスクリーンでなければ、と思うのは私だけではあるまい。市川雷蔵の魅力とは、すなわち映画の魅力である。

by Z

**★支配人より**――今回の市川雷蔵特集は大映のご好意により、ニュープリント（16㎜）で上映できることになりました。一部に若干のフィルムキズの付いてしまったものもありますが、今までの古い35㎜よりは当然のごとく格段に良好で、水もしたたる雷蔵の魅力が鮮度100%でダイレクトに再現されるはずです。ただし、シネマスコープサイズでは、画面の上下が多少欠けますが、これはシネスコサイズ焼付時における16㎜と35㎜のフィルム1コマ実効面積のタテヨコの比率の違いによる特性ですので、ご了承下さい。また雷蔵のポスター、スチール、資料など、貴重なコレクションからご提供下さいました皆様方に、この場を借りまして御礼申し上げます。

さて、休憩時間のBGMは、〝夏が来れば想い出す〟シリーズといたしまして、7月度はこの季節が旬の、ビーチボーイズ、ジャン＆ディーンにベンチャーズを加えて、また8月度は、1969年8月に開催された伝説のロック・フェスティバル〝ウッドストック〟に想いをはせたいと思います。　by ONO

## ■1988年 vol.8より

**★支配人より**――ビデオの普及によって、映画は永遠にいつでも好きな時に観ることが出来るものになったと思われがちですが、感違いしてはいけません。ある映画と出会うには不思議とそれなりの必然というものがあるのです。現に私なども、ビデオで観れるだろうからいいや、と封切を観逃した作品とは、ビデオが発売された今でも結局相見えないまま、というケースが多いのです。そして、そうこうするうちに、そう人生には限りがあるのですね。というわけで、ハイ私はもうビデオの存在を乗り越えてしまいました。〝過去の遺物〟などと言われようが、ひたすら映画館オンリーです。そうでなければ、とてもこの時代に、名画座支配人なんてやってられません。と、本気と決意に満ちながら頑張る今日この頃です。

**ところで、〝名画座最後の砦〟などで有名な(？)当館のキャッチ・フレーズを、これから毎回募集します。館内のアンケート用紙などでお寄せ下さいませ。このちらしの表紙部分に採用させていただいた方には、招待券でよかったら、いくらでも差し上げます。元気の出るヤツをよろしく。**

さて、9月度の休憩時間BGMは、最近結成20周年記念として、スゴイ内容のLP5枚組ボックス・セットが発売されたジェスロ・タルを、もちろんこのセットからで、さあどうだ！　by ONO

## ■1989年 vol.4より

（今回の合言葉）いつまでもあると思うな映画館

**★支配人より**

いつも元気な〝今回の合言葉〟でしたが、このたびはリアリズムで。しかし、リアリズムだと全く元気がなくなる、というのでは困ってしまうのですが、実にこれが今のこの業界の実態なのですねえ。と、いうわけで、皆々様、先のことはともかくとして、今はまだ存在していますから、観れるうちに、いっぱい観ておいて下さいね。こちらも上映できるうちに、どんどん上映を続けたいと思います。さあ、また少しは元気が出てきたぞ。

ところで、今回の〝映像の冒険者たち〟企画は、現在の上映権が監督または監督のプロダクションにある作品が多かったのですが、予算に限りのある当方の事情にもかかわらず、企画意図をご理解下さり、いずれの方々からも、上映フィルムの提供をご快諾いただいて、実現することが出来たものです。ここにあらためて、御礼申し上げる次第です。最近では、まとまった形での上映の機会のめったにない、しかも重要な作品ばかり。いつまでも刺激的なこれらの作品で、僕も元気をもっと取り戻そう、っと。なお、今回も、村尾一郎氏、磯田勉氏より、貴重なポスター、プレスなど、ご提供いただきました。いつもありがとうございます。

さて、おなじみ、休憩時間のBGM。4月のドアーズに続いて、5月は、ストーンズと並ぶブリティッシュ・ロックのマラソン・ランナー、ザ・キンクス。トータル・アルバムにも中々スゴイヤツがあるけれど、今回は初期のシングル中心に楽しみましょうね。これですっかり元気だ！

by ONO

# チラシ“傑作ご挨拶文”集

## ■1987年 vol.4より

**★日本映画特集番組担当より**——日活アクション・スターと云えば、裕次郎、旭を思い浮べるが、これらのA級スターを支えたのが、B級活劇映画俳優と自ら誇りを持つ〝エースのジョー〟こと宍戸錠であった。
〝渡り鳥〟〝拳銃無頼帖〟シリーズなど、欠く事のできない仇役・殺し屋ジョーは無国籍な風貌と相まり、主役以上の人気を呼ぶ。ヒーローたちが愛や義理に縛られ、耐えている中で、敵も味方も、ガンと口さきで自由に飛び回り、最後にはちっぽけな友情でヒーローの危機を救う。そのスタイルと志はアメリカB級活劇のノリで、映画好きの錠さんは続々と和製ウエスタン、和製ハードボイルドを目指した。

錠さんが出るだけで、今でも銀幕にハリウッドの匂いが漂う。歌も歌わず、会社も作らず、まして、軍団を作って徒党を組む事もせず、いつも役者バカ、映画フリークにこだわり、私たち映画ファンを楽しませてくれる。

日活アクションの雰囲気を持った、香港映画「男たちの挽歌」が今、話題になっているが、香港に越されてなるものか。今こそ、エースのジョーの復活、そして、ニッポンハードボイルド時代の新しい夜明けを願わずにおれない。

〝初めに「A」級志向の者は「B」には戻れない。「A」で死ぬのだ。初めに「B」級 志向の者は「A」にいっても何時でも「B」に戻れる。勿論ずうっと「B」でも一向に構わないのだ。これからも俺は「B」だ。〟(宍戸錠「B級活劇映画俳優の栄光」より) by HOSOYA

**★支配人より**——上映したい映画が、ビデオショップに行けばズラリと並んでいるにもかかわらず、当館では努力しても上映できない、という矛盾にぶつかる毎日です。そんな時のやり切れなさをどう晴らそうか、と思いあぐねた末、休憩時間のBGMに目をつけました。これなら思う通りにプログラムできる!、というわけで、3月よりBGMは私の趣味による特集形式にて、お送りいたしております上映映画とはまるで関係ありませんが、当館の基本姿勢である〝こだわり〟という点では共通している、と勝手に思っている次第です。3月の「ジェスロタル」全LPに続いて、4月は元ローリングストーンズ・伝説のギタリスト「ミックテイラー」を、ついに実現した狂喜の来日公演に合わせて、特集します。ブルースブレーカーズでの衝撃のデビューから、もちろんストーンズでの血沸き肉躍る演奏、そしてその後の様々なセッションまで、私の個人コレクションより、お届けします。こんな特集は映画館ではもちろんのこと、どんなFM番組などでも無理、と自負しております。なお、いつか御批判を頂戴いたしました「菊池桃子」は、当分の間かかりませんので、ご安心下さいませ。 by ONO

## ■1988年 vol.1より

**★支配人より**——新しい年を迎え、今年もまた一年間、皆様に喜んでいただける作品を続々と上映していきたい、と気持も新たに考えております。構想としましては、2Fロマンでは今まで通り、日本映画をあるテーマで、1ヶ月位の長期にわたって特集して上映します。また1F武蔵野館は今までは洋画中心の上映を行って来ましたが、洋画は制約が多すぎるので、今後は洋画に限らず、日本映画も上映したいと思います。新作を早く安い料金で、また2Fの特集で好評だったものからセレクトしてアンコール上映、さらに2Fで特集する前に小手調べとしてミニ特集したり、などなど。ご期待下さいませ。
さて、1月の休憩時間BGMは、懐かしのヒットポップスシリーズとして、今回は新春にふさわしく女性ヴォーカルによるものを華やかにお送りしたいと思います。ジリオラ・チンクエッティやらダニエル・ヴィダルやらショッキング・ブルーやら、米英仏伊蘭バトルロイヤルになりますね。ただし2Fでは〝歌謡映画ベストテン〟上映時のみ、めずらしくニッポンのポップスをかけてみたいと思います。というわけで、休憩時間もお楽しみいただければ幸いです。
by ONO

## ■1987年 vol.7より

**★支配人より**——私にとって、このところの最もショッキングで悲しいニュースは、大塚名画座と大塚鈴本キネマの突然の閉館です。ここ数年来、声高に語られ続けている〝名画座がなくなる日〟がいよいよ迫って来たのだ、と実感せざるを得ません。ターミナルを外れているとはいえ、山手線沿線にあって、しかも伝統も実績もある名画座としてファンに親しまれて来た映画館が消えていってしまう、という時代の流れを痛烈に感じました。
ましてや、交通費をかけてわざわざお越しいただけなければならない場所にある当館などは、決して大げさではなく、風前の灯というべき状態なのです。しかしながら、熱心なお客様に支持していただいておりますその灯を消すわけにはいきません。むしろ強気に過激でユニークなとんでもない企画で、果てしなく押し寄せるビデオ群を「エイリアン2」の如く、延々と迎え撃つ決意です。

ところがこういう時期に、当方の強い味方であり、日本映画旧作の企画担当として皆様に親しまれて来ましたHOSOYAが、今回新たに映画館としてスタートする中野武蔵野ホール支配人として、その腕をふるうべく転勤という事態を迎えました。中野の動向にも是非ご注目いただきたいと思いますが、正直なところ当館の若干の戦力ダウンは否めません。そこで特に熱心なお客様にお願い。

リクエストなりご意見は、今までのようにアンケートにご記入いただくというだけに限らず、是非私または事務所まで気軽に声をかけていただきたい。観たい映画を待っているだけでは、それより先に映画館が失くなってしまいます。〝名画座最後の砦〟を共に死守していただける方、お待ちしております。

また7月19日は、当館オープン6周年記念日です。ささやかですが、謝恩サービスということで、この日は600円均一の料金にさせていただきます。ちょうど日曜日ですので、水曜割引がご利用いただけなかったお客様にも、是非お越しいただければ、と思います。今後共よろしくお願いいたします。

さて、休憩時間のBGMですが、7月は1960年代後半から70年代前半に俗に3大ギタリストと言われた、ヤードバーズ出身の、エリック・クラプトン、ジェフ・ベック、ジミー・ペイジのセレクション。8月は、やはり同時期の最高クラスのアメリカンバンド、ドアーズとクリーデンス・クリアウォーター・リバイバルをお送りします。常にこのあたりにこだわり続ける私の趣味をお楽しみいただければ幸いです。(一部のお客様には、このBGMも好評をいただいているようで、私はウレシイ!) by ONO

間喜劇作家である前田陽一監督は、さりげなくも、くっきりと、リアルな客観描写を織り込む。

そこの住民は間違いなくいい人たちだが、おとぎ話に登場するような従順な下僕というわけではない。

彼らは、真理ちゃんが実家に帰った後、今まで世話した分の謝礼（のお金）を期待して父親を訪ねる。でも、いんぎん無礼なお礼の言葉だけで、体よく門前払い。そんなやりとりを真理ちゃんは知ることなく、あの人たちとまた会いたいな、なんて思っている—。

とはいえ、前田監督には青臭いアイドル批判なんぞをする気は毛頭ない。さわやかな真理ちゃんのイメージを決して損ねるごとがないように十分な配慮をした上で、酸いも甘いもかみ分けた人間ドラマとして見事に仕上げてみせたのだ。

しかし、ヒットもしたのに、前田監督に真理ちゃんの映画第2作の依頼は、ついに来なかったという。

まるで、この映画みたいですねえ。


（1994（平成6）年9月20日掲載）

『スピード』上回る痛快さ

## 『狂った野獣』

**昭和51年・東映／中島貞夫監督**

アメリカ映画の『スピード』がヒット中だが、一定速度以下になると作動する爆弾というのは、昭和50年の東映作品『新幹線大爆破』と同じアイデアであるし、乗り合いバスが舞台となるのは、やはり東映で次の年に製作されたサスペンス・アクション映画『狂った野獣』と同じ。

私が支配人を務める映画館では、何度かこの二本を組み合わせて上映したことがあるから、ひょっとしたら『スピード』の製作関係者も見にきていたのかもしれないゾ。

宝石店を襲った主人公の男（渡瀬恒彦）は、乗り合いバスの乗客にまぎれて逃げようとするが、何と別の銀行強盗2人組が、そのバスを乗っ取ってしまう。

乗っ取られたことが回りには気付かれないままにバスが街の中をのどかに走ると日常的風景と、その中での乗客のパニック状態との対比描写も快調で、すべり出しから一気に作品世界に引き込まれる。飛行機などではなく、ありふれた身近なバスを舞台にしたことが逆に生きてくる構造が見事。

やがて騒ぎが広まって展開されるパトカーや白バイのカーチェイス・シーンは『スピード』の大金を投入した物量の直球勝負に圧倒されてはいるが、こちらは、加害者たる2組の強盗がバスの中でハチ合わせしているという設定のおもしろさをフルに生かした変化球勝負で1歩も譲らない。

中でも痛快なのはエンディング。それまで被害者に甘んじていた一般乗客たちが、クライマックスのどさくさの中で、主人公が盗み持っていた宝石をネコババしてしまう。後で主人公がケースを開けたら中はカラッポ、という次第。

こうした娯楽映画はアメリカの専売特許だと思われているけれど、製作費では及ばなくても、知恵を絞れば対等に張り合えるという好例です。


（1995（平成7）年2月21日掲載）

※再録にあたり、掲載当時の誌面を再レイアウトしております

映画や、米国のモンキーズのテレビドラマの影響を容易に指摘し得る。

しかし、そんな風に、したり顔で“評論”するのは全く正しくない。これは、わがニッポンにはタイガースあり、という青くも赤い熱情で“参加”すべき映画なのだ。劇中、「映画館でご覧の皆さんも一緒に叫んで下さい！」とジュリーがアオる“踏み絵”的なシーンもあるから、ご用心。

監督は、アンチ体制の意欲作『自動車泥棒』（自転車泥棒にあらず）でデビューした和田嘉訓。続けて、おしきせのＧＳ映画を撮るのは心外だったかもしれないが、デビュー作にも見られたミュージカル的演出や屋外シーンの生き生きした描写は、より消化されていて効果的だ。

箱入りの優等生イメージに隠されたタイガースの野性的な本質が、自然の中でのハツラツとした演奏シーンで、特に的確にトラえられている。

やはり野におけ、タイガース。

（1993（平成5）年12月7日掲載）

### 不可解な恋愛感情の神秘

## 『ガス人間㐧一号』

**昭和35年・東宝／本多猪四郎監督、円谷英二特技監督**

本多猪四郎監督と円谷英二特技監督（いわゆる特撮部分を担当）のコンビ作といえば、『ゴジラ』はじめ怪獣映画の数々がおなじみだが、怪獣だけにこだわらないでＳＦ映画の多様な可能性に挑んでいた初期のころの『ガス人間㐧一号』を、私は最高傑作だと思う。

他の変身人間映画では、もはや普通の人間には戻れない悲しみと、接する相手からの（恐怖ゆえの）差別に対する怒りがドラマの核だといえる。が、このガス人間の場合は、自分の意志でガス状にも普通の人間にもなれるという設定がミソで、ドラマを進行させるのは、ある女性への見果てぬ恋愛感情なのだ。

とはいえ、平凡な男がガス人間になり、銀行から強奪した大金で憧れの女性を手助けする、という逆説的な愛情表現では、男も女も屈折せざるを得ない。

男は土屋嘉男。女は八千草薫。共に現実にはあり得ない設定下での悲恋を、しかし決して絵空事ではない感情のリアリティーを静かにみなぎらせ、演じ切る。

本多監督の演出は、日常的な恋愛ドラマとは全く違った角度から、人間の不可解な恋愛感情の神秘へと切り込んでいき、クライマックスでは、文字どおり、二人を爆発させる。円谷特技監督による爆発シーンは、怪獣映画などに比べれば、見かけのスケールは小さいが、それは十分に描かれて来た人間の感情の爆発でもあるのだから、観客は凄まじい爆風を心に受けることになる。ＳＦ映画ならではの、人間ドラマと特撮シーンが見事に融合した素晴らしい表現だ。お子様向けのノーテンキなスーパーヒーローものと勘違いして見始めたとしても、見終わって、この作品が極上の恋愛映画であることに異議を唱える人はいないだろう。

（1994（平成6）年2月8日掲載）

### 達人監督のファンタジー

## 『クレージーだよ奇想天外』

**昭和41年・渡辺プロ+東宝／坪島孝監督**

クレージー・キャッツは音楽・映画の両分野でいまだに人気が高い。何故か？

まず１つには、かのビートルズと同様、正反対に近い個性を持った才能ある２人が同居することにより、圧倒的なパワーと幅広い芸域を獲得し得たこと。

さらには、その２人の才人、すなわち植木等と谷啓を左と右に従えて、強力なリーダー、ハナ肇が中央にどーんと構え、必要以上に目立とうとはしない他のメンバーは奥に控える、という絶妙の布陣。これは、真ん中に水戸黄門、右に助さん、左に格さんの“不滅の構図”に正に匹敵する。

さて、映画では植木の強烈さの陰に隠れる感もあった谷が初主演し、受け身でこそ輝く個性が見事に開花したのが、この作品。

監督は坪島孝。ひたすら前進あるのみの植木主演とは演出も好対照で、ホノボノとしたタッチが心地よい。植木の映画が超特急やジェット機のスピードの魅力だとすれば、ここには各駅停車や船の旅にも似た、別の味わいがある。

ストーリーは、宇宙人の主人公が、サラリーマンから人気歌手、はては国会議員にまで転身していくと、タイトル通り奇想天外。しかし、特に谷と星由里子の恋愛感情がきめ細かく描写されているため、荒唐無稽なスーパーヒーローものには留まらず、むしろ日本映画が苦手とするファンタジー映画の良質作となった。

こうした現実にはあるはずのない話にリアリティーを持たすことのできる監督こそ“映画の達人”と呼ぶにふさわしい。思えば、かつての日本映画は、右に小津安二郎や黒澤明といった芸術派監督のみならず、左には腕利きの達人監督を数多く擁していたからこそ、大きな力を持ち得たわけです。評価は一方に偏ってはいけませんね。

（1994（平成6）年5月24日掲載）

### 天地真理の人間ドラマ

## 『虹をわたって』

**昭和47年・松竹／前田陽一監督**

1970年代初めの国民的アイドルといえば、なんてったって天地真理。誰もが“真理ちゃん！”と親しく呼んだものだ。

当然に映画も創られ、この作品が主演第１作。

横浜の高級住宅地で育った真理ちゃんは、父親が若い水商売の女性と再婚すると知り、いたたまれずに家を出て運河の水上生活者に混じって暮らし始める。そこに住むのは、貧乏だけど気さくでいい人ばかり。真理ちゃんは白雪姫のように皆に夢を与え、また星のプリンスか白夜の騎士かと思われた沢田研二（ピッタリの豪華キャスティング）との出会いや別れを経験し、やがて父や新しい母親と和解して家へ戻っていく。

このストーリーを真理ちゃんの主観で描いただけでも並のアイドル映画にはとどまらないだろうが、硬派の人

き切った。

ドラマのヘソと言うべきシーン。佐藤は、少年の部屋に残されていた１枚きりのシングル・レコードを聴くうちに復しゅうの決意を固めるのだが、その曲が「いつでも夢を」なのである。

孤独に暮らしながらも、このレコードを繰り返し聴くことで将来へのささやかな夢を育んでいたはずの少年の気持ちが偲ばれる。そして、もてあそばれたのは実は少年の精神にほかならないのだと気づかされる。さらに明るく希望に満ちた歌が流れ続けると、少年の哀れな末路との対照がくっきりとしてきて、男に、また私たちにも、純真なものが汚されたことへの憤りが沸き上がってくるのだ。

被害者が少女ならば古典的で容易に納得できるのだが、少年となると唐突な感は否めないストーリー展開に十分な説得力とリアリティーを持たせ得るため、脚本の三村晴彦はじめ映画の作り手が使ったとびきりの魔法のタネ。それが歌謡曲だった。


（1993（平成 5）年 6 月 1 日掲載）

**見ればトクするミラクル傑作**

## 『君も出世ができる』

**昭和39年・東宝／須川栄三監督**

サラリーマン喜劇といえば、「社長」シリーズやクレージー・キャッツの「無責任」モノなど、東宝のオハコ。かつて高度経済成長を支えたサラリーマンも、こういう映画を見てウサ晴らしをしたのだろうか。

さて、その系列でひときわ輝く作品が『君も出世ができる』（昭和 39 年、東宝）だと私は思う。

何とこれは本格的なミュージカル仕立て。ミュージカル映画はほとんど創られず、創られても失敗作と相場が決まっている我が国で成功したものは、以前この欄でもご紹介した『鴛鴦歌合戦』とこれだけ、と言っていい。

歌っても踊ってもサマになるフランキー堺、雪村いづみ、高島忠夫、中尾ミエが主演格で、各自のテーマソングがどれも佳曲ぞろい。

出世志向の（だが、やることなすこと裏目に出る）フランキーのタイトルソング「君も出世ができる」。アメリカ帰りで、一見鼻持ちならない（でも実は純情な）雪村の「アメリカでは」。出世なんかより砂漠の探検旅行に心動かされる（しかし結局フランキーより出世してしまう）高島の「タクラマカン砂漠」。都会のサラリーマンがアフター・ファイブにくつろぐ田舎風居酒屋の気のよいオネエちゃん（であり続ける）中尾の「田舎へおいで」。

また、歌の良さのみならず、この４人はもちろん、益田喜頓や有島一郎などクセ者の共演者まで、日本映画につきものの悪しきリアリズムなんかがブッ飛ばす快演の連続。さらに、クレジットなしで登場し、持ち歌の「これが男の生きる道」を歌い出す植木等には、みんなニコニコ。

映画の登場人物が突然歌い出すなんてヘン、と思われる方はともかく、見たら必ず3倍トクをするミラクル傑作。これこそビデオ化を待望したい作品だ。


（1993（平成 5）年 7 月 27 日掲載）

**あふれる臨場感に心躍る**

## 『嵐を呼ぶ楽団』

**昭和35年・宝塚映画／井上梅次監督**

“嵐を呼ぶ”といえば、普通は石原裕次郎の主演作『嵐を呼ぶ男』となるが、同じく井上梅次監督のこの作品も隠れた傑作ですゾ。

話は、あるジャズバンドの盛衰記。雪村いづみ演じる人気歌手と喧嘩したピアニストの宝田明が、いづみを見返すべく、自分のバンドを旗揚げしようとする。

宝田はじめ、トランペットの高島忠夫、ギターの水原弘、ベースの神戸一郎、ドラムの柳沢真一、サックスの江原達怡、そしてボーカルの朝丘雪路の７人が次第に集まってバンドを形成していく過程は、楽団版『七人の侍』という趣向だが、ワクワクさせられる。

驚くべきは各人の演奏シーンのリアルさで、おざなりに演奏しているフリとは一線を画す臨場感。役者がそれぞれ音楽に縁の深い人たちばかりだから、さもありなんと納得してしまうが、例えば高島と水原の楽器演奏による対決シーンに見られる、殴り合いにも匹敵する圧倒的な迫力は日本映画にはめずらしいもので、やはりこれは井上監督の演出の賜物ではないだろうか。

やがてバンドは絶頂を極めるが、いづみと宝田、高島と朝丘の恋愛感情のもつれやエゴの衝突のため求心力を欠き、あえなく解散。

しかし結局は、誤解は解け、友情も復活、バンドはカムバック、それぞれの恋も成就と、八方メデタシのハッピーエンドにヌケヌケとなだれ込む。出来過ぎと言わば言え、終わり良ければすべて良し、見終わって元気が出る映画を見たいという観客の切なる期待に見事に応えてくれる日本映画は決して多くはないのダ。

井上監督は、香港映画あたりへも影響を与えたと言われる凄絶なアクション描写が十八番だが、もう一つの得意技がこうした音楽モノ。もっと再評価されるべき人デス。


（1993（平成 5）年 10 月 5 日掲載）

**的確に描写した野性的本質**

## 『ザ・タイガース 世界はボクらを待っている』

**昭和43年・東宝+渡辺プロ／和田嘉訓監督**

四半世紀前の昭和 43 年にブームのピークを迎えたグループ・サウンズ（ＧＳ）は、当時中学１年生だった私にも強烈な印象で、初めてレコードを買って、髪の毛を（ほんの少しだけ）伸ばしたりもした。

ＧＳが出演する映画も多数製作されたものだが、代表作といえば、ザ・タイガースのこの作品。主役は、おなじみのジュリーこと沢田研二。役者としては素人だったとはいえ、その存在感は今見ても眩しすぎる。

ジュリーはじめ、タイガースはタイガース自身として登場。ＵＦＯでやって来た星のプリンセスがジュリーに恋して、独占しようとする。だが、ファンの大声援に助けられ、ジュリーはみんなの元に戻ってくる。

本人が本人役を演じ、ストーリーは荒唐無稽で、コメディー・タッチとなれば、かの英国のビートルズの初期

なった次第。

とはいえ、結果としては日本映画には珍しい題材の傑作が生まれたのだから、ケガの功名というべきか、まずはメデタシ、メデタシ。

主演は今もご健在の市川右太衛門。右太衛門といえば『旗本退屈男』の早乙女主水之介が十八番で、ガハハと笑いながら刀をひらりひらりしていると相手が勝手に斬られていく、という印象が強かったが、ここではタイトルのごとき、天狗も驚く快足飛脚役に、その大柄な体躯が意外にもぴったりハマッた。

東海道を西へ逃走する俊足の賊を追いかけるクライマックス・シーンでは、賊役の石黒達也が細身で長足の体型だけに対比の妙。右太衛門の、ダンプカーが高速で走るようなダイナミズムと、どこかしら「ドラえもん」を思わせるユーモラスな様が一層際立って、面白い。

また、このシーンでは、ふたりが砂煙を上げてびゅんびゅん疾走する、その圧倒的なスピード感を、“大坂へあと○里”の字幕も交え、ぐんぐん盛り上げていく丸根賛太郎監督の演出も大いなる見所。

マラソンとＦ１レースを合わせたような興奮と感動を与えてくれる、オモシロムービーの逸品だ。

（1992（平成4）年4月28日掲載）

## 『盲獣』
**昭和44年・大映／増村保造監督**

原作は江戸川乱歩だが、おなじみの明智小五郎や怪人二十面相や少年探偵団はここには登場しない。

特殊な状況下でこそあからさまになる人間の獣性を凝視した、乱歩ならではのもう一つの作品世界だ。

監督は増村保造。日本映画界が急速に落ち込んでいった昭和40年代、刹那快楽的な題材を映画会社から与えられながらも、増村は、決して手を抜くことなく、活き活きした人間の描写にひたすら力を注ぎ続けた。

私は高校１年の時、『でんきくらげ』というタイトルにそそられ、ふくらみきった期待を持って映画館に入ったことがある。ところが、そこで展開されていたものは、自分を取り巻く宿命的な家庭・社会環境によってタフにならざるを得なかった少女が真摯に人生を生き抜こうとするパワフルなマジメ・ドラマ。でも圧倒された。それが増村の映画だった。以来、私の教訓は、増村を見逃すな、そして映画のタイトルにはダマされるな、である。

乱歩の映画化の場合、独特な猟奇趣味の単なる絵解きに終始してしまうものがほとんどだが、さすがに増村はその轍を踏まない。

いささか冗舌な原作を、１組の女と男のドラマに絞り込み、その獣性を徹底的にあぶり出す。余裕を持って覗いていた私たちも、描写の濃密さに何時しか侵され、劇中へ同化していく。

だから、女（緑魔子）の腕が男（船越英二）に切り落とされるクライマックス・シーン、増村はそれを画面には映さないが、私たちは肌で感じ、思わずたじろぐのだ。

“世にも奇妙な物語”が好きな方には絶対のオススメ。でも、見たあとのことには責任を持ちかねます。

（1992（平成4）年5月26日掲載）

“饒舌”を的確アプローチ
## 『江戸川乱歩全集　恐怖奇形人間』
**昭和44年・東映／石井輝男監督**

探偵小説の巨人・江戸川乱歩が生まれたのは1894年。まもなく生誕百年を迎える、ということもあってか、名探偵・明智小五郎と作家・乱歩自身が共演する（!?）『RAMPO』や『押絵と旅する男』『屋根裏の散歩者』といった新作映画が公開を待っている。

だが、それらの前に大きく立ちはだかる傑作映画が二本、かつて作られているのだ。１本は、以前この欄でも取り上げたことのある増村保造監督の『盲獣』。そして、双へきと言うべきもう１本がコレ。

乱歩にこの題名の小説はないが、実はこれこそ乱歩が生涯夢見たユートピアの極致「パノラマ島奇談」の映画化だったのだ。

それだけでもタイヘンなことなのに、何と乱歩地獄絵図の最高峰「孤島の鬼」を大胆不敵にもミックス。さらには乱歩お得意の「人間椅子」「屋根裏の散歩者」のアイデアも盛り込んだ上、原作では登場しない明智小五郎までヌケヌケと現れるではありませんか。まさに「江戸川乱歩全集」の看板に偽りなし。

石井輝男監督は、乱歩独特の饒舌を際限なく加速させるという的確なアプローチで、絵解きのレベルをはるかに超えて突き進む。

役者陣は異端の芸術集団“暗黒舞踏派”が全面的にフィーチャーされ、リーダーの土方巽がマッド・サイエンティストを怪演すれば、つられて個性派・小池朝雄まで女装して大騒ぎ。

喧噪（けんそう）のうち、ついに愛と哀しみの人間花火が夕焼け空にさく裂する大団円に至るまで、レバニラ炒め、ごはん大盛り、プラス豚汁、といったボリュームだ。

もちろん観ているボクたち良い子は満腹してニコニコ。お上品なフランス料理なんかじゃ味わえないオイシサ、ですぞ。

（1993（平成5）年3月5日掲載）

けがされた少年の心
## 『みな殺しの霊歌』
**昭和43年・松竹／加藤泰監督**

私はトンカツが好きだし、カレーライスも好きだが、カツカレーは好きになれない。同様に、映画も好きだし、歌謡曲も好きなのだが、ヒット曲を基にしたいわゆる歌謡映画には満足したためしがない。両雄並び立たずであろうか。

しかし歌謡映画ではないが、歌謡曲が映画の中で見事に有機的に生かされた傑作を１本だけ知っている。それが『みな殺しの霊歌』（昭和43年）で、使われた曲はおなじみ橋幸夫と吉永小百合の「いつでも夢を」。

街に働きに出て来た少年が有閑マダムたちに肉体をもてあそばれて自殺する。それを知った友人の男（佐藤允）が、その女たちを次々と犯しては殺していくという、いささか扇情的な話を、名匠・加藤泰監督は怒りと悲しみをみなぎらせた見ごたえある極限の人間ドラマとして描

**再録** 「産経新聞」1992年〜1995年掲載

# 発掘ニッポンシネマ

小野善太郎

## 『鴛鴦歌合戦』

**昭和14年・日活京都／マキノ正博監督**

童話の「青い鳥」ではないが、みんなが幸福な気持ちになれる究極のオモシロ・ムービーを探して、目を外の世界にばかり向けていたけれど、それは我がニッポンに埋もれていた！

その奇跡の“宝物”こそが、この『鴛鴦（おしどり）歌合戦』。

でも製作されたのが昭和14年、太平洋戦争前！ しかも時代劇！ と聞くと、古くさーいと敬遠してしまう方も多いでしょうね。

しかし、そんな観る前の偏見こそが“宝物”を発見する楽しみの大いなるジャマ物なのでアリマス。

観たらビックリ、この作品は何とミュージカル時代劇。日本映画が最も苦手としている、明るく朗らかに歌って踊ってハッピーというミュージカル映画が、このニッポンに50年以上も前に存在していたとは。まさしくカルチャー・ショック、いやはや驚きました。

あの『七人の侍』や『生きる』での重厚な演技で知られる名優・志村喬が軽妙に歌いまくれば、歌は本職のディック・ミネがバカ殿様になり切る絶品の演技で対抗する。この2人が他を圧倒するが、花を添える女優連も、時代劇アイドル深水藤子、きっぷのいい服部富子、そしてヒロイン市川春代と目もくらむばかりの豪華版。

この3人娘に惚れられる主役の片岡千恵蔵は当然いつになくデレデレだが、さすがに大スタア、クライマックスの「わしは成り上がりの金持ちは大キライじゃ！」と金に浮かれる者たちを一喝するアップで貫録の逆転勝ち。

1日3度観ても飽きない米のメシのような映画だ。ハンバーガーとは、ちと違うゾ。

(1992（平成4）年2月18日掲載)

## 『春秋一刀流』

**昭和14年・日活京都／丸根賛太郎監督**

時代劇の大スタアはスーパーヒーローを演じることが多かったが、片岡千恵蔵はそういう役では居心地が悪そうだった。落ち着ける場所を捜しているのだが、なかなか見つからなくてコマッたなあ、と悩んでいるようなユニークな千恵蔵の個性。それに気付いて私はいっぺんに好きになった。

千恵蔵は明治36年生まれ、私は昭和30年生まれ、約50年の隔たりを超えて、今では私の親しい友人、いや私の分身という気さえする。

その千恵蔵36歳の時の作品が、この『春秋一刀流』。私は今年37歳だが、時代背景は何と違うことか。昭和14年といえば太平洋戦争前夜、すでに日中戦争は泥沼化しており、ヨーロッパでは第二次大戦が始まった年だ。そんな状況は、この時代劇にも確実に影を落としている。

剣鬼・平手造酒という手垢の付いた題材。しかし、これが25歳でのデビュー作となる俊才・丸根賛太郎監督（今もご健在）は、前半をみずみずしい明朗な青春映画に仕立てあげる。が、やがて無意味な喧嘩の中で、友が1人、また1人と死んでいくと、深い哀しみが全篇に満ちるのだ。

ラストは、怒りがたぎる、千恵蔵の斬り込みシーン。とはいえ、その怒りは、単なるヒーロー映画のように敵へと向けられたものではない。全てをメチャクチャにしてしまう戦争自体に対する怒り、なのだ。丸根監督も千恵蔵も、特攻隊賛美のごときヒロイックな悲壮感を徹底して避け、若者の無駄な死を突き放すように表現する。見事だ。

今月31日は千恵蔵の十周忌。でも千恵蔵は映画の銀幕に生き続けている。相変わらず、ちょっと悩みながら。

(1992（平成4）年3月17日掲載)

## 『天狗飛脚』

**昭和24年・大映／丸根賛太郎監督**

飛脚は江戸時代のいわば宅配便だが、輸送手段は人間の足である。普通の旅人が2ヶ月近くもかかった江戸〜大坂間を1週間足らずで走ったという。

この作品は、その飛脚が主人公という一風変わった“走る”時代劇だ。

というのも、戦後の数年間は占領軍の規制でチャンバラはご法度。そこで従来ならば斬り合いとなるところを“走り”で決着をつける、という苦肉の策のストーリーと

回想

# 石井輝男監督と ワイズ出版・岡田博社長との想い出

小野善太郎

大井武蔵野館といえば石井輝男監督特集、という印象を持たれている方は数多いと思われますが、それには映画関係としては日本有数の出版社となったワイズ出版の存在が大きかったですね。また逆に、ワイズ出版の黎明〜最初期には当館も少なからずお役に立てたかなあとも思っています。

もはや2005年に石井監督は亡くなられ、岡田社長も2021年に亡くなられてしまい、誠に淋しい限りですが、私が知る、おふたりが出会われる前からのことを書き留めておきたいと思う次第です。

岡田さんと初めて会った時のことは昨日の出来事のように憶えています。

ある日、当館にお越しになり、「これから映画監督の本で出版社を始めたいと考えていて候補が3人。石井輝男、増村保造、岡本喜八」

「石井輝男ですね」と即答したら、岡田さんは「ほうっ！」というような口元と、あの特徴あるクリクリ目で、ビックリしたような表情。

だって、大井武蔵野館だもの。いわゆる名作なんかじゃなくて「とんでもない日本映画」をこそ追求するのが身上だったんだもの。

とはいえ、実は三択じゃなくハナから一択で、驚いたというより「我が意を得たり」と確信されたのかもしれませんが、その時点では石井監督と面識はなかったと聞きました。

しかし、やがて狙いすましたかのような出版第1弾『石井輝男映画魂』は見事に世に放たれ、当然のように出版記念の特集上映会は当館で開催することになりましたが、ならば、この機会に長年埋もれたままでビデオ化もされていなかった石井監督の異常性愛路線の作品を発掘上映しようと思い立ち、前例はありませんでしたが、まず『徳川いれずみ師　責め地獄』の上映用のニュープリントを起こしてもらおうと、もちろん経費は全額当方負担で、東映に申し入れたら、「ウチじゃあ、そんなことはしないんだっ！」

思わず頭を抱えましたが、岡田社長コネクションを頼って東映の大プロデューサー天尾完次さんにご相談いただいたら、まさにラスボス登場、翌日どころか、ほんの数分で事態は一転。いささか唖然としつつも大いにホッとしましたが、その後さらに天下の東映からは「今度は、どの作品にします？」

以来、そのような形で、幻だった作品を復刻上映したのは何本も。あ、ニュープリント費用は全部当方持ちね。通常のレンタル料金も支払い、上映が終わればフィルムは東映に。

でも、その内に、石井輝男といえば『網走番外地』じゃなくて『恐怖奇形人間』という私の勝手な思い入れも、なんだか一般的になったような。

そして引退同然だった石井監督ご当人は悠々と現役復帰！　何本も新作を発表し続けられたのは周知の通りですが、それは岡田さんの乾坤一擲の出版あってこその日本映画史上の奇跡ではなかったかと思われます。

そうそう、石井監督が『ねじ式』を撮られていた折には、ちょうど当館で上映していた『恐怖奇形人間』を（当時はDVDもありませんでしたので）「ちょっと見せてネ〜」と突然お越しになられたこともありました。そして完成した『ねじ式』の特に冒頭シーンなどには、その時の研究成果が現出していたようでしたね。

怖〜』をかけていたら、監督から、「ちょっと見せてくれる？」とお電話がありまして。その後で撮られた『ねじ式』を見たところ、冒頭とラストに、中身に関係なく唐突な形で舞踏のシーンが入ってました。だから「ご自分の映画から影響を受ける、ということもあったのかな」と思いました。

**掛札**　石井さんはやはり実験精神があるんですよ。『責め地獄』のときに僕が、「由利徹と大泉滉の声を吹き替えでやったらどうか」と言ったんです、当時人気のあった曽我町子を使って。すると「やる」と言い出しちゃってね。プロデューサーから、「キャスティングに余計な費用がかかる」って怒られましたよ。しかも画面を見たら、あまり効果がなかった（笑）

**小野**　男の声を女の声でやる、という……どうしてそれを思いついたんですか。

**掛札**　たまたま、だったんです（笑）

**細谷**　石井さんは、『恐怖〜』での小池さんの女装のようなことをけっこうやられますよね。

**掛札**　石井さんのインタビューを本で読んだら、「幼い頃、変装趣味があった」と言われてますね。

**細谷**　変装趣味は乱歩にも通じるようですね。

**掛札**　ちなみにシャム双生児の、男のほうは近藤正臣ですね。

**小野**　顔が全然わからない（笑）

**掛札**　顔に塗られてますからね。

**小野**　二枚目をあえてそうしちゃう、ということですか。ああいう使い方をするというのは石井さんらしいのでしょうか。

**掛札**　まあ近藤正臣もまだ無名の頃でしたから。あの後、『893〈はちきゅうさん〉愚連隊』に出て、売れてきたんですね。

## 伝説が作られていった

**小野**　大井武蔵野館をやっているときは、なるべく他の映画館が掛けない映画を上映したいと考えていまして、その代表作がこの映画でした。しかし、監督も掛札さんもおっしゃっていたのは、「当時はぜんぜん受けなかったんだよ」、と。それがカルトな人気を博しているわけですが、そういういい意味での“食い違い”をどう思われますか。

**掛札**　やっぱりだんだんと伝説が作られていくという感じがありますし、また、今見ると引き付けられる要素がありますよ。まあ当時の封切りの仕方があまりにもひどかったから、人が見てなかったんでしょうね。

**小野**　最後にお聞きしたいですが、このトークショーを大井武蔵野館の本（＝本書）に採録させていただくにあたって、編著者の太田和彦さんから質問をいただいているんです。「大井武蔵野館が果たした役割はどのようなものだったでしょうか」ということなのですが、いかがでしょうか。

**桂**　日本映画の発展に大きく貢献したと思います。金子修介監督など現役の監督もよく観にいらしてました。

**掛札**　僕もよく行きました。それに、自分が携わった作品が上映されるというのは、やはりうれしいことですね。

　また、大井武蔵野館は石井監督と10年ぶりに出会った場でもありました。池玲子の『やさぐれ姐御伝　総括リンチ』の上映のときにお会いしたんですよ。

**小野**　映画を作られたかたのそのような機会にもなっていた、というのは、当方としても実にうれしいです。

　今日は伝説的なシナリオライターのおふたりにお越しいただきました。改めてひと言ずつ、お言葉を……。

**桂**　とにかくこんなにたくさんのかたに来ていただいて掛札さんともどもお礼を申し上げます。『恐怖〜』は、またここで上映すればいいじゃないですか（笑）

**掛札**　今日は皆さん、わざわざ来ていただいて感謝しております。この映画は、今、もう一度見ても魅力ある映画だなあと本当に思いました。

　そしてこれからも皆さん、桂さんのいわれるとおり面白い映画を、自分の目で確かめながら見て行ってほしいと思います。

**小野**　皆さん、名画座に行かれる時は、またDVDで映画を見る際には、掛札さんと桂さんのお名前で作品を探されると面白い映画に当たるのではないでしょうか。

　ということで、どうもありがとうございました。

**掛札**　その後に『地獄』というのをやる予定でシナリオも書いたんです。それも中止になっちゃった。
**細谷**　『恐怖奇形人間』が不入りだったから。
**掛札**　うん。
**桂**　今でもその『地獄』のシナリオは持ってますか？
**掛札**　印刷になってないんです。生原稿で渡したら、どこかに行っちゃった（笑）

## 幻のシナリオが80本目に

**小野**　幻のシナリオといえば、桂さん、よかったですね、『花筐（はながたみ）』。（※『花筐／HANAGATAMI』は、大林宣彦監督作品として2017年に公開）
**桂**　まだ残ってた、というのが不思議でしたね。
**小野**　話が『恐怖～』からそれてしまいますが、大林宣彦監督もまた大井武蔵野館にとって思い出深い監督のおひとりでして。その大林監督が現在撮られている『花筐』という映画のシナリオは実は桂さんが40年前に書かれたものなんですね。
**桂**　初めて会った時に、「これを書いてくれ」って言われたんです。
**小野**　原作は壇一雄の小説ですが、大林監督の商業映画第1作は、本当は『HOUSE ハウス』ではなく、この『花筐』のはずだったとか。
**桂**　東宝の、当時の松岡功社長が、「こういう（『花筐』のような）作品ではなくて……アメリカでは『JAWS ジョーズ』というのが当たっていますから、日本で、なにかがなにかを喰うような話を作ってくれませんか」と。それで大林さんは、僕に書かせた『花筐』をいったん止めて……。今でも覚えてますが、渋谷の宮益坂上の喫茶店に呼び出されました。これが『HOUSE ハウス』の話の最初ですよ。
**小野**　で、結局大林さんは『HOUSE ハウス』を撮ることになるわけで。そして『花筐』のシナリオは、実は桂さんご自身は……
**桂**　無くしちゃったんです。
**小野**　だけど大林監督が大事に持っていらした。そして、そのシナリオで撮影に入られたという。
　そして、これは桂さんの映画化作品としてはちょうど80本目になるんですよね。
**桂**　そうです。
**小野**　シナリオはちゃんと取っておいたほうがいいですね（笑）
**桂**　運命みたいな感じです。「79本でおしまいかな」、と思ってたんですけれども。

## 深く追求しなくていい

**小野**　石井監督は、演出が独特ですが、掛札さんは後でご覧になって、どういう感じを受けられることが多かったですか。
**掛札**　やっぱり映像的に巧みなかたですから、「うまいなあ」と思うことがしばしばありましたよ。
**桂**　僕も「石井さんはすごいなあ、いいなあ」と思ってました。
**小野**　『恐怖奇形人間』の最後の花火の場面は、上映するとけっこう受けるんです。あそこのあたりは、ヘンと言えばヘンなんですが、掛札さんのご意見はどうですか。
**掛札**　シナリオでは、もう少しリアルな感じで書いてたんです。しかし映画ではわりと、なんていうのかな……絵画的というかね。
**小野**　確か原作では描写が結構リアルで、映像として見るとちょっとつらいかな、という気はしますが。
**掛札**　……だけどこういうふうになっているとは思わなかったです（笑）。予算が足りなくて知恵を絞った結果がプラスになったと思いました。
**細谷**　大井武蔵野館で上映すると、みなさん、あのラストを見るためにいらしているという感じでしたよ。
**小野**　今日は映画のラスト近くから掛札さん、桂さんと一緒に見まして。今回は観客の皆さん、わりとお静かだったな、という感じがしましたが、大井では、お客さんがなにかのきっかけで大いに“乗る”というようなことが多々ありましたねえ。たとえば、解決の段で、明智小五郎が「弾は抜いておきましたよ」と言うと、「いつ抜いたんだ～？」って声が掛かる（笑）。……ちなみに、明智はいつ弾を抜いたんですか、掛札さん（笑）
**掛札**　そのくだりは省いたんです（笑）
**一同**　（笑）
**掛札**　だいたい石井さんの作品はそういうふうに展開していくので（笑）、深く追求しなくていいから書くほうも楽なんですよ。
**小野**　ちょっと隙間がある、という感じですね（笑）。そしてお客さんも、笑い声などでそこをちょっと突くことで、作品に参加したような気になれる。そういう突っ込みどころがあって、より楽しめる、ということが、この映画にはあると思います。

## 旺盛な実験精神

**小野**　『恐怖奇形人間』というと土方巽を始め、暗黒舞踏のシーンも印象的ですが……。ある時に大井で『恐

**桂**　そういう作品を石井さんと一緒に書けたのは、本当に掛札さんひとりじゃないですか。やはり珍しいです、こういう脚本家は。掛札さんがいらっしゃらなければ『責め地獄』も『恐怖奇形人間』もできなかったでしょう。

**掛札**　石井さんとの最初の打ち合わせで印象的だったのは、『残酷・異常・虐待物語　元禄女系図』の時、プロデューサーから急に呼ばれて旅館に行ったんですが、そこで女優の三笠れい子が裸になって刺青師が刺青をしていまして、その横で打ち合わせをしたこと（笑）。もちろんそんなのは本当に初めてで、「異様な世界に入ったなあ」と思いました（笑）

**小野**　しかし掛札さんは全然平気で、どんどん書かれて（笑）

**掛札**　ええ（笑）

**小野**　むしろ石井監督と切磋琢磨して、さらに盛り上げていってしまった（笑）。石井監督は撮影現場では鬼みたいなことがあったようですけど、脚本作りの際はどんな感じでしたか。

**掛札**　和気あいあいでしたよ。そしてプロデューサーに言わせると、僕が参加してからボルテージが上がりすぎちゃったと（笑）。破滅への道を突き進んでいったという（笑）

**一同**　（笑）

**小野**　脚本家は普段あまり現場には行かれないと思うのですが、掛札さんは『恐怖奇形人間』の時にはロケ現場に行かれたそうですね。

**掛札**　次の作品のシナリオを書いていたものですから、その打ち合わせも兼ねて行ったんです。

**小野**　映画に出てきた旧家は実在のものだそうで、そこでのロケに行かれたと。

**掛札**　ええ。近くの旅館にいました。あそこでは２週間ぐらい、かなり長い間、ロケしてたんです。

**小野**　土方巽さんの演技も間近でご覧になったと思うんですが、土方さんはどんな感じのかたでした？

**掛札**　普段はあまりしゃべらないですね。それから、お風呂に入ったことがないんじゃないか、というような、においが立ち込めてる人でした（笑）

　僕が土方さんに初めて会ったのは阿部定を撮影所に連れてきた時なんです。その時に紹介してもらったんですが、不思議な光景でしたよ、阿部定と土方巽が並んでいる、というのは（笑）

**小野**　阿部定さんが出られたという作品は……。

**掛札**　『猟奇女犯罪史』です。

**小野**　そうでした。吉田輝雄さんが阿部定ご本人にインタビューをする、というシーンがありましたね。

## 作品の名付け親

**小野**　『恐怖奇形人間』というタイトルを付けたのは、後に東映の社長となる岡田茂さん。

**掛札**　そうです。

**小野**　当時は企画製作本部長であり京都撮影所の所長ですね。タイトルは、シナリオを書く段階から付いているものなのですか？

**掛札**　最初から決まってるもののほうが多いんでしょうけれども、『恐怖奇形人間』の場合は後になって岡田さんが思いついたらしいです。台本を見たら『恐怖〜』と入ってました（笑）

**小野**　では本作は、書かれている段階では正式に決まってなかった。

**掛札**　ええ。とにかく題名はほとんど岡田さんが付けてました。鈴木監督とやった『エロ将軍と二十一人の愛妾』、あれは当初『将軍と〜』で進めていたんですが、岡田さんが「上に『エロ』と付けろ」と言ったんです（笑）

**小野**　普通は上役が止めそうなタイトルですが（笑）。

　また、岡田さんの下には天尾完次さんというプロデューサーがいらしたんですね。

**掛札**　天尾さんがまた、すごいかたで。

**小野**　もともと真面目な映画のかたですよね、『十三人の刺客』とか。それが石井さんと出会って……。

**掛札**　180度変わっちゃったんです（笑）。そして石井さんも東映に来てから、作風が新東宝時代と変わりましたね。

## 徐々に、ではなく、一気に

**掛札**　東映の映画は「笑う・泣かせる・（手に汗）握る」っていう“三原則”を入れるのが基本なんだけど、石井さんの面白いところは、泣かせるにしても徐々に泣かせるんじゃないんです。一挙に泣かせちゃうんですよ、いわば強引に（笑）。それがまたいいんです。

**桂**　石井さんの映画はまた、出だしなんて本当に面白いんですよね。コメディタッチだったりして。

**小野**　この作品でも途中、墓から甦るところなんかいきなりコメディですよねえ。

**掛札**　そうそう。あのへんはまた不思議な感じで……。封切りの時、丸の内東映で見たんだけど館内はシーンとしてました（笑）

**一同**　（笑）

**小野**　それまで石井監督の作品は当たっていたけれど、何故か急に落ちて……、この路線も打ち切りになってしまったということですか。

## 掛札さんの功績は大きい

**細谷**　石井さんは当時、東映で大奥ものとか残虐ものなどを撮っていましたが、石井組には助監督が付かない、という時代ですか。

**掛札**　うん。「現場に付いていたら気持ち悪くなった」とか、「体調が悪くなった」とか言ってねえ。

**細谷**　会社から見れば観客はすごく入るけど、「東映はエログロものの会社だ」、という印象になってしまう……そんな危惧からでしょうか。

**掛札**　ええ。「良くない映画を作っている」、というわけでね。当時はやくざ映画と２本立てでしょ。やくざ映画の人たちも、潰そうとするんですよ、悪口を広めて。

**細谷**　「女の裸を売り物にするような映画を作りやがって」と。

**桂**　やくざ映画というのは正義ですからね。悪の親分をやっつければいいんだけど、しかしそういう作品とはストーリーが全然違いますからねえ（笑）。やくざ映画のシナリオを書いてたのは、おもに笠原和夫先生など東映の偉い脚本家で、批評家もそういう人が書いた作品を褒めていれば大丈夫だった。

そして、やくざ映画があるいっぽうで、掛札さんが脚本を書いて石井さんが撮った映画があったわけですね。

お客さんは、面白い映画であれば絶対に見に来るんです。だから東映を支えてた脚本家は、笠原さんなどの、やくざ映画を書いていた人たちの他に、掛札さんがおひとり。これはすごいことです。掛札さんは、石井さんと組まれた後は鈴木則文さんとまた面白い映画をたくさん作られた。だから東映が今まで——その後、また変わってきたけど——持ちこたえたのは、掛札さんの功績だと思います。

こんなにすごいシナリオライターなのにね、批評家による「掛札昌裕論」なんて、僕は見たことがない。

**掛札**　いやあ、そのへんの批評家には書いてもらいたくないですよ（笑）

**細谷**　石井さんはこの当時、本当に、批評家からも黙殺されてたんですか？

**桂**　いやいや、そんなことないんですよ、つまり悪口ばかり書いてありました。「エログロだ」って。

**掛札**　ひどかったですねえ。

**細谷**　そうか、黙殺じゃなくみんなで叩いてたんだ。

**掛札**　助監督部は、「ひどい映画を作るな」なんて宣言文まで出した。そして、やくざ映画のほうの人たちは「自分たちはいい映画を作ってる」と言ってね。

**桂**　それはおかしいですねえ（笑）

**掛札**　おかしいんだよ（笑）

**桂**　やくざ映画、僕は好きでしたけど悪い映画ですよ、あれは（笑）

**細谷**　女を拷問して吊るす映画と比べても……。

**桂**　どっちが悪いかわからない。指を詰めさせたり、親分の面子のために殺したりするのがいいのか。両方おんなじじゃないですか（笑）

**細谷**　石井監督に『やくざ刑罰史　私刑！』という、やくざをリンチする映画がありましたね（笑）。

**桂**　あれも掛札さんでしょう。

**掛札**　そうです（笑）

**小野**　だいたい、「おおっ」って思うと掛札さんが書いてるんですね（笑）

**掛札**　『責め地獄』に、お竜、っていう女が出てくるんですよ。これは『緋牡丹博徒』のお竜に当て込んでるんだけど。そのお竜を八つ裂きにするシーンがあるんですよ、最後に（笑）

**桂**　あの映画は面白いですから、観ていない人は絶対に見たほうがいいですよ。

## ブレーキがかからない

**掛札**　当時の東映の雰囲気はいくら説明しても今ではわからないでしょうね。『山口組三代目』という映画を堂々と作って、封切ってたんだから。

**小野**　そうですね。そしてやくざものの映画を撮っていても、監督さんはみなさんインテリですよね。

**桂**　映画会社のなかでも東映はことに大変で、東大か京大出、でないと入れなかったんだからね。

**小野**　だから逆に言うと、堅苦しいところがあったんじゃないですか。でも、当時の石井さんは、語弊があるかもしれませんが、いわばＢ面のような映画を軽々と、束縛を無視してどんどん撮っていかれてたような気がしているんです。

そして掛札さんは鈴木則文監督の映画のシナリオもだいぶ書かれてましたけれど、しかし鈴木監督の場合は最後のほうでなんとなく自己ブレーキが自然とかかるような感じがあって……。

**掛札**　鈴木さんはやっぱり伝統的な、東映の映画技法といいますか、任侠映画が好きな人ですからね。

**細谷**　緋牡丹のお竜の生みの親ですよね。

**小野**　そのせいでしょうか、鈴木監督の場合は、石井作品と似たような展開をたどっても最終的には常識的なブレーキがかかる。しかし石井さんの場合は最後までブレーキはかからず、むしろ加速する感じすらします。

**掛札**　とにかく石井さんは、“闇夜に輝く暗黒星”とか、“猟奇の果てにある美学”、というような感じですね。

さんです。今、石井さんはカルト的な人気をもたれていますが、掛札さんがいらっしゃらなければ、絶対にこうはならなかった。掛札さんも、清く正しい人ばかりの撮影所のなかで大変だったと思いますよ、「あんなものを書いて」なんて言われながら（笑）。だから本当にすごいかたなんです。

**細谷**　『恐怖奇形人間』は1969年の公開ですか。

**掛札**　そうです。

**細谷**　時期としては、お正月映画の前の……。

**掛札**　いわゆる“捨て番組”ですね。2本立てで、もう1本が『劇画 浮世絵千一夜』というアニメ。これがひどいんだ（笑）

**細谷**　公開作品としては冷遇されていたんですね。

**掛札**　いちばん入らない時期で映画館がガラガラだった。

**桂**　しかしなぜなんです？　東映はその前に、高倉健の映画で石井さんに稼がせてもらったはずなのに。

**細谷**　その冷遇のされ方というのは……。

**桂**　だから「ひどいなあ」と思った。掛札さんはそんな石井さんを唯一、支えた人ですね。

**掛札**　（冷遇に繋がったのは）営業部からの声だったのかなあ、「当たらない」ということで……。

**桂**　でも、実際には当たっていたんでしょう。

**掛札**　うん。ですからとにかく不思議なんですよ。世間の風当たりの強さに潰したかったのかもしれません。数年前に出た「東映史」でも、この路線のことは1行もふれていませんよ。

**小野**　作品の評価としてはどうでしたか。

**掛札**　一部ですごく評価されまして、特に大島渚の一派から褒められました、石堂淑朗さんとかね。

**桂**　田村孟さんとか。

**掛札**　ええ。他に、大和屋竺も好きだと言ってました。

## 作品世界への誘導

**小野**　掛札さんは、江戸川乱歩よりも横溝正史派だ、ということですが。

**掛札**　ええ、そうです。

『恐怖奇形人間』の企画は、突然決まったんですよ。石井さんと組んだ映画は、これまでずっとヒットしていましてね。この前の作品である『明治・大正・昭和 猟奇女犯罪史』も当たって、続編を作ることになった。その作品の目玉として考えたのが、かつて大映で“蛇女優”として売り出されたものの私生活で愛人を刺殺してしまった、毛利郁子の話でした。彼女が出所するというので出演してもらおうということになりまして。

**小野**　相変わらず、すごいことを考えますね（笑）。

**掛札**　それで交渉に行ったけど、彼女はさすがに「出ません」と。

じゃあ他のものを、ということで、ミステリーをやることになった。僕は候補として横溝正史を挙げたんですが、石井さんは江戸川乱歩を推しまして、決まりました。ちょうどこのころ講談社で『江戸川乱歩全集』の刊行が始まったので、タイトルに「江戸川乱歩全集」とつけて（笑）、いろいろ盛り込んじゃおうということになったんです。『屋根裏の散歩者』とかね。話のベースは『パノラマ島奇談』と『孤島の鬼』です。

そういえば鈴木則文監督も乱歩が好きだったから、シナリオを執筆しているとき見に来ましたよ、石井監督がいないのを見計らって（笑）

**小野**　石井監督とのお仕事でシナリオを書かれる時は、いつも旅館に籠るんですか。

**掛札**　そうです。この時にも最初から一緒に籠りまして、アイデアを出し合い、だいたいの大雑把な流れを作って、分担して書いてましたね。

**小野**　演出を見るとかなりすごいことになっていますが、シナリオを書かれる際はお酒を飲みつつ、ですか。

**掛札**　書くときはあまり飲まないけれど打ち合わせではね。アイデアを出すときは飲みながらでした。

**小野**　アイデア出しは、もうとどまらない、という感じでしょうか。

**掛札**　僕も若くて、とめどなく出てくる頃だったから（笑）。それまでの、東映の人たちとの仕事だと、とんでもないアイデアを出したって受け付けてくれない。でも石井さんは全面的に乗ってくれる。面白いんですよ、どんどん行っちゃって（笑）

**小野**　やはり石井監督は他の監督とは全然違いますか？

**掛札**　石井さんと組むとね、「人物論」とか「人間性を深く掘り下げる」ということが一切ないんです。面白いシチュエーションやアイデアが出ると、登場人物をそこに入れてしまう。その世界に誘導する……というのかな。そういう発想でやってますからね。とにかく「人間性の追求」というものはなかった。僕としてはすごく助かりましたけど（笑）

**桂**　僕はシナリオを書くときに、「人間性を描け」って言われるといちばん頭にくる（笑）。ダメな映画を作ってる人に限って「人間を描け」と言うんですよ。

**掛札**　あと、「社会性」とかね（笑）

**桂**　面白い映画を作る人達は、橋本忍さんも菊島隆三さんにしても、「人間を描け」なんて言わないです。ことにシナリオライター志望の人は、そう言われたら書けなくなっちゃいます。

**桂**　その後、内藤さんとは何本もシナリオを書くことになりました。

**細谷**『幻魔大戦』、『少年ケニヤ』、『冒険者カミカゼ』……などなど、桂さんと内藤さんの時代が来るわけですが、そのきっかけを作られたのは実は石井監督なんですよ。

**桂**　そうでしたか。

とにかく僕はそれまで石井さんとは会ったことも文通したこともなかった。だからやっぱり僕が書いた文章を読んでいてくださったんでしょうね。そうでないと、接点はないんです。

## 新東宝映画の"発見"

**小野**　新東宝の映画は大井武蔵野館でも頻繁に上映しましたが、最初はフィルムの所在がわからなかったんですよ。ある時、それがまとめて出てきまして、「ならば」と特集を組むことになった。ですが、どの作品が面白くてなにがつまらないのか、情報がなくてわかりませんでした。

**細谷**　そこで桂さんに、作品の選定でご協力いただいたんですね。

**小野**　この特集の反響は非常に大きいものでした。

**桂**　とにかく新東宝の映画は公開当時ね、「見てる奴は変態だ」という――だいたいろくに見てもいないのに――風潮だったんですよ。なんで変態なんですかねえ、あんなに面白いのに。そのころから僕は普通の批評家に対する違和感を抱き始めたんです（笑）

**小野**　われわれもこの特集を通じて、「新東宝にはいろいろな作品があるんだ」ということを発見しました。

**桂**　阿部豊の『日本敗れず』とか、他にも清水宏や成瀬巳喜男の映画なども沢山あったのに、とにかく「新東宝を見てる奴は……」という風潮でしたね。でも、けっしてそんなことないんですよ。これは日本人のダメなところでもあるんですが、みんながそう思っていた、というのがおかしい。やっぱり映画は自分の目で……お説教みたいだから止めますけど（笑）、みなさんも自分で選ぶようにしてください。

**小野**　そんな新東宝の作品群に、石井監督の初期の作品もあった。当時の石井監督の路線は基本的にアクション映画でしたね。

**桂**　アクションですね。

**細谷**　「地帯（ライン）」シリーズとか。

**小野**　そういったものが一般的な日本映画史の陰に、まさに埋もれてひっそりと潜んでいた、という感覚だったんです。

桂さんは全部リアルタイムでご覧になったんですか。

**桂**　母の知り合いの子供が新宿武蔵野館に勤めていたものですから、切符が山のようにありましてね。そして僕は当時、病気でやることがなかったので片っ端からそれをもらって、黒澤明や清水宏、石井輝男などなんでも見ました。そのなかで「やっぱり新東宝が面白いな」、「石井監督の映画は面白いな」と思ったんです。

**小野**　掛札さんと桂さんはご共著を出されてますね（『エンタムービー 本当に面白い時代劇 1945 → 2015』『エンタムービー 本当に面白い怪奇 & ミステリー』『真の栄冠はこの映画に外国映画篇 1945 → 2016』。いずれもメディアックス・刊）。私は『本当に面白い怪奇 & ミステリー』を読みましたが、掛札さんもかなり新東宝の作品をご覧になっていたんですね。

**掛札**　見てますよ。桂さんほどではないですけれども。この『本当に面白い怪奇 & ミステリー』は、戦後の日本映画のなかから 155 本、選んだ本なんです。

**小野**　掛札さんも、桂さんも、やはりルーツは新東宝にあったのかなと。そして石井監督も在籍した会社だったわけですが、しかしつぶれてしまった。世間的にはやはりダメな会社だと思われていたのでしょうか。

**桂**　ダメな会社だったんじゃなくて、かけ離れたことをやってたんですけれどね。

**小野**　実は映画作品的には豊かな会社だったということが、時間が経ってわかって来たわけですね。だから、これはもうひとつの日本映画史だ、という感じがしました。

とにかく、大井としてはこの時の新東宝の特集が多くの来場者を集めまして、以降、館の大きな柱になりました。そしてこのことが、「大井武蔵野館は他の映画館ではやってない映画を上映している」という特徴を形作っていったと思います。

## "捨て番組"扱いだった『恐怖奇形人間』

**小野**　『恐怖奇形人間』は当初「プリントがない」とのことだったのですが、見つかりまして、上映したところ非常にたくさんのかたに来ていただきました。以降、繰り返し何度もかけたせいでしょうか、石井輝男といえば『恐怖奇形人間』の監督、という感じになってしまったのかもしれません（笑）

しかし、石井監督の特徴がよく出ていて、皆さんも心が惹かれる作品というとやはり『恐怖奇形人間』、そして『徳川いれずみ師　責め地獄』、『やさぐれ姐御伝　総括リンチ』のような映画でしょうね。

**桂**　その 3 本のシナリオをお書きになったのが、掛札

**座談　『江戸川乱歩全集　恐怖奇形人間』と石井輝男監督**

# 石井監督は、面白いアイデアを出すと全面的に乗ってくれました

**掛札昌裕**（脚本家）
**桂千穂**（脚本家）
**細谷隆広**（大井武蔵野館元・営業担当、中野武蔵野ホール元・支配人）
**小野善太郎**

かけふだ・まさひろ　1938年生まれ。1960年東映入社、京都撮影所助監督を経て契約脚本家となる。

かつら・ちほ　1929年、岐阜市生。父の転勤で以来東京目黒で育つ。高等学院から文学部演劇科卒業までワセダ一筋。結核のため就職できず、好きな映画シナリオに活路を求む。映画化脚本全部で80本。代表作は「HOUSE ハウス」「ふたり」「暴行切り裂きジャック」

本座談は2016年8月12日、新宿シネマカリテで開催された「カリテ・ファンタスティック！シネマコレクション2016（カリコレ2016）」のプログラム枠、「一名画座最後の砦一大井武蔵野館 MEMORIAL」での『江戸川乱歩全集　恐怖奇形人間』の上映時のトークショーイベントとして行われたもので、本書への採録にあたり、一部加筆・修正・再構成しました。（構成・文責：朝倉史明）

## 石井監督のひと言が出会いを生んだ

**小野**　ご来場ありがとうございます。みなさん、今上映された『江戸川乱歩全集　恐怖奇形人間』はいかがでしたか。

さて、今日8月12日は石井輝男監督の御命日ということもありまして、スペシャルゲストとして、本作のシナリオもご執筆されました脚本家の掛札昌裕さん、そして、新東宝時代の監督作品から石井輝男ファンだったという脚本家の桂千穂さんをおまねきしました。お盆の前日ですが石井監督もこの壇上に降りて来られているのではないか、という気がしています。

石井監督は大井武蔵野館にとりましても非常に思い出の深い監督です。やはり人気がありましたから、特集も定番の大型企画として何度も組みましたし、なかでもこの『恐怖奇形人間』には多くのお客さんに来ていただきました。また、東映時代の作品だけでなく新東宝時代の作品もよく上映したものです。そういったことを通じて、石井監督ご自身ともお付き合いができ、劇場によくお越しいただきました。

**細谷**　新東宝といえば、桂さんは同社の作品の熱狂的なファンで、ご著書（『新東宝は“映画の宝庫”だった』メディアックス刊）も出されていますが、もともと石井監督とのお付き合いはあったんですか？

**桂**　なかったんです。私がただ一方的に、「キネマ旬報」だったかな、とにかくどこかの雑誌に「石井輝男を使わないで放っておくような日本映画界は馬鹿の集まりだ」というようなことを書きましてね。石井さんは、その文章を読んでくださっていたようです。

**細谷**　私が自由が丘武蔵野館に配属されていた時、慶應大の映画研究会から「石井監督をお呼びしたいんです」と相談されたんです。しかし当時の石井さんはまったく表にお出にならなくて。依頼はしたものの「僕は行かないよ」と断られたんですが、そしてその時におっしゃられたのが、「桂千穂さんをお呼びすると話が面白くなるよ」ということだったんです。それで石井監督の代わりに桂さん、そして内藤誠監督にお声をかけたんですよ。

そして石井監督の『花と嵐とギャング』を上映し、桂さんと内藤監督にトークをしていただいた。それが桂さんと内藤さんとの出会いになったんですね。

れど、一方、作り続けた作品を味わうのも映画産業のひとつ。古い映画を映画館で見られないのはひとつの文化の消滅だよ。それをぼくは大井武蔵野館でずっと味わってきたわけですよ。

**小野**　今思うと名画座がたくさん存在していた頃は、実に夢のような、幸福な時代だったですね。もっとも、これからさまざまな映画に出会うべき若い人たちのことを考えると、大手のシネコンや都心のミニシアターやビデオでもカバーしきれない空白部分を埋めるべき映画館は絶対に必要なはずです。とはいえ、かつてのような名画座の復活は無理でしょうが。

**太田**　名画座復活じゃなくて……。

**小野**　21世紀には、新しい考え方から新しい映画館が生まれてほしいと思いますね。

**太田**　旧作専門劇場の新設。これからも小野さんに大いに期待しています。

**小野**　これは一例ですが、都心からちょっと離れた小田急沿線の新百合が丘というところで、地元の市民グループが自分たちの映画館を作ろうという運動を始めているんですね（※）。実は地方にはそういう市民映画館がすでに存在していますが、東京近郊にはなかった。

　また、今までの東京の名画座は必ずしも地域に密着してはいなかったという弱さがあったと思います。実現までは容易ではないにしても、こうした「地域密着型映画館」は大きな可能性を秘めているのではないでしょうか。大いに期待しています。

**（※）本書への再録にあたっての補足**

　その後、グループの代表を務めた箕輪克彦さんは単身で川崎市麻生区にシネマバー「ザ・グリソムギャング」をオープンして10年以上も奮闘された後、2015年に横浜市西区にフィルム上映もできる映画館「シネマノヴェチェント」をオープン。映画愛もさることながら、それを現実に形にし得た情熱と行動力に感嘆しますが、もちろん現在も鋭意営業中。「大井武蔵野館復活企画」も何度か実施していただき、この本に掲載されている鼎談（「映画の見かたを教わった」）も、そうした企画の一環として開催された際のものです。特に場内から見える映写室は、かつての大井武蔵野館を彷彿させますし、今そこにある映画館としてこれからも大井に……じゃなくて、大いに注目しましょう！　（小野善太郎）

※再録にあたり、掲載当時の誌面を再レイアウトしております

て、もうひとつ先に進むというのが、日本映画の真の進歩のはずです。

でも、最近は日本映画じゃなくて外国に学んでしまいますよね。日本人は外国の映画は熱心に見るでしょう。ハリウッドはもちろん、ニューヨーク系のインディーズから、ヨーロッパ、ロシア、アジア各国まで。去年、インド映画の『ムトゥ・踊るマハラジャ』がうけたけれど、昭和30年代には日本映画には、ああいうのはいくらでもあった。そういうのを知らないままに、インド映画っておもしろいって言ってるのは残念なことですね。

**太田**　大井はファンに向けて次はどんな企画を打ち上げるんだろうという期待を常に持たせましたね。その最高峰が「第一回全日本とんでもない映画祭」でしょう。

**小野**　大井の企画コンセプトは、①非日常・ファンタスティックなワールド　②歌って踊っちゃう映画　③何でもありアクション　④カルチャーショック時代劇　⑤アナーキーでパワフルな乾いたドラマ　⑥監督よりもスタア主義、といったところですか。

**太田**　『俺の故郷は大西部（ウエスタン）』をニュープリントでやってくれた時はうれしかったなあ。定評のある名作ではなく、こういう珍品をニュープリントするセンスは素晴らしい。大井も一昨年あたりから若い女性がひとりで見に来たでしょう。日本の古い映画に興味をもつ女性が増えたのかとうれしくてね。一声かけたかったけど、逆効果になるのでやめた（笑）

**小野**　若い女性層というのが、一番重要なんですよ。女性は良くも悪くも流行に左右されやすく、男性のような固定客にはならないけれど、逆にすごく強烈に反応していただく場合があります。大井でも、普通は日本映画なんか見ないような若い女性の方を常に意識していたのですが。

**太田**　残念ながら大井町ではむずかしかったな。女性はやはり代官山とか青山じゃないと（笑）

**小野**　女性の方の反応がよかったものというと、江戸川乱歩や夢野久作原作の作品、寺山修司、美輪明宏の映画というところでしたね。映画ならではの非日常の世界の魅惑でしょうか。

**太田**　ひとことで言えば映画本来の魅力とパワーを、百花繚乱に見せてくれたのが大井武蔵野館だった。

**小野**　でも、やはり王道たる並木座や文芸坐があっての大井だったのかもしれません。そういう意味では、ひたすら名作専門だった並木座がなくなった時点で、その陰であった大井の存在意義も失われたというべきですかねえ。

## 二十一世紀に映画館で名画を見続けるためには。

**太田**　名画座御三家なき後、横浜のシネマ・ジャック、シネマ・ベティはたのもしいね。それから浅草東宝。この間、三木のり平さんが亡くなったら、ちゃんとのり平三本立てをやっていて感心した。

**小野**　かつての名画座には、場所が不便、設備が悪いという悪いイメージがあった。これからの時代は、上映するものは古いものでも、新しくて、いい雰囲気のところでないとだめでしょう。

**太田**　名画座は場末のションベン臭いムードがたまらないんだって言う人がいるけど、ぼくは絶対そんなことない。一流の劇場のいい映写で、古い作品のいいプリントを見たい。そんなの当たり前ですよ。その意味で今のフィルムセンターは完璧です。そして、映画というものは新作を見るものだという世の概念を変えていきたい。劇場で古い映画をどうして上映しないんだろうね。プリント代だけで製作費はタダなのに。今、溝口健二の『新平家物語』や市川雷蔵の時代劇を撮ろうと思っても誰も撮れない。金があっても技術者がいないし、スターがいないし、それだけの統率力をもつ人もいない。今のお金でいえばおそらく何十億という作品を何度も商売しないのはもったいないよ。『新平家物語』など公開当時の評価は低かったらしいけど、見てみたら、美術だけでも素晴らしさに圧倒された。たとえば正月に有楽町のマリオンで『嵐を呼ぶ男』を見るなんて、いいだろうねえ。

**小野**　残念ながら、現実は太田さんの理想のようにはならないでしょうね（笑）。ですが、ある映画について、その封切期間が過ぎたら、あとはビデオでしか見られないというのは実にさみしい状況だと思います。

**太田**　シルバー世代が増え、亭主が奥さんにたまには映画でも行こうかと誘っても今の映画には見たいものがない。そんな時、昔感動したフランス映画や、見逃した市川雷蔵をやっていたら見たくなるんじゃないかな。

「ジェラール・フィリップ映画祭」に行ってみたら中高年の夫婦が、奥さんはため息をつき、ご主人は目をしばたたかせ、なんとも幸福そうな顔をしているのを見て、昔の映画は力があるなあと思った。ビデオもあるけど、昔デートして見た、しみじみとした本物の映画をもう一度、それも映画館で見たいという人は多いと思う。

映画で一番大切なのは新作を作り続けること。古い映画の再上映ばかりでは映画産業はつぶれてしまうけ

く、貧しい」（笑）。そうしたリアリズムとは違った非日常の娯楽としての映画を、こちらも優先したかったし、お客さまの期待もそこにあったわけです。もちろん正統派の文芸坐、並木座という存在があったからこそのことでしたが。

**太田**　「清くなく、正しくなく、美しくなく、豪華」な映画（笑）。80年代以降、映画の見方が、それまでの文学コンプレックスから、映画本来の持っているおもしろさやダイナミズム、娯楽性などの魅力に重きをおくようになってきた。名画の額縁のつかない作品のなかにおもしろい映画を発見していくことをやってくれたのが大井武蔵野館の最大の功績です。

　それから、名画座の醍醐味はなんといっても番組編成にあるわけで、岡本喜八から、川島雄三、石井輝男、清水宏……こういう監督の人気は、みんな大井武蔵野館から始まった。監督だけでなく俳優も、雷蔵しかり、勝新しかり、ひばりしかり、やらないものはないくらい。

　映画好きは番組の連続性というところにすごく重きを置くんです。括り方でものが見えてくることがある。たとえば「愛と哀しみの変身人間」というシリーズを見ると、映画は見果てぬ変身願望のあらわれなのだと知る。一番わかりやすいのは監督特集で、傑作も駄作も失敗作も全部見ると、その作家の癖や個性が浮かび上がってくる。それが劇場の番組編成の力です。

## それぞれの個性を持っていた名画座たち。

**太田**　名画座が閉館していくことと逆に、若い人に昔のことに興味をもつ人が増えてきているように思うんです。映画も今の若い映画好きは、新作を追いかけるよりも古い作品を系統立てて見るほうに関心があるようです。それは、今の世相がみんなイヤで、それよりも安定した美しいモラルやダンディズムがあった時代に憧れるんだと思う。昔の女優はキレイだったし銀幕でしか見られない世界があった。日本の古い映画への興味は少しずつ速度が上がってきていると思いますね。これからが小野さんの本当の出番です。渋谷のユーロスペースや千石の三百人劇場などで時々やる古い日本映画の上映は人気ですが、それもある程度定評ある作品まで。

　その意味では、やはり閉館してしまったけれど、三軒茶屋の「スタジオａｍｓ（アムス）」は素晴らしい業績を残しましたね。

　ａｍｓの方針は、よそでかからない上映可能作品をすべて上映することだったんだから。映画研究者をずいぶん助けたはずです。ぼくにとっては大井武蔵野館とａｍｓ、このふたつが両雄だった。

　ある時、大井とａｍｓで同時に市川崑特集をかけて、これは大変だと思ったら、ダブってる作品は２本くらいしかなく、あの時は驚きましたよ。プリントが１本しかないからかなあと考えたりして。この２館は本当に映画を見る幸福を味わわせてくれた。けっこう意識していました？

**小野**　とくに意識したとという記憶はありませんが、それぞれの個性が際立っていたので自然に棲み分けができていたんでしょうね。それでお客さまも選択肢が広がるわけだし。やはり１館だけじゃダメなんですよ。日本映画の旧作を上映するさまざまな映画館が同時に存在しなければ。

**太田**　ぼくにとって、大井武蔵野館では丸根賛太郎の発見が一番大きいです。戦後はまったく上映されていなかったんじゃないかな。小野さんが「すごい」というので勇んで見にいったら、ホントにそれはそれは素晴らしかった。丸根の『春秋一刀流』、『天狗飛脚』、マキノ雅弘の日本ミュージカルの最高峰『鴛鴦歌合戦』などの作品を世に知らしめたのは大井です。そういう眠っている名作をいくつも掘り起こした。キャッチフレーズ「日本映画の墓掘り人」はダテじゃない（笑）。国立近代美術館のフィルムセンターは予算に限りがあり収蔵作にも限界があるから。

**小野**　映画というのはなによりも庶民的な文化だと思いますので、あまり上から押し付けられるようなセレクションではなく、種々雑多なものを、とにかく大量に上映していくなかから、それぞれの方にとっての「お宝」が発見されるのがいいんじゃないでしょうか。

**太田**　本にたとえると、文芸坐が昭和文学全集なら大井武蔵野館は夢野久作全集か日本怪奇幻想全集。どちらも価値がある。夢野久作なんかも新装版で本を出すと、新しい読者をつかむでしょ。そういうことを映画もやっててほしいんです。それは研究者や映画を志す人の基本勉強の場でもある。この間、市川準監督の新作『大阪物語』を見たんだけど、市川監督や阪本順治監督は黄金時代の日本映画の良さをすごく吸収していると思う。大井で見ていたのかもしれないよ。古い話だけど、ゴダールやトリュフォーがシネマテークで映画を見て勉強したように、作家を生むかもしれないんだ。

**小野**　突然ひとりの天才がある時生まれて、日本映画を支えるなんてことはなくて、かつての日本映画の数々を見続けた才能のある人が、その伝統の上に立っ

## 日本映画の御三家ついに全滅。

**太田**　東京の名画座の御三家とも言われた文芸坐、並木座、そして大井武蔵野館がここ１、２年の間、つぎつぎと閉館しました。大井武蔵野館の閉館は今年の１月でしたが、いつごろから閉めるというムードがあったんですか。

**小野**　オープン時から採算的には苦しいものがありましたので、いつも危機感を抱きつつ現場としては精いっぱいがんばってきたというのが本音です。開館は18年前の1981年でした。

**太田**　それは名画座としては遅いほうですね。大井ロマンと大井武蔵野館の２館が、新築で同時にオープンだったと思いますが。

**小野**　その当時、すでに名画座は閉館していくものという流れが見えていました。そうしたなかで、２館の名画座を新館でオープンするという当社オーナーの意気込みは、映画ファンにはたいへんな朗報だったと思います。しかし、89年には洋画を上映していた大井ロマンは閉館に至りました。

　これは明らかにビデオの影響です。洋画はクラシックからB級までビデオ化が進んでいたのでビデオではとんど間に合ってしまうということが大きかった。大井では邦画系と洋画系の２館をやっていましたからよくわかるんですが、その時期本当に、洋画のほうはどんどん落ち込んでいって、ほかの洋画系の名画座の閉館も相次いだものです。

　一方、日本映画旧作の特集上映は安定した成績を上げていました。この部分はビデオ化が遅れていたのと、上映する映画館が少なかったためでしょう。

　当館も最初は黒澤明、小津安二郎監督作品集と入門的プログラムでしたが。

## 「いつまでもあると思うな大井武蔵野館」。

**太田**　その後、大井独自のプログラムのカラーはいつから出てきたんですか。

**小野**　新しい切り口のきっかけになったのは、新東宝作品の上映です。新東宝という映画会社は、黒澤明監督が『野良犬』を撮っていたような時代と、大蔵貢社長になってからのいわゆるゲテモノ映画の時代（笑）に分かれまして、このゲテモノ路線が今では、「新東宝カラー」として認識されているんですが、そのゲテモノをあえて上映したわけです。名画座では、お墨付きの名画を上映するのが基本でしたが、逆に評価も注目もされていなかったものの中から隠れた傑作をさがしあててみようという発想でした。これが大いに受けたんです。

　なんといっても新東宝映画はタイトルがすごい。『九十九本目の生娘』『海女の化物屋敷』『女体渦巻島』『黒い乳房』とかね。実際には黒い乳房なんかまったく出てこないんですけど（笑）。製作費がかけられないぶん、タイトルには知恵を絞っていて、感心したものです。

**太田**　小野さんの名言「タイトルに予算はかからない」はそこからきてるんだ（笑）

**小野**　この新東宝の姿勢から学びまして（笑）、当館でも特集上映のタイトルなどは今の若い人にもアピールするように凝ったということはありましたね。また、ますます名画座を維持するのがむずかしくなってきたので、開き直る感じで存在を示そうともしました。

**太田**　「いつまでもあると思うな大井武蔵野館」という名コピーは、その時の実感なんですね。

**小野**　でも、日本映画のファンの方はすごく熱心なんです。何度も来ていただけますし。そういうありがたい固定客がついた。そこで、さらに日本映画の、しかもほかでは見られない作品こそを徹底的に上映しようと考えたわけです。

**太田**　邦画はビデオがないぶん、見るほうに切迫感があるから。

**小野**　それに大井町という都心から離れていてローカル色の強い土地柄もあったんですね。こういった、さまざまな条件が重なって、日本映画旧作のユニークな上映プログラムでこそ多くのお客さまに来ていただける劇場カラーに収束していったと思います。

　それも、最初は自分がいいと思った映画をお客さまにおすすめするという姿勢でやっていたんですが、だんだんそれでは作品が足りなくなった。そこで私がまだ見ていなくて見たいと思っているもの、それはお客さまも見たいと思ってるはずだということで、いろいろ発掘しましたね。

**太田**　それは、まさに映画ファンの本道に応えることですね。ぼくが思うに、はじめて見る映画は、昔のものであろうとその人にとってはみんな新作。映画は見てみないとわからない。見て、はじめて、こんな傑作があった、こんなバカな作品があったと言えるんですよ。

**小野**　大井では世間の評価と実際のお客さまの反応が食い違って、むしろ正反対なんです。誰でも知っている名画ほど興行成績はよくなかった。

　日本映画の名作を定義すると「清く、正しく、美し

**再録**　「東京人」1999年6月号掲載

［対談］小野善太郎×太田和彦

# 名画座が東京から消えていく

1997年3月池袋文芸坐閉館、98年9月銀座並木座閉館、
そして99年1月大井武蔵野館からもスクリーンの光が消えた。
東京の名画座ファンの砦は次々に消えていっている。
映画を見るのは、ビデオかシネマコンプレックスが主流になりつつあるなか、
21世紀に名画を映画館で見ることはできるのか。

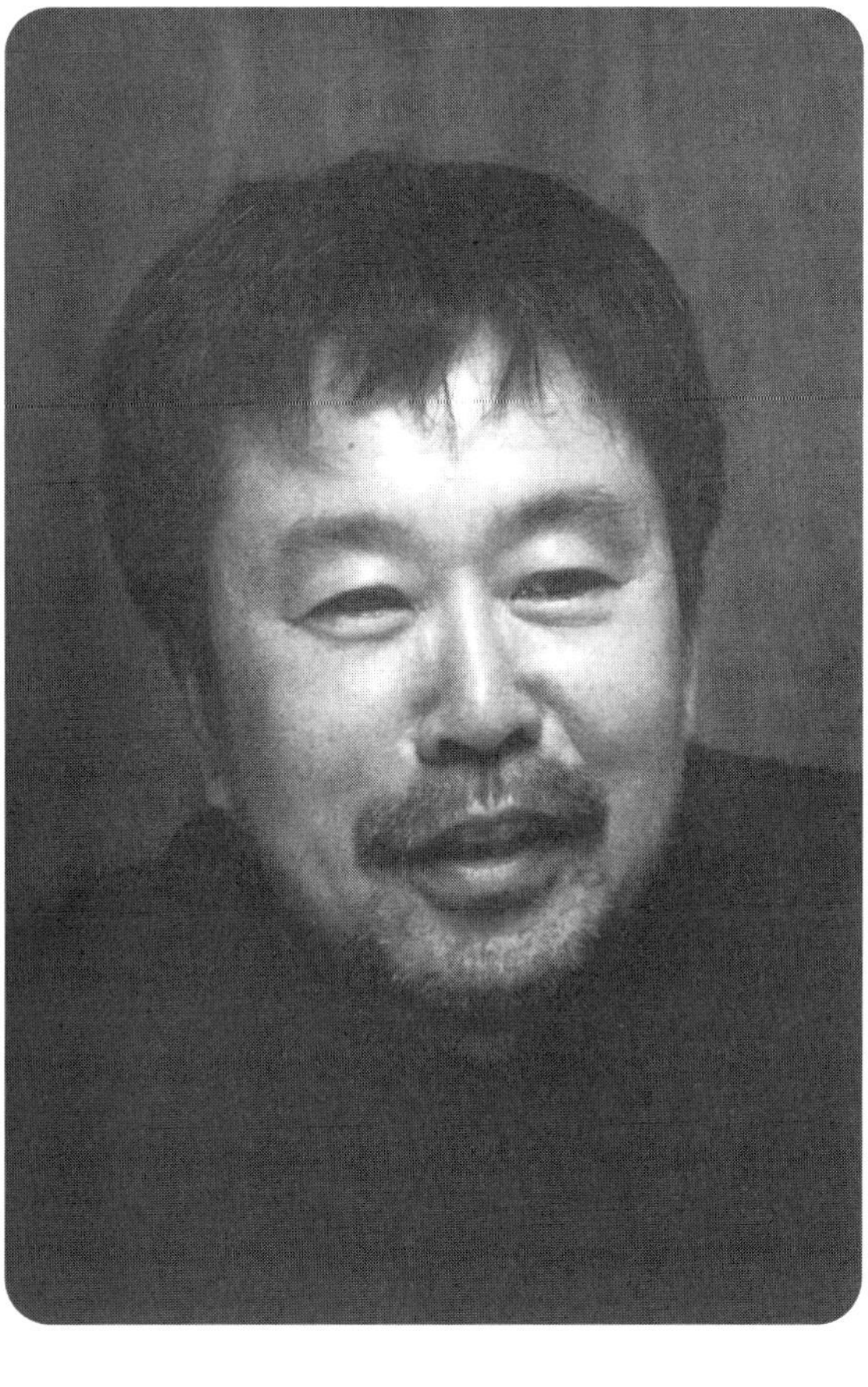

## 1999【レイトショー】 ※特集「ランダム・レア・コレクション50本！　日本映画「お宝」発掘キャラバン」続き

| | |
|---|---|
| ○1/15（金）-1/17（日） | **東京の休日**　58／東宝／山本嘉次郎 |
| ○1/18（月）-1/20（水） | **結婚の夜**　59／東宝／筧正典 |
| ○1/21（木）-1/23（土） | **上役・下役・ご同役**　59／東宝／本多猪四郎 |
| ○1/24（日）-1/25（月） | **その手にのるな**　58／松竹／岩間鶴夫 |
| ○1/26（火）-1/27（水） | **喜劇・大風呂敷**　67／日活／中平康 |
| ○1/28（木）-1/29（金） | **3000キロの罠**　71／田宮企画／福田純 |
| ○1/30（土）-1/31（日） | **ヘアピン・サーカス**　72／東京映画／西村潔 |

| | |
|---|---|
| ○5/22（金）-5/28（木） | **美貌の都** 57／宝塚映画／松林宗恵 |
| ○5/29（金）-6/4（木） | **三年目の浮気** 83／にっかつ／中原俊 |
| ○6/5（金）-6/11（木） | **ある少女の告白・純潔** 68／日活／森永健次郎 |
| ○6/12（金）-6/18（木） | **早射ち野郎** 61／日活／野村孝 |
| ○6/19（金）-6/25（木） | **美しい庵主さん** 58／日活／西河克己 |
| ○6/26（金）-7/2（木） | **六三制愚連隊** 60／日活／西河克己 |
| ○7/3（金）-7/9（木） | **ぼくのおやじとボク** 83／日活／中原俊 |
| ○7/10（金）-7/16（木） | **フランキーの宇宙人** 67／日活／菅井一郎 |
| ○7/17（金）-7/23（木） | **華やかな女豹** 69／日活／江崎実生 |
| ○7/24（金）-7/30（木） | **疾風小僧** 60／日活／西河克巳 |
| ○7/31（金）-8/6（木） | **抜き射ち風来坊** 62／日活／小杉勇 |
| ○8/7（金）-8/13（木） | **東京湾 左ききの狙撃者** 62／松竹／野村芳太郎 |
| ○8/14（金）-8/20（木） | **怪猫有馬御殿** 54／大映／荒井良平 |
| ○8/21（金）-8/27（木） | **怪猫岡崎御殿** 54／大映／荒井良平 |
| ○8/28（金）-9/3（木） | **ぶらりぶらぶら物語** 62／東宝／松山善三 |
| ○9/4（金）-9/10（木） | **はだしの花嫁** 62／日活／番匠義彰 |
| ○9/11（金）-9/17（木） | **うず潮** 64／日活／斎藤武市 |
| ○9/18（金）-9/24（木） | **戦争を知らない子供たち** 73／東宝／松本正志 |
| ○9/25（金）-10/1（木） | **街の灯** 74／松竹／森﨑東 |
| ○10/2（金）-10/8（木） | **俺にまかせろ** 59／東宝／日高繁明 |
| ○10/9（金）-10/15（木） | **愛情の都** 58／東宝／杉江敏男 |
| ○10/16（金）-10/22（木） | **完全な遊戯** 58／日活／舛田利雄 |
| ○10/23（金）-10/29（木） | **夜の勲章** 65 大峡／松尾昭典 |
| ○10/30（金）-11/5（木） | **狂熱の季節** 60／日活／蔵原惟繕 |
| ○11/6（金）-11/12（木） | **夜の診察室** 71／大映／帯盛迪彦 |
| ○11/13（金）-11/19（木） | **われらの時代** 59／日活／蔵原惟繕 |
| ○11/20（金）-11/26（木） | **夜の勲章** 65／大映／村野鐵太郎 |
| ○11/27（金）-12/3（木） | **鏡の中の野心** 72／東活プロダクション／小林悟 |
| ○12/4（金）-12/10（木） | **渚を駈ける女** 64／松竹／酒井欣也 |
| ○12/11（金）-12/17（木） | **その口紅が憎い** 65／松竹／長谷和夫 |
| ○12/18（金）-12/24（木） | **自由が丘夫人** 60／東京映画／佐伯幸三 |
| ○12/25（金）-1999年1/14（木） | **《ボーナス＆お年玉の巻》** |
| | **やさぐれ姐御伝 総括リンチ** 74／東映／石井輝男 |
| | ※12/31（木）-1/3（日）はレイトショーは休映 |
| | ※この特集続く |

# 1999

| | |
|---|---|
| ■1/3（日）-1/16（土） ¥1,500 | **● 世紀末に甦る、懐かしのヒーロー 多羅尾伴内＝七つの顔を持つ男** |
| ○1/3（日）-1/6（水） | **多羅尾伴内 七つの顔** 46／大映／松田定次 |
| | **多羅尾伴内 二十一の指紋** 48／大映／松田定次 |
| ○1/7（木）-1/16（土） | **多羅尾伴内 七つの顔の男だぜ** 60／東映／小沢茂弘 |
| | **多羅尾伴内 十三の魔王** 58／東映／松田定次 |

| | |
|---|---|
| ■1/17（日）-1/31（日） ¥1,500 | **● ラスト・ジャパニーズ・ヒーロー三船敏郎特集** |
| ○1/17（日）-1/19（火） | **或る剣豪の生涯** 59／東宝／稲垣浩 |
| | **戦国群盗伝** 59／東宝／杉江敏男 |
| ○1/20（水）-1/21（木） | **新選組** 70／三船プロダクション／沢島忠 |
| | **暴れ豪右衛門** 66／東宝／稲垣浩 |
| ○1/22（金）-1/24（日） | **赤毛** 69／東宝＋三船プロダクション／岡本喜八 |
| | **風林火山** 69／三船プロダクション／稲垣浩 |
| ○1/25（月）-1/26（火） | **ゲンと不動明王** 61／東宝／稲垣浩 |
| | **大盗賊** 63／東宝／谷口千吉 |
| ○1/27（水）-1/29（金） | **男ありて** 55／東宝／丸山誠治 |
| | **無法松の一生** 58／東宝／稲垣浩 |
| ○1/30（土）-1/31（日） | **太平洋奇跡の作戦 キスカ** 65／東宝／丸山誠治 |
| | **五十万人の遺産** 63／三船プロダクション／三船敏郎 |

| | |
|---|---|
| | **巨人伝** 38／東宝／伊丹万作 |
| ■11/29（日）-1999年1/2（土） | **● チャンバラ・スタア★日本一決定戦　バンツマ対アラカン** |
| ¥1,500 | **《バンツマ＝阪東妻三郎の巻 ①》** |
| ○11/29（日）-12/2（水） | **恋山彦［総集編］** 37／日活／マキノ正博 |
| | **東海水滸伝（東海二十八人衆）** 45／大映／伊藤大輔、稲垣浩 |
| | **赤垣源蔵（討入り前夜）** 38／日活／池田富保 |
| ○12/3（木）-12/5（土） | **《バンツマ＝阪東妻三郎の巻 ②》** |
| | **大江戸五人男** 51／松竹／伊藤大輔 |
| | **おぼろ駕籠** 51／松竹／伊藤大輔 |
| ○12/6（日）-12/9（水） | **《バンツマ＝阪東妻三郎の巻 ③》** |
| | **牢獄の花嫁［総集編］** 39／日活／荒井良平 |
| | **影法師 寛永寺の血闘** 50／松竹／大曾根辰夫 |
| | **続・影法師 龍虎相搏つ** 50／松竹／大曾根辰夫 |
| ○12/10（木）-12/12（土） | **《バンツマ＝阪東妻三郎の巻 ④》** |
| | **稲妻草紙** 52／松竹／稲垣浩 |
| | **魔像** 52／松竹／大曾根辰夫 |
| ○12/13（日）-12/16（水） | **《アラカン＝嵐寛壽郎の巻 ①》** |
| | **右門捕物帖 拾万両秘聞** 39／日活／荒井良平 |
| | **鞍馬天狗 龍攘虎搏の巻** 38／日活／松田定次 |
| | **髑髏錢《総集編》** 39／日活／辻吉朗 |
| ○12/17（木）-12/19（土） | **《アラカン＝嵐寛壽郎の巻 ②》** |
| | **鞍馬天狗 薩摩の密使** 41／日活／菅沼完二 |
| | **剣光櫻吹雪** 41／日活／菅沼完二 |
| ○12/20（日）-12/22（火） | **《アラカン＝嵐寛壽郎の巻 ③》** |
| | **照る日くもる日《前編》** 54／宝塚映画／志村敏夫 |
| | **照る日くもる日《後編》** 54／宝塚映画／志村敏夫 |
| | **旗本やくざ** 55／宝塚映画／志村敏夫 |
| ○12/23（水）-12/26（土） | **《アラカン＝嵐寛壽郎の巻 ④》** |
| | **高田馬場前後（初祝二刀流）** 44／大映／松田定次 |
| | **三味線武士** 39／日活／衣笠十四三 |
| | **鞍馬天狗 鞍馬の火祭** 51／松竹／大曾根辰夫 |
| ○12/27（日）-1999年1/2（土） | **《特別付録・オモシロ時代劇三連発》** |
| | **鴛鴦歌合戦** 39／日活／マキノ正博 |
| | **天狗飛脚** 49／大映／丸根賛太郎 |
| | **丹下左膳餘話 百萬両の壺** 35／日活／山中貞雄 |

# 1998【レイトショー】

| | |
|---|---|
| ■1/9（金）-1999年1/31（日） | **● ランダム・レア・コレクション 50 本！　日本映画「お宝」発掘キャラバン** |
| ¥1,000均一 | |
| ○1/9（金）-1/15（木） | **いらっしゃいませ** 55／東京映画／瑞穂春海 |
| ○1/16（金）-1/22（木） | **どんと行こうぜ** 59／松竹／野村芳太郎 |
| ○1/23（金）-1/29（木） | **とめてくれるな おっ母さん** 69／松竹／田向正健 |
| ○1/30（金）-2/5（木） | **脱獄者** 67／大映／池広一夫 |
| ○2/6（金）-2/12（木） | **ミスター・ジャイアンツ 勝利の旗** 64／東京映画／佐伯幸三 |
| ○2/13（金）-2/19（木） | **ラブハンター 熱い肌** 72／日活／小沼勝 |
| ○2/20（金）-2/26（木） | **東京＝ソウル＝バンコック 実録麻薬地帯** 73／東映／中島貞夫 |
| ○2/27（金）-3/5（木） | **スケバンマフィア 恥辱** 80／にっかつ／斎藤信幸 |
| ○3/6（金）-3/12（木） | **カミカゼ野郎 真昼の決斗** 66／にんじんプロダクション＋國光影業／深作欣二 |
| ○3/13（金）-3/19（木） | **闇を裂く一発** 68／大映／村野鐵太郎 |
| ○3/20（金）-3/26（木） | **黄色いさくらんぼ** 60／松竹／野村芳太郎 |
| ○3/27（金）-4/2（木） | **兄さんの愛情** 54／東京映画／丸山誠治 |
| ○4/3（金）-4/9（木） | **鉄砲犬** 65／大映／村野鐵太郎 |
| ○4/10（金）-4/16（木） | **悪魔の接吻** 59／東宝／丸山誠治 |
| ○4/17（金）-4/23（木） | **昼下がりの情事 古都曼荼羅** 73／日活／小沼勝 |
| ○4/24（金）-4/30（木） | **ウナ・セラ・ディ東京** 65／松竹／番匠義彰 |
| ○5/1（金）-5/7（木） | **サインはV** 70／東宝／竹林進 |
| ○5/8（金）-5/14（木） | **百万人の大合唱** 72／近代放映／須川栄三 |
| ○5/15（金）-5/21（木） | **昭和エロチカ 薔薇の貴婦人** 80／日活／藤井克彦 |

| | |
|---|---|
| | **憎いあンちくしょう** 62／日活／蔵原惟繕 |
| ■9/6（日）-10/10（土） ¥1,500 | **● 好評シリーズ第２弾 全日本カルト人名事典** |
| ○9/6（日）-9/9（水） | **《三島由紀夫＋若尾文子》** |
| | **獣の戯れ** 64／大映／富本壮吉 |
| | **からっ風野郎** 60／大映／増村保造 |
| ○9/10（木）-9/13（日） | **《石井輝男》** |
| | **忘八武士道** 73／東映／石井輝男 |
| | **江戸川乱歩全集 恐怖奇形人間** 69／東映／石井輝男 |
| ○9/14（月）-9/16（水） | **《若大将＝加山雄三》** |
| | **大学の若大将** 61／東宝／杉江敏男 |
| | **アルプスの若大将** 66／東宝／古澤憲吾 |
| ○9/17（木）-9/19（土） | **《鈴木清順①》** |
| | **くたばれ愚連隊** 60／日活／鈴木清順 |
| | **峠を渡る若い風** 61／日活／鈴木清順 |
| ○9/20（日）-9/22（火） | **《鈴木清順②》** |
| | **散弾銃の男** 61／日活／鈴木清順 |
| | **百万弗を叩き出せ** 61／日活／鈴木清順 |
| ○9/23（水）-9/26（土） | **《神代辰巳＋宮下順子》** |
| | **四畳半襖の裏張り** 73／日活／神代辰巳 |
| | **赫い髪の女** 79／にっかつ／神代辰巳 |
| ○9/27（日）-9/30（水） | **《萩原健一＋神代辰巳》** |
| | **アフリカの光** 75／東宝＋渡辺企画／神代辰巳 |
| | **青春の蹉跌** 74／渡辺企画＋東京映画／神代辰巳 |
| ○10/1（木）-10/3（土） | **《藤岡弘》** |
| | **落葉とくちづけ** 69／松竹／斎藤耕一 |
| | **野獣死すべし 復讐のメカニック** 74／東宝映画／須川栄三 |
| ○10/4（日）-10/7（水） | **《今村昌平》** |
| | **果しなき欲望** 58／日活／今村昌平 |
| | **盗まれた欲情** 58／日活／今村昌平 |
| ○10/8（木）-10/10（土） | **《岸田森＋実相寺昭雄》** |
| | **哥** 72／実相寺プロダクション＋ATG／実相寺昭雄 |
| | **曼荼羅** 71／実相寺プロダクション＋ATG ※120分版／実相寺昭雄 |
| ■10/11（日）-11/14（土） ¥1,500 | **● 代表作から貴重作まで全16本 小津安二郎監督特集** |
| ○10/11（日）-10/15（木） | **晩春** 49／松竹／小津安二郎 |
| | **東京物語** 53／松竹／小津安二郎 |
| ○10/16（金）-10/20（火） | **秋日和** 60／松竹／小津安二郎 |
| | **麦秋** 51／松竹／小津安二郎 |
| ○10/21（水）-10/24（土） | **落第はしたけれど** 30／松竹／小津安二郎 |
| | **若き日** 29／松竹／小津安二郎 |
| ○10/25（日）-10/28（水） | **淑女と髭** 31／松竹／小津安二郎 |
| | **出来ごころ** 33／松竹／小津安二郎 |
| ○10/29（木）-11/1（日） | **淑女は何を忘れたか** 37／松竹／小津安二郎 |
| | **一人息子** 36／松竹／小津安二郎 |
| ○11/2（月）-11/5（木） | **風の中の雌鶏** 48／松竹／小津安二郎 |
| | **父ありき** 42／松竹／小津安二郎 |
| ○11/6（金）-11/9（月） | **お早よう** 59／松竹／小津安二郎 |
| | **早春** 56／松竹／小津安二郎 |
| ○11/10（火）-11/14（土） | **東京暮色** 57／松竹／小津安二郎 |
| | **秋刀魚の味** 62／松竹／小津安二郎 |
| ■11/15（日）-11/28（土） | **● 銀幕の伝説原節子特集 ¥1,500** |
| ○11/15（日）-11/18（水） | **娘・妻・母** 60／東宝／成瀬巳喜男 |
| | **安城家の舞踏会** 47／松竹 ※トリミングによるシネマスコープ版／吉村公三郎 |
| ○11/19（木）-11/22（日） | **青い山脈** 49／東宝／今井正 |
| | **続・青い山脈** 49／東宝／今井正 |
| | **お嬢さん乾杯** 49／松竹／木下恵介 |
| ○11/23（月）-11/25（水） | **女ごころ** 59／東宝／丸山誠治 |
| | **愛情の決算** 56／東宝／佐分利信 |
| ○11/26（木）-11/28（土） | **河内山宗俊** 36／日活＋太秦発声／山中貞雄 |

| | |
|---|---|
| | **笑う宝島** 46／松竹／川島雄三 |
| | **天使も夢を見る** 51／松竹／川島雄三 |
| ○6/7（日）-6/10（水） | **とんかつ大将** 52／松竹／川島雄三 |
| | **娘はかく抗議する** 52／松竹／川島雄三 |
| | **学生社長** 53／松竹／川島雄三 |
| ○6/11（木）-6/13（土） | **愛のお荷物** 55／松竹／川島雄三 |
| | **風船** 56／日活／川島雄三 |
| ○6/14（日）-6/17（水） | **洲崎パラダイス 赤信号** 56／日活／川島雄三 |
| | **幕末太陽傳** 57／日活／川島雄三 |
| ○6/18（木）-6/20（土） | **女であること** 58／東京映画／川島雄三 |
| | **赤坂の姉妹 夜の肌** 60／東京映画／川島雄三 |
| ○6/21（日）-6/24（水） | **グラマ島の誘惑** 59／東京映画／川島雄三 |
| | **貸間あり** 59／宝塚映画／川島雄三 |
| ○6/25（木）-6/27（土） | **特急にっぽん** 61／東宝／川島雄三 |
| | **青べか物語** 62／東京映画／川島雄三 |
| ○6/28（日）-7/1（水） | **雁の寺** 62／大映／川島雄三 |
| | **しとやかな獣** 62／大映／川島雄三 |
| ○7/2（木）-7/4（土） | **箱根山** 62／東宝／川島雄三 |
| | **イチかバチか** 63／東宝／川島雄三 |

---

| | |
|---|---|
| ■7/5（日）-8/8（土） ¥1,500 | **● カルト・ワールドカップ '98 参加9カ国、14作品、カルト・オブ・カルトはあなたが決める** |
| ○7/5（日）-7/11（土） | **◇一回戦《退廃未来はパンクがいっぱい》** |
| | **リキッドスカイ** 82／スラヴァ・ツッカーマン |
| | **ブレードランナー ディレクターズ・カット最終版** 92／リドリー・スコット |
| ○7/12（日）-7/16（木） | **◇二回戦《ショック！ショック？あなたは耐えられるか》** |
| | **死の王** 89／ユルグ・ブットゲライト |
| | **サンタ・サングレ 聖なる血** 89／アレハンドロ・ホドロフスキー |
| ○7/17（金）-7/21（火） | **◇三回戦《ゲージツだけど、おもしろいゾ》** |
| | **アンダーグラウンド** 95／エミール・クストリッツァ |
| | **カルネ** 94／ギャスパー・ノエ |
| ○7/22（水）-7/27（月） | **◇ハーフ・タイム《笑って笑って260分、珍品びっくり箱》** |
| | **金星人地球を征服** 56／ロジャー・コーマン |
| | **アタック・オブ・キラートマト 完璧版** 95／ジョン・デ・ベロ |
| | **シンドバッド虎の目大冒険** 77／サム・ワナメーカー |
| ○7/28（火）-8/1（土） | **◇準決勝《世紀末少女たちはデンジャラス》** |
| | **乙女の祈り** 94／ピーター・ジャクソン |
| | **1999年の夏休み** 88／ソニービデオソフトウエアインターナショナル＋NCP／金子修介 |
| | **夢野久作の少女地獄** 77／日活／小沼勝 |
| ○8/2（日）-8/8（土） | **◇決勝戦《無限に広がる大宇宙、すべては幻か？》** |
| | **ファンタスティック・プラネット** 73／ルネ・ラルー |
| | **惑星ソラリス** 72／アンドレイ・タルコフスキー |

---

| | |
|---|---|
| ■8/9（日）-9/5（金） ¥1,500 | **● 映画の町★「尾道」市制施行100周年記念 尾道映画大全集** |
| ○8/9（日）-8/15（土） | **《大林宣彦監督・尾道3部作》** |
| | **時をかける少女** 83／角川春樹事務所／大林宣彦 |
| | **転校生** 82／日本テレビ放送網＋ATG／大林宣彦 |
| | **さびしんぼう** 85／東宝映画＋アミューズ・シネマ・シティ／大林宣彦 |
| ○8/16（日）-8/22（土） | **《大林宣彦監督・「瀬戸内キネマ」シリーズ》** |
| | **日本殉情伝 おかしなふたり ものくるほしきひとびとの群** 88／フィルムリンク・インターナショナル／大林宣彦 |
| | **麗猫伝説** 83／日本テレビ放送網＋円谷プロダクション／大林宣彦 |
| ○8/23（日）-8/26（水） | **《大林宣彦監督・新尾道2/3部作》** |
| | **ふたり** 91／ギャラック＋PSC＋NHKエンタープライズ／大林宣彦 |
| | **あした** 95／アミューズ＋PSC＋イマジカ＋プライド・ワン／大林宣彦 |
| ○8/27（木）-8/29（土） | **《大林宣彦監督・尾道映画外伝》** |
| | **彼のオートバイ 彼女の島** 86／角川春樹事務所／大林宣彦 |
| | **野ゆき山ゆき海べゆき（モノクロ版）** 86／日本テレビ放送網＋バップ／大林宣彦 |
| ○8/30（日）-9/2（水） | **《尾道の風景1957－79 ①》** |
| | **集金旅行** 57／松竹／中村登 |
| | **神様のくれた赤ん坊** 79／松竹／前田陽一 |
| ○9/3（木）-9/5（金） | **《尾道の風景1957－79 ②》** |
| | **お嫁にゆきます** 78／東宝／西河克己 |

ゼイラム　91／ギャガ＋クラウド／雨宮慶太
ガンヘッド　89／東宝映画＋サンライズ／原田眞人

○4/9（木）-4/11（土）　《スター・ウォーズ in Japan》
惑星大戦争　77／東宝映画＋東宝映像／福田純
宇宙からのメッセージ　78／東映／深作欣二

○4/12（日）-4/15（水）　《超大作だ！角川だ!!》
戦国自衛隊　79／角川春樹事務所／斎藤光正
里見八犬伝　83／角川春樹事務所／深作欣二

○4/16（木）-4/18（土）　《地球に降りてきた異邦人》
宇宙人東京に現わる　56／大映／島耕二
ウルトラQ・ザ・ムービー 星の伝説　90／松竹＋セガ＋東北新社＋円谷映像／実相寺昭雄

○4/19（日）-4/22（水）　《変身していく者たち》
透明人間と蠅男　57／大映／村山三男
マタンゴ　63／東宝／本多猪四郎
ガス人間㐧１号　60／東宝／本多猪四郎

○4/23（木）-4/26（日）　《猟奇な世界へようこそ》
女獄門帖 引き裂かれた尼僧　77／東映／牧口雄二
コギャル喰い～大阪テレクラ篇～　97／幻想配給社／友松直之
生首情痴事件　67／大蔵映画／小川欽也

○4/27（月）-4/30（木）　《68年の松竹はスゴイッ！》
吸血髑髏船　68／松竹／松野宏軌
昆虫大戦争　68／松竹／二本松嘉瑞
吸血鬼ゴケミドロ　68／松竹／佐藤肇

○5/1（金）-5/3（日）　《世界が終わっていく》
地震列島　80／東宝映画／大森健次郎
世界大戦争　61／東宝／松林宗恵

○5/4（月）-5/6（水）　《神の怒りか！運が悪かったのか？》
士魂魔道 大龍巻　64／宝塚映画／稲垣浩
日蓮と蒙古大襲来　58／大映／渡辺邦男

○5/7（木）-5/9（土）　《ファンタスティック・アジア》
ゲンと不動明王　61／東宝／稲垣浩
孫悟空　59／東宝／山本嘉次郎

---

■5/10（日）-6/2（火）　¥1,500　● 松竹の光と影 大島渚 VS 山田洋次
◇憤りの表現者・世界の大島渚

○5/10（日）-5/13（水）　《大島渚①》
愛と希望の街　59／松竹／大島渚
青春残酷物語　60／松竹／大島渚

○5/14（木）-5/16（土）　《大島渚②》
太陽の墓場　60／松竹／大島渚
日本の夜と霧　60／松竹／大島渚

○5/17（日）-5/20（水）　《大島渚③》
悦楽　65／松竹／大島渚
日本春歌考　67／創造社／大島渚

○5/21（木）-5/23（土）　《大島渚④》
無理心中　日本の夏　67／創造社／大島渚
帰ってきたヨッパライ　68／創造社／大島渚

○5/24（日）-5/26（火）　《山田洋次①》
二階の他人　61／松竹／山田洋次
下町の太陽　63／松竹／山田洋次

○5/27（水）-5/29（金）　《山田洋次②》
霧の旗　65／松竹／山田洋次
愛の讃歌　67／松竹／山田洋次

○5/30（土）-6/2（火）　《山田洋次③》
運が良けりゃ　66／松竹／山田洋次
吹けば飛ぶよな男だが　68／松竹／山田洋次
馬鹿が戦車でやって来る　64／松竹／山田洋次

---

■6/3（水）-7/4（土）　¥1,500　● 川島雄三映画祭

○6/3（水）-6/6（土）
還って来た男　44／松竹／川島雄三
追いつ追われつ　46／松竹／川島雄三

| | |
|---|---|
| ○1/22（木）-1/24（土） | **侍** 65／東宝＋三船プロダクション／岡本喜八 |
| | **座頭市と用心棒** 70／勝プロダクション／岡本喜八 |
| ○1/25（日）-1/28（水） | **暴れ豪右衛門** 66／東宝／稲垣浩 |
| | **大坂城物語** 61／東宝／稲垣浩 |
| ○1/29（水）-1/31（土） | **新選組** 70／三船プロダクション／沢島忠 |
| | **待ち伏せ** 70／三船プロダクション／稲垣浩 |

---

| | |
|---|---|
| ■2/1（日）-3/7（土） ¥1,500 | **● 全日本カルト人名事典** |
| ○2/1（日）-2/4（水） | **《江戸川乱歩》** |
| | **人間椅子** 97／ケイエスエス／水谷俊之 |
| | **黒蜥蜴** 62／大映／井上梅次 |
| | **江戸川乱歩全集 恐怖奇形人間** 69／東映／石井輝男 |
| ○2/5（木）-2/7（土） | **《夢野久作》** |
| | **夢野久作の少女地獄** 77／日活／小沼勝 |
| | **ユメノ銀河** 97／ケイエスエス／石井聰亙 |
| ○2/8（日）-2/10（水） | **《安部公房》** |
| | **他人の顔** 66／東京映画＋勅使河原プロダクション／勅使河原宏 |
| | **砂の女** 64／勅使河原プロダクション／勅使河原宏 |
| ○2/11（木）-2/14（土） | **《横溝正史》** |
| | **犬神家の一族** 76／角川春樹事務所／市川崑 |
| | **悪魔の手毬唄** 77／東宝映画／市川崑 |
| ○2/15（日）-2/18（水） | **《美輪明宏》** |
| | **黒薔薇の館** 69／松竹／深作欣二 |
| | **黒蜥蜴** 68／松竹／深作欣二 |
| ○2/19（木）-2/21（土） | **《寺山修司》** |
| | **書を捨てよ町へ出よう** 71／人力飛行機舎＋ATG／寺山修司 |
| | **田園に死す** 74／人力飛行機舎＋ATG／寺山修司 |
| ○2/22（日）-2/25（水） | **《永瀬正敏》** |
| | **みゆき** 83／東宝＋キティ・フィルム／井筒和幸 |
| | **ションベン・ライダー** 83／キティ・フィルム／相米慎二 |
| ○2/26（木）-2/28（土） | **《長谷川和彦》** |
| | **太陽を盗んだ男** 79／キティ・フィルム／長谷川和彦 |
| | **青春の殺人者** 76／今村プロダクション＋綜映社＋ATG／長谷川和彦 |
| ○3/1（日）-3/4（水） | **《竹中直人》** |
| | **ヌードの夜** 93／アルゴ・ピクチャーズ／石井隆 |
| | **痴漢電車 下着検札** 84／新東宝／滝田洋二郎 |
| | **天使のはらわた 赤い眩暈〈めまい〉** 88／にっかつ／石井隆 |
| ○3/5（木）-3/7（土） | **《梶芽衣子》** |
| | **女囚701号 さそり** 72／東映／伊藤俊也 |
| | **女囚さそり 第41雑居房** 72／東映／伊藤俊也 |

---

| | |
|---|---|
| ■3/8（日）-4/4（土） ¥1,500 | **● ANIMATION IMPACT THE MOVIE アニメーション・インパクト〔劇場版〕** |
| ○3/8（日）-3/11（水） | **機動戦士ガンダム** 81／日本サンライズ／富野喜幸（総監督） |
| | **機動戦士ガンダムⅡ 哀・戦士編** 81／日本サンライズ／富野喜幸（総監督） |
| ○3/12（木）-3/14（土） | **機動戦士ガンダムⅢ めぐりあい宇宙（そら）編** 82／日本サンライズ／富野喜幸（総監督） |
| | **クラッシャージョウ** 83／日本サンライズ／安彦良和 |
| ○3/15（日）-3/18（水） | **伝説巨神イデオン THE IDEON 接触篇** 82／日本サンライズ／富野喜幸（総監督） |
| | **伝説巨神イデオン THE IDEON 発動篇** 82／日本サンライズ／富野喜幸（総監督） |
| ○3/19（木）-3/21（土） | **AKIRA** 88／東宝／大友克洋 |
| | **MEMORIES** 95／松竹／大友克洋（総監督） |
| ○3/22（日）-3/25（水） | **迷宮物語** 87／角川書店／りんたろう、川尻善昭、大友克洋 |
| | **幻魔大戦** 83／角川春樹事務所／りんたろう |
| ○3/26（水）-3/28（土） | **機動警察パトレイバー 劇場版** 89／バンダイビジュアル／押井守 |
| | **機動警察パトレイバー 2 the Movie** 93／バンダイビジュアル／押井守 |
| ○3/29（日）-4/1（水） | **超時空要塞マクロス 愛・おぼえていますか** 84／ビッグウェスト／河森正治、石黒昇 |
| | **王立宇宙軍オネアミスの翼・オリジナル版** 87／バンダイビジュアル／山賀博之 |
| ○4/2（木）-4/4（土） | **うる星やつら オンリー・ユー** 83／キティ・フィルム＋スタジオぴえろ／押井守 |
| | **うる星やつら2 ビューティフル・ドリーマー** 84／キティ・フィルム＋スタジオぴえろ／押井守 |

---

| | |
|---|---|
| ■4/5（日）-5/9（土） ¥1,500 | **● 全日本特撮あら・カルト** |
| ○4/5（日）-4/8（水） | **《アニメか！実写か？》** |

○2/7（金）-2/13（木）　**青い獣 ひそかな愉しみ**　78／日活／武田一成
○2/14（金）-2/20（木）　**メキシコ無宿**　62／日活／蔵原惟繕
○2/21（金）-2/27（木）　**女秘密調査員 唇に賭けろ**　70／大映／村山三男
○2/28（金）-3/6（木）　**二匹の牝犬**　64／東映／渡辺祐介
○3/7（金）-3/13（木）　**喜劇ギャンブル必勝法**　70／東映／渡辺祐介
○3/14（金）-3/20（木）　**あんみつ姫の武者修業**　60／松竹／大曾根辰保
○3/21（金）-3/27（木）　**おいろけコミック 不思議な仲間**　70／東宝／児玉進
○3/28（金）-4/3（木）　**女殺し屋 牝犬**　69／大映／井上芳夫
○4/4（金）-4/10（木）　**体当りすれすれ娘**　59／松竹／穂積利昌
○4/11（金）-4/17（木）　**結婚期**　54／クレインズ・クラブ／井上梅次
○4/18（金）-4/24（木）　**蜘蛛の湯女（ゆな）**　71／大映／太田昭和
○4/25（金）-5/1（木）　**「婦警日誌」より 婦人科医の告白**　57／松竹／岩間鶴夫
○5/2（金）-5/8（木）　**にっぽん実話〈スキャンダル〉時代**　63／東宝／福田純
○5/9（金）-5/15（木）　**女賭博師 みだれ壺**　68／大映／田中重雄
○5/16（金）-5/22（木）　**めくらのお市物語 真赤な流れ鳥**　69／松竹／松田定次
○5/23（金）-5/29（木）　**ピンクレディーの活動大写真**　78／東宝／小谷承靖
○5/30（金）-6/5（木）　**悪魔からの勲章**　67／大映／村山三男
○6/6（金）-6/12（木）　**九月の空**　78／松竹／山根成之
○6/13（金）-6/19（木）　**空想天国**　68／東宝／松森健
○6/20（金）-6/26（木）　**木枯し紋次郎**　72／東映／中島貞夫
○6/27（金）-7/3（木）　**ニッポン珍商売**　63／松竹／酒井欣也
○7/4（金）-7/10（木）　**青いくちづけ**　65／大映／井上芳夫
○7/11（金）-7/17（木）　**奇妙な仲間 おいろけ道中**　70／東宝／児玉進
○7/18（金）-7/24（木）　**三匹の牝蜂**　70／東映／鳥居元宏
○7/25（金）-7/31（木）　**新宿馬鹿物語**　77／松竹／渡辺祐介
○8/1（金）-8/7（木）　**逃げてきた花嫁**　56／東宝／青柳信雄
○8/8（金）-8/14（木）　**奥様は大学生**　56／東京映画／杉江敏男
○8/15（金）-8/21（木）　**森繁よ何処へ行く**　56／東京映画／瑞穂春海
○8/22（金）-8/28（木）　**おしゃべり奥様**　59／東宝／青柳信雄
○8/29（金）-9/4（木）　**僕は三人前**　58／東京映画／瑞穂春海
○9/5（金）-9/11（木）　**僕は独身社員**　60／東京映画／古澤憲吾
○9/12（金）-9/18（木）　**僕はボデイガード**　64／宝塚映画／久松静児
○9/19（金）-9/25（木）　**じゃじゃ馬ならし**　66／東宝／杉江敏男
○9/26（金）-10/2（木）　**青春太郎**　67／東京映画／中平康
○10/3（金）-10/9（木）　**街に泉があった**　68／東宝／浅野正雄
○10/10（金）-10/16（木）　**若い野ばら**　65／松竹／宮崎守
○10/17（金）-10/23（木）　**昭和ひとけた社長対ふたけた社員**　71／東宝／石田勝心
○10/24（金）-10/30（木）　**ママおうちが燃えてるの**　61／松竹／川頭義郎
○10/31（金）-11/6（木）　**大あばれ孫悟空**　52／大映／加戸敏
○11/7（金）-11/13（木）　**団地・七つの大罪**　64／宝塚映画／千葉泰樹／筧正典
○11/14（金）-11/20（木）　**晴子の応援団長**　62／松竹／酒井欣也
○11/21（金）-11/27（木）　**狸の休日**　66／東宝／山本嘉次郎
○11/28（金）-12/4（木）　**俺の血は他人の血**　74／松竹／舛田利雄
○12/5（金）-12/11（木）　**銀嶺の王者**　60／松竹／番匠義彰
○12/12（金）-12/18（木）　**太陽は呼んでいる**　63／東宝／須川栄三

■12/19（金）-1998年1/8（木）　**● スペシャル・レイトショー**
¥1,000　**足にさわった女**　60／大映／増村保造
※12/31（水）-1/4（日）はレイトショーは休映

# 1998

■1/1（木）-1/21（水）¥1,500　**● 光と影の伝統 黒澤明監督・時代劇の世界**
○1/1（木）-1/7（水）　**七人の侍**　54／東宝／黒澤明
○1/8（木）-1/14（水）　**蜘蛛巣城**　57／東宝／黒澤明
**隠し砦の三悪人**　58／東宝／黒澤明
○1/15（木）-1/21（水）　**用心棒**　61／東宝＋黒澤プロダクション／黒澤明
**椿三十郎**　62／東宝＋黒澤プロダクション／黒澤明

---

■1/22（木）-1/31（土）¥1,500　**● 怒涛の大殺陣！！ コレデモカ篇 三船敏郎×時代劇三大名匠**

| | |
|---|---|
| | **乱れからくり** 79／東宝／児玉進 |
| ○11/6（木）-11/8（土） | **人間の証明** 77／角川春樹事務所／佐藤純彌 |
| | **嵐が丘** 88／西友＋MEDIACTUEL／吉田喜重 |

| | |
|---|---|
| ■11/9（日）-11/29（土） ¥1,500 | **● 唸りを上げる豪速球女性映画「増村保造監督＋若尾文子」特集** |
| ○11/9（日）-11/12（水） | **氾濫** 59／大映／増村保造 |
| | **からっ風野郎** 60／大映／増村保造 |
| ○11/13（木）-11/15（土） | **爛（ただれ）** 62／大映／増村保造 |
| | **偽大学生** 60／大映／増村保造 |
| ○11/16（日）-11/19（水） | **「女の小箱」より 夫が見た** 64／大映／増村保造 |
| | **妻は告白する** 61／大映／増村保造 |
| ○11/20（木）-11/23（日） | **卍** 64／大映／増村保造 |
| | **赤い天使** 66／大映／増村保造 |
| ○11/24（月）-11/26（水） | **積木の箱** 68／大映／増村保造 |
| | **千羽鶴** 69／大映／増村保造 |
| ○11/27（木）-11/29（土） | **《特別付録・ひとりで頑張る若尾文子》** |
| | **十代の性典** 53／大映／島耕二 |
| | **女が愛して憎むとき** 63／大映／富本壮吉 |

| | |
|---|---|
| ■11/30（日）-12/31（水） ¥1,500 | **● 年の暮れの定番特集 待ってました！時代劇五人男** |
| ○11/30（日）-12/3（水） | **《大河内伝次郎の巻》** |
| | **丹下左膳餘話 百萬両の壺** 35／日活／山中貞雄 |
| | **すっ飛び駕** 52／大映／マキノ正博 |
| ○12/4（木）-12/6（土） | **《阪東妻三郎の巻》** |
| | **素浪人罷通る** 47／大映／伊藤大輔 |
| | **月の出の決闘** 47／大映／丸根賛太郎 |
| ○12/7（日）-12/10（水） | **《嵐寛寿郎の巻 ①》** |
| | **虚無僧屋敷** 50／大映／安田公義 |
| | **鞍馬天狗 角兵衛獅子の巻** 38／日活／マキノ正博、松田定次 |
| | **江戸の悪太郎** 38／日活／マキノ正博 |
| ○12/11（木）-12/13（土） | **《嵐寛寿郎の巻 ②》** |
| | **鞍馬天狗（・横浜に現る）** 42／大映 ※タイトルは『鞍馬天狗 黄金地獄』／伊藤大輔 |
| | **むッつり右門捕物帖 鬼面屋敷** 55／東宝／山本嘉次郎 |
| ○12/14（日）-12/17（水） | **《嵐寛寿郎の巻 ③》** |
| | **復讐浄瑠璃坂 鬼伏峠の襲撃** 55／宝塚映画／二川文太郎、並木鏡太郎 |
| | **復讐浄瑠璃坂 暁の血戦** 55／宝塚映画 ※『鬼伏峠の襲撃』の続篇／二川文太郎、並木鏡太郎 |
| | **右門捕物帖 恐怖の十三夜** 55／宝塚映画／志村敏夫 |
| ○12/18（木）-12/21（日） | **《嵐寛寿郎の巻 ④》** |
| | **鞍馬天狗 御用盗異変** 56／宝塚映画／並木鏡太郎 |
| | **疾風！鞍馬天狗** 56／宝塚映画／並木鏡太郎 |
| ○12/22（月）-12/24（水） | **《市川右太衛門の巻》** |
| | **天狗飛脚** 49／大映／丸根賛太郎 |
| | **旗本退屈男** 58／東映／松田定次 |
| ○12/25（木）-12/27（土） | **《片岡千恵蔵の巻》** |
| | **鴛鴦歌合戦** 39／日活／マキノ正博 |
| | **壮烈新選組 幕末の動乱** 60／東映／佐々木康 |
| ○12/28（日）-12/31（水） | **《番外篇・片岡千恵蔵＝多羅尾伴内の巻》** |
| | **多羅尾伴内 七つの顔** 46／大映／松田定次 |
| | **多羅尾伴内 二十一の指紋** 48／大映／松田定次 |
| | **多羅尾伴内 七つの顔の男だぜ** 60／東映／小沢茂弘 |

## 1997【レイトショー】

| | |
|---|---|
| ■1/3（金）-12/18（木） ¥999均一<br>（※途中で¥1,000に） | **● ランダム・レア・コレクション50本！ '97日本映画「お宝」発掘キャラバン** |
| ○1/3（金）-1/9（木） | **星空の街** 57／東宝／小田基義 |
| ○1/10（金）-1/16（木） | **大当り狸御殿** 58／宝塚映画／佐伯幸三 |
| ○1/17（金）-1/23（木） | **男対男** 60／東宝／谷口千吉 |
| ○1/24（金）-1/30（木） | **タリラリラン高校生** 71／大映／田中重雄 |
| ○1/31（金）-2/6（木） | **恋の空中ぶらんこ** 76／東宝／松林宗恵 |

| | |
|---|---|
| | **ふりむけば愛** 78／ホリ企画制作／大林宣彦 |
| | **女ざかり** 94／松竹＋テレビ東京＋アミューズ＋日本出版販売／大林宣彦 |
| ○8/24（日）-8/27（水） | **《愛と苦悩の結晶館》** |
| | **北京的西瓜〔ペキンのすいか〕** 89／マックスダイ＋PSC／大林宣彦 |
| | **四月の魚 ポワソン・ダヴリル** 86／ジョイパック＋PSC ほか／大林宣彦 |
| | **彼のオートバイ 彼女の島** 86／角川春樹事務所／大林宣彦 |
| ○8/28（木）-8/30（土） | **《極私的秘宝館》** |
| | **日本純情伝 おかしなふたり ものくるほしきひとびとの群** 88／フィルムリンク・インターナショナル／大林宣彦 |
| | **はるか、ノスタルジィ** 92／ギャラック・プレミアム＋PSC／大林宣彦 |
| ○8/31（日）-9/3（水） | **《出逢いと別れの広場》** |
| | **姉妹坂** 85／東宝映画／大林宣彦 |
| | **さびしんぼう** 85／東宝映画＋アミューズ・シネマ・シティ／大林宣彦 |

| | |
|---|---|
| ■9/4（木）-10/11（土） ¥1,500 | **㊙日常離れ大作戦 カルト＋レアコレクション** |
| ○9/4（木）-9/6（土） | **《良くも悪くも村上龍》** |
| | **限りなく透明に近いブルー** 79／キティ・フィルム／村上龍 |
| | **トパーズ** 92／JVD＋シネマフレイン＋村上龍事務所／村上龍 |
| ○9/7（日）-9/10（水） | **《秘かな才能の愉しみ》** |
| | **神田川淫乱戦争** 83／ディレクターズ・カンパニー／黒沢清 |
| | **変態家族・兄貴の嫁さん** 83／新東宝／周防正行 |
| | **コギャル喰い** 97／幻想配給社／友松直之 |
| ○9/11（木）-9/14（日） | **《夢野久作・ユメノ旧作》** |
| | **夢野久作の少女地獄** 77／日活／小沼勝 |
| | **瓶詰め地獄** 86／にっかつ／川崎善広 |
| ○9/15（月）-9/18（木） | **《石井隆・闇あがりの美学》** |
| | **ラブホテル** 85／にっかつ／相米慎二 |
| | **天使のはらわた 赤い教室** 79／にっかつ／曽根中生 |
| | **女高生 天使のはらわた** 78／にっかつ／曽根中生 |
| ○9/19（金）-9/23（火） | **《暗愚羅渦流斗伝説》** |
| | **鎖陰** 63／鎖陰制作委員会／足立正生 |
| | **荒野のダッチワイフ** 67／大和屋プロダクション＋国映／大和屋竺 |
| ○9/24（水）-9/27（土） | **《見て感じる覚醒剤》** |
| | **鉄男 TETSUO** 89／海獣シアター／塚本晋也 |
| | **鉄男Ⅱ BODY HAMMER** 92／海獣シアターほか／塚本晋也 |
| ○9/28（日）-10/1（水） | **《レア SF コレクション》** |
| | **火の鳥** 78／東宝＋火の鳥プロダクション／市川崑 |
| | **宇宙からのメッセージ** 78／東映／深作欣二 |
| | **緯度 0 大作戦** 69／東宝＋ドン・シャープ・プロダクション／本多猪四郎 |
| ○10/2（木）-10/4（土） | **《大映スペクタクル》** |
| | **釈迦** 61／大映／三隅研次 |
| | **鯨神** 62／大映／田中徳三 |
| ○10/5（日）-10/11（土） | **《小説より奇なり》** |
| | **全身小説家** 94／疾走プロダクション／原一男 |
| | **ゆきゆきて神軍** 87／疾走プロダクション／原一男 |

| | |
|---|---|
| ■10/12（日）-11/8（土） ¥1,500 | **● 優作 is BACK** |
| ○10/12（日）-10/15（水） | **最も危険な遊戯** 78／東映セントラルフィルム／村川透 |
| | **殺人遊戯** 78／東映セントラルフィルム／村川透 |
| | **処刑遊戯** 79／東映セントラルフィルム／村川透 |
| ○10/16（木）-10/18（土） | **ヨコハマ BJ ブルース** 81／東映セントラルフィルム／工藤栄一 |
| | **ア・ホーマンス** 86／キティ・フィルム／松田優作 |
| ○10/19（日）-10/22（水） | **暴力教室** 76／東映／岡本明久 |
| | **あばよダチ公** 74／日活／澤田幸弘 |
| | **俺達に墓はない** 79／東映セントラルフィルム／澤田幸弘 |
| ○10/23（木）-10/25（土） | **ひとごろし** 76／永田プロ＋大映映画＋映像京都／大洲斎 |
| | **竜馬暗殺** 74／映画同人社＋ATG／黒木和雄 |
| ○10/26（日）-10/29（水） | **それから** 85／東映／森田芳光 |
| | **家族ゲーム** 83／にっかつ撮影所＋ニュー・センチュリー・プロデューサーズ＋ATG／森田芳光 |
| ○10/30（木）-11/2（日） | **野獣死すべし** 80／角川春樹事務所／村川透 |
| | **蘇える金狼** 79／角川春樹事務所／村川透 |
| ○11/3（月）-11/5（水） | **探偵物語** 83／角川春樹事務所／根岸吉太郎 |

| | |
|---|---|
| ■6/8(日)-6/21(土) ¥1,500 | **● 大好評特集を再び 田村正和がいっぱい** |
| ○6/8(日)-6/11(水) | **昨日のあいつ今日のおれ** 65/松竹/大槻義一 |
| | **裸の青春** 65/松竹/水川淳三 |
| | **俺たちの恋** 65/松竹/長谷和夫 |
| ○6/12(木)-6/14(土) | **日本の黒幕〔フィクサー〕** 79/東映/降旗康男 |
| | **無理心中 日本の夏** 67/創造社/大島渚 |
| ○6/15(日)-6/18(水) | **われら劣等生** 65/松竹/佐藤雄三 |
| | **空いっぱいの涙** 66/松竹/水川淳三 |
| | **雨の中の二人** 66/松竹/桜井秀雄 |
| ○6/19(木)-6/21(土) | **華麗なる闘い** 69/東宝/浅野正雄 |
| | **黒薔薇の館** 69/松竹/深作欣二 |

---

| | |
|---|---|
| ■6/22(日)-7/26(土) ¥1,500 | **● 香港返還特集 なんでもあり香港ムービーズ**<br>**THE SELECTED MASTERPIECE OF HONG KONG** |
| ○6/22(日)-6/25(水) | **金玉満堂/決戦!炎の料理人** 95/ツイ・ハーク |
| | **チャイニーズ・ゴースト・ストーリー** 87/チン・シウトン |
| ○6/26(木)-6/28(土) | **ゴッド・ギャンブラー** 89/バリー・ウォン |
| | **カジノ・レイダーズ** 90/ジミー・ヒョン |
| ○6/29(日)-7/2(水) | **D & D 完全黙秘** 95/コリィ・ユエン |
| | **ワンス・アポン・ア・タイム 天地大乱** 92/ツイ・ハーク |
| ○7/3(木)-7/5(土) | **月夜の願い** 93/ピーター・チェン/リー・チー |
| | **つきせぬ想い** 93/イー・トンシン |
| ○7/6(日)-7/9(水) | **君さえいれば/金枝玉葉** 94/ピーター・チェン |
| | **上海ブルース** 84/ツイ・ハーク |
| ○7/10(木)-7/12(土) | **ゴッド・ギャンブラー 完結篇** 94/バリー・ウォン |
| | **ハードボイルド 新・男たちの挽歌** 92/ジョン・ウー |
| ○7/13(日)-7/16(水) | **トワイライト・ランデヴー** 95/ツイ・ハーク |
| | **バタフライ・ラヴァーズ** 94/ツイ・ハーク |
| ○7/17(木)-7/19(土) | **チャイニーズ・オデッセイ PART1 月光の恋** 95/ジェフ・ラウ |
| | **チャイニーズ・オデッセイ PART2 永遠の恋** 95/ジェフ・ラウ |
| ○7/20(日)-7/26(土) | **欲望の街 古惑仔Ⅰ 銅羅湾(コーズウェイベイ)の疾風** 95/アンドリュー・ラウ |
| | **欲望の街 古惑仔Ⅱ 台湾立志伝** 96/アンドリュー・ラウ |

---

| | |
|---|---|
| ■7/27(日)-9/3(水) ¥1,500 | **●『HOUSE ハウス』から 20 年 大林宣彦監督《劇場用映画》大全集** |
| ○7/27(日)-7/30(水) | **《にぎやかなエントランス》** |
| | **金田一耕助の冒険** 79/角川春樹事務所/大林宣彦 |
| | **HOUSE ハウス** 77/東宝映像/大林宣彦 |
| | **青春デンデケデケデケ** 92/ギャラック・プレミアム+ PSC +リバティフォックス/大林宣彦 |
| ○7/31(木)-8/2(土) | **《正調青春文芸館》** |
| | **廃市** 84/ PSC +新日本制作+ ATG /大林宣彦 |
| | **野ゆき山ゆき海べゆき(モノクロ版)** 86/日本テレビ放送網+バップ/大林宣彦 |
| ○8/3(日)-8/6(水) | **《懐かしき古里館》** |
| | **野ゆき山ゆき海べゆき(カラー版)** 86/日本テレビ放送網+バップ/大林宣彦 |
| | **転校生** 82/日本テレビ放送網+ ATG /大林宣彦 |
| ○8/7(木)-8/9(土) | **《少年少女冒険ワールド》** |
| | **漂流教室** 87/日本テレビ放送網+バンダイ+東和プロ/大林宣彦 |
| | **少年ケニヤ** 84/角川春樹事務所+東映動画/大林宣彦/今沢哲男 |
| | **水の旅人 侍 KIDS** 93/松竹+テレビ東京+アミューズ+日本出版販売/大林宣彦 |
| ○8/10(日)-8/13(水) | **《Return of the dead- A 館》** |
| | **瞳の中の訪問者** 77 ホリ企画/大林宣彦 |
| | **予告篇大会 Part1** (6~8本分の予定) |
| | **ふたり** 91/ギャラック+ PSC + NHK エンタープライズ/大林宣彦 |
| ○8/14(木)-8/16(土) | **《Return of the dead- B 館》** |
| | **異人たちとの夏** 88/松竹/大林宣彦 |
| | **予告篇大会 Part2** (※一部は Part1 と重複予定) |
| | **あした** 95/アミューズ+ PSC +イマジカ+プライド・ワン/大林宣彦 |
| ○8/17(日)-8/20(水) | **《角川アイドル・パラダイス》** |
| | **天国にいちばん近い島** 84/角川春樹事務所/大林宣彦 |
| | **ねらわれた学園** 81/角川春樹事務所/大林宣彦 |
| | **時をかける少女** 83/角川春樹事務所/大林宣彦 |
| ○8/21(木)-8/23(土) | **《銀幕女優伝説館》** |

| | |
|---|---|
| | **獣人雪男** 55／東宝／本多猪四郎 |
| | **大怪獣バラン** 58／東宝／本多猪四郎 |
| ○3/20（木）-3/22（土） | **空の大怪獣ラドン** 56／東宝／本多猪四郎 |
| | **モスラ** 61／東宝／本多猪四郎 |
| ○3/23（日）-3/26（水） | **怪獣大奮戦 ダイゴロウ対ゴリアス** 72／東宝＋円谷プロダクション／飯島敏宏 |
| | **フランケンシュタイン対地底怪獣（バラゴン）** 65／東宝＋ベネディクト・プロ／本多猪四郎 |
| | **フランケンシュタインの怪獣 サンダ対ガイラ** 66／東宝＋ベネディクト・プロ／本多猪四郎 |
| ○3/27（木）-3/29（土） | **メカゴジラの逆襲** 75／東宝映像／本多猪四郎 |
| | **ゴジラ対ヘドラ** 71／東宝／坂野義光 |

| | |
|---|---|
| ■3/30（日）-4/12（土） ¥1,500 | **● 芸能生活35周年 舟木一夫青春特集** |
| ○3/30（日）-4/5（土） | **君に幸福を センチメンタル・ボーイ** 67／東京映画／丸山誠治 |
| | **その人は昔** 67／東京映画／松山善三 |
| ○4/6（日）-4/9（水） | **永訣〔わかれ〕** 69／松竹／大庭秀雄 |
| | **いつか来るさよなら** 69／松竹／川頭義郎 |
| ○4/10（木）-4/12（土） | **高校三年生** 63／大映／井上芳夫 |
| | **青春 PART Ⅱ** 79／キャン・えんたあぷらいず＋ATG／小原宏裕 |

| | |
|---|---|
| ■4/13（日）-4/26（土） ¥1,500 | **● 妥協なき演出術 鈴木英夫監督特集** |
| ○4/13（日）-4/16（水） | **大番頭小番頭** 55／東宝／鈴木英夫 |
| | **魔子恐るべし** 54／東宝／鈴木英夫 |
| | **危険な英雄** 57／東宝／鈴木英夫 |
| ○4/17（木）-4/19（土） | **目白三平物語 うちの女房** 57／東宝／鈴木英夫 |
| | **くちづけ** 55／東宝 ※3話オムニバス／筧正典、鈴木英夫、成瀬巳喜男 |
| ○4/20（日）-4/23（水） | **燈台** 59／東宝／鈴木英夫 |
| | **花の慕情** 58／東宝／鈴木英夫 |
| | **黒い画集 寒流** 61／東宝／鈴木英夫 |
| ○4/24（木）-4/26（土） | **やぶにらみニッポン** 63／東宝／鈴木英夫 |
| | **悪の階段** 65／東宝／鈴木英夫 |

| | |
|---|---|
| ■4/27（日）-5/17（土） ¥1,500 | **● 祝・新作『ねじ式』始動！ 石井輝男監督特集** |
| ○4/27（日）-5/7（水） | **徳川いれずみ師 責め地獄** 69／東映／石井輝男 |
| | **江戸川乱歩全集 恐怖奇形人間** 69／東映 ※完全復活版！／石井輝男 |
| | ※イベント 4/27 5：10～ 石井輝男監督舞台挨拶 |
| ○5/8（木）-5/14（水） | **明治・大正・昭和 猟奇女犯罪史** 69／東映／石井輝男 |
| | **残酷・異常・虐待物語 元禄女系図** 69／東映／石井輝男 |
| ○5/15（木）-5/17（土） | **ゲンセンカン主人** 93／キノシタ映画／石井輝男 |
| | **無頼平野** 95／ワイズ出版＋MMI＋ビターズ・エンド／石井輝男 |

| | |
|---|---|
| ■5/18（日）-6/7（水） ¥1,500 | **● 大島渚・篠田正浩・吉田喜重 松竹ヌーヴェル・ヴァーグ三人衆特集** |
| ○5/18（日）-5/21（水） | **《大島渚監督特集①》** |
| | **帰ってきたヨッパライ** 68／創造社／大島渚 |
| | **愛と希望の街** 59／松竹／大島渚 |
| | **青春残酷物語** 60／松竹／大島渚 |
| ○5/22（木）-5/24（土） | **《大島渚監督特集②》** |
| | **日本春歌考** 67／創造社／大島渚 |
| | **日本の夜と霧** 60／松竹／大島渚 |
| ○5/25（日）-5/28（水） | **《篠田正浩監督特集①》** |
| | **三味線とオートバイ** 61／松竹／篠田正浩 |
| | **恋の片道切符** 60／松竹／篠田正浩 |
| | **乾いた湖** 60／松竹／篠田正浩 |
| ○5/29（木）-5/31（土） | **《篠田正浩監督特集②》** |
| | **わが恋の旅路** 61／松竹／篠田正浩 |
| | **夕陽に赤い俺の顔** 61／松竹／篠田正浩 |
| ○6/1（日）-6/4（水） | **《吉田喜重監督特集①》** |
| | **甘い夜の果て** 61／松竹／吉田喜重 |
| | **血は渇いてる** 60／松竹／吉田喜重 |
| | **ろくでなし** 60／松竹／吉田喜重 |
| ○6/5（木）-6/7（土） | **《吉田喜重監督特集②》** |
| | **日本脱出** 64／松竹／吉田喜重 |
| | **嵐を呼ぶ十八人** 63／松竹／吉田喜重 |

# 1997

| | |
|---|---|
| ■1/1（水）-2/1（月） ¥1,400 | ● **東宝特撮映画大事典〔VOL.1 総天然色／スコープサイズ／非怪獣篇〕** |
| ○1/1（水）-1/6（月） | **惑星大戦争** 77／東宝映画＋東宝映像／福田純 |
| | **地球防衛軍** 57／東宝／本多猪四郎 |
| | **宇宙大戦争** 59／東宝／本多猪四郎 |
| ○1/7（火）-1/11（土） | **緯度0大作戦** 69／東宝＋ドン・シャープ・プロダクション／本多猪四郎 |
| | **海底軍艦** 63／東宝／本多猪四郎 |
| | **妖星ゴラス** 62／東宝／本多猪四郎 |
| ○1/12（日）-1/14（火） | **日本沈没** 73／東宝＋東宝映像／森谷司郎 |
| | **世界大戦争** 61／東宝／松林宗恵 |
| ○1/15（水）-1/18（土） | **電送人間** 60／東宝／福田純 |
| | **ガス人間㐧1号** 60／東宝／本多猪四郎 |
| | **エスパイ** 74／東宝映像／福田純 |
| ○1/19（日）-1/22（水） | **幽霊屋敷の恐怖 血を吸う人形** 70／東宝／山本迪夫 |
| | **マタンゴ** 63／東宝／本多猪四郎 |
| | **美女と液体人間** 58／東宝／本多猪四郎 |
| ○1/23（木）-1/25（土） | **呪いの館 血を吸う眼** 71／東宝／山本迪夫 |
| | **血を吸う薔薇** 74／東宝映像／山本迪夫 |
| ○1/26（日）-1/29（水） | **ハワイ・ミッドウェイ大海空戦 太平洋の嵐** 60／東宝／松林宗恵 |
| | **太平洋の翼** 63／東宝／松林宗恵 |
| ○1/30（木）-2/1（土） | **連合艦隊司令長官 山本五十六** 68／東宝／丸山誠治 |
| | **日本海大海戦** 69／東宝／丸山誠治 |

| | |
|---|---|
| ■2/2（日）-2/12（水） ¥1,400 | ● **沢田研二デビュー30周年特集 1967年2月5日のレコード・デビュー（タイガース「僕のマリー」）から30年！** |
| ○2/2（日）-2/5（水） | **ザ・タイガース 世界はボクらを待っている** 68／渡辺プロダクション＋／東宝／和田嘉訓 |
| | **ザ・タイガース 華やかなる招待** 68／東京映画＋渡辺プロダクション／山本邦彦 |
| | **ザ・タイガース ハーイ！ロンドン** 69／東京映画＋渡辺プロダクション／岩内克己 |
| ○2/6（木）-2/9（日） | **パリの哀愁** 76／渡辺プロダクション／出目昌伸 |
| | **虹をわたって** 72／松竹／前田陽一 |
| | **炎の肖像** 74／日活／藤田敏八／加藤彰 |
| ○2/10（月）-2/12（水） | **太陽を盗んだ男** 79／キティ・フィルム／長谷川和彦 |
| | **魔界転生** 81／東映／深作欣二 |

| | |
|---|---|
| ■2/13（木）-3/15（土） ¥1,400 | ● **あやかしの楽園においでおいで カルト渦巻ムービーズ** |
| ○2/13（木）-2/15（土） | **黒蜥蜴** 62／大映／井上梅次 |
| | **江戸川乱歩全集 恐怖奇形人間** 69／東映／石井輝男 |
| ○2/16（日）-2/19（水） | **瓶詰め地獄** 86／にっかつ／川崎善広 |
| | **夢野久作の少女地獄** 77／日活／小沼勝 |
| ○2/20（木）-2/22（土） | **江戸川乱歩の陰獣** 77／松竹／加藤泰 |
| | **盲獣** 69／大映／増村保造 |
| ○2/23（日）-2/26（水） | **江戸川乱歩猟奇館 屋根裏の散歩者** 76／日活／田中登 |
| | **発禁本「美人乱舞」より 責める！** 77／日活／田中登 |
| | **好色五人女** 78／にっかつ／田中登 |
| ○2/27（木）-3/1（土） | **黒蜥蜴** 68／松竹／深作欣二 |
| | **黒薔薇の館** 69／松竹／深作欣二 |
| ○3/2（日）-3/5（水） | **忘八武士道** 73／東映／石井輝男 |
| | **女獄門帖 引き裂かれた尼僧** 77／東映／牧口雄二 |
| | **徳川女刑罰絵巻 牛裂きの刑** 76／東映／牧口雄二 |
| ○3/6（木）-3/8（土） | **戦国ロック 疾風の女たち** 72／日活／長谷部安春 |
| | **壇の浦夜枕合戦記** 77／日活／神代辰巳 |
| ○3/9（日）-3/12（水） | **女地獄 森は濡れた** 73／日活／神代辰巳 |
| | **四畳半襖の裏張り** 73／日活／神代辰巳 |
| | **赫い髪の女** 79／にっかつ／神代辰巳 |
| ○3/13（木）-3/15（土） | **吸血鬼ゴケミドロ** 68／松竹／佐藤肇 |
| | **宇宙からのメッセージ** 78／東映／深作欣二 |

| | |
|---|---|
| ■3/16（日）-3/29（土） ¥1,400 | ● **東宝特撮映画大事典〔VOL.2 怪獣篇〕** |
| ○3/16（日）-3/19（水） | **ゴジラ** 54／東宝／本多猪四郎 |

| | |
|---|---|
| ○1/12（金）-1/18（木） | **学園祭の夜 甘い経験** 70／東宝／堀川弘通 |
| ○1/19（金）-1/25（木） | **制服の胸のここには** 72／東宝／波辺邦彦 |
| ○1/26（金）-2/1（木） | **飛び出せ！青春** 73／日本テレビ＋テアトルプロ＋東宝／高瀬昌弘 |

---

| | |
|---|---|
| ■2/2（金）-4/11（木） ¥999均一 | **● いま観逃したら一生観れない？！ 東宝レア・コレクション VOL.1** |
| ○2/2（金）-2/8（木） | **現代サラリーマン 恋愛武士道** 60／東宝／松林宗恵 |
| ○2/9（金）-2/15（木） | **出世コースに進路をとれ** 61／東宝／筧正典 |
| ○2/16（金）-2/22（木） | **トイレット部長** 61／東宝／筧正典 |
| ○2/23（金）-2/29（木） | **女性自身** 62／東宝／筧正典 |
| ○3/1（金）-3/7（木） | **若い仲間たち うちら祇園の舞妓はん** 63／宝塚映画／佐伯幸三 |
| ○3/8（金）-3/14（木） | **やぶにらみニッポン** 63／東宝／鈴木英夫 |
| ○3/15（金）-3/21（木） | **男嫌い** 64／東宝／木下亮 |
| ○3/22（金）-3/28（木） | **ミスター・ジャイアンツ 勝利の旗** 64／東京映画／佐伯幸三 |
| ○3/29（金）-4/4（木） | **石中先生行状記** 66／東宝／丸山誠治 |
| ○4/5（金）-4/11（木） | **グァム島珍道中** 73／東宝／岩内克己 |

---

| | |
|---|---|
| ■4/12（金）-5/16（木） ¥999均一 | **● これも、いま観逃したら一生観れない？！ 松竹レア・コレクション VOL.1** |
| ○4/12（金）-4/18（木） | **快人黄色い手袋** 61／松竹／市村泰一 |
| ○4/19（金）-4/21（木） | **東京オリンピック音頭 恋愛特ダネ合戦** 63／松竹／近江俊郎 |
| ○4/26（金）-5/2（木） | **空いっぱいの涙** 66／松竹／水川淳三 |
| ○5/3（金）-5/9（木） | **雌が雄を喰い殺す 三匹のかまきり** 67／松竹／井上梅次 |
| ○5/10（金）-5/16（木） | **新宿育ち** 68／松竹／長谷和夫 |

---

| | |
|---|---|
| ■5/17（金）-12/30（月） ¥999均一 | **● これも、いま観逃したら一生観れない？！ 東宝レア・コレクション VOL.2** |
| ○5/17（金）-5/23（木） | **ジャズ娘に栄光あれ** 58／東宝／山本嘉次郎 |
| ○5/24（金）-5/30（木） | **青春を賭けろ** 59／東宝／日高繁明 |
| ○5/31（金）-6/6（木） | **暴れん坊 森の石松** 59／宝塚映画／佐伯幸三 |
| ○6/7（金）-6/13（木） | **サラリーマン十戒** 59／東宝／岩城英二 |
| ○6/14（金）-6/20（木） | **水戸黄門漫遊記** 58／松竹／福田晴一 |
| | （※当初は『爆笑 水戸黄門漫遊記』（59／東宝／斎藤寅次郎）を予定） |
| ○6/21（金）-6/27（木） | **銀座退屈娘** 60／東宝／山本嘉次郎 |
| ○6/28（金）-7/4（木） | **恐妻党総裁に栄光あれ** 60／東宝／青柳信雄 |
| ○7/5（金）-7/11（木） | **唄祭ロマンス道中** 60／宝塚映画／佐伯幸三 |
| ○7/12（金）-7/18（木） | **地方記者** 62／東宝／丸山誠治 |
| ○7/19（金）-7/25（木） | **起きて転んでまた起きて** 71／渡辺プロダクション／前田陽一 |
| ○7/26（金）-8/1（木） | **素晴らしき十九才** 59／松竹／番匠義彰 |
| ○8/2（金）-8/8（木） | **大当り三代記** 61／松竹／的井邦男 |
| ○8/9（金）-8/15（木） | **おしゃべりな真珠** 65／松竹／川頭義郎 |
| ○8/16（金）-8/22（木） | **「空白の起点」より 女は復讐する** 66／テアトルプロ／長谷和夫 |
| ○8/23（金）-8/29（木） | **フォークで行こう 銀嶺は恋してる** 66／松竹／井上梅次 |
| ○8/30（金）-9/5（木） | **力道山 男の魂** 56／協同プロ／内川清一郎 |
| ○9/6（金）-9/12（木） | **歌う不夜城** 57／東宝／瑞穂春海 |
| ○9/13（金）-9/19（木） | **東京の休日** 58／東宝／山本嘉次郎 |
| ○9/20（金）-9/26（木） | **顔役と爆弾娘** 59／東宝／筧正典 |
| ○9/27（金）-10/3（木） | **金づくり太閤記** 60／東宝／川崎徹広 |
| ○10/4（金）-10/10（木） | **僕たちの失敗** 62／東宝／須川栄三 |
| ○10/11（金）-10/17（木） | **女に強くなる工夫の数々** 63／東宝／千葉泰樹 |
| ○10/18（金）-10/24（木） | **喜劇 各駅停車** 64／東京映画／井上和男 |
| ○10/25（金）-10/31（木） | **若い娘がいっぱい** 65／東宝／筧正典 |
| ○11/1（金）-11/7（木） | **河内フーテン族** 66／宝塚映画＋東宝／千葉泰樹 |
| ○11/8（金）-11/14（木） | **娘はかく抗議する** 52／松竹／川島雄三 |
| ○11/15（金）-11/21（木） | **びっくり三銃士** 52／松竹／斎藤寅次郎 |
| ○11/22（金）-11/28（木） | **煙突娘** 58／歌舞伎座映画／前田昭 |
| ○11/29（金）-12/5（木） | **人魚昇天** 58／歌舞伎座映画／田口哲 |
| ○12/6（金）-12/12（木） | **乙女の祈り** 59／松竹／佐分利信 |
| ○12/13（金）-12/18（水） | **魚河岸の旋風娘** 63／松竹／堀内真直 |
| ○12/19（木）-12/24（火） | **独立美人隊** 63／松竹／市村泰一 |
| ○12/25（水）-12/30（月） | **男じゃないか 闘志満々** 73／松竹／井上梅次 |
| | ※12/31（火）-1/2（木）はレイトショーは休映 |

| | |
|---|---|
| ■10/20（日）-11/2（土） ¥1,400 | **● 作家主義復活宣言［Ⅱ］ 川島雄三監督特集** |
| ○10/20（日）-10/23（水） | **お嬢さん社長** 54／松竹／川島雄三 |
| | **追跡者** 48／松竹／川島雄三 |
| | **学生社長** 53／松竹／川島雄三 |
| ○10/24（木）-10/26（土） | **洲崎パラダイス 赤信号** 56／日活／川島雄三 |
| | **愛のお荷物** 55／日活／川島雄三 |
| ○10/27（日）-10/30（水） | **天使も夢を見る** 51／松竹／川島雄三 |
| | **銀座二十四帖** 55／日活／川島雄三 |
| ○10/31（木）-11/2（土） | **喜劇 とんかつ一代** 63／東京映画／川島雄三 |
| | **とんかつ大将** 52／松竹／川島雄三 |

| | |
|---|---|
| ■11/3（日）-11/16（土） ¥1,400 | **● 作家主義復活宣言［Ⅲ］ 木下恵介監督特集** |
| ○11/3（日）-11/6（水） | **わが恋せし乙女** 46／松竹／木下恵介 |
| | **不死鳥** 47／松竹／木下恵介 |
| | **お嬢さん乾杯** 49／松竹／木下恵介 |
| ○11/7（木）-11/9（土） | **風花** 59／松竹／木下恵介 |
| | **惜春鳥** 59／松竹／木下恵介 |
| ○11/10（日）-11/13（水） | **今年の恋** 62／松竹／木下恵介 |
| | **春の夢** 60／松竹／木下恵介 |
| | **風前の灯** 57／松竹／木下恵介 |
| ○11/14（木）-11/16（土） | **二人で歩いた幾春秋** 62／松竹／木下恵介 |
| | **なつかしき笛や太鼓** 57／木下プロ＋宝塚映画＋東宝／木下恵介 |

| | |
|---|---|
| ■11/17（日）-11/30（土） ¥1,400 | **● 作家主義復活宣言［Ⅳ］ 増村保造監督特集** |
| ○11/17（日）-11/20（水） | **巨人と玩具** 58／大映／増村保造 |
| | **暖流** 57／大映／増村保造 |
| | **くちづけ** 57／大映／増村保造 |
| ○11/21（木）-11/23（土） | **からっ風野郎** 60／大映／増村保造 |
| | **闇を横切れ** 59／大映／増村保造 |
| ○11/24（日）-11/27（水） | **千羽鶴** 69／大映／増村保造 |
| | **濡れた二人** 68／大映／増村保造 |
| ○11/28（木）-11/30（土） | **やくざ絶唱** 70／大映／増村保造 |
| | **遊び** 71／大映／増村保造 |

| | |
|---|---|
| ■12/1（日）-12/27（金） ¥1,400 | **● 年末恒例時代劇スペシャル 嵐寛寿郎〈アラカン〉特集** |
| ○12/1（日）-12/4（水） | **荒獅子** 38／日活／松田定次 |
| | **鞍馬天狗 竜攘虎搏の巻** 38／日活／松田定次 |
| | **出世太閤記** 38／日活／稲垣浩 |
| ○12/5（木）-12/7（土） | **鞍馬天狗 江戸日記** 39／日活／松田定次 |
| | **髑髏銭** 39／日活 ※総集篇／辻吉郎 |
| ○12/8（日）-12/11（水） | **三味線武士** 39／日活／衣笠十四三 |
| | **鞍馬天狗 薩摩の密使** 41／日活／菅沼完二 |
| | **剣光桜吹雪** 41／日活／菅沼完二 |
| ○12/12（木）-12/14（土） | **最後の攘夷党** 45／大映／稲垣浩 |
| | **鞍馬天狗 角兵衛獅子** 51／松竹／大曾根辰夫 |
| ○12/15（日）-12/18（水） | **あばれ熨斗** 52／大映／安達伸生 |
| | **鞍馬天狗 鞍馬の火祭** 51／松竹／大曾根辰夫 |
| | **薩摩飛脚** 51／松竹／内出好吉 |
| ○12/19（木）-12/22（日） | **照る日くもる日〈前篇〉** 54／宝塚映画／志村敏夫 |
| | **照る日くもる日〈後篇〉** 54／宝塚映画／志村敏夫 |
| | **右門捕物帖 献上博多人形** 55／宝塚映画／志村敏夫 |
| ○12/23（月）-12/27（金） | **明治大帝御一代記** 64／大蔵映画／大蔵貢 |
| | **鞍馬天狗 天狗廻状** 52／松竹／大曾根辰夫 |
| ○12/28（土）-12/31（火） | **太平洋戦争と姫ゆり部隊** 62／大蔵映画／小森白 |
| | **新諸国物語 オテナの塔 前篇** 55／宝塚映画＋東宝／安田公義 |
| | **新諸国物語 オテナの塔 後篇** 56／宝塚映画＋東宝／安田公義 |

## 1996【レイトショー】

※「恋と友情と汗と希望と涙の青春 東宝「学園天国」特集」続き

| | |
|---|---|
| ○1/5（金）-1/11（木） | **バツグン女子高校生 そっとしといて16才** 70／東宝／松森健 |

| | |
|---|---|
| | **裸の青春** 65／松竹／水川淳三 |
| | **空いっぱいの涙** 66／松竹／水川淳三 |
| ○8/1（木）-8/3（土） | **黒薔薇の館** 69／松竹／深作欣二 |
| | **怪談残酷物語** 68／松竹／長谷和夫 |

---

| | |
|---|---|
| ■8/4（日）-10/5（土） ¥1,400 | **● 特撮＋カルト・ムービーズ 非日常悦楽博物館** |
| ○8/4（日）-8/7（水） | **獣人雪男** 55／東宝／本多猪四郎 |
| | **緯度０大作戦** 69／東宝＋ドン・シャープ・プロダクション／本多猪四郎 |
| | **マタンゴ** 63／東宝／本多猪四郎 |
| ○8/8（木）-8/10（土） | **大盗賊** 63／東宝／谷口千吉 |
| | **奇巌城の冒険** 66／東宝＋三船プロダクション／谷口千吉 |
| ○8/11（日）-8/14（水） | **宇宙人東京に現わる** 56／大映／島耕二 |
| | **宇宙大戦争** 59／東宝／本多猪四郎 |
| | **地球防衛軍** 57／東宝／本多猪四郎 |
| ○8/15（木）-8/17（土） | **妖星ゴラス** 62／東宝／本多猪四郎 |
| | **世界大戦争** 61／東宝／松林宗恵 |
| ○8/18（日）-8/21（水） | **血を吸う薔薇** 74／東宝映像／山本迪夫 |
| | **狼の紋章** 74／東宝映像／松本正志 |
| | **ガス人間㐧１号** 60／東宝／本多猪四郎 |
| ○8/22（木）-8/24（土） | **新幹線大爆破** 75／東映／佐藤純彌 |
| | **青島〈チンタオ〉要塞爆撃命令** 63／東宝／古澤憲吾 |
| ○8/25（日）-8/28（水） | **蛇娘と白髪魔** 68／大映／湯浅憲明 |
| | **怪談雪女郎** 68／大映／田中徳三 |
| | **妖怪大戦争** 68／大映／黒田義之 |
| ○8/29（木）-8/31（土） | **太陽を盗んだ男** 79／キティ・フィルム／長谷川和彦 |
| | **狂った野獣** 76／東映／中島貞夫 |
| ○9/1（日）-9/4（水） | **暴行切り裂きジャック** 76／日活／長谷部安春 |
| | **夢野久作の少女地獄** 77／日活／小沼勝 |
| | **女地獄 森は濡れた** 73／日活／神代辰巳 |
| ○9/5（木）-9/7（土） | **桜の森の満開の下** 75／芸苑社／篠田正浩 |
| | **金瓶梅** 68／ユニコン・フィルム／若松孝二 |
| ○9/8（日）-9/11（水） | **沖縄怪談 逆吊り幽霊・支那怪談 死棺破り** 62／大蔵映画＋東方影業／小林悟、邵羅輝 |
| | **生首情痴事件** 67／大蔵映画／小川欽也 |
| | **怪談お岩の亡霊** 61／東映／加藤泰 |
| ○9/12（木）-9/15（日） | **怪談バラバラ幽霊** 68／大蔵映画／小川欽也 |
| | **新怪談色欲外道 お岩の怨霊 四谷怪談** 76／大蔵映画／小川卓寛（欽也） |
| | **東海道四谷怪談** 59／新東宝／中川信夫 |
| ○9/16（月）-9/19（木） | **電送人間** 60／東宝／福田純 |
| | **美女と液体人間** 58／東宝／本多猪四郎 |
| | **海底軍艦** 63／東宝／本多猪四郎 |
| ○9/20（金）-9/22（日） | **多羅尾伴内 七つの顔** 46／大映／松田定次 |
| | **怪人二十面相〈三部作〉** 54／松竹 ※『人か魔か？』『巨人対怪人』『怪盗粉砕』を続けて上映／弓削達 |
| ○9/23（月）-9/25（水） | **悪徳の栄え** 88／にっかつ／実相寺昭雄 |
| | **江戸川乱歩の陰獣** 77／松竹／加藤泰 |
| ○9/26（木）-9/28（土） | **吸血蛾** 56／東宝／中川信夫 |
| | **蜘蛛男** 58／新映 ※『殺人鬼 蜘蛛男』と『蜘蛛男の逆襲』を続けて上映／山本弘之 |
| ○9/29（日）-10/2（水） | **黒薔薇の館** 69／松竹／深作欣二 |
| | **黒蜥蜴** 68／松竹／深作欣二 |
| ○10/3（木）-10/5（土） | **ルパン三世 念力珍作戦** 74／東宝＋国際放映／坪島孝 |
| | **銭ゲバ** 70／近代放映／和田嘉訓 |

---

| | |
|---|---|
| ■10/6（日）-10/19（土） ¥1,400 | **● 作家主義復活宣言［Ｉ］ 鈴木英夫監督特集** |
| ○10/6（日）-10/9（水） | **青い芽** 56／東宝／鈴木英夫 |
| | **彼奴〈きゃつ〉を逃すな** 56／東宝／鈴木英夫 |
| | **不滅の熱球** 55／東宝／鈴木英夫 |
| ○10/10（木）-10/12（土） | **殉愛** 56／東宝／鈴木英夫 |
| | **危険な英雄** 57／東宝／鈴木英夫 |
| ○10/13（日）-10/16（水） | **脱獄囚** 57／東宝／鈴木英夫 |
| | **非情都市** 60／東宝／鈴木英夫 |
| ○10/17（木）-10/19（土） | **旅愁の都** 62／宝塚映画／鈴木英夫 |
| | **その場所に女ありて** 62／東宝／鈴木英夫 |

| | |
|---|---|
| ○5/12（日）-5/15（水） ¥1,400 | **やくざ刑罰史 私刑〈リンチ〉！** 69／東映／石井輝男 |
| | **直撃！地獄拳** 74／東映／石井輝男 |
| | **直撃地獄拳 大逆転** 74／東映／石井輝男 |
| ■5/16（木）-6/1（土） ¥1,400 | **● 伝説からの帰還 鈴木英夫監督特集** （※監修・協力＝鈴木英夫研究会） |
| ○5/16（木）-5/18（土） | **大番頭小番頭** 55／東宝／鈴木英夫 |
| | **彼奴〈きゃつ〉を逃すな** 56／東宝／鈴木英夫 |
| ○5/19（日）-5/22（水） | **社員無頼 怒号篇** 59／東宝／鈴木英夫 |
| | **社員無頼 反撃篇** 59／東宝／鈴木英夫 |
| | **チエミの婦人靴〈ハイヒール〉** 56／東宝／鈴木英夫 |
| ○5/23（木）-5/25（土） | **目白三平物語 うちの女房** 57／東宝／鈴木英夫 |
| | **サラリーマン目白三平 女房の顔の巻** 60／東宝／鈴木英夫 |
| | **サラリーマン目白三平 亭主のためいきの巻** 60／東宝／鈴木英夫 |
| ○5/26（日）-5/29（水） | **その場所に女ありて** 62／東宝／鈴木英夫 |
| | **悪の階段** 65／東宝／鈴木英夫 |
| ○5/30（木）-6/1（土） | **3匹の狸** 66／東宝／鈴木英夫 |
| | **魔子恐るべし** 54／東宝／鈴木英夫 |

| | |
|---|---|
| ■6/2（日）-6/15（土） ¥1,400 | **● 併映作も熱いゼ！『矢沢永吉 RUN & RUN』復活** |
| ○6/2（日）-6/5（水） | **矢沢永吉 RUN & RUN** 80／プルミエ／根本順善 |
| | **夜をぶっとばせ BLOW THE NIGHT！** 83／フィルムワーカーズ＋EPIC ソニー／曽根中生 |
| ○6/6（木）-6/8（土） | **矢沢永吉 RUN & RUN** 80／プルミエ／根本順善 |
| | **高校大パニック** 78／にっかつ／沢田幸弘、石井聰亙 |
| ○6/9（日）-6/12（水） | **矢沢永吉 RUN & RUN** 80／プルミエ／根本順善 |
| | **爆裂都市 Burst City** 82／ダイナマイトプロ／石井聰亙 |
| ○6/13（木）-6/15（土） | **矢沢永吉 RUN & RUN** 80／プルミエ／根本順善 |
| | **九月の冗談クラブバンド** 82／シネマ・ハウト＋ATG＋プロダクション爆／長崎俊一 |

| | |
|---|---|
| ■6/16（日）-7/6（土） ¥1,400 | **● 渡辺プロダクション創立 40 周年 ナベプロ黄金時代** |
| ○6/16（日）-6/19（水） | **私と私** 62／東宝／杉江敏男 |
| | **夢で逢いましょ** 62／東京映画／佐伯幸三 |
| | **ニッポン無責任時代** 62／東宝／古澤憲吾 |
| ○6/20（木）-6/22（土） | **若い季節** 62／東宝／古澤憲吾 |
| | **続 若い季節** 64／東宝／古澤憲吾 |
| ○6/23（日）-6/26（水） | **ハイハイ3人娘** 63／宝塚映画／佐伯幸三 |
| | **若い仲間たち うちら祇園の舞妓はん** 63／宝塚映画／佐伯幸三 |
| | **こんにちは赤ちゃん** 64／東宝／松林宗恵 |
| ○6/27（木）-6/29（土） | **大冒険** 65／渡辺プロダクション＋東宝／古澤憲吾 |
| | **クレージー黄金作戦** 67／渡辺プロダクション＋東宝／坪島孝 |
| ○6/30（日）-7/3（水） | **虹をわたって** 72／松竹／前田陽一 |
| | **ドリフターズですよ！前進前進また前進** 67／渡辺プロダクション＋東宝／和田嘉訓 |
| | **ザ・タイガース 世界はボクらを待っている** 68／渡辺プロダクション＋東宝／和田嘉訓 |
| ○7/4（木）-7/6（土） | **パリの哀愁** 76／渡辺プロダクション／出目昌伸 |
| | **炎の肖像** 74／日活／藤田敦八、加藤彰 |

| | |
|---|---|
| ■7/7（日）-7/20（土） ¥1,400 | **● 舟木一夫特集『残雪』ニュープリント復活上映** |
| ○7/7（日）-7/10（水） | **残雪** 68／日活／西河克己 |
| | **その人は昔** 67／東京映画／松山善三 |
| ○7/11（木）-7/13（土） | **残雪** 68／日活／西河克己 |
| | **君に幸福を センチメンタル・ボーイ** 67／東京映画／丸山誠治 |
| ○7/14（日）-7/16（火） | **残雪** 68／日活／西河克己 |
| | **永訣〈わかれ〉** 69／松竹／大庭秀雄 |
| ○7/17（水）-7/20（土） | **残雪** 68／日活／西河克己 |
| | **いつか来るさよなら** 69／松竹／川頭義郎 |

| | |
|---|---|
| ■7/21（日）-8/3（土） ¥1,400 | **●『古畑任三郎』人気便乗特集 若き日の田村正和** |
| ○7/21（日）-7/24（水） | **今年の恋** 62／松竹／木下恵介 |
| | **この声なき叫び** 65／松竹／市村泰一 |
| | **われら劣等生** 65／ワールド・プロ／佐藤雄三 |
| ○7/25（木）-7/27（土） | **昨日のあいつ今日のおれ** 65／松竹／大槻義一 |
| | **ぜったい多数** 65／松竹／中村登 |
| ○7/28（日）-7/31（水） | **男なら振りむくな** 67／松竹／野村芳太郎 |

| | |
|---|---|
| ■2/15（木）-3/2（土）　¥1,400 | **● 東宝青春ドラマの世界　森谷司郎監督特集** |
| ○2/15（木）-2/17（土） | **続 何処へ**　67／東宝／森谷司郎 |
| | **育ちざかり**　67／東宝／森谷司郎 |
| ○2/18（日）-2/21（水） | **二人の恋人**　69／東宝／森谷司郎 |
| | **兄貴の恋人**　68／東宝／森谷司郎 |
| ○2/22（木）-2/24（土） | **初めての旅**　71／東京映画／森谷司郎 |
| | **赤頭巾ちゃん気をつけて**　70／東宝／森谷司郎 |
| ○2/25（日）-2/28（水） | **潮騒**　71／東宝／森谷司郎 |
| | **「されどわれらが日々―」より 別れの詩**　71／東宝／森谷司郎 |
| ○2/29（木）-3/2（土） | **初めての愛**　72／東宝映画／森谷司郎 |
| | **放課後**　73／東宝映画／森谷司郎 |

| | |
|---|---|
| ■3/3（日）-3/13（水）　¥1.400 | **● 九ちゃん特集　坂本九★ FOREVER** |
| ○3/3（日）-3/6（水） | **悲しき 60 才**　61／大映／寺島久 |
| | **アワモリ君乾杯！**　61／東宝／古澤憲吾 |
| | **九ちゃん音頭**　62／松竹／市村泰一 |
| ○3/7（木）-3/9（土） | **パラキンと九ちゃん 申し訳ない野郎たち**　62／松竹／市村泰一 |
| | **見上げてごらん夜の星を**　63／松竹／番匠義彰 |
| ○3/10（日）-3/13（水） | **喜劇 駅前弁当**　61／東京映画／久松静児 |
| | **坊っちゃん**　66／松竹／市村泰一 |
| | **九ちゃんのでっかい夢**　67／松竹／山田洋次 |

| | |
|---|---|
| ■3/14（木）-3/23（土）　¥1.500 | **● ニュープリント・リバイバル上映〈2 つのデビュー作〉周防正行［監督＆脚本］集** |
| | **スキャンティドール 脱ぎたての香り**　84／NCP／水谷俊之（※脚本デビュー作） |
| | **変態家族 兄貴の嫁さん**　84／国映／周防正行（※監督デビュー作） |

| | |
|---|---|
| ■3/24（日）-4/3（水）　¥1.400 | **● 官能と猥雑の映画装置　牧口雄二監督特集** |
| ○3/24（日）-3/27（水） | **毒婦お伝と首斬り浅**　77／東映／牧口雄二 |
| | **玉割り人ゆき**　75／東映／牧口雄二 |
| | **玉割り人ゆき 西の廓夕月楼**　75／東映／牧口雄二 |
| ○3/28（木）-3/30（土） | **広島仁義 人質奪回作戦**　76／東映／牧口雄二 |
| | **戦後猟奇犯罪史**　76／東映／牧口雄二 |
| ○3/31（日）-4/3（水） | **五月みどりのかまきり夫人の告白**　75／東映／牧口雄二 |
| | **女獄門帖 引き裂かれた尼僧**　77／東映／牧口雄二 |
| | **徳川女刑罰絵巻** 牛裂きの刑　77／東映／牧口雄二 |
| | ※ 3/31　3：35 ～　牧口雄二監督舞台挨拶 |

| | |
|---|---|
| ■4/4（木）-4/20（土）　¥1,400 | **● 極限の人間模様　増村保造監督特集** |
| ○4/4（木）-4/6（土） | **氾濫**　59／大映／増村保造 |
| | **偽大学生**　60／大映／増村保造 |
| ○4/7（日）-4/10（水） | **女経**　60／大映／増村保造、市川崑、吉村公三郎 |
| | **爛〈ただれ〉**　62／大映／増村保造 |
| | **卍〈まんじ〉**　64／大映／増村保造 |
| ○4/11（木）-4/13（土） | **「女の小箱」より 夫が見た**　64／大映／増村保造 |
| | **赤い天使**　66／大映／増村保造 |
| ○4/14（日）-4/17（水） | **積木の箱**　68／大映／増村保造 |
| | **刺青**　66／大映／増村保造 |
| | **盲獣**　69／大映／増村保造 |
| ○4/18（木）-4/20（土） | **セックス・チェック 第二の性**　68／大映／増村保造 |
| | **女体**　69／大映／増村保造 |

| | |
|---|---|
| ■4/21（日）-5/15（水） | **● 非日常の巨人　石井輝男監督特集** |
| ○4/21（日）-4/27（土）　¥1,700 | **《幻の逸品〈ニュープリント〉限定復活上映》** |
| | **明治・大正・昭和 猟奇女犯罪史**　69／東映／石井輝男 |
| | **残酷・異常・虐待物語 元禄女系図**　69／東映／石井輝男 |
| ○4/28（日）-5/4（土） | **徳川いれずみ師 責め地獄**　69／東映／石井輝男 |
| | **残酷・異常・虐待物語 元禄女系図**　69／東映／石井輝男 |
| ○5/5（日）-5/11（土）　¥1,400 | **《鉄人パートナー＝鏑木創・魅惑のサウンド》** |
| | **忘八武士道**　73／東映／石井輝男 |
| | **無頼平野**　95／ワイズ出版＋ MMI ＋ビターズ・エンド／石井輝男 |
| | **江戸川乱歩全集 恐怖奇形人間**　69／東映／石井輝男 |

○8/18（金）-8/24（木）　**モンローのような女**　64／松竹／渋谷実
○8/25（金）-8/31（木）　**愛 その奇跡**　64／野口プロ／田畠恒男
○9/1（金）-9/7（木）　**男の顔は履歴書**　66／松竹／加藤泰
○9/8（金）-9/14（木）　**野獣死すべし 復讐のメカニック**　74／東宝映画／須川栄三
**《水野久美特集》**
○9/15（金）-9/21（木）　**黒い花びら**　60／東京映画／瑞穂春海
○9/22（金）-9/28（木）　**別離の歌**　60／東宝／瑞穂春海
○9/29（金）-10/5（木）　**サラリーガール読本 お転婆社員**　60／東宝／川崎徹広
○10/6（金）-10/12（木）　**新入社員十番勝負**　61／東宝／岩城英二
**《浜美枝特集》**
○10/13（木）-10/19（金）　**若い素肌**　60／東宝／川崎徹広
○10/20（木）-10/26（金）　**あの娘に幸福を**　63／東宝／川崎徹広
○10/27（木）-11/2（金）　**万事お金**　64／東宝／松林宗恵
○11/3（木）-11/9（金）　**砂の香り**　68／東宝／岩内克己
**《若林映子特集》**
○11/10（金）-11/16（木）　**新・三等重役 当るも八卦の巻**　60／東宝／杉江敏男
○11/17（金）-11/23（木）　**ガンパー課長**　61／東宝／青柳信雄
○11/24（金）-11/30（木）　**乾杯！サラリーマン諸君**　62／宝塚映画／青柳信雄
○12/1（金）-12/7（木）　**豚と金魚**　62／東宝／川崎徹広

---

■12/8（金）-1996年2/1（木）　**● 恋と友情と汗と希望と涙の青春　東宝「学園天国」特集**
¥999均一
○12/8（金）-12/14（木）　**これが青春だ！**　66／東宝＋宝塚映画／松森健
○12/15（金）-12/21（木）　**でっかい太陽**　67／東宝／松森健
○12/22（金）-12/28（木）　**燃えろ！太陽**　67／東宝／松森健
○12/29（金）-1996年1/4（木）　**燃えろ！青春**　68／東宝／松森健
※12/31（日）はレイトショーは休映
※この特集続く

# 1996

■1/16（火）-2/14（水）　¥1,400　**● 初春カルト御殿**
○1/16（火）-1/20（土）　**《果てしないもの＝それは欲望の巻》**
**盲獣**　69／大映／増村保造
**夢野久作の少女地獄**　77／日活／小沼勝
**江戸川乱歩全集 恐怖奇形人間**　69／東映／石井輝男
○1/21（日）-1/24（水）　**《エログロは時をかけるの巻》**
**忘八武士道**　73／東映／石井輝男
**大奥浮世風呂**　77／東映／関本郁夫
**女獄門帖 引き裂かれた尼僧**　77／東映／牧口雄二
○1/25（木）-1/27（土）　**《同じだけど全然違うの巻》**
**黒蜥蜴**　62／大映／井上梅次
**黒蜥蜴**　68／松竹／深作欣二
○1/28（日）-1/31（水）　**《バラは妖しいなの巻》**
**黒薔薇の館**　69／松竹／深作欣二
**ベルサイユのばら**　79／キティ・ミュージック＋資生堂＋日本テレビ放送網＋東宝／ジャック・ドゥミ
○2/1（木）-2/3（土）　**《VIDEO じゃ観れないゾの巻》**
**獣人雪男**　55／東宝／本多猪四郎
**緯度0大作戦**　69／東宝＋ドン・シャープ・プロダクション／本多猪四郎
○2/4（日）-2/7（水）　**《タイトルとはチト違うの巻》**
**魔女卵**　84／プルミエ・インターナショナル／和泉聖治
**処女監禁**　77／東映／関本郁夫
**天使の欲望**　79／東映／関本郁夫
○2/8（木）-2/11（日）　**《何が何だか…の巻》**
**悲愁物語**　77／松竹＋三協映画／鈴木清順
**殺しの烙印**　67／日活／鈴木清順
**殺人狂時代**　67／東宝／岡本喜八
○2/12（月）-2/14（水）　**《伝説の男たちの伝説の巻》**
**キャロル**　74／怪人二十面相プロ＋ATG／龍村仁
**太陽を盗んだ男**　79／キティ・フィルム／長谷川和彦

新・鞍馬天狗 夕立の武士　55／東宝　※嵐寛寿郎版ではありません／杉江敏男

眠狂四郎無頼控　56／東宝　※市川雷蔵版ではありません／日高繁明

○12/17（日）-12/22（金）　《番外篇・背広を着た時代劇の巻》

多羅尾伴内 七つの顔　46／大映／松田定次

多羅尾伴内 二十一の指紋　48／大映／松田定次

多羅尾伴内 七つの顔の男だぜ　60／東映／小沢茂弘

---

■12/23（土）-1996年1/15（月）　● 新作ロードショー

男はつらいよ 寅次郎紅の花　95／松竹／山田洋次

サラリーマン専科　95／松竹／朝原雄三

## 1995【レイトショー】特集「日本映画史修正企画“映画の達人”再評価シリーズ」続き

○1/4（水）-1/10（火）　¥999均一　喜劇 猪突猛進せよ！！　71／松竹／前田陽一

○1/11（水）-1/17（火）　三億円をつかまえろ　75／松竹／前田陽一

《田波靖男脚本特集》

○1/18（水）-1/24（火）　馬鹿と鋏　65／東宝／谷口千吉

○1/25（水）-1/31（火）　女は幾万ありとても　66／東宝／杉江敏男

○2/1（水）-2/7（火）　パンチ野郎　66／東宝／岩内克己

○2/8（水）-2/14（火）　夕日くん サラリーマン脱出作戦　71／東宝／小谷承靖

《坪島孝監督特集》

○2/15（水）-2/21（火）　喜劇 負けてたまるか　70／東宝／坪島孝

○2/22（水）-2/28（火）　喜劇 泥棒大家族 天下を盗る　72／東宝／坪島孝

○3/1（水）-3/7（火）　鬼輪番　74／東宝＋国際放映／坪島孝

○3/8（水）-3/14（火）　お姐ちゃんお手やわらかに　75／東宝／坪島孝

---

■3/15（水）-3/29（水）　¥999均一　●『高校生無頼控』3部作連続上映

○3/15（水）-3/19（日）　高校生無頼控　72／東宝／江崎実生

○3/20（月）-3/24（金）　高校生無頼控 突きのムラマサ　73／東宝／江崎実生

○3/25（土）-3/29（水）　高校生無頼控 感じるゥー ムラマサ　73／東宝／江崎実生

※3/30（木）-3/31（金）　休館

---

■4/1（土）-4/27（木）　¥999均一　● 高校生番長

○4/1（土）-4/6（木）　高校生番長　70／大映／帯盛迪彦

○4/7（金）-4/13（木）　高校生番長 棒立てあそび　70／大映／岡崎明

○4/14（金）-4/20（木）　高校生番長 深夜放送　70／大映／帯盛迪彦

○4/21（金）-4/27（木）　高校生番長 ズベ公正統派　70／大映／田中重雄

---

■4/28（金）-12/7（木）　¥999均一　● 私が愛した女優たち

《渥美マリ特集》

○4/28（金）-5/4（木）　ダンプ・ヒップ・バンプ くたばれ野郎たち　69／大映／帯盛迪彦

○5/5（金）-5/11（木）　夜のいそぎんちゃく　70／大映／弓削太郎

○5/12（金）-5/18（木）　でんきくらげ 可愛い悪魔　70／大映／臼坂礼次郎

○5/19（金）-5/25（木）　可愛い悪魔 いいものあげる　70／大映／井上芳夫

《星由里子特集》

○5/26（金）-6/1（木）　B・G物語 二十才の設計　61／東宝／丸山誠治

○6/2（金）-6/8（木）　千曲川絶唱　67／東京映画／豊田四郎

○6/9（金）-6/15（木）　颱風とざくろ　67／東宝／須川栄三

○6/16（金）-6/22（木）　北穂高絶唱　68／東京映画／沢島忠

《団令子特集》

○6/23（金）-6/29（木）　大学のお姐ちゃん　61／東宝／杉江敏男

○6/30（金）-7/6（木）　銀座の恋人たち　63／東宝／千葉泰樹

○7/7（金）-7/13（木）　素晴らしい悪女　63／東宝／恩地日出夫

○7/14（金）-7/20（木）　女体　64／東宝／恩地日出夫

《泉京子特集》

○7/21（金）-7/27（木）　禁男の砂　57／松竹／堀内真直

○7/28（金）-8/3（木）　続 禁男の砂　59／松竹／堀内真直

○8/4（金）-8/10（木）　続々 禁男の砂 赤いパンツ　59／松竹／岩間鶴夫

○8/11（金）-8/17（木）　禁男の砂 第4部 真夏の情事　60／松竹／岩間鶴夫

《真理明美特集》※4作品を真理さんご本人がセレクト

○9/24（日）-9/28（木）　〔少年は生きた〕
みなし児　77／モスフィルム／ニコライ・グベンコ
金色の雲は宿った　89／ゴーリキー・スタジオ／スラムベク・マミーロフ
○9/29（金）-10/2（月）　〔チュフライ不朽の名作〕
君たちのことは忘れない　78／モスフィルム／G・チュフライ
誓いの休暇　59／モスフィルム／G・チュフライ
○10/3（火）-10/7（土）　〔白ロシアの少年パルチザン〕
炎 628　85／モスフィルム＋ベラルシフィルム／エレム・クリモフ
小さな英雄の詩　71／ベラルシフィルム／レフ・ゴルーフ
○10/8（日）-10/11（水）　〔決死の戦車兵〕
スターリングラード大攻防戦　72／モスフィルム／ガブリール・エギアザロフ
鬼戦車 T-34　64／レンフィルム／N・クリヒン／L・メナケル
○10/12（木）-10/14（土）　〔裏切り、投降……〕
処刑の丘　77／モスフィルム／ラリーサ・シェピチコ
道中の点検　71／レンフィルム／アレクセイ・ゲルマン
○10/15（日）-10/17（火）　〔束の間の平穏〕
戦いの終りの静かな一日　73／モスフィルム／ニキータ・ミハルコフ
戦争のない 20 日間　76／レンフィルム／A・ゲルマン
○10/18（水）-10/21（土）　〔スターリニズムの影〕
翌日戦争が始まった　87／ゴーリキースタジオ／ユーリー・カラ
わが友イワン・ラプシン　84／レンフィルム／A・ゲルマン
《アンドレイ・タルコフスキー》
○10/22（日）-10/26（木）　僕の村は戦場だった　62／アンドレイ・タルコフスキー
アンドレイ・ルブリョフ　69／アンドレイ・タルコフスキー
○10/27（金）-10/31（火）　鏡　74／アンドレイ・タルコフスキー
ストーカー　79／アンドレイ・タルコフスキー
○11/1（水）-11/7（火）　ローラーとバイオリン　60／アンドレイ・タルコフスキー
惑星ソラリス　72／アンドレイ・タルコフスキー
《ニキータ・ミハルコフ》
○11/8（水）-11/11（土）　愛の奴隷　76／ニキータ・ミハルコフ
光と影のバラード　74／ニキータ・ミハルコフ
○11/12（日）-11/15（水）　オブローモフの生涯より　79／モスフィルム／ニキータ・ミハルコフ
機械じかけのピアノのための未完成の戯曲　76／ニキータ・ミハルコフ
《アンドレイ・コンチャロフスキー》
○11/16（木）-11/18（土）　愛していたが結婚しなかったアーシャ　67／モスフィルム／アンドレ・ミハイル＝コンチャロフスキー
ワーニャ伯父さん　71／アンドレ・ミハイル＝コンチャロフスキー
《カレン・シャフナザーロフ》
○11/19（日）-11/22（木）　メッセンジャー・ボーイ　86／モスフィルム／カレン・シャフナザーロフ
ジャズメン　83／カレン・シャフナザーロフ
《セルゲイ・エイゼンシュテイン》
○11/23（金）-11/25（土）　戦艦ポチョムキン　25／ゴスキノ　※1976 年完全復元版／セルゲイ・エイゼンシュタイン
アレクサンドル・ネフスキー　38／セルゲイ・エイゼンシュタイン

---

■11/26（日）-12/22（金）　¥1,400　● 年末恒例特集　何はなくとも時代劇
○11/26（日）-11/29（水）　《長谷川伸・男らしさの粋の巻》
瞼の母　62／東映／加藤泰
関の彌太ッペ　63／東映／山下耕作
沓掛時次郎 遊侠一匹　66／東映／加藤泰
○11/30（木）-12/2（土）　《バンツマ・18 人＋ 36 人斬りの巻》
血煙高田の馬場　37／日活　※タイトルは『決闘高田の馬場』／マキノ正博、稲垣浩
伊賀の水月　42／大映／池田富保
○12/3（日）-12/6（水）　《アラカン・幻の東宝篇の巻》
むっつり右門捕物帖 鬼面屋敷　55／東宝／山本嘉次郎
復讐浄瑠璃坂 鬼伏峠の襲撃　55／宝塚映画／二川文太郎、並木鏡太郎
復讐浄瑠璃坂 暁の決戦　55／宝塚映画／二川文太郎、並木鏡太郎
○12/7（木）-12/9（土）　岩見重太郎 決戦天の橋立　54／宝塚映画／渡辺邦男
旗本やくざ　55／宝塚映画／志村敏夫
○12/10（日）-12/13（水）　右門捕物帖 恐怖の十三夜　55／宝塚映画／志村敏夫
鞍馬天狗 御用盗異変　56／宝塚映画／並木鏡太郎
疾風！鞍馬天狗　56／宝塚映画／並木鏡太郎
○12/14（木）-12/16（土）　《ミスマッチ・ヒーローズの巻》

| | |
|---|---|
| ○7/23（日）-7/26（水） | **《飽くなき快楽チャレンジャーの巻》** |
| | **東京ディープスロート夫人**　75／東映／向井寛 |
| | **生贄（いけにえ）の女たち**　78／東映セントラルフィルム＋東映芸能ビデオ／山本晋也 |
| | **蛇と女奴隷**　76／向井プロダクション＋ユニバースプロモーション＋東映／向井寛 |
| ○7/27（木）-7/29（土） | **《少女たちがアブナイの巻》** |
| | **聖獣学園**　74／東映／鈴木則文 |
| | **天使の欲望**　79／東映／関本郁夫 |
| ○7/30（日）-8/2（水） | **《劇画映画化なんでも来いの巻》** |
| | **サーキットの狼**　77／東映／山口和彦 |
| | **こちら葛飾区亀有公園前派出所**　77／東映／山口和彦 |
| | **コータローまかりとおる！**　84／東映／鈴木則文 |
| ○8/3（木）-8/5（土） | **《愛と正義のアキラ七変化の巻》** |
| | **多羅尾伴内**　78／東映／鈴木則文 |
| | **多羅尾伴内 鬼面村の惨劇**　78／東映／山口和彦 |
| ○8/6（日）-8/9（水） | **《いけいけカラテ・ヒーローズの巻》** |
| | **武闘拳 猛虎激殺！**　76／東映／山口和彦 |
| | **吼えろ鉄拳**　81／東映／鈴木則文 |
| | **ウルフガイ 燃えろ狼男**　75／東映／山口和彦 |
| ○8/10（木）-8/12（土） | **《バスとトラックでバリバリの巻》** |
| | **狂った野獣**　76／東映／中島貞夫 |
| | **トラック野郎 故郷特急便**　79／東映／鈴木則文 |
| | **【[パートⅡ］オモシロ日本映画フルコース 20 本】** |
| ○8/13（日）-8/16（水） | **《カルチャーショック時代劇の巻》** |
| | **天狗飛脚**　49／大映／丸根賛太郎 |
| | **丹下左膳餘話 百萬両の壺**　35／日活／山中貞雄 |
| | **赤西蠣太**　36／千恵蔵プロ／伊丹万作 |
| ○8/17（木）-8/19（土） | **《時代劇で唄えや踊れの巻》** |
| | **鴛鴦歌合戦**　39／日活／マキノ正博 |
| | **歌ふ狸御殿**　42／大映／木村恵吾 |
| ○8/20（日）-8/23（水） | **《ニッポンの 007 はつらいよの巻》** |
| | **ルパン三世 念力珍作戦**　74／東宝＋国際放映／坪島孝 |
| | **100 発 100 中**　65／東宝／福田純 |
| | **100 発 100 中 黄金の眼**　68／東宝／福田純 |
| ○8/24（木）-8/26（土） | **《東宝ゴクラク・ゴージャス・ムービーズの巻》** |
| | **クレージー黄金作戦**　67／渡辺プロダクション＋東宝／坪島孝 |
| | **君も出世ができる**　64／東宝／須川栄三 |
| ○8/27（日）-8/30（水） | **《美輪明宏がいっぱいの巻》** |
| | **日本人のへそ**　77／須川栄三プロダクション＋ ATG／須川栄三 |
| | **黒薔薇の館**　69／松竹／深作欣二 |
| | **黒蜥蜴**　68／松竹／深作欣二 |
| ○8/31（木）-9/2（土） | **《とってもよくわかる不条理》** |
| | **他人の顔**　66／東京映画＋勅使河原プロダクション／勅使河原宏 |
| | **エロス＋虐殺**　70／現代映画社／吉田喜重 |
| ○9/3（日）-9/6（水） | **《あやかしの幻想パラダイスの巻》** |
| | **桜の森の満開の下**　75／芸苑社／篠田正浩 |
| | **女高生偽日記**　81／にっかつ／荒木経惟 |
| | **夢野久作の少女地獄**　77／日活／小沼勝 |
| | ※イベント 9/3 2：40～ 小沼勝監督　ワイズ出版刊『夢野久作の少女地獄』出版記念 |
| ○9/7（木）-9/9（土） | **《さらば夏の光よの巻》** |
| | **不良少女魔子**　71／日活／蔵原惟二 |
| | **八月の濡れた砂**　71／日活／藤田敏八 |

---

| | |
|---|---|
| ■9/10（日）-11/25（土）　¥1,400 | **● ソビエト映画コレクション** |
| | **《アンドレイ・タルコフスキー監督特集》** |
| ○9/10（日）-9/15（金） | **鏡**　74／アンドレイ・タルコフスキー |
| | **惑星ソラリス**　72／アンドレイ・タルコフスキー |
| ○9/16（土）-9/19（火） | **アンドレイ・ルブリョフ**　69／アンドレイ・タルコフスキー |
| | **ローラーとバイオリン**　60／アンドレイ・タルコフスキー |
| ○9/20（水）-9/23（土） | **僕の村は戦場だった**　62／アンドレイ・タルコフスキー |
| | **ストーカー**　79／アンドレイ・タルコフスキー |
| | **《戦争を考える名作映画》** |

| | |
|---|---|
| | 江戸川乱歩全集 恐怖奇形人間　69／東映／石井輝男 |
| ○5/11（木）-5/13（土）　¥1,400 | 東京ギャング対香港ギャング　64／東映／石井輝男 |
| | 網走番外地 南国の対決　66 東映／石井輝男 |
| ○5/14（日）-5/17（水）　¥1,400 | キンキンのルンペン大将　76／東映／石井輝男 |
| | 暴走の季節　76／東映／石井輝男 |
| | 直撃地獄拳 大逆転　74／東映／石井輝男 |
| ○5/18（木）-5/20（土）　¥1,400 | 日本ゼロ地帯 夜を狙え　66／松竹／石井輝男 |
| | 大悪党作戦　66／東映／石井輝男 |

| | |
|---|---|
| ■5/21（日）-6/3（土）　¥1,400 | **● 舟木一夫映画祭** |
| ○5/21（日）-5/25（木） | 高校三年生　63／大映／井上芳夫 |
| | いつか来るさよなら　69／松竹／川頭義郎 |
| ○5/26（木）-5/29（月） | 君に幸福を センチメンタル・ボーイ　67／東京映画／丸山誠治 |
| | その人は昔　67／東京映画／松山善三 |
| ○5/30（火）-6/3（土） | 青春 PART Ⅱ　79／キャン・えんたあぷらいず＋ATG／小原宏裕 |
| | 永訣（わかれ）　69／松竹／大庭秀雄 |

| | |
|---|---|
| ■6/4（日）-6/17（土）　¥1,400 | **● 劇画映画化・実写版特集** |
| ○6/4（日）-6/7（水） | ルパン三世 念力珍作戦　74／東宝＋国際放映／坪島孝 |
| | こちら葛飾区亀有公園前派出所　77／東映／山口和彦 |
| | 銭ゲバ　70／近代放映／和田嘉訓 |
| ○6/8（木）-6/10（土） | 子連れ狼 死に風に向う乳母車　72／勝プロダクション／三隅研次 |
| | 0課の女 赤い手錠〈ワッパ〉　74／東映／野田幸男 |
| ○6/11（日）-6/14（水） | 土佐の一本釣り　80／松竹＋キティ・フィルム／前田陽一 |
| | 高校生無頼控 感じるゥームラマサ　73／国際放映＋東宝／江崎実生 |
| | 俺の空　77／東宝＋東京ムービー新社／松本正志 |
| ○6/15（木）-6/17（土） | 嗚呼!! 花の応援団 役者やのォー　76／日活／曾根中生 |
| | 野球狂の詩　77／日活／加藤彰 |

| | |
|---|---|
| ■6/18（日）-7/1（土）　¥1,400 | **● グループ・サウンズ＆ジュリー誕生日スペシャル** |
| ○6/18（日）-6/21（水） | 濡れた逢いびき　67／松竹／前田陽一 |
| | にっぽん親不孝時代　68／東京映画／山本邦彦 |
| | 涙のあとに微笑みを　69／東京映画／内川清一郎 |
| ○6/22（木）-6/24（土） | 炎の肖像　74／日活／藤田敏八、加藤彰 |
| | ザ・タイガース 世界はボクらを待っている　68／渡辺プロダクション＋東宝／和田嘉訓 |
| ○6/25（日）-6/28（水） | パリの哀愁　76／渡辺プロダクション＋東宝／出目昌伸 |
| | ザ・タイガース 華やかなる招待　68／東京映画＋渡辺プロダクション／山本邦彦 |
| ○6/29（木）-7/1（土） | 太陽を盗んだ男　79／キティ・フィルム／長谷川和彦 |
| | ザ・タイガース ハーイ！ロンドン　69／東京映画＋渡辺プロダクション／岩内克己 |

| | |
|---|---|
| ■7/2（日）-7/15（土）　¥1,400 | **● 関西芸人コテコテ・エンタテインメント** |
| ○7/2（日）-7/5（水） | 親バカ子バカ　60／松竹／酒井欣也 |
| | 漫才長屋は大騒ぎ　56／宝塚映画／山崎憲成 |
| | スチャラカ社員　66／松竹／前田陽一 |
| ○7/6（木）-7/8（土） | お父さんはお人好し　55／大映／斎藤寅次郎 |
| | 番頭はんと丁稚どん　60／松竹／酒井欣也 |
| ○7/9（日）-7/12（水） | アワモリ君西へ行く　61／宝塚映画／古澤憲吾 |
| | 西の王将・東の大将　64／東宝／古澤憲吾 |
| | 幕末てなもんや大騒動　67／東宝＋宝塚映画＋渡辺プロダクション／古澤憲吾 |
| ○7/13（木）-7/15（土） | あゝ独身（チョンガー）　70／大映／黒田義之 |
| | 仁鶴・可朝・三枝の男三匹やったるでえ！　70／吉本興業／長谷和夫 |

| | |
|---|---|
| ■7/16（日）-9/9（土）　¥1,400 | **● 映画 100 年無関連特集　全日本とんでもない映画まつり〈総集篇〉** |
| | **【[パートⅠ] なんでもあり東映ワールド 20 本】** |
| ○7/16（日）-7/19（水） | **《エログロニラレバ時代劇の巻》** |
| | 好色源平絵巻　77／東映／深尾道典 |
| | くの一忍法 観音開き　76／東映／皆川隆之 |
| | 徳川女刑罰絵巻 牛裂きの刑　76／東映／牧口雄二 |
| ○7/20（木）-7/22（土） | **《大奥のヒ・ミ・ツの巻》** |
| | 大奥十八景　86／東映／鈴木則文 |
| | エロ将軍と二十一人の愛妾　72／東映／鈴木則文 |

○2/26（日）-3/1（水）
**としごろ** 73／松竹／市村泰一
**ときめき** 73／松竹／市村泰一
**めまい** 71／松竹／斎藤耕一

○3/2（木）-3/4（土）
**ひとつぶの涙** 73／松竹／市村泰一
**おくさまは 18 歳 新婚教室** 71／東宝／山本邦彦

---

■3/5（日）-3/29（水） ¥1,400
**● 特集 東宝アクション 17 連発!!**

○3/5（日）-3/8（水）
**《福田純監督集》**
**吼えろ脱獄囚** 62／東宝／福田純
**野獣都市** 70／東宝／福田純
**血とダイヤモンド** 64／宝塚映画／福田純

○3/9（木）-3/11（土）
**《須川栄三監督集》**
**野獣狩り** 73／東宝映画／須川栄三
**「みな殺しの歌」より 拳銃よさらば！** 60／東宝／須川栄三

○3/12（日）-3/15（水）
**《岡本喜八監督集（暗黒街篇）》**
**暗黒街の対決** 60／東宝／岡本喜八
**暗黒街の弾痕** 61／東宝／岡本喜八
**顔役暁に死す** 61／東宝／岡本喜八

○3/16（水）-3/19（日）
**《岡本喜八監督集（独立愚連隊篇）》**
**どぶ鼠作戦** 62／東宝／岡本喜八
**独立愚連隊** 59／東宝／岡本喜八
**独立愚連隊西へ** 60／東宝／岡本喜八

○3/20（月）-3/22（水）
**《その後の独立愚連隊シリーズ》**
**のら犬作戦** 63／東宝／福田純
**蟻地獄作戦** 64／宝塚映画／坪島孝

○3/23（木）-3/25（土）
**《西村潔監督集》**
**白昼の襲撃** 70／東京映画／西村潔
**豹〈ジャガー〉は走った** 70／東宝／西村潔

○3/26（日）-3/29（水）
**《坪島孝監督集（『ルパン三世』新作公開記念・幻の実写版の巻）》**
**国際秘密警察 火薬の樽** 64／東宝／坪島孝
**ルパン三世 念力珍作戦** 74／東宝＋国際放映 ※ニュープリント／坪島孝
※ 3/30（木）、3/31（金）は館内改修工事のため休館

---

■4/1（土）-4/22（土） ¥1,400
**● 特集 想い出の 60 年代 70 年代ポップス 松竹篇**

○4/1（土）-4/4（火）
**嵐に立つ** 68／松竹／長谷和夫
**落葉とくちづけ** 69／松竹／斎藤耕一
**進め！ジャガーズ 敵前上陸** 68／松竹／前田陽一
※イベント 4/1 4：00～ 前田陽一監督の舞台挨拶

○4/5（水）-4/8（土）
**虹の中のレモン** 68／松竹／斎藤耕一
**小さなスナック** 68／松竹／斎藤耕一
**思い出の指輪** 68／松竹＋ホリプロ／斎藤耕一

○4/9（日）-4/12（水）
**昭和元禄ハレンチ節** 68／松竹／市村泰一
**ケメ子の唄** 68／松竹／田中康義
**帰って来たヨッパライ** 68／創造社／大島渚

○4/13（木）-4/15（土）
**レッツゴー！高校レモン娘** 67／松竹＋西野バレエ団／市村泰一
**虹をわたって** 72／松竹／前田陽一
**恋をしようよ カリブの花** 67／松竹／宮崎守

○4/16（日）-4/19（水）
**恋の季節** 69／松竹／井上梅次
**夕月** 69／石原プロモーション＋松竹／田中康義
**夕陽の恋人** 69／松竹／井上梅次

○4/20（木）-4/22（土）
**としごろ** 73／松竹／市村泰一
**しあわせの一番星** 74／松竹／山根成之
**ブロウアップ ヒデキ** 75／松竹＋芸映 ※ 75 年列島縦断コンサート・ツアーのライヴ・フィルム／田中康義

---

■4/23（日）-5/20（土）
**● 新作『無頼平野』公開記念 地獄のダンディズム・石井輝男監督特集**

○4/23（日）-5/6（土） ¥1,700
**《ニュープリント・リバイバル・ロードショー ※特別料金》**
**徳川いれずみ師 責め地獄** 69／東映／石井輝男
**明治・大正・昭和 猟奇女犯罪史** 69／東映／石井輝男
※イベント 4/23 4：00～ 石井輝男監督

○5/7（日）-5/10（水） ¥1,400
**やくざ刑罰史 私刑（リンチ）** 79／東映／石井輝男
**忘八武士道** 73／東映／石井輝男

| | |
|---|---|
| ○9/14（水）-9/20（火） | **雌が雄を喰い殺す かまきり** 67／松竹／井上梅次 |
| ○9/21（水）-9/27（火） | **可愛い悪女 殺しの前にくちづけを** 72／松竹／井上梅次 |
| ○9/28（水）-10/4（火） | **怒れ毒蛇〈コブラ〉目撃者を消せ** 74／松竹／井上梅次 |
| | **《古澤憲吾監督作品》** |
| ○10/5（水）-10/11（火） ¥999均一 | **大空の野郎ども** 60／東宝／古澤憲吾 |
| ○10/12（水）-10/18（火） | **青い夜霧の挑戦状** 61／東宝／古澤憲吾 |
| ○10/19（水）-10/25（火） | **アワモリ君乾杯！** 61／東宝／古澤憲吾 |
| ○10/26（水）-11/1（火） | **おしゃれ大作戦** 76／東宝／古澤憲吾 |
| | **《小沼勝監督特集》** |
| ○11/2（水）-11/8（火） | **女教師 少年狩り** 75／日活／小沼勝 |
| ○11/9（水）-11/15（火） | **箱の中の女 処女いけにえ** 85／にっかつ／小沼勝 |
| ○11/16（水）-11/22（火） | **ベッド・イン** 86／にっかつ／小沼勝 |
| ○11/23（水）-11/29（火） | **輪舞〈りんぶ〉** 88／にっかつ／小沼勝 |
| | **《前田陽一監督特集》** |
| ○11/30（水）-12/6（火） ¥999均一 | **ちんころ海女っこ** 65／松竹／前田陽一 |
| ○12/7（水）-12/13（火） | **スチャラカ社員** 65／松竹／前田陽一 |
| ○12/14（水）-12/20（火） | **喜劇 命のお値段** 71／松竹／前田陽一 |
| ○12/21（水）-12/27（火） | **喜劇 日本列島震度0〈ゼロ〉** 73／松竹／前田陽一 |
| ○12/28（水）-1996年1/3（火） | **喜劇 冠婚葬祭入門** 70／松竹／前田陽一 |
| | ※12/31（土）はレイトショーは休映 |
| | ※この特集続く |

# 1995

| | |
|---|---|
| ■1/16（月）-2/11（土） ¥1,700 | **● ニュープリント・リバイバル・ロードショー 東宝ゴクラク座 ニコニコ大会** |
| | **[ニュープリント / 総天然色 / 東宝スコープ]** ※『青春銭形平次』のみ白黒 / スタンダード |
| ○1/16（月）-1/21（土） | **大冒険** 65／渡辺プロダクション＋東宝／古澤憲吾 |
| | **予告篇特集** |
| | **クレージーメキシコ大作戦** 68／渡辺プロダクション＋東宝／坪島孝 |
| | ※イベント 1/16 3：50～ 坪島孝、田波靖男 |
| ○1/22（日）-1/25（水） | **クレージーだよ 奇想天外** 66／渡辺プロダクション＋東宝／坪島孝 |
| | **予告篇特集** |
| | **あっぱれ一番手柄 青春銭形平次** 53／東宝／市川崑 |
| ○1/26（木）-1/28（土） | **若い季節** 62／東宝／古澤憲吾 |
| | **予告篇特集** |
| | **続 若い季節** 64／東宝／古澤憲吾 |
| ○1/29（日）-2/2（木） | **君も出世ができる** 64／東宝／須川栄三 |
| | **予告篇特集** |
| | **嵐を呼ぶ楽団** 60／宝塚映画／井上梅次 |
| | ※トークイベント 1/29 4：55～ 井上梅次 |
| ○2/3（金）-2/5（日） | **100発100中** 65／東宝／福田純 |
| | **予告篇特集** |
| | **お嫁においで** 66／東宝／本多猪四郎 |
| ○2/6（月）-2/11（土） | **クレージー黄金作戦** 67／渡辺プロダクション＋東宝／坪島孝 |
| | **予告篇特集** |
| | **クレージー大作戦** 66／渡辺プロダクション＋東宝／古澤憲吾 |
| | 予告篇特集は、レーザーディスクの第2期リリース作品6本のうちの『クレージーメキシコ大作戦』『続 若い季節』『お嫁においで』『クレージー大作戦』の4本（『青春銭形平次』『嵐を呼ぶ楽団』は予告篇が現存せず）。 |
| | 予告篇特集と次の作品は、休憩なしで連続上映。 |

| | |
|---|---|
| ■2/12（日）-3/4（土） ¥1,400 | **● 輝け！女性アイドル大賞（昭和40年代篇）** |
| ○2/12（日）-2/15（水） | **銀の長靴〈ブーツ〉** 67／松竹／市村泰一 |
| | **ケメ子の唄** 68／松竹／田中康義 |
| | **天使の誘惑** 68／松竹／田中康義 |
| ○2/16（木）-2/18（土） | **俺たちの恋** 65／松竹／長谷和夫 |
| | **雨の中の二人** 66／松竹／桜井秀雄 |
| ○2/19（日）-2/22（水） | **恋にめざめる頃** 69／東宝／浅野正雄 |
| | **娘ざかり** 69／東宝／松森健 |
| | **バツグン女子高校生 16才は感じちゃう** 70／東宝／松森健 |
| ○2/23（木）-2/25（土） | **愛ってなんだろ** 73／松竹／広瀬襄 |
| | **恋の季節** 69／松竹／井上梅次 |

# 1994【レイトショー】

| | |
|---|---|
| ○1/5（水）-1/11（火） | **《マイトガイ＝小林旭③》** |
| | **大海原を行く渡り鳥** 61／日活／斎藤武市 |
| ○1/12（水）-1/18（火） | **《マイトガイ＝小林旭④》** |
| | **北帰行より 渡り鳥北へ帰る** 62／日活／斎藤武市 |

---

| | |
|---|---|
| ■1/19（水）-3/1（火） ¥800均一 | **● シックスティーズ歌謡アイドル特集** |
| ○1/19（水）-1/25（火） | **《舟木一夫①》** |
| | **学園広場** 63／日活 ※最後の上映／山崎徳次郎 |
| ○1/26（水）-2/1（火） | **《舟木一夫②》** |
| | **仲間たち** 64／日活 ※最後の上映／柳瀬観 |
| ○2/2（水）-2/8（火） | **《西郷輝彦①》** |
| | **遥かなる慕情 星のフラメンコ** 66／日活 ※最後の上映／山崎徳次郎 |
| ○2/9（水）-2/15（火） | **《西郷輝彦②》** |
| | **恋人をさがそう** 67／日活 ※最後の上映／森永健次郎 |
| ○2/16（水）-2/22（火） | **《園まり①》** |
| | **逢いたくて逢いたくて** 66／日活 ※最後の上映／江崎実生 |
| ○2/23（水）-3/1（火） | **《園まり②》** |
| | **夢は夜ひらく** 67／日活 ※最後の上映／野口晴康 |

---

| | |
|---|---|
| ■3/2（水）-3/29（火） ¥800均一 | **● 夏純子と過ごす夜** |
| ○3/2（水）-3/8（火） | **女子学園 悪い遊び** 70／日活／江崎実生 |
| ○3/9（水）-3/15（火） | **女子学園 ヤバい卒業** 70／アカデミープロ＋日活／沢田幸弘 |
| ○3/16（水）-3/22（火） | **不良少女 魔子** 71／日活／蔵原惟二 |
| ○3/23（水）-3/29（火） | **女子学生 華やかな挑戦** 75／松竹／福田幸平 |

---

| | |
|---|---|
| ■3/30（水）-4/26（火） ¥800均一 | **● 藤田敏八監督 レアリティーズ** |
| ○3/30（水）-4/5（火） | **八月はエロスの匂い** 72／日活／藤田敏八 |
| ○4/6（水）-4/12（火） | **エロスの誘惑** 72／日活／藤田敏八 |
| ○4/13（水）-4/19（火） | **エロスは甘き香り** 73／日活／藤田敏八 |
| ○4/20（水）-4/26（火） | **横須賀男狩り 少女・悦楽** 77／日活／藤田敏八 |

---

| | |
|---|---|
| ■4/27（水）-6/14（火） ¥1,200均一 | **● リバイバル・ロードショー・シリーズ** アンコール上映 |
| ○4/27（水）-5/3（火） | **黒蜥蜴** 68／東映／深作欣二 |
| ○5/4（水）-5/10（火） | **黒薔薇の館** 69／東映／深作欣二 |
| ○5/11（水）-5/17（火） | **君も出世ができる** 64／東宝／須川栄三 |
| ○5/18（水）-5/24（火） | **大冒険** 65／渡辺プロダクション＋東宝／古澤憲吾 |
| ○5/25（水）-5/31（火） | **若い季節** 62／東宝／古澤憲吾 |
| ○6/1（水）-6/7（火） | **クレージーだよ 奇想天外** 66／渡辺プロダクション＋東宝／坪島孝 |
| ○6/8（水）-6/14（火） | **100発100中** 65／東宝／福田純 |

---

| | |
|---|---|
| ■6/15（水）-1995年3/14（火） | **● 日本映画史修正企画 "映画の達人" 再評価シリーズ** |
| | **《須川栄三監督特集》** |
| ○6/15（水）-6/21（火） ¥800均一 | **青春白書 大人には分らない** 58／東宝／須川栄三（※デビュー作） |
| ○6/22（水）-6/28（火） | **ある大阪の女** 62／宝塚映画／須川栄三 |
| ○6/29（水）-7/5（火） | **サラリーマン悪党術** 68／東宝／須川栄三 |
| ○7/6（水）-7/12（火） | **ブラック・コメディ ああ！馬鹿** 69／東宝／須川栄三 |
| | **《坪島孝監督特集》** |
| ○7/13（水）-7/19（火） ¥800均一 | **写真記者物語 瞬間に命を賭けろ** 63／東宝／坪島孝（※デビュー作） |
| ○7/20（水）-7/26（火） | **こゝから始まる** 65／東宝／坪島孝 |
| ○7/27（水）-8/2（火） | **愛のきずな** 69／渡辺プロダクション＋東宝／坪島孝 |
| ○8/3（水）-8/9（火） | **奇々怪々 俺は誰だ?!** 69／渡辺プロダクション＋東宝／坪島孝 |
| | **《福田純監督特集》** |
| ○8/10（水）-8/16（火） ¥800均一 | **恐るべき火遊び** 59／東宝／福田純（※デビュー作） |
| ○8/17（水）-8/23（火） | **情無用の掟** 61／東宝／福田純 |
| ○8/24（水）-8/30（火） | **血とダイヤモンド** 64／宝塚映画／福田純 |
| ○8/31（水）-9/6（火） | **大日本スリ集団** 69／東宝／福田純 |
| | **《井上梅次監督特集》** |
| ○9/7（水）-9/13（火） ¥800均一 | **真赤な恋の物語** 63／松竹／井上梅次 |

| | |
|---|---|
| ○10/23（日）-10/26（水） | **洲崎パラダイス 赤信号** 56／日活／川島雄三 |
| | **貸間あり** 59／宝塚映画／川島雄三 |
| ■10/27（木）-11/9（水） ¥1,400 | **●「市川崑の映画たち」出版記念 市川崑映画祭** |
| ○10/27（木）-10/29（土） | **女性に関する十二章** 54／東宝／市川崑 |
| | **プーサン** 53／東宝／市川崑 |
| ○10/30（日）-11/2（水） | **青春怪談** 55／日活／市川崑 |
| | **愛人** 53／東宝／市川崑 |
| ○11/3（木）-11/5（土） | **あなたと私の合言葉 さようなら、今日は** 59／大映／市川崑 |
| | **鍵** 59／大映／市川崑 |
| ○11/6（日）-11/9（水） | **細雪** 83／東宝映画／市川崑 |
| | **妻と女の間** 76／東宝映画／市川崑、豊田四郎 |
| ■11/10（木）-11/16（水） ¥1,400 | **● 監督＆脚本集 寺山修司的ワールド** |
| ○11/10（木）-11/12（土） | **さらば箱舟** 84／人力飛行機舎＋劇団ひまわり＋ATG／寺山修司 |
| | **田園に死す** 74／人力飛行機舎＋ATG／寺山修司 |
| ○11/13（日）-11/16（水） | **初恋・地獄篇** 68／羽仁プロ＋ATG／羽仁進 |
| | **書を捨てよ町へ出よう** 71／人力飛行機舎＋ATG／寺山修司 |
| ■11/17（木）-11/26（土） ¥1,400 | **● 乱歩生誕100年記念企画ファイナル 夢魔人＝江戸川乱歩＆夢野久作** |
| ○11/17（木）-11/21（月） | **江戸川乱歩の陰獣** 77／松竹／加藤泰 |
| | **江戸川乱歩猟奇館 屋根裏の散歩者** 76／日活／田中登 |
| | **盲獣** 69／大映／増村保造 |
| ○11/22（火）-11/26（土） | **瓶詰め地獄** 86／にっかつ／川崎善広 |
| | **夢野久作の少女地獄** 77／日活／小沼勝 |
| | **黒蜥蜴** 68／松竹／深作欣二 |
| ■11/27（日）-12/22（木） ¥1,400 | **● 年末恒例時代劇特集** 時代劇名匠列伝 |
| ○11/27（日）-11/30（水） | **《山中貞雄の巻》** |
| | **人情紙風船** 37／P.C.L.／山中貞雄 |
| | **河内山宗俊** 36／日活＋太秦発声／山中貞雄 |
| | **丹下左膳餘話 百萬両の壺** 35／日活／山中貞雄 |
| ○12/1（木）-12/3（土） | **《伊丹万作の巻》** |
| | **戦国奇譚 気まぐれ冠者** 35／千恵蔵プロ／伊丹万作 |
| | **赤西蠣太** 36／千恵蔵プロ／伊丹万作 |
| ○12/4（日）-12/7（水） | **《伊藤大輔の巻》** |
| | **鞍馬天狗（・横浜に現る）** 42／大映 ※タイトルは「黄金地獄」／伊藤大輔 |
| | **御誂次郎吉格子** 31／日活 ※サイレント／伊藤大輔 |
| | **素浪人罷通る** 47／大映／伊藤大輔 |
| ○12/8（木）-12/10（土） | **《衣笠貞之助の巻》** |
| | **蛇姫様** 40／東宝 ※総集篇／衣笠貞之助 |
| | **紅蝙蝠〈べにこうもり〉** 50／大映／衣笠貞之助 |
| ○12/11（日）-12/14（水） | **《丸根賛太郎の巻》** |
| | **続蛇姫道中** 50／大映／丸根賛太郎、木村恵吾 |
| | **天狗飛脚** 49／大映／丸根賛太郎 |
| | **春秋一刀流** 39／日活／丸根賛太郎 |
| ○12/15（木）-12/17（土） | **《稲垣浩の巻》** |
| | **大菩薩峠 甲源一刀流の巻** 35／日活／稲垣浩（監督）、山中貞雄＋荒井良平（応援監督） |
| | **宮本武蔵** 40／日活 ※第二部・第三部の総集篇／稲垣浩 |
| ○12/18（日）-12/22（木） | **《マキノ正博（雅弘）の巻》** |
| | **男の花道** 41／東宝 ※短縮版／マキノ正博 |
| | **鞍馬天狗 角兵衛獅子の巻** 38／日活／マキノ正博、松田定次 |
| | **すっ飛び駕** 52／大映／マキノ雅弘 |
| ■12/23（金）-1995年1/15（日） | **● 新作ロードショー** |
| ¥1,700 | **男はつらいよ 拝啓車寅次郎様** 94／松竹／山田洋次 |
| | **釣りバカ日誌7** 94／松竹／栗山富夫 |

| | |
|---|---|
| | **ケメ子の唄** 68／松竹／田中康義 |
| | **帰って来たヨッパライ** 68／創造社／大島渚 |

---

| | |
|---|---|
| ■8/4（木）-9/15（木） ¥1,400 | **● 江戸川乱歩生誕100年記念企画 VOL.2 続・ニッポン怪奇幻想倒錯劇場** |
| ○8/4（木）-8/10（水） | **《幻想王国の住人たち》** |
| | **桜の森の満開の下** 75／芸苑社／篠田正浩 |
| | **江戸川乱歩猟奇館 屋根裏の散歩者** 76／日活／田中登 |
| | **夢野久作の少女地獄** 77／日活／小沼勝 |
| ○8/11（木）-8/13（土） | **《伝統美の魔力》** |
| | **本陣殺人事件** 75／たかばやしプロダクション＋映像京都＋ATG／高林陽一 |
| | **雪華葬刺し** 82／大映／高林陽一 |
| ○8/14（日）-8/17（水） | **《美輪明宏・二つの顔》** |
| | **日本人のへそ** 77／須川栄三プロダクション＋ATG／須川栄三 |
| | **黒薔薇の館** 69／松竹／深作欣二 |
| ○8/18（木）-8/20（土） | **《犯罪の魅惑・犯人の喜悦》** |
| | **恐怖の時間** 64／東宝／岩内克己 |
| | **奴が殺人者だ** 58／東宝／丸林久信 |
| ○8/21（日）-8/24（水） | **《愛と死を煮つめて》** |
| | **エロス＋虐殺** 70／現代映画社／吉田喜重 |
| | **実録阿部定** 75／日活／田中登 |
| ○8/25（木）-8/27（土） | **《見えないものが見えてくる》** |
| | **他人の顔** 66／東京映画＋勅使河原プロダクション／勅使河原宏 |
| | **音楽** 72／行動社＋ATG／増村保造 |
| ○8/28（日）-8/31（水） | **《黄昏のお化け屋敷》** |
| | **吸血髑髏船** 68／松竹／松野宏軌 |
| | **蛇娘と白髪魔** 68／大映／湯浅憲明 |
| | **蜘蛛男** 58／新映 ※『殺人鬼蜘蛛男』『蜘蛛男の逆襲』を続けて上映／山本弘之 |
| | ※イベント 8/29 入川保則 |
| ○9/1（木）-9/4（日） | **《スリラーの達人＝井上梅次》** |
| | **死の十字路** 56／日活／井上梅次 |
| | **可愛い悪女** 71／松竹／井上梅次 |
| | **黒蜥蜴** 62／大映／井上梅次 |
| ○9/5（月）-9/11（日） | **《究極の乱歩パラダイス》** |
| | **屋根裏の散歩者** 94／TBS＋バンダイ／実相寺昭雄 |
| | **盲獣** 69／大映／増村保造 |
| | **江戸川乱歩全集 恐怖奇形人間** 69／東映／石井輝男 |
| | ※イベント 9/10 石井輝男、石井浩一（撮影）、丸山裕司（美術） |
| ○9/12（月）-9/15（木） | **《見果てぬ郷愁の果て》** |
| | **押繪と旅する男** 94／TBS＋バンダイビジュアル ※インターナショナル・ヴァージョン／川島透 |
| | **田園に死す** 74／人力飛行機舎＋ATG／寺山修司 |

---

| | |
|---|---|
| ■9/16（金）-10/9（日） | **● 青春一直線 第一回 舟木一夫映画祭** |
| ○9/16（金）-9/23（金） ¥1,700 | **【ニュープリント・リバイバル・ロードショー】** |
| | **北国の街** 65／日活／柳瀬観 |
| | **絶唱** 66／日活／西河克己 |
| ○9/24（土）-10/1（土） ¥1,400 | **北国の旅情** 67／日活／西河克己 |
| | **夕笛** 67／日活／西河克己 |
| ○10/2（日）-10/5（水） ¥1,400 | **その人は昔** 67／東京映画／松山善三 |
| | **君に幸福を センチメンタル・ボーイ** 67／東京映画／丸山誠治 |
| ○10/6（木）-10/9（日） ¥1,400 | **いつか来るさよなら** 69／松竹／川頭義郎 |
| | **永訣〈わかれ〉** 69／松竹／大庭秀雄 |

---

| | |
|---|---|
| ■10/10（月）-10/26（水） ¥1,400 | **● デビュー作から遺作まで 川島雄三監督セレクション10** |
| ○10/10（月）-10/12（水） | **還って来た男** 44／松竹／川島雄三 |
| | **イチかバチか** 63／東宝／川島雄三 |
| ○10/13（木）-10/15（土） | **グラマ島の誘惑** 59／東京映画／川島雄三 |
| | **箱根山** 62／東宝／川島雄三 |
| ○10/16（日）-10/19（水） | **深夜の市長** 47／松竹／川島雄三 |
| | **とんかつ大将** 52／松竹／川島雄三 |
| ○10/20（木）-10/22（土） | **人も歩けば** 60／東京映画／川島雄三 |
| | **接吻泥棒** 60／東宝／川島雄三 |

**レッツゴー！高校レモン娘** 67／松竹＋西野バレエ団／市村泰一
**夢で逢いましょ** 62／東京映画／佐伯幸三

○6/9（木）-6/11（土）
**《史上最強の三人娘》**
**ロマンス娘** 56／東宝／杉江敏男
**大当り三色娘** 57／東宝／杉江敏男

○6/12（日）-6/15（水）
**《Go！ Go！井上梅次！》**
**あいつとララバイ** 83／東宝＋ジャニーズ事務所／井上梅次
**嵐を呼ぶ楽団** 60／宝塚映画／井上梅次
**踊りたい夜** 63／松竹／井上梅次
※イベント 6/12 井上梅次監督

○6/16（木）-6/18（土）
**《オールド・ファッションド・ミュージカル》**
**極楽島物語** 57／宝塚映画／佐伯幸三
**カルメン故郷に帰る** 51／松竹／木下恵介

---

■6/19（日）-6/29（水） ¥1,400
**● 東映カルトムービー・シリーズ 第1回牧口雄二監督映画祭**

○6/19（日）-6/22（水）
**王割り人ゆき** 75／東映／牧口雄二
**玉割り人ゆき 西の廓夕月楼** 76／東映／牧口雄二
**らしゃめん** 77／東映／牧口雄二
※イベント 6/22 牧口雄二監督

○6/23（木）-6/25（土）
**広島仁義 人質奪回作戦** 76／東映／牧口雄二
**五月みどりのかまきり夫人の告白** 75／東映／牧口雄二
**戦後猟奇犯罪史** 76／東映／牧口雄二
※イベント 6/24 牧口雄二監督

○6/26（日）-6/29（水）
**女獄門帖 引き裂かれた尼僧** 77／東映／牧口雄二
**毒婦お伝と首斬り浅** 77／東映／牧口雄二
**徳川女刑罰絵巻 牛裂きの刑** 76／東映／牧口雄二
※イベント 6/26 牧口雄二監督

---

■6/30（木）-8/3（火）
**● 懐かしくて新しい グループサウンズ★グラフィティ**

○6/30（木）-7/6（水） ¥1,700
**《スパイダース 復活》【ニュープリント・リバイバル・ロードショー】**
**ザ・スパイダースのゴーゴー向う見ず作戦** 67／日活／斎藤武市
**ザ・スパイダースの大進撃** 68／日活／中平康
**ザ・スパイダースのバリ島珍道中** 68／日活／西河克己

○7/7（木）-7/9（土） ¥1,400
**《もっとスパイダース》**
**にっぽん親不孝時代** 68／東京映画／山本邦彦
**思い出の指輪** 68／松竹＋ホリプロ／斎藤耕一

○7/10（日）-7/12（火） ¥1,400
**《斎藤耕一監督＋ヴィレッジ・シンガーズ》**
**虹の中のレモン** 68／松竹／斎藤耕一
**小さなスナック** 68／松竹／斎藤耕一
**落葉とくちづけ** 69／松竹／斎藤耕一

○7/13（水）-7/16（土） ¥1,400
**《前期タイガース全集》**
**ドリフターズですよ！前進前進また前進** 67／渡辺プロダクション／和田嘉訓
**ザ・タイガース 世界はボクらを待っている** 68／渡辺プロダクション＋／東宝／和田嘉訓
**ザ・タイガース 華やかなる招待** 68／東京映画＋渡辺プロダクション／山本邦彦

○7/17（日）-7/20（水） ¥1,400
**《前田陽一監督特集》**
**喜劇 右むけェ左！** 70／渡辺プロダクション／前田陽一
**虹をわたって** 72／松竹／前田陽一
**進め！ジャガーズ 敵前上陸** 68／松竹／前田陽一
※イベント 7/20 天地真理、前田陽一監督

○7/21（木）-7/23（土） ¥1,400
**《後期タイガース vs. テンプターズ》**
**ザ・タイガース ハーイ！ロンドン** 69／東京映画＋渡辺プロダクション／岩内克己
**涙のあとに微笑みを** 69／東京映画／内川清一郎

○7/24（日）-7/27（水） ¥1,400
**《ジュリー・スペシャル》**
**太陽を盗んだ男** 79／キティ・フィルム／長谷川和彦
**炎の肖像** 74／日活／藤田敏八／加藤彰
**パリの哀愁** 76／渡辺プロダクション／出目昌伸

○7/28（木）-7/30（土） ¥1,400
**《その後のショーケン》**
**雨のアムステルダム** 75／東宝映画＋渡辺企画／蔵原惟繕
**約束** 72／斎藤プロダクション＋松竹／斎藤耕一

○7/31（日）-8/3（水） ¥1,400
**《1968年ヤング風俗アラカルト》**
**新宿の肌** 68／ゴードン・プロ／斎村和彦

**バラ色の二人** 67／松竹＋ビクター／桜井秀雄
**恋の乙女川** 69／ビクター＋ワールド・プロモーション／市村泰一
**江梨子** 62／大映／木村恵吾

○4/3（月）-4/6（木） **《舟木一夫》**
**いつか来るさよなら** 69／松竹／川頭義郎
**高校三年生** 63／大映／井上芳夫
**その人は昔** 67／東京映画／松山善三

○4/7（金）-4/9（日） **《西郷輝彦》**
**東京↔パリ 青春の条件** 70／ワールド・プロモーション／斎藤耕一
**星と俺とできめたんだ** 65／日活／井田探

○4/10（月）-4/13（木） **《郷ひろみ》**
**急げ！若者** 74／ジャックプロ／小谷承靖
**さらば夏の光よ** 76／松竹＋バーニングプロ／山根成之
**突然、嵐のように** 76／松竹＋バーニングプロ／山根成之

○4/14（金）-4/16（日） **《野口五郎》**
**再会** 75／松竹＋ NP プロ／斎藤耕一
**季節風** 77／松竹＋ NP プロ／斎藤耕一

○4/17（月）-4/20（木） **《西城秀樹》**
**しあわせの一番星** 74／松竹／山根成之
**愛と誠** 74／芸映プロ＋／松竹／山根成之
**おれの行く道** 75／松竹／山根成之

---

■4/21（金）-4/30（日） ¥1,400 **● 寺山修司アンコール（監督＆脚本集）**

○4/21（金）-4/23（日） **乾いた湖** 60／松竹／篠田正浩
**さらば箱舟** 84／人力飛行機舎＋劇団ひまわり＋ ATG／寺山修司

○4/24（月）-4/27（木） **初恋・地獄篇** 68／羽仁プロ＋ ATG／羽仁進
**書を捨てよ町へ出よう** 71／人力飛行機舎＋ ATG／寺山修司

○4/28（金）-4/30（日） **サード** 78／幻燈社＋ ATG／東陽一
**田園に死す** 74／人力飛行機舎＋ ATG／寺山修司

---

■5/1（日）-5/21（土） ¥1,700 **● 東宝ゴクラク座 ミラクル★ムービーズ 2×3**（※全作品 ニュープリント／総天然色／東宝スコープ）

○5/1（日）-5/7（土） **クレージー黄金作戦** 67／渡辺プロダクション＋東宝／坪島孝
**予告篇特集**（※本特集上映の6作品は、東宝よりレーザーディスクでの発売を記念してのもので、その6作品の予告篇を上映）
**君も出世ができる** 64／東宝／須川栄三
※イベント 5/1 3：40～、須川栄三監督舞台挨拶

○5/8（日）-5/14（土） **若い季節** 62／東宝／古澤憲吾
**予告篇特集**
**大冒険** 65／渡辺プロダクション＋東宝／古澤憲吾

○5/15（日）-5/21（土） **クレージーだよ 奇想天外** 66／渡辺プロダクション＋東宝／坪島孝
**予告篇特集**
**100 発 100 中** 65／東宝／福田純
※イベント 5/15 坪島孝監督、福田純監督

---

■5/22（日）-6/18（土） ¥1,400 **● 歌って踊ってニッコニコ ザッツ・ニッポン・ミュージカル**

○5/22（日）-5/25（水） **《ミュージカルへの長い道》**
**ああ爆弾** 64／東宝／岡本喜八
**恋の大冒険** 70／オールスタッフプロ＋テアトルプロ／羽仁進
**日本人のへそ** 77／須川栄三プロダクション＋ ATG／須川栄三

○5/26（木）-5/28（土） **《時代劇オペレッタ》**
**鴛鴦歌合戦** 39／日活／マキノ正博
**歌ふ狸御殿** 42／大映／木村恵吾

○5/29（日）-6/1（水） **《古澤憲吾・前進前進また前進》**
**ニッポン無責任時代** 62／東宝／古澤憲吾
**アワモリ君西へ行く** 61／宝塚映画／古澤憲吾
**続 若い季節** 64／東宝／古澤憲吾

○6/2（木）-6/4（土） **《クレージー時代劇》**
**ホラ吹き太閤記** 64／東宝／古澤憲吾
**クレージーの殴り込み清水港** 70／渡辺プロダクション＋東宝／坪島孝

○6/5（日）-6/8（水） **《頑張るゴキゲン娘》**
**裏町のお転婆娘** 56／日活／井上梅次

# 1994



■1/16（日）-3/2（水） ¥1,400　● **江戸川乱歩生誕100年記念「ニッポン怪奇幻想倒錯劇場」**

○1/16（日）-1/19（水）　**《名探偵・明智小五郎登場》**
**蜘蛛男** 58／新映 ※『殺人鬼蜘蛛男』『蜘蛛男の逆襲』を続けて上映／山本弘之
**怪人二十面相** 54／松竹 ※『人か魔か？』『巨人対怪人』『怪盗粉砕』を続けて上映／弓削進

○1/20（木）-1/22（土）　**《因果応報の渦巻》**
**吸血髑髏船** 68／松竹／松野宏軌
**吸血蛾** 56／東宝／中川信夫

○1/23（日）-1/26（水）　**《異次元時代劇ランド》**
**女獄門帖 引き裂かれた尼僧** 77／東映／牧口雄二
**忘八武士道** 73／東映／石井輝男
**修羅桜** 59／松竹／大曽根辰保

○1/27（木）-1/29（土）　**《快楽地獄 奴隷模様》**
**悪徳の栄え** 88／にっかつ／実相寺昭雄
**江戸川乱歩の陰獣** 77／松竹／加藤泰

○1/30（日）-2/2（水）　**《美少女たちがアブナイ》**
**聖獣学園** 74／東映／鈴木則文
**堕靡泥の星 美少女狩り** 79／にっかつ／鈴木則文
**残酷おんな情死** 70／日活／西村昭五郎

○2/3（木）-2/5（土）　**《井上梅次・怒涛の職人芸》**
**死の十字路** 56／日活／井上梅次
**黒蜥蜴** 62／大映／井上梅次

○2/6（日）-2/9（水）　**《元祖変身ヒーロー片岡千恵蔵》**
**多羅尾伴内 七つの顔** 47／大映／松田定次
**多羅尾伴内二十一の指紋** 48／大映／松田定次
**三つ首塔** 56／東映／小林恒夫、小沢茂弘

○2/10（木）-2/16（水）　**《寺山修司・郷愁の理想郷》**
**草迷宮** 79（※日本公開は1983）／人力飛行機舎／寺山修司
**田園に死す** 74／人力飛行機舎＋ATG／寺山修司

○2/17（木）-2/23（水）　**《エロスと死の弁証法》**
**江戸川乱歩猟奇館 屋根裏の散歩者** 76／日活／田中登
**瓶詰め地獄** 86／にっかつ／川崎善広
**夢野久作の少女地獄** 77／日活／小沼勝

○2/24（木）-3/2（水）　**《アブノーマル加速装置》**
**多羅尾伴内** 78／東映／鈴木則文
**怪談昇り竜** 70／日活／石井輝男
**江戸川乱歩全集 恐怖奇形人間** 69／東映／ 石井輝男

---

■3/3（木）-3/12（土） ¥1,700　● **ニュープリント・リバイバル・ロードショー『黒薔薇の館』（同時上映『黒蜥蜴』）**
**黒薔薇の館** 69／松竹／深作欣二
**黒蜥蜴** 68／松竹／深作欣二

---

■3/13（日）-3/30（木） ¥1,400　● **春休み特集 ゴジラ13（サーティーン）**

○3/13（日）-3/16（水）　**ゴジラ** 54／東宝／本多猪四郎
**怪獣王ゴジラ〈海外版〉** 57／東宝／テリー・モース
**ゴジラの逆襲** 55／東宝／小田基義

○3/17（木）-3/20（日）　**モスラ対ゴジラ** 64／東宝／本多猪四郎
**ゴジラ・エビラ・モスラ 南海の大決闘** 66／東宝／福田純
**怪獣島の決戦 ゴジラの息子** 67／東宝／福田純

○3/21（月）-3/23（木）　**ゴジラ・ミニラ・ガバラ オール怪獣大進撃** 69／東宝／本多猪四郎
**怪獣総進撃** 68／東宝／本多猪四郎

○3/24（金）-3/26（日）　**地球攻撃命令 ゴジラ対ガイガン** 72／東宝／福田純
**ゴジラ対ヘドラ** 71／東宝／坂野義光

○3/27（月）-3/30（木）　**ゴジラ対メガロ** 73／東宝／福田純
**ゴジラ対メカゴジラ** 74／東宝／福田純
**メカゴジラの逆襲** 75／東宝映像／本多猪四郎

---

■3/31（金）-4/20（木） ¥1,400　● **新旧歌謡御三家ムービーコレクション**

○3/31（金）-4/2（日）　**《橋幸夫》**

○4/21 (水) -4/27 (火)　殺し屋をバラセ　69／大映／池広一夫
○4/28 (水) -5/4 (火)　皆殺しのスキャット　70／大映／森一生

---

■5/5 (水) -6/1 (火)　¥800均一　● **BACK TO '70s 東宝青春映画時代**
○5/5 (水) -5/11 (火)　放課後　73／東宝映画／森谷司郎
○5/12 (水) -5/18 (火)　阿寒に果つ　75／東宝映画／渡辺邦彦
○5/19 (水) -5/25 (火)　はつ恋　75／東宝映画／小谷承靖
○5/26 (水) -6/1 (火)　挽歌　76／東京映画／河崎義祐

---

■6/2 (水) -6/29 (火)　¥800均一　● **『ニッポン無責任時代』への道程　古沢憲吾監督レアリティーズ**
○6/2 (水) -6/8 (火)　僕は独身社員　60／東宝／古澤憲吾
○6/9 (水) -6/15 (火)　サラリーマン 奥様心得帖　61／東宝／古澤憲吾
○6/16 (水) -6/22 (火)　アワモリ君売出す　61／東宝／古澤憲吾
○6/23 (水) -6/29 (火)　重役候補生 No.1　62／東宝／古澤憲吾

---

■6/30 (水) -8/3 (火)　¥800均一　● **絢爛豪華な映画劇**　小沼勝監督特集
○6/30 (水) -7/6 (火)　修道女ルナの告白　76／日活／小沼勝
○7/7 (水) -7/13 (火)　濡れた壺　76／日活／小沼勝
○7/14 (水) -7/20 (火)　奴隷契約書　82／にっかつ／小沼勝
○7/21 (水) -7/27 (火)　スチュワーデス・スキャンダル 獣のように抱きしめて　84／にっかつ／小沼勝
○7/28 (水) -8/3 (火)　箱の中の女 2　88／にっかつ／小沼勝

---

■8/4 (水) -9/14 (火)　¥800均一　● **ロカビリーから青島幸男まで　東宝・異色ヤング風俗映画**
○8/4 (水) -8/10 (火)　檻の中の野郎たち　59／東宝／川崎徹広（※デビュー作）
○8/11 (水) -8/17 (火)　嵐を呼ぶ楽団　60／宝塚映画／井上梅次
○8/18 (水) -8/24 (火)　夢で逢いましょ　62／東京映画／佐伯幸三
○8/25 (水) -8/31 (火)　六本木の夜 愛して愛して　63／東宝／岩内克己（※デビュー作）
○9/1 (水) -9/7 (火)　自動車泥棒　64／東宝／和田嘉訓（※デビュー作）
○9/8 (水) -9/14 (火)　二人でひとり　70／東京映画＋青島プロダクション／青島幸男

---

■9/15 (水) -10/12 (火)　¥800均一　● **歌って踊って笑わせる　天下無敵のフランキー堺**
○9/15 (水) -9/21 (火)　フランキー・ブーチャンのあゝ軍艦旗　57／日活／春原政久
○9/22 (水) -9/28 (火)　君も出世ができる　64／東宝／須川栄三
○9/29 (水) -10/5 (火)　極道ペテン師　69／日活／千野皓司
○10/6 (水) -10/12 (火)　喜劇 あゝ軍歌　70／松竹／前田陽一

---

■10/13 (水) -11/23 (火)　¥800均一　● **職人再評価シリーズ　前田陽一★七変化**
○10/13 (水) -10/19 (火)　涙にさよならを　65／松竹／前田陽一
○10/20 (水) -10/26 (火)　七つの顔の女　69／松竹／前田陽一
○10/27 (水) -11/2 (火)　喜劇 右むけェ左　70／渡辺プロダクション／前田陽一
○11/3 (水) -11/9 (火)　喜劇 昨日の敵は今日も敵　71／渡辺プロダクション／前田陽一
○11/10 (水) -11/16 (火)　喜劇 男の子守唄　72／松竹／前田陽一
○11/17 (水) -11/23 (火)　虹をわたって　72／松竹／前田陽一

---

■11/24 (水) -1994年1/18 (火)　¥800均一　● **日活アクション AGAIN　トニー vs. マイトガイ**
○11/24 (水) -11/30 (火)　《トニー＝赤木圭一郎①》
打倒（ノックダウン）　60／日活／松尾昭典
○12/1 (水) -12/7 (火)　《トニー＝赤木圭一郎②》
邪魔者は消せ　60／日活／牛原陽一
○12/8 (水) -12/14 (火)　《トニー＝赤木圭一郎③》
霧笛が俺を呼んでいる　60／日活／山崎徳次郎
○12/15 (水) -12/21 (火)　《トニー＝赤木圭一郎④》
俺の血が騒ぐ　61／日活／山崎徳次郎
○12/22 (水) -12/28 (火)　《マイトガイ＝小林旭①》
口笛が流れる港町　60／日活／斎藤武市
○12/29 (水) -1994年1/4 (火)　《マイトガイ＝小林旭②》
赤い夕陽の渡り鳥　60／日活／斎藤武市
※12/31（金）はレイトショーは休映
※この特集続く

○11/28（日）-11/30（火）　**《東宝アイドルの競艶》**
**君に幸福を センチメンタル・ボーイ**　67／東京映画／丸山誠治
**年ごろ**　68／東宝／出目昌伸
**俺たちの荒野**　69／東宝映画／出目昌伸

---

■12/1（水）-12/24（金）¥1,400　**● 年末恒例企画 元気が出る魔法の時代劇**
○12/1（水）-12/4（土）　**《燃える大河内伝次郎の巻》**
**大菩薩峠 甲源一刀流の巻**　35／日活／稲垣浩（監督）、山中貞雄＋荒井良平（応援監督）
**巨人伝**　38／東宝／伊丹万作
○12/5（日）-12/8（水）　**《吠えるバンツマの巻》**
**月の出の決闘**　47／大映／丸根賛太郎
**狐の呉れた赤ん坊**　45／大映／丸根賛太郎
**木曽の天狗**　48／大映／松田定次
○12/9（木）-12/11（土）　**《永遠のアラカンの巻》**
**出世太閤記**　38／日活／稲垣浩
**剣光櫻吹雪**　41／日活／菅沼完二
○12/12（日）-12/15（水）　**《不滅のアラカンの巻》**
**鞍馬天狗 角兵衛獅子**　51／松竹／大曽根辰夫
**鞍馬天狗 鞍馬の火祭**　51／松竹／大曽根辰夫
**鞍馬天狗 天狗廻状**　52／松竹／大曽根辰夫
○12/16（木）-12/19（日）　**《やっぱり片岡千恵蔵の巻》**
**宮本武蔵 剣心一路**　40／日活／稲垣浩
**春秋一刀流**　39／日活／丸根賛太郎
**弥次喜多道中記**　38／日活／マキノ正博
○12/20（月）-12/24（金）　**《またまたオモシロ時代劇の巻》**
**鴛鴦歌合戦**　39／日活／マキノ正博
**天狗飛脚**　49／大映／丸根賛太郎
**丹下左膳餘話 百萬両の壺**　35／日活／山中貞雄

---

■12/25（土）-1994年1/15（土）
¥1,700　**● 松竹系封切**
**男はつらいよ 寅次郎の縁談**　93／松竹／山田洋次
**釣りバカ日誌6**　93／松竹／栗山富夫

# 1993【レイトショー】

■1/13（水）-2/9（火）¥800均一　**● 全日本ブンガク全集**
○I/13（水）-1/19（火）　**《永井荷風（といわれる）》**
**四畳半襖の裏張り**　73／日活／神代辰巳
○1/20（水）-1/26（火）　**《中上健次》**
**赫い髪の女**　79／にっかつ／神代辰巳
○1/27（水）-2/2（火）　**《田中小実昌》**
**おんなの細道・濡れた海峡**　80／にっかつ／武田一成
○2/3（水）-2/9（火）　**《野坂昭如》**
**四畳半色の濡衣**　83／東映セントラル／向井寛

---

■2/10（水）-3/9（火）¥800均一　**● 池田敏春監督特集**
○2/10（水）-2/16（火）　**性狩人**　80／にっかつ／池田敏春
○2/17（水）-2/23（火）　**ひと夏の体験 青い珊瑚礁**　81／にっかつ／池田敏春
○2/24（水）-3/2（火）　**天使のはらわた 赤い淫画**　81／にっかつ／池田敏春
○3/3（水）-3/9（火）　**魔性の香り**　85／ディレクターズ・カンパニー／池田敏春

---

■3/10（水）-4/6（火）¥800均一　**● 高橋伴明監督特集**
○3/10（水）-3/16（火）　**少女情婦**　80／国映／高橋伴明
○3/17（水）－3/23（火）　**緊縛猟奇妻**　81／新東宝／高橋伴明
○3/24（水）-3/30（火）　**女教師 鎖と緊縛**　81／高橋プロダクション／高橋伴明
○3/31（水）-4/6（火）　**緊縛獄舎**　82／新東宝／高橋伴明

---

■4/7（水）-5/4（火）¥800均一　**● 幻の大映アクションを求めて または峰岸徹特集**
○4/7（水）-4/13（火）　**闇を裂く一発**　68／大映／村野鐵太郎
○4/14（水）-4/20（火）　**出獄四十八時間**　69／大映／森一生

○10/3（日）-10/6（水）
**夜の流れ** 60／東宝／成瀬巳喜男／川島雄三
**雁の寺** 62／大映／川島雄三
**接吻泥棒** 60／東宝／川島雄三

○10/7（木）-10/10（日）
**しとやかな獣** 62／大映／川島雄三
**花影** 61／東京映画／川島雄三
**青べか物語** 62／東京映画／川島雄三

---

■10/11（月）-11/3（水） ¥1,400
**● 全日本カルト（に成りそこねた）映画祭**

○10/11（月）-10/13（水）
**《なんでもありエンターテインメント》**
**スーパーエクスプレス 109** 75／東映 ※『新幹線大爆破』の再編集フランス語版。日本語字幕スーパー／佐藤純彌
**幻の湖** 82／橋本プロダクション／橋本忍

○10/14（木）-10/16（土）
**《噫々勘違いホラー》**
**地獄** 79／東映／神代辰巳
**妖婆** 76／永田プロダクション＋大映／今井正

○10/17（日）-10/20（水）
**《伝説の正体が暴かれる時》**
**恐竜・怪鳥の伝説** 77／東映／倉田準二
**吸血鬼ゴケミドロ** 68／松竹／佐藤肇
**昆虫大戦争** 68／松竹／二本松嘉瑞

○10/21（木）-10/23（土）
**《怪獣一発屋》**
**宇宙大怪獣ギララ** 67／松竹／二本松嘉瑞
**大巨獣ガッパ** 67／日活／野口晴康

○10/24（日）-10/27（水）
**《発想は良かったんだけど》**
**犬神の悪霊** 77 東映／伊藤俊也
**蛇娘と白髪魔** 68／大映／湯浅憲明
**吸血髑髏船** 68／松竹／松野宏軌

○10/28（木）-10/31（日）
**《劇画へ恐れ知らずのアタック》**
**青春喜劇 ハレンチ学園** 70／日活／丹野雄二
**あしたのジョー** 70 新国劇＋日活／長谷部安春
**銭ゲバ** 70／近代放映／和田嘉訓

○11/1（月）-11/3（水）
**《フレンチ・アイドル 日本来襲》**
**恋の夏** 72／東宝映画／恩地日出夫
**愛ふたたび** 71／東宝／市川崑

---

■11/4（木）-11/16（火） ¥1,400
**● 職人監督再評価シリーズ GO！GO！井上梅次**

○11/4（木）-11/6（土）
**《日活で裕次郎イメージを決定》**
**勝利者** 57／日活／井上梅次
**嵐を呼ぶ男** 57／日活／井上梅次

○11/7（日）-11/10（水）
**《東宝でジャズる》**
**ジャズ娘乾杯！** 55／宝塚映画／井上梅次
**嵐を呼ぶ楽団** 60／宝塚映画／井上梅次
**太陽を抱け** 60／宝塚映画／井上梅次

○11/11（木）-11/13（土）
**《東映でアクション大爆裂》**
**暗黒街最後の日** 62／東映／井上梅次
**暗黒街最大の決斗** 63／東映／井上梅次

○11/14（日）-11/16（火）
**《松竹で橋幸夫と唄う》**
**赤い鷹** 66／松竹／井上梅次
**恋と涙の太陽** 66／松竹／井上梅次

---

■11/17（水）-11/30（火） ¥1,400
**● '60 年代ヤング風俗史 憧れのニッポン・シックスティーズ**

○11/17（水）-11/20（土）
**《元気一杯 ナベプロ・ガールズ》**
**逢いたくて逢いたくて** 66／日活／江崎実生
**ハイハイ三人娘** 63／宝塚映画／佐伯幸三
**私と私** 62／東宝／杉江敏男

○11/21（日）-11/23（火）
**《ショーマン GS ザ・スパイダース》**
**涙くんさよなら** 66／日活／西村昭五郎
**にっぽん親不孝時代** 68／東京映画／山本邦彦
**思い出の指輪** 68／松竹＋ホリプロ／斎藤耕一

○11/24（水）-11/27（土）
**《西野バレエ団 ピチピチ 5 人娘》**
**レッツゴー！高校レモン娘** 67／松竹＋西野バレエ団／市村泰一
**ミニミニ突撃隊** 68／松竹＋西野バレエ団／梅津明治郎
**初恋宣言** 68／西野バレエ団／梅津明治郎

| | |
|---|---|
| ○7/30（金）-8/3（火） | **フランケンシュタインの怪獣 サンダ対ガイラ** 66／東宝＋ベネディクト・プロ／本多猪四郎 |
| | **キングコングの逆襲** 67／東宝＋ランキン・バス・プロダクション／本多猪四郎 |
| | **緯度0大作戦** 69／東宝＋ドン・シャープ・プロダクション／本多猪四郎 |

---

| | |
|---|---|
| ■8/4（水）-9/4（土） ¥1,400 | **● 橋幸夫からアグネス・ラムまで 昭和ヤング風俗史** |
| ○8/4（水）-8/7（土） | **《橋幸夫と御三家の時代》** |
| | **あの娘と僕 スイム・スイム・スイム** 65／松竹／市村泰一 |
| | **恋のメキシカンロック 恋と夢と冒険** 67／松竹／桜井秀雄 |
| | **東京↔パリ 青春の条件** 70／ワールド・プロモーション／斎藤耕一 |
| | ※イベント 8/4 2：10～ 橋幸夫来館 |
| ○8/8（日）-8/11（水） | **《ザ・グループサウンズ・ベストテン①》** |
| | **ザ・タイガース 世界はボクらを待っている** 68／渡辺プロダクション＋東宝／和田嘉訓 |
| | **ザ・タイガース 華やかなる招待** 68／東京映画＋渡辺プロダクション／山本邦彦 |
| | **ザ・タイガース ハーイ！ロンドン** 69／東京映画＋渡辺プロダクション／岩内克己 |
| ○8/12（木）-8/14（土） | **《ザ・グループサウンズ・ベストテン②》** |
| | **嵐に立つ** 68／松竹／長谷和夫 |
| | **涙のあとに微笑みを** 69／東京映画／内川清一郎 |
| ○8/15（日）-8/18（水） | **《ザ・グループサウンズ・ベストテン③》** |
| | **虹の中のレモン** 68／松竹／斎藤耕一 |
| | **天使の誘惑** 68／松竹／田中康義 |
| | **落葉とくちづけ** 69／松竹／斎藤耕一 |
| ○8/19（木）-8/21（土） | **《ザ・グループサウンズ・ベストテン④》** |
| | **ケメ子の唄** 68／松竹／田中康義 |
| | **進め／ジャガーズ 敵前上陸** 68／松竹／前田陽一 |
| ○8/22（日）-8/25（水） | **《バック・トゥ・ザ・昭和元禄 1968 年》** |
| | **昭和元禄 TOKYO196X 年** 68／東京映画／恩地日出夫 |
| | **昭和元禄ハレンチ節** 68／松竹／市村泰一 |
| | **日本ゲリラ時代** 68／松竹／渡辺祐介 |
| ○8/26（木）-8/28（土） | **《愛と哀しみの学生運動》** |
| | **「されどわれらが日々ー」より 別れの詩** 71／東宝／森谷司郎 |
| | **二十歳の原点** 73／東京映画／大森健次郎（※デビュー作） |
| ○8/29（日）-8/31（火） | **《四畳半・2人だけの青春》** |
| | **神田川** 74／東宝＋国際放映／出目昌伸 |
| | **同棲時代 ―今日子と次郎―** 73／松竹／山根成之 |
| | **新・同棲時代 ―愛のくらし―** 73／松竹／山根成之 |
| ○9/1（水）-9/4（土） | **《セクシー・ロックンロール・ダイナマイト!?》** |
| | **太陽の恋人 アグネス・ラム** 76／東映／三堀篤 |
| | **ブロウアップ ヒデキ** 75／松竹＋芸映／田中康義 |
| | ※『アグネス・ラム』と『ブロウアップ ヒデキ』は連続して上映 |
| | **キャロル** 74／怪人二十面相プロ＋ATG／龍村仁 |

---

| | |
|---|---|
| ■9/5（日）-9/18（土） ¥1,400 | **● 江戸川乱歩 vs. 夢野久作** |
| ○9/5（日）-9/11（土） | **江戸川乱歩猟奇館 屋根裏の散歩者** 76／日活／田中登 |
| | **黒蜥蜴** 68／松竹／深作欣二 |
| | **江戸川乱歩全集 恐怖奇形人間** 69／東映／石井輝男 |
| ○9/12（日）-9/18（土） | **瓶詰め地獄** 86／にっかつ／川崎善弘 |
| | **ドグラ・マグラ** 88／活人堂シネマ＋都市環境開発／松本俊夫 |
| | **夢野久作の少女地獄** 77／日活／小沼勝 |
| | ※イベント 9/12 3：20～ 小沼勝監督来館 |

---

| | |
|---|---|
| ■9/19（日）-10/10（日） ¥1,400 | **● 没後 30 年特集パートⅡ 川島雄三監督集成** |
| ○9/19（日）-9/22（水） | **シミキンのオオ！市民諸君** 48／松竹／川島雄三 |
| | **愛のお荷物** 55／日活／川島雄三 |
| | **貸間あり** 59／宝塚映画／川島雄三 |
| ○9/23（木）-9/25（土） | **暖簾** 58／宝塚映画／川島雄三 |
| | **わが町** 56／日活／川島雄三 |
| ○9/26（日）-9/29（水） | **幕末太陽傳** 57／日活／川島雄三 |
| | **お嬢さん社長** 54／松竹／川島雄三 |
| | **グラマ島の誘惑** 59／東京映画／川島雄三 |
| ○9/30（木）-10/2（土） | **女は二度生まれる** 61／大映／川島雄三 |
| | **人も歩けば** 60／東京映画／川島雄三 |

○5/20（木）-5/22（土）
**《お徳用オムニバス残酷史》**
**戦後猟奇犯罪史** 76／東映／牧口雄二
**やくざ刑罰史 私刑（リンチ）** 69／東映／石井輝男

○5/23（日）-5/26（水）
**《オンタイ＆アキラ・それなりの美学》**
**多羅尾伴内** 78／東映／鈴木則文
**多羅尾伴内 鬼面村の惨劇** 78／東映／山口和彦
**多羅尾伴内 七つの顔の男だぜ** 60／東映／小沢茂弘

---

■5/27（木）-6/12（土） ¥1,400
**● サヨナラから始まる物語 川島雄三監督特集**

○5/27（木）-5/29（土）
**還って来た男** 44／松竹／川島雄三
**箱根山** 62／東宝／川島雄三

○5/30（日）-6/2（水）
**天使も夢を見る** 51／松竹／川島雄三
**女であること** 58／東京映画／川島雄三
**縞の背広の親分衆** 61／東京映画／川島雄三

○6/3（木）-6/5（土）
**洲崎パラダイス 赤信号** 56／日活／川島雄三
**赤坂の姉妹 夜の肌** 60／東京映画／川島雄三

○6/6（日）-6/9（水）
**学生社長** 53／松竹／川島雄三
**風船** 56／日活／川島雄三
**特急にっぽん** 61／東宝／川島雄三

○6/10（木）-6/12（土）
**喜劇 とんかつ一代** 63／東京映画／川島雄三
**イチかバチか** 63／東宝／川島雄三

---

■6/13（日）-6/30（水） ¥1,400
**● 続・全日本ブンガク全集**

○6/13（日）-6/16（水）
**《村松友視》**
**泪橋** 83／人間プロダクション／黒木和雄
**時代屋の女房** 83／松竹／森崎東
**時代屋の女房 2** 85／松竹／長尾啓司

○6/17（木）-6/19（土）
**《川端康成》**
**女のみづうみ** 66／現代映画社／吉田喜重
**眠れる美女** 68／近代映画協会／吉村公三郎

○6/20（日）-6/23（水）
**《江戸川乱歩》**
**盲獣** 69／大映／増村保造
**江戸川乱歩の陰獣** 77／松竹／加藤泰
**黒蜥蜴** 62／大映／井上梅次

○6/24（木）-6/26（土）
**《三島由紀夫》**
**音楽** 72／行動社＋ATG／増村保造
**金閣寺** 76／たかばやしよういちプロダクション＋映像京都＋ATG／高林陽一

○6/27（日）-6/30（水）
**《谷崎潤一郎》**
**細雪** 59／大映／島耕二
**痴人の愛** 49／大映／木村恵吾
**春琴物語** 54／大映／伊藤大輔

---

■7/1（木）-8/3（火） ¥1,400
**● 見果てぬ夢の墓標 特集・本多猪四郎監督×円谷英二特技監督**

○7/1（木）-7/5（月）
**ゴジラ** 54／東宝／本多猪四郎
**獣人雪男** 55／東宝／本多猪四郎
**空の大怪獣ラドン** 56／東宝／本多猪四郎

○7/6（火）-7/10（土）
**大怪獣バラン** 58／東宝／本多猪四郎
**美女と液体人間** 58／東宝／本多猪四郎
**地球防衛軍** 57／東宝／本多猪四郎

○7/11（日）-7/15（木）
**宇宙大戦争** 59／東宝／本多猪四郎
**ガス人間才1号** 60／東宝／本多猪四郎
**モスラ** 61／東宝／本多猪四郎

○7/16（金）-7/19（月）
**キングコング対ゴジラ** 62／東宝／本多猪四郎
**マタンゴ** 63／東宝／本多猪四郎
**妖星ゴラス** 62／東宝／本多猪四郎

○7/20（火）-7/24（土）
**宇宙大怪獣ドゴラ** 64／東宝／本多猪四郎
**モスラ対ゴジラ** 64／東宝／本多猪四郎
**海底軍艦** 63／東宝／本多猪四郎

○7/25（日）-7/29（木）
**三大怪獣 地球最大の決戦** 64／東宝／本多猪四郎
**怪獣大戦争** 65／東宝／本多猪四郎
**フランケンシュタイン対地底怪獣（バラゴン）** 65／東宝＋ベネディクト・プロ／本多猪四郎

**涙を、獅子のたて髪に**　62／松竹／篠田正浩

○3/25（木）-3/27（土）　**《田村孟・森川英太朗・高橋治》**

**悪人志願**　60／松竹／田村孟

**武士道無残**　60／松竹／森川英太朗

**彼女だけが知っている**　60／松竹／高橋治

○3/28（日）-3/31（水）　**《吉田喜重》**

**血は渇いてる**　60／松竹／吉田喜重

**嵐を呼ぶ十八人**　63／松竹／吉田喜重

**秋津温泉**　62／松竹／吉田喜重

---

■4/1（木）-4/28（水）　¥1,400　**● 日活アクション５人男　ニュープリントで甦る日活アクションの世界**

○4/1（木）-4/3（土）　**《太った英雄＝石原裕次郎》**

**夕陽の丘**　64／日活／松尾昭典

**帰らざる波止場**　66／日活／江崎実生

○4/4（日）-4/7（水）　**《トラベリング・フェニックス＝小林旭①》**

**でかんしょ風来坊**　61／日活／斎藤武市

**銀座旋風児（マイトガイ）**　59／日活／野口博志

**南国土佐を後にして**　59／日活／斎藤武市

○4/8（木）-4/10（土）　**《トラベリング・フェニックス＝小林旭②》**

**海から来た流れ者**　60／日活／山崎徳次郎

**大草原の渡り鳥**　60／日活／斎藤武市

○4/11（日）-4/14（水）　**《永遠不滅の No.3 ＝赤木圭一郎》**

**拳銃無頼帖・電光石火の男**　60／日活／野口博志

**幌馬車は行く**　60／日活／野口博志

**紅の拳銃**　61／日活／牛原陽一

○4/15（木）-4/17（土）　**《エースのジョー AGAIN ＝宍戸錠①》**

**硝子のジョニー 野獣のように見えて**　62／日活／蔵原惟繕

**みな殺しの拳銃**　67／日活／長谷部安春

○4/18（日）-4/21（水）　**《エースのジョー AGAIN ＝宍戸錠②》**

**ノサップの銃（ガン）**　61／日活／松尾昭典

**早打ち野郎**　61／日活／野村孝

**拳銃〈コルト〉は俺のパスポート**　57／日活／野村孝

○4/22（木）-4/24（土）　**《境界線上の男＝渡哲也①》**

**大幹部・無頼**　68／日活／小沢啓一（※デビュー作）

**無頼・人斬り五郎**　68／日活／小沢啓一

○4/25（日）-4/28（水）　**《境界線上の男＝渡哲也②》**

**東京流れ者**　66／日活／鈴木清順

**野獣を消せ**　69／日活／長谷部安春

**紅の流れ星**　67／日活／舛田利雄

---

■4/29（木）-5/26（木）　¥1,400　**● ニッポン・カルト・ムービー・シリーズ　ザ★東映カルト★ 20 本！**

○4/29（木）-5/3（月）　**《ぐちゃぐちゃ肉体回転花火》**

**女獄門帖 引き裂かれた尼僧**　77／東映／牧口雄二

**忘八武士道**　73／東映／石井輝男

**江戸川乱歩全集 恐怖奇形人間**　69／東映／石井輝男

○5/4（火）-5/7（金）　**《なんでもありゴッタ煮ヒーローズ》**

**新女囚さそり・特殊房 X（エックス）**　77／東映／小平裕

**ゴルゴ 13 九竜（クーロン）の首**　77／東映＋嘉倫電影／野田幸男

**0 課の女 赤い手錠〈ワッパ〉**　74／東映／野田幸男

○5/8（土）-5/11（火）　**《風雲タイヘン東映城》**

**エロ将軍と二十一人の愛妾**　72／東映／鈴木則文

**くの一忍法 観音開き**　76／東映／皆川隆之

**好色源平絵巻**　77／東映／深尾道典

○5/12（水）-5/15（土）　**《ハード・コミカル・アクション》**

**資金源強奪**　75／東映／ふかさくきんじ

**狂った野獣**　76／東映／中島貞夫

**最も危険な遊戯**　78／東映セントラルフィルム／村川透

○5/16（日）-5/19（水）　**《東映流愛憎ドラマの極致》**

**天使の欲望**　79／東映／関本郁夫

**蛇と女奴隷**　76／向井プロ＋ユニバースプロモーション／向井寛

**処女監禁**　77／東映／関本郁夫

**童貞** 75／松竹／貞永方久
**赤頭巾ちゃん気をつけて** 70／東宝／森谷司郎
**白鳥の歌なんか聞えない** 72／東宝／渡辺邦彦

○1/28（木）-1/30（土）　**《石川達三》**
**神阪四郎の犯罪** 56／日活／久松静児
**四十八歳の抵抗** 56／大映／吉村公三郎

○1/31（日）-2/3（水）　**《谷崎潤一郎》**
**白日夢** 64／第三プロ／武智鉄二
**瘋癲（ふうてん）老人日記** 62／大映／木村恵吾
**鍵** 59／大映／市川崑

○2/4（木）-2/6（土）　**《吉行淳之介》**
**暗室** 83／にっかつ／浦山桐郎
**砂の上の植物群** 64／日活／中平康

○2/7（日）-2/10（水）　**《泉鏡花》**
**白夜の妖女** 57／日活／滝沢英輔
**草迷宮** 79（※日本公開は 1983）／人力飛行機舎／寺山修司
**夜叉が池** 79／松竹／篠田正浩

○2/11（木）-2/13（土）　**《夢野久作》**
**瓶詰め地獄** 86／にっかつ／川崎善広
**少女地獄** 77／日活／小沼勝

○2/14（日）-2/17（水）　**《江戸川乱歩》**
**黒蜥蜴** 68／松竹／深作欣二
**盲獣** 69／大映／増村保造
**江戸川乱歩全集 恐怖奇形人間** 69／東映／石井輝男

○2/18（木）-2/20（土）　**《都筑道夫》**
**殺人狂時代** 67／東宝／岡本喜八
**危（ヤバ）いことなら銭になる** 62／日活／中平康

---

■2/21（日）-3/6（土）　¥1,400　**● フィルムアルチザン・映画の夢と映画の心 『西河克己映画修業』（ワイズ出版刊）出版紀念《第１回西河克己映画祭》**

○2/21（日）-2/24（水）
**恋人岬** 77／松竹／西河克己
**春の夜の出来事** 55／日活／西河克己
**俺の故郷は大西部〈ウエスタン〉** 60／日活／西河克己
※トークイベント　2/21　3：45～　西河克己監督

○2/25（木）-2/27（土）
**赤い蕾と白い花** 62／日活／西河克己
**草を刈る娘** 61／日活／西河克己

○2/28（日）-3/3（水）
**伊豆の踊子** 63／日活／西河克己
**若い人** 62／日活／西河克己
**霧の旗** 77／ホリ企画制作／西河克己

○3/4（木）-3/6（土）
**四つの恋の物語** 65／日活／西河克己
**青い山脈** 63／日活／西河克己

---

■3/7（日）-3/10（水）　¥1,400　**● ヨコハマ映画祭新人監督賞受賞記念 〈第一回 富岡忠文映画祭〉**
**新・童貞物語・ホンコンバージンボーイ** 90／バンダイ＋MMP＋鎌倉スーパーステーション／富岡忠文
**湾岸バッド・ボーイ・ブルー** 92／ケイエスエス＋TBS／富岡忠文
**シャボン玉伝説** 88／エクセス／富岡忠文（※デビュー作）
※トークイベント　3/7　3：05～　富岡忠文監督

---

■3/11（木）-3/31（水）　¥1,400　**● 松竹ヌーヴェルヴァーグの研究**

○3/11（木）-3/13（土）　**《大島渚①》**
**青春残酷物語** 60／松竹／大島渚
**日本の夜と霧** 60／松竹／大島渚

○3/14（日）-3/17（水）　**《大島渚②》**
**太陽の墓場** 60／松竹／大島渚
**無理心中・日本の夏** 67／創造社／大島渚
**日本春歌考** 67／創造社／大島渚

○3/18（木）-3/20（土）　**《篠田正浩①》**
**美しさと哀しみと** 65／松竹／篠田正浩
**乾いた花** 64／松竹／篠田正浩

○3/21（日）-3/24（水）　**《篠田正浩》**
**夕陽に赤い俺の顔** 61／松竹／篠田正浩

○5/13(水)-5/19(火)　**拷問百年史**　75／新東宝／若松孝二
○5/20(水)-5/26(火)　**残忍女暗黒史**　76／新東宝／若松孝二
○5/27(水)-6/2(火)　**十三人連続暴行魔**　78／新東宝興業／若松孝二
○6/3(水)-6/9(火)　**現代性犯罪・暴行監禁**　79／新東宝／若松孝二

---

■6/10(水)－7/14(火)　¥1,000均一　**● 田中登監督特集**
○6/10(水)-6/16(火)　**牝猫たちの夜**　72／日活／田中登
○6/17(水)-6/23(火)　**夜汽車の女**　72／日活／田中登
○6/24(水)-6/30(火)　**官能教室**　愛のテクニック　72／日活／田中登
○7/1(水)-7/7(火)　**女教師・私生活**　73／日活／田中登
○7/8(水)-7/14(火)　**発禁本「美人乱舞」より 責める！**　77／日活／田中登

---

■7/15(水)-8/25(火)　¥1,000均一　**● プラスワン・シリーズ（昼の部の作品に関係なさそうで関係あるもう１本を上映）**
○7/15(水)-7/21(火)　**どぶ鼠作戦**　62／東宝／岡本喜八
○7/22(水)-7/28(火)　**新兵隊やくざ 火線**　72／勝プロダクション／増村保造
○7/29(水)-8/4(火)　**咬みつきたい**　91／東宝＋キャストス＋MMI／金子修介
○8/5(水)-8/11(火)　**ガス人間㐧１号**　60／東宝／本多猪四郎
○8/12(水)-8/18(火)　**緯度０大作戦**　69／東宝＋ドン・シャープ・プロダクション／本多猪四郎
○8/19(水)-8/25(火)　**オレンジロード急行〈エクスプレス〉**　78／松竹＋おおもりプロ／大森一樹

---

■8/26(水)-9/29(火)　¥1,000均一　**●〈プラスワン・シリーズ〉／大映の華・若尾文子特集**
**★増村保造以外の監督による若尾文子主演作品**
○8/26(水)-9/1(火)　**処刑の部屋**　56／大映／市川崑
○9/2(水)-9/8(火)　**獣の戯れ**　64／大映／富本壮吉
○9/9(水)-9/15(火)　**氷点**　66／大映／山本薩夫
○9/16(水)-9/22(火)　**雁**　66／大映／池広一夫
○9/23(水)-9/29(火)　**砂糖菓子が壊れるとき**　67／大映／今井正

---

■9/30(水)-11/3(火)　¥1,000均一　**● 世界の国からコンニチワ！ 第１回タイヘン・オリンピック**
○9/30(水)-10/6(火)　**ペレストロイカ・ラブ／快楽前夜**　89／“教育映画の巨匠”マレック・コテルスキ
○10/7(水)-10/13(火)　**ミス・ジョーンズの背徳２**　84／“エロチカ賞受賞”ヘンリー・パチャード
○10/14(水)-10/20(火)　**ダブルレイプ／魔性のいけにえ**　89／“鬼才で奇才”アントニー・ボニファチオ
○10/21(水)-10/27(火)　**イノセント・ドール／虜〈とりこ〉**　88／ゾンビ物『サンゲリア』のルチオ・フルチ
○10/28(水)-11/3(火)　**チャイニーズ・ゴーストコア・秘艶**　88／マン・ワー

---

■11/4(水)-1993年1/12(火)　¥1,000均一　**● ニッポン・カルト・ムービーズ・３〈あぁハミダシ篇〉**
○11/4(水)-11/10(火)　**天使のはらわた 赤い眩暈〈めまい〉**　88／NCP＋にっかつ／石井隆
○11/11(水)-11/17(火)　**暴行切り裂きジャック**　76／日活／長谷部安春
○11/18(水)-11/24(火)　**猟奇変質魔**　81／新東宝／磯村一路
○11/25(水)-12/1(火)　**真田風雲録**　63／東映／加藤泰
○12/2(水)-12/8(火)　**イヴちゃんの姫**　84／にっかつ／金子修介
○12/9(水)-12/15(火)　**美少女プロレス 失神10秒前**　84／NCP＋にっかつ／那須博之
○12/16(水)-12/22(火)　**ベッド・パートナー**　88／にっかつ／後藤大輔
○12/23(水)-12/29(火)　**天使の欲望**　79／東映／関本郁夫
○12/30(水)-1993年1/5(火)　**０課の女 赤い手錠〈ワッパ〉**　74／東映／野田幸男
※12/31（木）はレイトショーは休映
○1/6(水)-1/12(火)　**地獄の天使 紅い爆音**　77／東映／内藤誠

# 1993

■1/16(土)-2/20(土)　¥1,400　**● 全日本ブンガク全集**
○1/16(土)-1/19(火)　**《三島由紀夫》**
**獣の戯れ**　64／大映／富本壮吉
**複雑な彼**　66／大映／島耕二
**肉体の学校**　65／東宝／木下亮
○1/20(水)-1/23(土)　**《安部公房》**
**他人の顔**　66／東京映画＋勅使河原プロダクション／勅使河原宏
**砂の女**　64／勅使河原プロダクション／勅使河原宏
○1/24(日)-1/27(水)　**《庄司薫》**

**エノケンの猿飛佐助** 37～38／東宝 ※『ありゃりゃの巻』『どろんどろんの巻』の総集篇／岡田敬

○12/6（日）-12/9（水） **《②アラカンの巻》**

**あばれ熨斗〈のし〉** 52／大映／安達伸生

**御存じ右門 護る影** 43／大映 ※タイトルは『右門捕物帖 護る影』／西原孝

**鞍馬天狗（・横浜に現る）** 42／大映 ※タイトルは『鞍馬天狗 黄金地獄』／伊藤大輔

○12/10（木）-12/12（土） **《③市川右太衛門の巻》**

**旗本退屈男 江戸城罷り通る** 52／松竹／大曾根辰夫

**殴られたお殿様** 46／大映／丸根賛太郎

○12/13（日）-12/16（水） **《④バンツマの巻》**

**牢獄の花嫁** 39／日活 ※総集篇の上映／荒井良平

**伊賀の水月** 42／大映 ※タイトルは『剣雲三十六騎』／池田富保

**素浪人罷通る** 47／大映／伊藤大輔

○12/17（木）-12/19（土） **《⑤中村錦之助の巻》**

**反逆児** 61／東映／伊藤大輔

**源氏九郎颯爽妃 秘剣揚羽の蝶** 62／東映／伊藤大輔

○12/20（日）-12/22（火） **《⑥長谷川一夫の巻》**

**雪之丞変化** 63／大映／市川崑

**次郎吉格子** 52／松竹／伊藤大輔

○12/23（水）-12/25（金） **《⑦大河内伝次郎の巻》**

**すっ飛び駕〈かご〉** 52／大映／マキノ雅弘

**丹下左膳 こけ猿の壺** 54／大映／三隅研次

---

■12/26（土）-1993年1/15（金） **● 松竹系封切**

**男はつらいよ 寅次郎の青春** 92／松竹／山田洋次

**釣りバカ日誌5** 92／松竹／栗山富夫

## 1992【レイトショー】

■1/8（水）-2/11（火） ¥1,000均一 **● 特集 監督デビュー作コレクション（1972-1984）**

○1/8（水）-1/14（火） **《山口清一郎》**

**恋の狩人 ラブ・ハンター** 72／日活／山口清一郎

○1/15（水）-1/21（火） **《村川透》**

**白い指の戯れ** 72／日活／村川透

○1/22（水）-1/28（火） **《根岸吉太郎》**

**オリオンの殺意より・情事の方程式** 78／日活／根岸吉太郎

○1/29（水）-2/4（火） **《池田敏春》**

**スケバンマフィア 肉刑（リンチ）** 80／にっかつ／池田敏春

○2/5（水）-2/11（火） **《周防正行》**

**変態家族・兄貴の嫁さん** 84／国映／周防正行

---

■2/12（水）-3/10（火） ¥1,000均一 **● 小沼勝監督特集**

○2/12（水）-2/18（火） **生贄夫人** 74／日活／小沼勝

○2/19（水）-2/25（火） **花芯の刺青 熟れた壺** 76／日活／小沼勝

○2/26（水）-3/3（火） **さすらいの恋人 眩暈〈めまい〉** 78／日活／小沼勝

○3/4（水）-3/10（火） **時には娼婦のように** 78／にっかつ／小沼勝

---

■3/11（水）-4/7（火） ¥1,000均一 **● 異色カントク特集**

○3/11（水）-3/17（火） **さらば相棒** 82／ディレクターズ・カンパニー＋ジョイパックフィルム／宇崎竜童

○3/18（水）-3/24（火） **女高生偽日記** 81／にっかつ／荒木経惟

○3/25（水）-3/31（火） **な～んも知らん親** 82／現代映像企画／楠田恵子

○4/1（水）-4/7（火） **女猫** 83／にっかつ／山城新伍

---

■4/8（水）-5/12（火） ¥1,000均一 **● 曾根中生監督特集**

○4/8（水）-4/14（火） **性談牡丹燈籠** 72／日活／曾根中生

○4/15（水）-4/21（火） **色情姉妹** 72／日活／曾根中生

○4/22（水）-4/28（火） **実録エロ事師たち** 74／日活／曾根中生

○4/29（水）-5/5（火） **絶頂度** 76／日活／曾根中生

○5/6（水）-5/12（火） **悪魔の部屋** 82／にっかつ／曾根中生

---

■5/13（水）-6/9（火） ¥1,000均一 **● 若松孝二監督特集**

| | |
|---|---|
| ○10/4（日）-10/7（水） | **田園に死す** 74／人力飛行機舎＋ATG／寺山修司 |
| | **初恋・地獄篇** 68／羽仁プロ＋ATG／羽仁進 |
| ○10/8（木）-10/10（土） | **ボクサー** 77／東映／寺山修司 |
| | **草迷宮** 79（※日本公開は 1983）／人力飛行機舎／寺山修司 |
| ○10/11（日）-10/14（水） | **上海異人娼館／チャイナ・ドール** 81／アルゴス・フィルム＋人力飛行機舎／寺山修司 |
| | **さらば箱舟** 84／人力飛行機舎＋劇団ひまわり＋ATG／寺山修司 |

---

| | |
|---|---|
| ■10/15（木）-12/2（水） ¥1,300 | **● ニッポン・カルト・ムービーズ・2〈またまた＆もっと篇〉** |
| ○10/15（木）-10/17（土） | **《よい子たちの江戸川乱歩》** |
| | **蜘蛛男** 58／新映 ※『殺人鬼蜘蛛男』『蜘蛛男の逆襲』を続けて上映／山本弘之 |
| | **怪人二十面相** 54／松竹 ※『人か魔か？』『巨人対怪人』『怪盗粉砕』を続けて上映／弓削進 |
| ○10/18（日）-10/21（水） | **《オトナになっても江戸川乱歩》** |
| | **江戸川乱歩の陰獣** 77／松竹／加藤泰 |
| | **江戸川乱歩猟奇館 屋根裏の散歩者** 76／日活／田中登 |
| | **盲獣** 69／大映／増村保造 |
| ○10/22（木）-10/24（土） | **《笑いと戦慄の夢野久作》** |
| | **瓶詰め地獄** 86／にっかつ／川崎善広 |
| | **夢野久作の少女地獄** 77／日活／小沼勝 |
| ○10/25（日）-10/28（水） | **《怪人・土方巽が吠える》** |
| | **怪談昇り竜** 70／日活／石井輝男 |
| | **卑弥呼** 74／表現社＋ATG／篠田正浩 |
| | **江戸川乱歩全集 恐怖奇形人間** 69／東映／石井輝男 |
| ○10/29（木）-11/1（日） | **《妖艶・美輪明宏アゲイン》** |
| | **女賭博師・壺くらべ** 70／大映／井上芳夫 |
| | **黒薔薇の館** 69／松竹／深作欣二 |
| | **黒蜥蜴** 68／松竹／深作欣二 |
| ○11/2（月）-11/4（水） | **《生と性のユートピア幻想》** |
| | **神々の深き欲望** 68／今村プロダクション／今村昌平 |
| | **曼荼羅** 71／実相寺プロダクション＋ATG／実相寺昭雄 |
| ○11/5（木）-11/7（土） | **《美しすぎて恐ろしい》** |
| | **怪談** 64／文芸プロダクションにんじんくらぶ／小林正樹 |
| | **桜の森の満開の下** 75／芸苑社／篠田正浩 |
| ○11/8（日）-11/11（水） | **《ロックンロール・バリバリ伝説》** |
| | **魔女卵** 84／プルミエ・インターナショナル／和泉聖治 |
| | **ハーレム・バレンタイン・デイ** 82／ディレクターズ・カンパニー／泉谷しげる |
| | **狂い咲きサンダーロード** 80／狂映舎＋ダイナマイトプロ／石井聰亙 |
| ○11/12（木）-11/14（土） | **《てんこ盛りパニック・アクション》** |
| | **暴走パニック・大激突** 76／東映／深作欣二 |
| | **新幹線大爆破** 75／東映／佐藤純彌 |
| ○11/15（日）-11/18（水） | **《ニッポン・ミュージカルの宴》** |
| | **日本人のへそ** 77／須川栄三プロダクション＋ATG／須川栄三 |
| | **君も出世ができる** 64／東宝／須川栄三 |
| | **ああ爆弾** 64／東宝／岡本喜八 |
| ○11/19（木）-11/22（日） | **《ちょっとヘンな TOKYO 物語》** |
| | **神田川淫乱戦争** 83／ディレクターズ・カンパニー／黒沢清 |
| | **変態家族・兄貴の嫁さん** 84／国映／周防正行 |
| | **Keiko** 79／ヨシムラ・ガニオンプロダクション／クロード・ガニオン |
| ○11/23（月）-11/25（水） | **《オオマジメ・エログロ・ゲージツ》** |
| | **エロス＋虐殺** 70／現代映画社／吉田喜重 |
| | **人妻集団暴行致死事件** 78／日活／田中登 |
| ○11/26（木）-11/28（土） | **《幻のエイガを求めて》** |
| | **きつね** 83／松竹＋霧プロダクション＋日本天然色映画／仲倉重郎 |
| | **幻の湖** 82／橋本プロダクション／橋本忍 |
| ○11/29（日）-12/2（水） | **《究極のオモシロ時代劇見参》** |
| | **鴛鴦歌合戦** 39／日活／マキノ正博 |
| | **丹下左膳餘話 百萬両の壺** 35／日活／山中貞雄 |
| | **天狗飛脚** 49／大映／丸根賛太郎 |

---

| | |
|---|---|
| ■12/3（木）-12/25（金） ¥1,300 | **● 年末恒例特集 時代劇オールスタア大行進** |
| ○12/3（木）-12/5（土） | **《①エノケンの巻》** |
| | **エノケンのちゃっきり金太** 37／P.C.L. ※総集篇／山本嘉次郎 |

| | |
|---|---|
| | **性と愛のコリーダ** 77／日活／小沼勝 |
| ■7/16（木）-7/25（土） ¥1,300 | **● 映画の中の従軍慰安婦〈「映画芸術」誌 92・夏号）提携企画〉** |
| ○7/16（木）-7/18（土） | **暁の脱走** 50／新東宝／谷口千吉 |
| | **春婦伝** 65／日活／鈴木清順 |
| ○7/19（日）-7/22（水） | **独立愚連隊** 59／東宝／岡本喜八 |
| | **独立愚連隊西へ** 60／東宝／岡本喜八 |
| | **血と砂** 65／東宝＋三船プロダクション／岡本喜八 |
| ○7/23（木）-7/25（土） | **兵隊やくざ** 65／大映／増村保造 |
| | **兵隊やくざ 脱獄** 66／大映／森一生 |
| ■7/26（日）-8/8（土） ¥1,300 | **●『HOUSE ハウス』から 15 年目の夏 大林宣彦★夢の軌跡** |
| ○7/26（日）-7/30（木） | **転校生** 82／日本テレビ放送網＋ ATG ／大林宣彦 |
| | **さびしんぼう** 85／東宝映画＋アミューズ・シネマ・シティ／大林宣彦 |
| | **四月の魚 ポワソン・ダヴリル** 86／ジョイパック＋ PSC ほか／大林宣彦 |
| ○7/31（金）-8/4（火） | **野ゆき山ゆき海べゆき（カラー版）** 86／日本テレビ放送網＋バップ／大林宣彦 |
| | **ふたり** 91／ギャラック＋ PSC ＋ NHK エンタープライズ／大林宣彦 |
| ○8/5（水）-8/8（土） | **日本殉情伝 おかしなふたり ものくるほしきひとびとの群** 88／フィルムリンク・インターナショナル／大林宣彦 |
| | **異人たちとの夏** 88／松竹／大林宣彦 |
| ■8/9（日）-8/22（土） ¥1,300 | **● GODZILLA GOES EVER ON ！ THE・ゴジラ・ベストテン** |
| ○8/9（日）-8/12（水） | **怪獣王ゴジラ** 56／東宝 ※『ゴジラ』海外版／本多猪四郎、テリー・モース |
| | **ゴジラの逆襲** 55／東宝／小田基義 |
| | **三大怪獣 地球最大の決戦** 64／東宝／本多猪四郎 |
| ○8/13（木）-8/15（土） | **モスラ対ゴジラ** 64／東宝／本多猪四郎 |
| | **怪獣総進撃** 68／東宝／本多猪四郎 |
| ○8/16（日）-8/19（水） | **怪獣大戦争** 65／東宝／本多猪四郎 |
| | **ゴジラ対ヘドラ** 71／東宝／坂野義光 |
| | **メカゴジラの逆襲** 75／東宝／本多猪四郎 |
| ○8/20（木）-8/22（土） | **ゴジラ VS キングギドラ** 91／東宝／大森一樹 |
| | **ゴジラ VS ビオランテ** 89／東宝／大森一樹 |
| ■8/23（日）-9/30（水） ¥1,300 | **● 日本映画のルネッサンス・増村保造監督特集〈1992・PART2・22 本〉** |
| ○8/23（日）-8/26（水） | **氷壁** 58／大映／増村保造 |
| | **くちづけ** 57／大映／増村保造 |
| | ※イベント 8/23 3：50～ 対談：藤井浩明（映画プロデューサー）＋山根貞男（映画評論家）「増村映画の魅力を語る」 |
| ○8/27（木）-8/29（土） | **巨人と玩具** 58／大映／増村保造 |
| | **黒の試走車〈テストカー〉** 62／大映／増村保造 |
| ○8/30（日）-9/2（水） | **妻は告白する** 61／大映／増村保造 |
| | **からっ風野郎** 60／大映／増村保造 |
| ○9/3（木）-9/5（土） | **大悪党** 68／大映／増村保造 |
| | **黒の報告書** 63／大映／増村保造 |
| ○9/6（日）-9/9（水） | **華岡青洲の妻** 67／大映／増村保造（※当初予定の『千羽鶴』（69／大映／増村保造）から差し替え） |
| | **女の一生** 62／大映／増村保造 |
| ○9/10（木）-9/13（日） | **赤い天使** 66／大映／増村保造 |
| | **清作の妻** 65／大映／増村保造 |
| ○9/14（月）-9/16（水） | **やくざ絶唱** 70／大映／増村保造 |
| | **しびれくらげ** 70／大映／増村保造 |
| ○9/17（木）-9/19（土） | **悪名 縄張〈シマ〉荒らし** 74／勝プロダクション／増村保造 |
| | **御用牙 かみそり半蔵地獄責め** 73／勝プロダクション／増村保造 |
| ○9/20（日）-9/22（火） | **動脈列島** 75／東京映画／増村保造 |
| | **黒の超特急** 64／大映／増村保造 |
| ○9/23（水）-9/26（土） | **卍** 64／大映／増村保造 |
| | **曽根崎心中** 78／行動社＋木村プロ＋ ATG ／増村保造 |
| ○9/27（日）-9/30（水） | **大地の子守唄** 76／行動社＋木村プロ／増村保造 |
| | **この子の七つのお祝いに** 82／松竹＋角川春樹事務所／増村保造 |
| ■10/1（木）-10/14（水） ¥1,300 | **● 孤高の肖像★寺山修司 寺山修司（監督・脚本）作品集** |
| ○10/1（木）-10/3（土） | **無頼漢** 70／文芸プロダクションにんじんくらぶ／篠田正浩 |
| | **書を捨てよ町へ出よう** 71／人力飛行機プロ＋ ATG ／寺山修司 |

■5/10（日）-6/2（火） ¥1,300 **● 鈴木清順監督5月24日誕生日特集**

○5/10（日）-5/13（水） **ハイティーンやくざ** 62／日活／鈴木清順
**踏みはずした春** 58／日活／鈴木清順
**素ッ裸の年令** 59／日活／鈴木清順
○5/14（木）-5/16（土） **探偵事務所23（ツースリー）くたばれ悪党ども** 63／日活／鈴木清順
**野獣の青春** 63／日活／鈴木清順
○5/17（日）-5/20（水） **関東無宿** 63／日活／鈴木清順
**花と怒濤** 64／日活／鈴木清順
**刺青一代** 65／日活／鈴木清順
○5/21（木）-5/23（土） **春婦伝** 65／日活／鈴木清順
**河内カルメン** 66／日活／鈴木清順
○5/24（日）-5/27（水） **東京流れ者** 66／日活／鈴木清順
**俺たちの血が許さない** 64／日活／鈴木清順
**殺しの烙印** 67／日活／鈴木清順
○5/28（木）-5/30（土） **悪太郎** 63／日活／鈴木清順
**けんかえれじい** 66／日活／鈴木清順
○5/31（日）-6/2（火） **カポネ大いに泣く** 85／ケイエンタープライズ＋松竹／鈴木清順
**悲愁物語** 77／松竹＋三協映画／鈴木清順

---

■6/3（水）-7/15（水） ¥1,300 **● ニッポン・“カルト”・ムービーズ 華麗なる狂気と幻想の王国**

○6/3（水）-6/6（土） **《三島＋乱歩》×増村＝！！！**
**音楽** 72 行動社＋ATG／増村保造
**盲獣** 69／大映／増村保造
○6/7（日）-6/10（水） **《ミラクルマスター・THE 江戸川乱歩》**
**江戸川乱歩猟奇館 屋根裏の散歩者** 76／日活／田中登
**黒蜥蜴** 62／大映／井上梅次
**江戸川乱歩全集 恐怖奇形人間** 69／東映／石井輝男
○6/11（木）-6/13（土） **《妖艶・美輪明宏が行く》**
**黒蜥蜴** 68／松竹／深作欣二
**黒薔薇の館** 69／松竹／深作欣二
○6/14（日）-6/17（水） **《夢魔タッグ＝夢野久作＋団鬼六》**
**夢野久作の少女地獄** 77／日活／小沼勝
**瓶詰め地獄** 86／にっかつ／川崎善広
**花嫁人形** 79／日活／藤井克彦
○6/18（木）-6/20（土） **《シュールでサイケな怪奇ランド》**
**他人の顔** 66／東京映画＋勅使河原プロダクション／勅使河原宏
**愛奴** 69／創映プロ／羽仁進
○6/21（日）-6/24（水） **《和製スプラッター・血肉の華火》**
**奴隷妻** 76／日活／加藤彰
**死霊の罠** 88／JHV＋ディレクターズ・カンパニー／池田敏春
**女獄門帖 引き裂かれた尼僧** 77／東映／牧口雄二
○6/25（木）-6/27（土） **《寺山修司・過去への旅路》**
**田園に死す** 74／人力飛行機舎＋ATG／寺山修司
**草迷宮** 79（※日本公開は1983）／人力飛行機舎／寺山修司
○6/28（日）-7/1（水） **《愛と哀しみの美少女館》**
**聖獣学園** 74／東映／鈴木則文
**HOUSE ハウス** 77／東宝映像／大林宣彦
**血を吸う薔薇** 74 東宝映像／山本迪夫
○7/2（木）-7/4（土） **《中川信夫・修羅の光景》**
**怪異談 生きてゐる小平次** 82／磯田事務所＋ATG／中川信夫
**東海道四谷怪談** 59／新東宝／中川信夫
○7/5（日）-7/8（水） **《筒井康隆ワールドへの挑戦》**
**スタア** 86／筒井康隆大一座＋プルミエ／内藤誠
**ウィークエンド・シャッフル** 82／幻児プロダクション＋らんだむはうす／中村幻児
**文学賞殺人事件・大いなる助走** 89／アジャックス／鈴木則文
○7/9（木）-7/11（土） **《シスターコンプレックスの考察》**
**猫のように** 88／にっかつ／中原俊
**廃市** 84／PSC＋新日本制作＋ATG／大林宣彦
○7/12（日）-7/15（水） **《とってもヘンなヒトたち》**
**ダッチワイフ・レポート** 75／日活／曾根中生
**悶絶‼どんでん返し** 77／日活／神代辰巳

| | |
|---|---|
| | ※トークイベント　2/27　19時～　原田芳雄 |
| ○3/1（日）-3/4（水） | **新宿アウトロー・ぶっ飛ばせ**　70／日活／藤田敏八 |
| | **裸足のブルージン**　75／ホリ企画制作／藤田敏八 |
| | **赤い鳥逃げた？**　73／グループ法亡／藤田敏八 |
| ○3/5（木）-3/7（土） | **やさぐれ刑事〈デカ〉**　76／松竹／渡辺祐介 |
| | **反逆の旅**　76／松竹／渡辺祐介 |
| ○3/8（日）-3/11（水） | **原子力戦争 LOST LOVE**　78／文化映画プロモーション＋ATG／黒木和雄 |
| | **悲愁物語**　77／松竹＋三協映画／鈴木清順 |
| | **竜馬暗殺**　74／映画同人社＋ATG／黒木和雄 |
| ○3/12（木）-3/14（土） | **われに撃つ用意あり**　90／松竹／若松孝二 |
| | **さらば箱舟**　82／人力飛行機舎＋劇団ひまわり＋ATG／寺山修司 |

---

| | |
|---|---|
| ■3/15（日）-3/28（土）　¥1,300 | **● ニッポン映画個性派全集（パート2＝男優篇）** |
| ○3/15（日）-3/18（水） | **《渡瀬恒彦》** |
| | **鉄砲玉の美学**　73／白楊社＋ATG／東映／中島貞夫 |
| | **ジーンズブルース・明日なき無頼派**　74／東映／中島貞夫 |
| | **狂った野獣**　76／東映／中島貞夫 |
| ○3/19（木）-3/21（土） | **《渡哲也》** |
| | **東京流れ者**　66／日活／鈴木清順 |
| | **続東京流れ者 海は真赤な恋の色**　66／日活／森永健次郎 |
| ○3/22（日）-3/25（水） | **《佐藤允》** |
| | **風来忍法帖 八方破れ**　68／宝塚映画／川崎徹広 |
| | **みな殺しの霊歌**　68／松竹／加藤泰 |
| | **脱獄囚**　57／東宝／鈴木英夫 |
| ○3/26（木）-3/28（土） | **《丹波哲郎》** |
| | **忘八武士道**　73／東映／石井輝男 |
| | **コレラの城**　64／松竹／菊池靖、丹波哲郎 |

---

| | |
|---|---|
| ■3/29（日）-5/3（日）　¥1,300 | **● 3月31日10周忌特集　片岡千恵蔵★栄光の足跡** |
| ○3/29（日）-4/1（水） | **春秋一刀流**　39／日活／丸根賛太郎（※監督デビュー作） |
| | **戦国奇譚 気まぐれ冠者**　35／千恵蔵プロ／伊丹万作 |
| | **続清水港（清水港代参夢道中）**　40／日活／マキノ正博 |
| ○4/2（木）-4/4（土） | **織田信長（風雲児信長）**　40／日活／マキノ正博 |
| | **黒雲街道**　48／大映／森一生、松田定次 |
| ○4/5（日）-4/8（水） | **宮本武蔵**　40／日活　※「第二部 栄達の門」、「第三部 剣心一路」の総集篇／稲垣浩 |
| | **宮本武蔵 一乗寺決闘**　42／日活／稲垣浩 |
| | **宮本武蔵 決闘般若坂**　43／大映／伊藤大輔 |
| ○4/9（木）-4/11（土） | **忠臣蔵**　38／日活　※「天の巻」、「地の巻」の総集篇／マキノ正博、池田富保 |
| | **獨眼龍政宗**　42／大映／稲垣浩 |
| ○4/12（日）-4/15（水） | **自来也（忍術三妖伝）**　37／日活／マキノ正博 |
| | **かくて神風は吹く**　44／大映／丸根賛太郎 |
| | **初姿人情鳶**　38／日活／笠原十四三 |
| ○4/16（木）-4/18（土） | **三代の盃（花嫁一本刀）**　42／大映／森一生 |
| | **壮烈新選組 幕末の動乱**　60／東映／松田定次 |
| ○4/19（日）-4/22（水） | **赤穂浪士**　61／東映／松田定次 |
| | **高田馬坦前後（初祝二刀流）**　44／大映／松田定次 |
| ○4/23（木）-4/26（日） | **鴛鴦歌合戦**　39／日活／マキノ正博 |
| | **赤西蠣太**　36 千恵蔵プロ／伊丹万作 |
| | **東海水滸伝（東海二十八人衆）**　45／大映／伊藤大輔、稲垣浩 |
| ○4/27（月）-4/29（水） | **三つ前塔**　56／東映／小林恒夫、小沢茂弘 |
| | **二発目は地獄行きだぜ**　60／東映／小沢茂弘 |
| ○4/30（木）-5/3（日） | **多羅尾伴内 七つの顔**　46／大映／松田定次 |
| | **多羅尾伴内 二十一の指紋**　48／大映／松田定次 |
| | **多羅尾伴内 七つの顔の男だぜ**　60／東映／小沢茂弘 |

---

| | |
|---|---|
| ■5/4（月）-5/9（土）　¥1,300 | **● 第一回周防正行映画祭** |
| | **変態家族・兄貴の嫁さん**　84／国映／周防正行 |
| | **ファンシイダンス**　89／大映／周防正行 |
| | **シコふんじゃった。**　92／キャビン＋大映／周防正行 |
| | ※トークイベント　5/4　周防正行監督　3：45～ |

| | |
|---|---|
| ○10/16（水）-10/22（火） | かまきり夫人の告白 75／東映／牧口雄二 |
| ○10/23（水）-10/29（火） | 毒婦お伝と首斬り浅 77／東映／牧口雄二 |

| | |
|---|---|
| ■10/30（水）-11/26（火） ¥1,000均一 | ● 黒沢直輔特集 |
| ○10/30（水）-11/5（火） | ズームイン・暴行団地 80／にっかつ／黒沢直輔（※デビュー作） |
| ○11/6（水）-11/12（火） | 愛獣・襲〈や〉る！ 81／にっかつ／黒沢直輔 |
| ○11/13（水）-11/19（火） | 絶頂姉妹 堕〈お〉ちる 82／にっかつ／黒沢直輔 |
| ○11/20（水）-11/26（火） | 夢犯 85／にっかつ／黒沢直輔 |

| | |
|---|---|
| ■11/27（水）-12/10（火） ¥1,300 | ● スペシャルレイトショー |
| | 徳川いれずみ師 責め地獄 69／東映／石井輝男 |

| | |
|---|---|
| ■12/11（水）-1992年1/7（火） ¥1,000均一 | ● 内田裕也特集 |
| ○12/11（水）-12/17（火） | 実録不良少女 姦 77／日活／藤田敏八 |
| ○12/18（水）-12/24（火） | エロチックな間係 78／日活／長谷部安春 |
| ○12/25（水）-12/30（月） | 餌食 79／獅子プロダクション／若松孝二 |
| | ※12/31（火）はレイトショーは休映 |
| ○1992年1/1（水）-1/7（火） | 少女娼婦 けものみち 80／にっかつ／神代辰巳 |

# 1992

| | |
|---|---|
| ■1/16（木）-2/5（水） ¥1,300 | ● 特集 監督デビュー作コレクション〈1943-1967〉 |
| ○1/16（木）-1/18（土） | 消えた中隊 55／日活／三村明 |
| | 銀嶺の果て 47／東宝／谷口千吉 |
| ○1/19（日）-1/22（水） | 還って来た男 44／松竹／川島雄三 |
| | 盗まれた欲情 58／日活／今村昌平 |
| | 港の乾杯 勝利をわが手に 56／日活／鈴木清順 |
| ○1/23（木）-1/25（土） | 頑張れゴキゲン娘 59／東宝／古澤憲吾 |
| | 結婚のすべて 58／東宝／岡本喜八 |
| ○1/26（日）-1/29（水） | 二階の他人 61／松竹／山田洋次 |
| | 花咲く港 43／松竹／木下恵介 |
| | にっぽんぱらだいす 64／松竹／前田陽一 |
| ○1/30（木）-2/1（土） | 俺にさわると危ないぜ 66／日活／長谷部安春 |
| | 囁きのジョー 67／斎藤プロ／斎藤耕一 |
| ○2/2（日）-2/5（水） | 愛と希望の街 59／松竹／大島渚 |
| | 恋の片道切符 60／松竹／篠田正浩 |
| | ろくでなし 60／松竹／吉田喜重 |

| | |
|---|---|
| ■2/6（木）-2/19（水） ¥1,300 | ●"日本映画のルネッサンス" 増村保造監督特集 |
| ○2/6（木）-2/9（日） | 暖流 57／大映／増村保造 |
| | 偽大学生 60／大映／増村保造 |
| | 女経 60／大映／増村保造、市川崑、吉村公三郎 |
| ○2/10（月）-2/12（水） | セックス・チェック 第二の性 68／大映／増村保造 |
| | 刺青 66／大映／増村保造 |
| ○2/13（木）-2/15（土） | 積木の箱 68／大映／増村保造 |
| | 濡れた二人 68／大映／増村保造 |
| ○2/16（日）-2/19（水） | 遊び 71／大映／増村保造 |
| | でんきくらげ 70／大映／増村保造 |
| | 女体 69／大映／増村保造 |

| | |
|---|---|
| ■2/20（木）-2/26（水） ¥1,300 | ●『石井輝男映画魂』売れ行き好調記念上映 石井輝男監督アンコール特集 |
| ○2/20（木）-2/22（土） | 昇り竜鉄火肌 69／日活／石井輝男 |
| | いれずみ突撃隊 64／東映／石井輝男 |
| ○2/23（日）-2/26（水） | 実録三億円事件 時効成立 75／東映／石井輝男 |
| | 続網走番外地 65／東映／石井輝男 |
| | やくざ刑罰史・私刑〈リンチ〉 69／東映／石井輝男 |

| | |
|---|---|
| ■2/27（木）-3/14（土） ¥1,300 | ● 4年に1度のHAPPY BIRTHDAY！ 原田芳雄 2/29誕生日特集 |
| ○2/27（木）-2/29（土） | 反逆のメロディー 70／日活／沢田幸弘 |
| | 復讐の歌が聞える 68／松竹 ※デビュー作／貞永方久、山根成之 |

大悪党作戦　66／松竹／石井輝男
○11/24（日）-11/27（水）　怪談昇り竜　70／日活／石井輝男
忘八武士道　73／東映／石井輝男
江戸川乱歩全集 恐怖奇形人間　69／東映／石井輝男
※トークイベント　11/24　3：40～　石井輝男監督＋天尾完次プロデューサー（司会：福間健二）

---

■11/28（木）-12/20（金）¥1,300　● ニッポン映画個性派全集（パート１＝女優篇）
○11/28（木）-11/30（土）　《緑魔子》
二匹の牝犬　64／東映／渡辺祐介
盲獣　69／大映／増村保造
○12/1（日）-12/4（水）　《夏純子》
ヤングパワーシリーズ 新宿番外地　69／大映／帯盛迪彦
三匹の牝蜂　70／東映／鳥居元宏
女子学園 悪い遊び　70／日活／江崎実生
○12/5（木）-12/7（土）　《加賀まりこ》
とべない沈黙　66／日映新社＋東宝／黒木和雄
月曜日のユカ　64／日活／中平康
○12/8（日）-12/11（水）　《岡田茉莉子》
水で書かれた物語　65／中日映画社／吉田喜重
エロス＋虐殺　70／現代映画社／吉田喜重
○12/12（木）-12/14（土）　《若尾文子》
赤い天使　66／大映／増村保造
不信のとき　68／大映／今井正
○12/15（日）-12/17（火）　《美空ひばり①》
東京キッド　50／松竹／斎藤寅次郎
とんぼ返り道中　51／松竹／斎藤寅次郎
父戀し　51／松竹／瑞穂春海
○12/18（水）-12/20（金）　《美空ひばり②》
伊豆の踊子　54／松竹／野村芳太郎
悲しき口笛　49／松竹／家城巳代治
○12/21（土）-12/22（日）　《美空ひばり③》
ひばりのサーカス 悲しき小鳩　52／松竹／瑞穂春海
陽気な渡り鳥　52／松竹／佐々木康

---

■12/23（月）-1992年1/15（水）¥1,600　●松竹系封切
男はつらいよ 寅次郎の告白　91／松竹／山田洋次
釣りバカ日誌４　91／松竹／栗山富夫

# 1991【レイトショー】

■7/3（水）-9/3（火）¥800均一　● 新企画！タイヘン・レイトショー『真夏の夜の悪夢』
○7/3（水）-7/9（火）　江戸川乱歩全集 恐怖奇形人間　69／東映／石井輝男
○7/10（水）-7/16（火）　怪談昇り竜　70／日活／石井輝男
○7/17（水）-7/23（火）　生贄の女たち　78／東映／山本晋也
○7/24（水）-7/30（火）　絶頂の女　76／日活／遠藤三郎
○7/31（水）-8/6（火）　看護婦日記 獣じみた午後　82／にっかつ／黒沢直輔
○8/7（水）-8/13（火）　ひと夏の秘密　79／にっかつ／武田一成
○8/14（水）-8/20（火）　瓶詰め地獄　86／にっかつ／川崎善広
○8/21（水）-8/27（火）　夢野久作の少女地獄　77／日活／小沼勝
○8/28（水）-9/3（火）　愛奴　69／創映プロ／羽仁進

---

■9/4（水）-10/1（火）¥800均一　● 中原俊監督特集（※★の作品は今回がジャンク（廃棄）処分前の最後の上映）
○9/4（水）-9/10（火）　犯され志願　82／にっかつ★／中原俊（※デビュー作）
○9/11（水）-9/17（火）　聖子の太股 女湯小町　82／にっかつ★／中原俊
○9/18（水）-9/24（火）　３年目の浮気　83／にっかつ★／中原俊
○9/25（水）-10/1（火）　縄姉妹 奇妙な果実　84／にっかつ／中原俊

---

■10/2（水）-10/29（火）¥800均一　● 牧口雄二監督特集
○10/2（水）-10/8（火）　玉割り人ゆき　75／東映／牧口雄二（※デビュー作）
○10/9（水）-10/15（火）　玉割り人ゆき 西の廓夕月楼　76／東映／牧口雄二

○9/20（金）-9/22（日）　《マキノ正博（雅裕）の巻》
鴛鴦歌合戦　39／日活／マキノ正博
続清水港（清水港代参夢道中）　40／日活／マキノ正博
血煙高田の馬場　37／日活　※タイトルは『決闘高田の馬場』／マキノ正博、稲垣浩

○9/23（月）-9/26（木）　《山中貞雄・伊丹万作の巻》
戦国奇譚 気まぐれ冠者　35／千恵蔵プロ／伊丹万作
赤西蠣太　36／千恵蔵プロ／伊丹万作
丹下左膳餘話 百萬両の壺　35／日活／山中貞雄

○9/27（金）-10/1（火）　《丸根賛太郎の巻①》
春秋一刀流　39／日活／丸根賛太郎
続蛇姫道中　50／大映／丸根賛太郎／木村恵吾
天狗飛脚　49／大映／丸根賛太郎

○10/2（水）-10/5（土）　《丸根賛太郎の巻②》
小太刀を使ふ女　44／大映　※タイトルは『美女剣光録』／丸根賛太郎
かくて神風は吹く　44／大映／丸根賛太郎
鳥人　40／日活／丸根賛太郎

○10/6（日）-10/9（水）　《丸根賛太郎の巻③》
博多どんたく　47／大映／丸根賛太郎
狐の呉れた赤ん坊　45／大映／丸根賛太郎
風流活殺剣　52／松竹／丸根賛太郎

○10/10（木）-10/12（土）　《唯一無二の THE エノケン》
エノケンのどんぐり頓兵衛　36／P.C.L.／山本嘉次郎
お笑い捕物帖 八ッあん初手柄　55／東宝／青柳信雄
エノケンの法界坊　38／東宝　※再編集版／斎藤寅次郎

○10/13（日）-10/16（水）　《マイッタ・マイッタ異色時代劇の巻①》
股旅　73／崑プロダクション＋ATG／市川崑
心中天網島　69／表現社＋ATG／篠田正浩

○10/17（木）-10/19（土）　《マイッタ・マイッタ異色時代劇の巻②》
暗殺　64／松竹／篠田正浩
切腹　62／松竹／小林正樹

○10/20（日）-10/23（水）　《時代劇コメディーズ・イロイロの巻①》
弥次喜多民謡道中 奥州街道の巻　59／松竹／的井邦雄
まらそん侍　56／大映／森一生
風来忍法帖　65／宝塚映画／川崎徹広

○10/24（木）-10/26（土）　《時代劇コメディーズ・イロイロの巻②》
赤い陣羽織　58／歌舞伎座映画／山本薩夫
幕末太陽傳　57／日活／川島雄三

○10/27（日）-10/30（水）　《ビックリ・アクション時代劇の巻①》
大魔神　66／大映／安田公義
龍の忍者　82／ユン・ケイ
子連れ狼 三途の川の乳母車　72／勝プロダクション／三隅研次

○10/31（木）-11/3（日）　《ビックリ・アクション時代劇の巻②》
柳生武芸帳　57／東宝／稲垣浩
斬る　68／東宝／岡本喜八
伊賀の水月　42／大映　※タイトルは『剣雲三十六騎』／池田富保

---

■11/4（月）-11/13（水）　¥1,300　● アンコール上映　市川雷蔵特集

○11/4（月）-11/6（水）
濡れ髪喧嘩旅　60／大映／森一生
若き日の信長　59／大映／森一生

○11/7（木）-11/9（土）
初春狸御殿　59／大映／木村恵吾
ぼんち　60／大映／市川崑

○11/10（日）-11/13（水）
博徒一代 血祭り不動　69／大映／安田公義
眠狂四郎女妖剣　64／大映／池広一夫

---

■11/14（木）-11/27（水）　¥1,300　●“アクションの巨匠★カルトの帝王” 石井輝男監督特集

○11/14（木）-11/16（土）
日本ゼロ地帯 夜を狙え　66／松竹／石井輝男
花と嵐とギャング　61／東映／石井輝男

○11/17（日）-11/20（水）
神火 101 殺しの用心棒　66／松竹／石井輝男
東京ギャング対香港ギャング　64／東映／石井輝男
ならず者　64／東映／石井輝男

○11/21（木）-11/23（土）
殺し屋人別帳　70／東映／石井輝男

| | |
|---|---|
| | 太陽への脱出　62／日活／舛田利雄 |
| ■7/17（木）-7/27（土）¥1,300 | ●“銀幕スタアの光と影” 映える市川雷蔵特集 |
| ○7/17（木）-7/20（土） | 柳生連也斎 秘伝月影抄　56／大映／田坂勝彦 |
| | 若き日の信長　59／大映／森一生 |
| | 濡れ髪剣法　58／大映／加戸敏 |
| ○7/21（日）-7/24（水） | 忠直卿行状記　60／大映／森一生 |
| | 好色一代男　61／大映／増村保造 |
| | 切られ与三郎　60／大映／伊藤大輔 |
| ○7/25（木）-7/27（土） | 眠狂四郎殺法帖　63／大映／田中徳三 |
| | 眠狂四郎女妖剣　64／大映／池広一夫 |
| | 大殺陣 雄呂血　66／大映／田中徳三 |
| ■7/28（日）-8/21（水）¥1,300 | ●“TWIN GREAT MONSTERS” 本多猪四郎監督・円谷英二特撮監督 超強力タッグ特集 |
| ○7/28（日）-8/1（木） | 地球防衛軍　57／東宝／本多猪四郎 |
| | 空の大怪獣ラドン　56／東宝／本多猪四郎 |
| | ゴジラ　54／東宝／本多猪四郎 |
| ○8/2（金）-8/6（火） | 大怪獣バラン　58／東宝／本多猪四郎 |
| | 宇宙大戦争　59／東宝／本多猪四郎 |
| | モスラ　61／東宝／本多猪四郎 |
| ○8/7（水）-8/11（日） | 宇宙大怪獣ドゴラ　64／東宝／本多猪四郎 |
| | 妖星ゴラス　62／東宝／本多猪四郎 |
| | キングコング対ゴジラ〈再編集版〉　70／東宝／本多猪四郎 |
| ○8/12（月）-8/16（金） | フランケンシュタイン対地底怪獣（バラゴン）　65／東宝＋ベネディクト・プロ／本多猪四郎 |
| | 海底軍艦　63／東宝／本多猪四郎 |
| | 三大怪獣 地球最大の決戦　64／東宝／本多猪四郎 |
| ○8/17（土）-8/21（水） | キングコングの逆襲　67／東宝＋ランキン・バス・プロダクション／本多猪四郎 |
| | フランケンシュタインの怪獣 サンダ対ガイラ　66／東宝＋ベネディクト・プロ／本多猪四郎 |
| | 怪獣大戦争　65／東宝／本多猪四郎 |
| ■8/22（木）-8/31（土）¥1,300 | ● 映画を創るヒトたち（※★の作品は今回がジャンク（廃棄）処分前の最後の上映） |
| ○8/22（木）-8/24（土） | 《もうひとつの映画入門》 |
| | エロ事師たちより 人類学入門　66／今村プロダクション／今村昌平 |
| | 高校エロトピア 赤い制服　79／日活★／白鳥信一 |
| | 黒薔薇昇天　75／日活／神代辰巳 |
| ○8/25（日）-8/28（水） | 《虚々実々・実録 ?! 映画個人史》 |
| | ルナの告白 私に群がった男たち　76／日活／小原宏裕 |
| | 実録白川和子 裸の履歴書　73／日活★／曽根中生 |
| | スキンレスナイト　91／イースタッフユニオン／望月六郎 |
| ○8/29（木）-8/31（土） | 《青春 around THE MOVIE》 |
| | 祭りの準備　75／綜映社＋映画同人社＋ ATG／黒木和雄 |
| | 真夜中の河　88／南雲祐介／南雲祐介 |
| | 新宿乱れ街 いくまで待って　77／日活★／曽根中生 |
| ■9/1（日）-11/3（日）¥1,300 | ● とんでもないシリーズ第３弾！ 全日本とんでもない時代劇まつり 時代劇に不可能はない！ |
| ○9/1（日）-9/5（木） | 《ヘンタイ時代劇 ウハウハ・フェスティバル①》 |
| | 色暦女浮世絵師　71／日活／曽根中生（※デビュー作） |
| | 秘録おんな牢　68／大映／井上昭 |
| | エロ将軍と二十一人の愛妾　72／東映／鈴木則文 |
| ○9/6（金）-9/10（火） | 《ヘンタイ時代劇 ウハウハ・フェスティバル②》 |
| | 女獄門帖 引き裂かれた尼僧　77／東映／牧口雄二 |
| | おんな牢秘図　70／大映／国原俊明（※デビュー作） |
| | ㊙弁天御開帳　72／日活／武田一成 |
| ○9/11（水）-9/15（日） | 《ヘンタイ時代劇 ウハウハ・フェスティバル③》 |
| | くの一忍法 観音開き　76／東映／皆川隆之 |
| | 秘録長崎おんな牢　71／大映／太川昭和（※デビュー作） |
| | 発禁 肉蒲団　75／日活／白井伸明 |
| ○9/16（月）-9/19（木） | 《ヘンタイ時代劇 ウハウハ・フェスティバル④》 |
| | くノ一淫法 百花卍がらみ　74／日活／曽根中生 |
| | 忘八武士道　73／東映／石井輝男 |
| | 蜘蛛の湯女〈ゆな〉　71／大映／太田昭和 |

| | |
|---|---|
| ○4/29（月）-5/4（土） | **大学の山賊たち**　60／東宝／岡本喜八 |
| | **ああ爆弾**　64／東宝／岡本喜八 |
| | **殺人狂時代**　67／東宝／岡本喜八 |
| ■5/5（日）-6/8（土）　¥1,300 | **● 鈴木清順アンソロジー** |
| ○5/5（日）-5/7（火） | **踏みはずした春**　58／日活／鈴木清順 |
| | **悪魔の街**　56／日活／鈴木清順 |
| | **港の乾杯　勝利をわが手に**　56／日活／鈴木清順（※デビュー作） |
| ○5/8（水）-5/11（土） | **素ッ裸の年令**　59／日活／鈴木清順 |
| | **影なき声**　58／日活／鈴木清順 |
| | **らぶれたあ**　59／日活／鈴木清順 |
| ○5/12（日）-5/14（火） | **ハイティーンやくざ**　62／日活／鈴木清順 |
| | **けものの眠り**　60／日活／鈴木清順 |
| | **探偵事務所23 くたばれ悪党ども**　63／日活／鈴木清順 |
| ○5/15（水）-5/18（土） | **悪太郎**　63／日活／鈴木清順 |
| | **野獣の青春**　63／日活／鈴木清順 |
| ○5/19（日）-5/22（水） | **肉体の門**　64／日活／鈴木清順 |
| | **関東無宿**　63／日活／鈴木清順 |
| | **花と怒濤**　64／日活／鈴木清順 |
| ○5/23（木）-5/25（土） | **俺たちの血が許さない**　64／日活／鈴木清順 |
| | **春婦伝**　65／日活／鈴木清順 |
| ○5/26（日）-5/29（水） | **刺青一代**　65／日活／鈴木清順 |
| | **河内カルメン**　66／日活／鈴木清順 |
| | **東京流れ者**　66／日活／鈴木清順 |
| ○5/30（木）-6/1（土） | **けんかえれじい**　66／日活／鈴木清順 |
| | **殺しの烙印**　67／日活／鈴木清順 |
| ○6/2（日）-6/4（火） | **カポネ大いに泣く**　85／ケイエンタープライズ＋システムジャパン＋日本コロンビア／鈴木清順 |
| | **ツィゴイネルワイゼン**　80／シネマプラセット／鈴木清順 |
| ○6/5（水）-6/8（土） | **《特別付録★もうひとつの『夢二』と『大誘拐』》** |
| | **竹久夢二物語 恋する**　75／松竹／斎藤耕一 |
| | **喜劇 大誘拐**　76／松竹／前田陽一 |
| ■6/9（日）-6/22（土）　¥1,300 | **●“映画渡り鳥” 川島雄三・追悼特集** |
| ○6/9（日）-6/12（水） | **貸間あり**　59／宝塚映画／川島雄三 |
| | **洲崎パラダイス 赤信号**　56／日活／川島雄三 |
| ○6/13（木）-6/15（土） | **愛のお荷物**　55／日活／川島雄三 |
| | **しとやかな獣**　62／大映／川島雄三 |
| ○6/16（日）-6/19（水） | **天使も夢を見る**　51／松竹／川島雄三 |
| | **接吻泥棒**　60／東宝／川島雄三 |
| | **人も歩けば**　60／東京映画／川島雄三 |
| ○6/20（木）-6/22（土） | **雁の寺**　62／大映／川島雄三 |
| | **女は二度生まれる**　61／大映／川島雄三 |
| ■6/23（日）-7/6（土）　¥1,300 | **● クレージーよりクレージー!?　古澤憲吾監督再評価特集** |
| ○6/23（日）-6/26（水） | **ニッポン無責任時代**　62／東宝／古澤憲吾 |
| | **アイ・ラブ・ユウ**　59／東宝／古澤憲吾 |
| | **頑張れゴキゲン娘**　59／東宝／古澤憲吾 |
| ○6/27（木）-6/29（土） | **アルプスの若大将**　66／東宝／古澤憲吾 |
| | **ニッポン無責任野郎**　62／東宝／古澤憲吾 |
| ○6/30（日）-7/3（水） | **若い季節**　62／東宝／古澤憲吾 |
| | **続 若い季節**　64／東宝／古澤憲吾 |
| | **日本一のホラ吹き男**　64／東宝／古澤憲吾 |
| ○7/4（木）-7/6（土） | **大冒険**　65／渡辺プロダクション＋東宝／古澤憲吾 |
| | **青島〈チンタオ〉要塞爆撃命令**　63／東宝／古澤憲吾 |
| ■7/7（日）-7/16（火）　¥1,300 | **●“銀幕スタアの光と影” 輝く石原裕次郎特集** |
| ○7/7（日）-7/10（水） | **俺は待ってるぜ**　57／日活／蔵原惟繕 |
| | **狂った果実**　56／日活／中平康 |
| ○7/11（木）-7/13（土） | **錆びたナイフ**　58／日活／舛田利雄 |
| | **赤い波止場**　58／日活／舛田利雄 |
| ○7/14（日）-7/16（火） | **赤いハンカチ**　64／日活／舛田利雄 |

○2/24（日）-2/26（火）　**猫は知っていた**　58／大映／島耕二
**囁く死美人**　63／大映／村山三男
**盲獣**　69／大映／増村保造
○2/27（水）-3/2（土）　**三つ首塔**　56／東映／小林恒夫、小沢茂弘
**多羅尾伴内 七つの顔の男だぜ**　60／東映／小沢茂弘
**黒蜥蜴**　62／大映／井上梅次

---

■3/3（日）-4/13（土）　¥1,300　**● 第２回全日本とんでもない映画まつり**
○3/3（日）-3/6（水）　**《とってもヘンな時代劇の饗宴の巻》**
**大奥浮世風呂**　77／東映／関本郁夫
**㊙女郎市場**　72／日活／曽根中生
**エロ将軍と二十一人の愛妾**　72／東映／鈴木則文
○3/7（木）-3/9（土）　**《真田広之怪演時代劇の巻》**
**必殺４ 恨みはらします**　87／松竹＋朝日放送／深作欣二
**忍者武芸帳 百地三太夫**　80／東映／鈴木則文
○3/10（日）-3/13（水）　**《ちょっとヘンなオモシロ時代劇の巻》**
**戦国野郎**　63／東宝／岡本喜八
**春秋一刀流**　39／日活／丸根賛太郎
**天狗飛脚**　49／大映／丸根賛太郎
○3/14（木）-3/16（土）　**《巨匠のパワフルコメディーズの巻》**
**にっぽん泥棒物語**　65／東映／山本薩夫
**巨人と玩具**　58／大映／増村保造
○3/17（日）-3/19（火）　**《日活無国籍ヒーローズの巻》**
**ろくでなし稼業**　61／日活／斎藤武市
**ギターを持った渡り鳥**　59／日活／斎藤武市
**紅の流れ星**　67／日活／舛田利雄
○3/20（水）-3/23（土）　**《古澤クレージー憲吾ワールドの巻》**
**日本一の色男**　63／東宝／古澤憲吾
**クレージーの大爆発**　69／渡辺プロダクション＋東宝／古澤憲吾
○3/24（日）-3/27（水）　**《タイヘンな東京ヘンタイ物語の巻》**
**変態家族 兄貴の嫁さん**　84／国映／周防正行
**東京ディープスロート夫人**　75／東映／向井寛
**神田川淫乱戦争**　83／ディレクターズ・カンパニー／黒沢清
○3/28（木）-3/30（土）　**《長谷川和彦って誰だ?! の巻》**
**濡れた荒野を走れ**　73／日活／沢田幸弘
**太陽を盗んだ男**　79／キティ・フィルム／長谷川和彦
○3/31（日）-4/3（水）　**《映画のマンガ化の巻》**
**うれしはずかし物語**　88／にっかつ／東陽一
**みんなあげちゃう♥**　85／にっかつ／金子修介
**桃尻娘（ピンク・ヒップ・ガール）**　78／日活／小原宏裕
○4/4（木）-4/6（土）　**《ニッポンの「冒険者たち」たちの巻》**
**黄金のパートナー**　79／東宝映画／西村潔
**冒険者カミカゼ**　81／東映／鷹森立一
○4/7（日）-4/10（水）　**《異色アクション三つ巴の巻》**
**網走番外地 望郷篇**　65／東映／石井輝男
**暗黒街の対決**　60／東宝／岡本喜八
**からっ風野郎**　60／大映／増村保造
○4/11（木）-4/13（土）　**《夏の光アゲインの巻》**
**不良少女魔子**　71／日活／蔵原惟二
**八月の濡れた砂**　71／日活／藤田敏八

---

■4/14（日）-5/4（土）　¥1,300　**● 岡本喜八コレクション**
○4/14（日）-4/17（水）　**若い娘たち**　58／東宝／岡本喜八
**月給泥棒**　62／東宝／岡本喜八
**江分利満氏の優雅な生活**　63／東宝／岡本喜八
○4/18（木）-4/23（火）　**独立愚連隊**　59／東宝／岡本喜八
**独立愚連隊西へ**　60／東宝／岡本喜八
**どぶ鼠作戦**　62／東宝／岡本喜八
○4/24（水）-4/28（日）　**暗黒街の弾痕**　61／東宝／岡本喜八
**暗黒街の顔役**　59／東宝／岡本喜八
**顔役暁に死す**　61／東宝／岡本喜八

鞍馬天狗 薩摩の密使　41／日活／菅沼完二
鞍馬天狗（・横浜に現る）　42／大映　※タイトルは「鞍馬天狗 黄金地獄」／伊藤大輔

○12/2（日）-12/5（水）
《嵐寛寿郎の巻③》
鞍馬天狗 角兵衛獅子　51／松竹／大曾根辰夫
鞍馬天狗 鞍馬の火祭　51／松竹／大曾根辰夫
鞍馬天狗 天狗廻状　52／松竹／大曾根辰夫

○12/6（木）-12/8（土）
《阪東妻三郎の巻①》
赤垣源蔵（討入り前夜）　38／日活／池田富保
伊賀の水月（剣雲三十六騎）　41／大映／池田富保

○12/9（日）-12/12（水）
《阪東妻三郎の巻②》
博多どんたく　47／大映／丸根賛太郎
素浪人罷通る　47／大映／伊藤大輔
おぼろ駕籠　51／松竹／伊藤大輔

○12/13（木）-12/15（土）
《片岡千恵蔵の巻①》
初姿人情鳶　38／日活／衣笠十四三
三代の盃（花嫁一本刀）　41／大映／森一生

○12/16（日）-12/21（金）
《片岡千恵蔵の巻②》
鴛鴦歌合戦　39／日活／マキノ正博
赤西蠣太　36／千恵蔵プロダクション／伊丹万作
戦国奇譚 気まぐれ冠者　35／千恵蔵プロダクション／伊丹万作

---

■12/22（土）-1991年1/15（火）
¥1,600
**●松竹系封切**
男はつらいよ 寅次郎の休日　90／松竹／山田洋次
釣りバカ日誌3　90／松竹／栗山富夫

# 1991

■1/16（水）-2/2（土）　¥1,300
**● 1991 新春★時代劇スタア特集 ★美女と野獣の巻**

○1/16（水）-1/19（土）
《美女＝深水藤子の巻①》
江戸の春遠山桜　36／日活／荒井良平
剣光櫻吹雪　41／日活／菅沼完二

○1/20（日）-1/23（水）
《美女＝深水藤子の巻②》
丹下左膳餘話 百萬両の壺　35／日活／山中貞雄
右門捕物帖 拾万両秘聞　39／日活／荒井良平
義士外伝 忠僕直助　39／日活／国木田三郎

○1/24（木）-1/26（土）
《野獣＝大河内伝次郎の巻①》
大菩薩峠 甲源一刀流の巻　35／日活／稲垣浩（監督）、山中貞雄＋荒井良平（応援監督）
栗山大膳　36／日活／池田富保

○1/27（日）-1/30（水）
《野獣＝大河内伝次郎の巻②》
続蛇姫道中　50／大映／丸根賛太郎、木村恵吾
丹下左膳　53／大映／マキノ雅弘
続丹下左膳　53／大映／マキノ雅弘

○1/31（木）-2/2（土）
《野獣＝大河内伝次郎の巻③》
御誂次郎吉格子　31／日活　※サイレント／伊藤大輔
尊王攘夷　27／日活　※サイレント／池田富保

---

■2/3（日）-3/2（土）　¥1,300
**● 猟奇倒錯パラダイス　江戸川乱歩 with 夢野久作 and other masters**

○2/3（日）-2/6（水）
黒蜥蜴　68／松竹／深作欣二
蜘蛛男　58／新映　※『殺人鬼蜘蛛男』『蜘蛛男の逆襲』を続けて上映／山本弘之
吸血蛾　56／東宝／中川信夫

○2/7（木）-2/10（日）
悪徳の栄え　88／にっかつ／実相寺昭雄
悪魔が呼んでいる　70／東宝／山本迪夫
江戸川乱歩猟奇館 屋根裏の散歩者　76／日活／田中登

○2/11（月）-2/15（金）
多羅尾伴内 鬼面村の惨劇　78／東映／山口和彦
華麗なる追跡　75／東映／鈴木則文
江戸川乱歩全集 恐怖奇形人間　69／東映／石井輝男

○2/16（土）-2/20（水）
瓶詰め地獄　86／にっかつ／川崎善広
夢野久作の少女地獄　77／日活／小沼勝

○2/21（木）-2/23（土）
病院坂の首縊りの家　79／東宝映画／市川崑
江戸川乱歩の陰獣　77／松竹／加藤泰

| | |
|---|---|
| | **独立愚連隊西へ** 60／東宝／岡本喜八、 |
| ○8/30（木）-9/1（土） | **《アナーキーホームドラマ～ぐちゃぐちゃファミリージグソーパズルの巻》** |
| | **しとやかな獣** 62／大映／川島雄三 |
| | **愛人** 53／東宝／市川崑 |
| ○9/2（日）-9/5（水） | **《和製 007・ゴールデンバトルロイヤルストレートフラッシュの巻》** |
| | **殺人狂時代** 67／東宝／岡本喜八 |
| | **俺にさわると危ないぜ** 66／日活／長谷部安春 |
| | **子連れ狼 地獄へ行くぞ！大五郎** 74／勝プロダクション／黒田義之 |
| ○9/6（木）-9/8（土） | **《日本列島天下御免！超特急 VS 路線バス・全開バリバリ対決の巻》** |
| | **狂った野獣** 76／東映／中島貞夫 |
| | **スーパーエクスプレス１０９（新幹線大爆破・フランス語版）** 75／東映／佐藤純彌 |
| ○9/9（日）-9/12（水） | **《クレージージャパニーズサラリーマン・歌って踊って 24 時間の巻》** |
| | **続 若い季節** 64／東宝／古澤憲吾 |
| | **ニッポン無責任時代** 62／東宝／古澤憲吾 |
| | **日本一のゴリガン男** 66／東宝／古澤憲吾 |
| ○9/13（木）-9/15（土） | **《あやかしの楽園・夢野久作ワールドにおいでおいでの巻》** |
| | **瓶詰め地獄** 86／にっかつ／川崎善広 |
| | **夢野久作の少女地獄** 77／日活／小沼勝 |

---

| | |
|---|---|
| ■9/16（日）-10/6（土） ¥1,200 | **● 鈴木清順特集特集『百花繚乱、清順再び』** |
| ○9/16（日）-9/19（水） | **港の乾杯** 勝利をわが手に 56／日活／鈴木清順 |
| | **素ッ裸の年令** 59／日活／鈴木清順 |
| | **踏みはずした春** 58／日活／鈴木清順 |
| ○9/20（木）-9/23（日） | **影なき声** 58／日活／鈴木清順 |
| | **らぶれたあ** 59／日活／鈴木清順 |
| | **悪魔の街** 56／日活／鈴木清順 |
| ○9/24（月）-9/26（水） | **野獣の青春** 63／日活／鈴木清順 |
| | **探偵事務所 23（ツースリー）くたばれ悪党ども** 63／日活／鈴木清順 |
| ○9/27（木）-9/29（土） | **関東無宿** 63／日活／鈴木清順 |
| | **花と怒濤** 64／日活／鈴木清順 |
| ○9/30（日）-10/3（水） | **東京流れ者** 66／日活／鈴木清順 |
| | **俺たちの血が許さない** 64／日活／鈴木清順 |
| ○10/4（木）-10/6（土） | **けんかえれじい** 66／日活／鈴木清順 |
| | **肉体の門** 64／日活／鈴木清順 |

---

| | |
|---|---|
| ■10/7（日）-11/24（日） ¥1,200 | **●小津安二郎特集** |
| ○10/7（日）-10/11（木） | **生れてはみたけれど** 32／松竹／小津安二郎 |
| | **一人息子** 36／松竹／小津安二郎 |
| ○10/12（金）-10/17（水） | **淑女は何を忘れたか** 37／松竹／小津安二郎 |
| | **戸田家の兄妹** 41／松竹／小津安二郎 |
| ○10/18（金）-10/22（火） | **父ありき** 42／松竹／小津安二郎 |
| | **長屋紳士録** 47／松竹／小津安二郎 |
| ○10/23（水）-10/27（日） | **晩春** 49／松竹／小津安二郎 |
| | **麦秋** 51／松竹／小津安二郎 |
| ○10/28（月）-11/2（土） | **お茶漬の味** 52／松竹／小津安二郎 |
| | **東京物語** 53／松竹／小津安二郎 |
| ○11/3（日）-11/8（金） | **早春** 56／松竹／小津安二郎 |
| | **東京暮色** 57／松竹／小津安二郎 |
| ○11/9（土）-11/13（水） | **彼岸花** 58／松竹／小津安二郎 |
| | **浮草** 59／大映／小津安二郎 |
| ○11/14（木）-11/19（火） | **お早よう** 59／松竹／小津安二郎 |
| | **秋日和** 60／松竹／小津安二郎 |
| ○11/20（水）-11/24（日） | **秋刀魚の味** 61／松竹／小津安二郎 |
| | **小早川家の秋** 62／宝塚映画／小津安二郎 |

---

| | |
|---|---|
| ■11/25（日）-12/21（金） ¥1,200 | **● 三大時代劇スタア〈嵐寛☆阪妻☆千恵蔵〉十八番勝負！（※配給＝白峰、大映、松竹）** |
| ○11/25（日）-11/28（水） | **《嵐寛寿郎の巻①》** |
| | **鞍馬天狗 角兵衛獅子** 38／日活／マキノ正博、松田定次 |
| | **鞍馬天狗 江戸日記** 39／日活／松田定次 |
| | **鞍馬天狗 続天狗廻状** 40／日活／田崎浩一 |
| ○11/29（木）-12/1（土） | **《嵐寛寿郎の巻②》** |

| | |
|---|---|
| ○5/17（木）-5/19（土） | **《その2 ニッポン飛行機野郎②》** |
| | **ジェットF104脱出せよ** 68／大映／村山三男 |
| | **今日もわれ大空にあり** 64／東宝／古澤憲吾 |
| ○5/20（日）-5/23（水） | **《その2 ニッポン飛行機野郎③》** |
| | **加藤隼戦闘隊** 44／東宝／山本嘉次郎 |
| | **あゝ陸軍 隼戦闘隊** 69／大映／村山三男 |
| ○5/24（木）-5/26（土） | **《その2 ニッポン飛行機野郎④》** |
| | **暁の翼** 60／大映／富本壮吉 |
| | **紅の空** 62／東宝／谷口千吉 |
| ○5/27（日）-5/30（水） | **《その2 ニッポン飛行機野郎⑤》** |
| | **零戦黒雲一家** 62／日活／舛田利雄 |
| | **ゼロ・ファイター 大空戦** 66／東宝／森谷司郎 |
| ○5/31（木）-6/2（土） | **《その2 ニッポン飛行機野郎⑥》** |
| | **太平洋の翼** 63／東宝／松林宗恵 |
| | **青島〈チンタオ〉要塞爆撃命令** 63／東宝／古澤憲吾 |
| ○6/3（日）-6/6（水） | **《その2 ニッポン飛行機野郎⑦》** |
| | **ハワイ・ミッドウェイ大海空戦 太平洋の嵐** 60／東宝／松林宗恵 |
| | **連合艦隊司令長官 山本五十六** 68／東宝／丸山誠治 |
| ○6/7（木）-6/9（土） | **《その2 ニッポン飛行機野郎⑧》** |
| | **予科練物語 紺碧の空遠く** 60／松竹／井上和男 |
| | **雲の墓標より 空ゆかば** 57／松竹／堀内真直 |

---

| | |
|---|---|
| ■6/10（日）-7/13（金） ¥1,200 | **● 美空ひばり特集『ひばり★フォーエバー！』** |
| ○6/10（日）-6/14（木） | **大当り狸御殿** 58／宝塚映画／佐伯幸三 |
| | **歌え！青春 はりきり娘** 55／東宝／杉江敏男 |
| ○6/15（金）-6/19（火） | **ジャンケン娘** 55／東宝／杉江敏男 |
| | **ひばりの子守唄** 51／大映／島耕二 |
| ○6/20（水）-6/23（土） | **ロマンス娘** 56／東宝／杉江敏男 |
| | **銭形平次捕物控 まだら蛇** 57／大映／加戸敏 |
| ○6/24（日）-6/27（水） | **大当り三色娘** 57／東宝／杉江敏男 |
| | **女の花道** 71／日本コロムビア＋／東京映画／沢島忠 |
| ○6/28（木）-7/2（月） | **おしどり喧嘩笠** 57／新芸術プロ／萩原遼 |
| | **二人の瞳** 52／大映／仲木繁夫 |
| ○7/3（火）-7/7（土） | **ひばり・チエミ・いづみ 三人よれば** 64／東宝／杉江敏男 |
| | **恋すがた狐御殿** 56／宝塚映画／中川信夫 |
| ○7/8（日）-7/13（金） | **怪談番町皿屋敷** 57／東映／河野寿一 |
| | **銭形平次捕物控 死美人風呂** 56／大映／加戸敏 |
| | **ひばりのすべて** 71／日本コロムビア＋東京映画／井上梅次 |

---

| | |
|---|---|
| ■7/14（土）-8/10（金） ¥1,600 | **● 新作封切** |
| | **クライシス2050** 90／学研＋NHKエンタープライズ、他／リチャード・C・サラフィアン |

---

| | |
|---|---|
| ■8/11（土）-9/15（土） ¥1,200 | **● 第1回全日本とんでもない映画まつり** |
| ○8/11（土）-8/14（火） | **《倒錯大百科～こんなことがあってよいのかの巻》** |
| | **女獄門帖 引き裂かれた尼僧** 77／東映／牧口雄二 |
| | **忘八武士道** 73／東映／石井輝男 |
| | **江戸川乱歩全集 恐怖奇形人間** 69／東映／石井輝男 |
| ○8/15（水）-8/18（土） | **《こんなことがあってよいのかパート2・不条理王国の大宴会の巻》** |
| | **他人の顔** 66／東京映画＋勅使河原プロダクション／勅使河原宏 |
| | **盲獣** 69／大映／増村保造 |
| ○8/19（日）-8/22（水） | **《ザッツ・にっぽんミュージカル～夢と愛と希望の三連符の巻》** |
| | **ああ爆弾** 64／東宝／岡本喜八 |
| | **鴛鴦歌合戦** 39／日活／マキノ正博 |
| | **君も出世ができる** 64／東宝／須川栄三 |
| ○8/23（木）-8/25（土） | **《正しいニッポンの名探偵はソフトボイルドだどの巻》** |
| | **怪人二十面相（第一部 人か魔か？／第二部 巨人対怪人／第三部 怪盗粉砕）** 54／松竹 ※全三部を続けて上映／弓削進 |
| | **多羅尾伴内 七つの顔** 47／大映／松田定次 |
| ○8/26（日）-8/29（水） | **《オレが佐藤允（まこと）だッ！ ハミ出しちゃってスマンの巻》** |
| | **みな殺しの霊歌** 68／松竹／加藤泰 |
| | **独立愚連隊** 59／東宝／岡本喜八 |

○3/8（木）-3/10（土）　《その3　なんてったって岡本喜八⑦》
赤毛　69／三船プロダクション／岡本喜八
吶喊　75／喜八プロ＋ATG／岡本喜八

○3/11（日）-3/14（水）　《その3　なんてったって岡本喜八⑧》
殺人狂時代　67／東宝／岡本喜八
ああ爆弾　64／東宝／岡本喜八

○3/15（木）-3/17（土）　《その3　なんてったって岡本喜八⑨》
江分利満氏の優雅な生活　63／東宝／岡本喜八
近頃なぜかチャールストン　81／喜八プロ＋ATG／岡本喜八

○3/18（日）-3/20（火）　《その3　なんてったって岡本喜八⑩》
青葉繁れる　74／東宝映画／岡本喜八
大学の山賊たち　60／東宝／岡本喜八

○3/21（水）-3/24（土）　《その3　なんてったって岡本喜八⑪》
日本のいちばん長い日　67／東宝／岡本喜八
肉弾　68／「肉弾」をつくる会＋ATG／岡本喜八

○3/25（日）-3/27（火）　《その3　なんてったって岡本喜八⑫》
ジャズ大名　86／大映／岡本喜八
ダイナマイトどんどん　78／大映映画／岡本喜八

○3/28（水）-3/31（土）　《その4　とんでもない鈴木清順①》
ツィゴイネルワイゼン　80／シネマプラセット／鈴木清順
素ッ裸の年令　59／日活／鈴木清順

○4/1（日）-4/4（水）　《その4　とんでもない鈴木清順②》
東京流れ者　66／日活／鈴木清順
けものの眠り　60／日活／鈴木清順

○4/5（木）-4/7（土）　《その4　とんでもない鈴木清順③》
ハイティーンやくざ　62／日活／鈴木清順
春婦伝　65／日活／鈴木清順

○4/8（日）-4/11（水）　《その4　とんでもない鈴木清順④》
刺青一代　65／日活／鈴木清順
関東無宿　63／日活／鈴木清順

○4/12（木）-4/14（土）　《その4　とんでもない鈴木清順⑤》
悪太郎　63／日活／鈴木清順
けんかえれじい　66／日活／鈴木清順

○4/15（日）-4/18（水）　《その4　とんでもない鈴木清順⑥》
殺しの烙印　67／日活／鈴木清順
野獣の青春　63／日活／鈴木清順

---

■4/19（木）-6/9（土）　¥1,200　● FOR MANIAS ONLY　マニアック“追求”シリーズ『やっぱりコレが好きッ！』

○4/19（木）-4/23（月）　《その1　愛と哀しみの変身人間①》
電送人間　60／東宝／福田純
ガス人間㐧1号　60／東宝／本多猪四郎
美女と液体人間　58／東宝／本多猪四郎

○4/24（火）-4/28（土）　《その1　愛と哀しみの変身人間②》
透明人間現わる　49／大映／安達伸生
透明人間　54／東宝／小田基義
透明人間と蠅男　57／大映／村山三男

○4/29（日）-5/3（木）　《その1　愛と哀しみの変身人間③》
女吸血鬼　59／新東宝／中川信夫
花嫁吸血魔　60／新東宝／並木鏡太郎
江戸川乱歩全集 恐怖奇形人間　69／東映／石井輝男

○5/4（金）-5/7（月）　《その1　愛と哀しみの変身人間④》
血を吸う薔薇　74／東宝映像／山本迪夫
幽霊屋敷の恐怖 血を吸う人形　70／東宝／山本迪夫
呪いの館 血を吸う眼　71／東宝／山本迪夫

○5/8（火）-5/12（土）　《その1　愛と哀しみの変身人間⑤》
吸血鬼ゴケミドロ　68／松竹／佐藤肇
マタンゴ　63／東宝／本多猪四郎
ウルフガイ 燃える狼男　75／東映／山口和彦

○5/13（日）-5/16（水）　《その2　ニッポン飛行機野郎①》
ハワイ・マレー沖海戦　42／東宝／山本嘉次郎
あゝ海軍　69／大映／村山三男

| | |
|---|---|
| | **十三人の刺客** 63／東映／工藤栄一<br>**独眼龍政宗** 42／大映／稲垣浩 |
| ○12/17（日）-12/22（金） | **《番外おまけ“オモシロ時代劇スペシャル”》**<br>**鴛鴦歌合戦** 39／日活／マキノ正博<br>**天狗飛脚** 49／大映／丸根賛太郎<br>**丹下左膳餘話 百萬両の壺** 35／日活／山中貞雄 |
| ■12/23（土）-12/26（火） ¥1,200 | **● オモシロ時代劇スペシャル・其の弐**<br>**仇討膝栗毛** 36／新興キネマ＋大映／森一生（※デビュー作）<br>**歌ふ狸御殿** 42／大映／木村恵吾（※デビュー作） |
| ■12/27（水）-1990年1/16（火）<br>¥1,500 | **● 新春恒例特別封切上映**<br>**男はつらいよ ぼくの伯父さん** 89／松竹／山田洋次<br>**釣りバカ日記２** 89／松竹／栗山富夫 |

# 1990

| | |
|---|---|
| ■1/17（水）-4/18（水） ¥1,200 | **● ニッポン奇才・異才・鬼才カントクの宴『ちょっとヘンなオモシロ★ムービーズ』** |
| ○1/17（水）-1/20（土） | **《その１ 誰も知らなかった市川崑①》**<br>**愛人** 53／東宝／市川崑<br>**恋人** 51／新東宝／市川崑 |
| ○1/21（日）-1/24（水） | **《その１ 誰も知らなかった市川崑②》**<br>**億万長者 54／青年俳優クラブ／市川崑**<br>**プーサン** 53／東宝／市川崑 |
| ○1/25（木）-1/27（土） | **《その１ 誰も知らなかった市川崑③》**<br>**盗まれた恋** 51／新東宝／市川崑<br>**あなたと私の合言葉 さようなら、今日は** 59／大映／市川崑 |
| ○1/28（日）-1/30（火） | **《その１ 誰も知らなかった市川崑④》**<br>**女性に関する十二章** 54／東宝／市川崑<br>**私は二歳** 62／大映／市川崑 |
| ○1/31（水）-2/3（土） | **《その２ 24時間闘える今村昌平①》**<br>**にあんちゃん** 59／日活／今村昌平<br>**盗まれた欲情** 58／日活／今村昌平 |
| ○2/4（日）-2/7（水） | **《その２ 24時間闘える今村昌平②》**<br>**豚と軍艦** 61／日活／今村昌平<br>**果しなき欲望** 58／日活／今村昌平 |
| ○2/8（木）-2/11（日） | **《その２ 24時間闘える今村昌平③》**<br>**にっぽん昆虫記** 63／日活／今村昌平<br>**赤い殺意** 64／日活／今村昌平 |
| ○2/12（月）-2/14（水） | **《その２ 24時間闘える今村昌平④》**<br>**「エロ事師たち」より 人類学入門** 66／今村プロダクション／今村昌平<br>**神々の深き欲望** 68／今村プロダクション／今村昌平 |
| ○2/15（木）-2/17（土） | **《その３ なんてったって岡本喜八①》**<br>**若い娘たち** 58／東宝／岡本喜八<br>**結婚のすべて** 58／東宝／岡本喜八 |
| ○2/18（日）-2/21（水） | **《その３ なんてったって岡本喜八②》**<br>**独立愚連隊** 59／東宝／岡本喜八<br>**独立愚連隊西へ** 60／東宝／岡本喜八 |
| ○2/22（木）-2/24（土） | **《その３ なんてったって岡本喜八③》**<br>**血と砂** 65／東宝＋三船プロダクション／岡本喜八<br>**どぶ鼠作戦** 62／東宝／岡本喜八 |
| ○2/25（日）-2/28（水） | **《その３ なんてったって岡本喜八④》**<br>**暗黒街の対決** 60／東宝／岡本喜八<br>**暗黒街の顔役** 59／東宝／岡本喜八 |
| ○3/1（木）-3/3（土） | **《その３ なんてったって岡本喜八⑤》**<br>**斬る** 68／東宝／岡本喜八<br>**戦国野郎** 63／東宝／岡本喜八 |
| ○3/4（日）-3/7（水） | **《その３ なんてったって岡本喜八⑥》**<br>**座頭市と用心棒** 70／勝プロダクション／岡本喜八<br>**侍** 65／東宝＋三船プロダクション／岡本喜八 |

| | |
|---|---|
| | **歌行燈** 60／大映／衣笠貞之助 |
| ○10/1（日）-10/4（水） | **薄桜記** 59／大映／森一生 |
| | **中山七里** 62／大映／池広一夫 |
| | **弥太郎笠** 57／大映／森一生 |
| ○10/5（木）-10/8（日） | **ある殺し屋の鍵** 67／大映／森一生 |
| | **ある殺し屋** 67／大映／森一生 |
| | **陸軍中野学校** 66／大映／増村保造 |
| ○10/9（月）-10/11（水） | **博徒一代 血祭り不動** 69／大映／安田公義 |
| | **ひとり狼** 68／大映／池広一夫 |

---

| | |
|---|---|
| ■10/12（木）-11/14（火） ¥1,200 | **● 永遠のスタア研究シリーズ 第3弾 不滅特集 美空ひばり・不死鳥神話（東宝・大映・新東宝篇）** |
| ○10/12（木）-10/14（土） | **憧れのハワイ航路** 50／新東宝／斎藤寅次郎 |
| | **続・向う三軒両隣り どんぐり歌合戦** 50／新東宝／斎藤寅次郎 |
| ○10/15（日）-10/17（火） | **二人の瞳** 52／大映／仲木繁夫 |
| | **続・向う三軒両隣り 恋の三毛猫** 50／新東宝／斎藤寅次郎 |
| ○10/18（水）-10/21（土） | **ジャンケン娘** 55／東宝／杉江敏男 |
| | **銭形平次捕物控 死美人風呂** 56／大映／加戸敏 |
| ○10/22（日）-10/24（火） | **女の花道** 71／日本コロムビア＋東京映画／沢島忠 |
| | **ひばりのすべて** 71／日本コロムビア＋東京映画／井上梅次 |
| ○10/25（水）-10/28（土） | **大当り三色娘** 57／東宝／杉江敏男 |
| | **鬼姫競艶録** 56／新東宝／渡辺邦男 |
| ○10/29（日）-11/1（水） | **ひばりの三役／競艶雪之丞変化（前篇・後篇）** 57／新東宝／渡辺邦男 |
| ○11/2（木）-11/4（土） | **銭形平次捕物控 まだら蛇** 57／大映／加戸敏 |
| | **ひばり・チエミ・いづみ 三人よれば** 64／東宝／杉江敏男 |
| ○11/5（日）-11/8（水） | **ロマンス娘** 56／東宝／杉江敏男 |
| | **恋すがた狐御殿** 56／宝塚映画／中川信夫 |
| ○11/9（木）-11/11（土） | **歌え！青春はりきり娘** 55／東宝／杉江敏男 |
| | **びっくり五人男** 49／新東宝 ※再編集版でタイトルは『ラッキー百万円娘』／斎藤寅次郎 |
| ○11/12（日）-11/14（火） | **ひばりの子守唄** 51／大映／島耕二 |
| | **あきれた娘たち** 49／新東宝 ※再編集版でタイトルは『金語楼の子宝騒動』／斎藤寅次郎 |

---

| | |
|---|---|
| ■11/15（水）-12/22（金） ¥1,200 | **● 平成元年・永遠のスタア研究シリーズ 完結篇 元祖御三家スタア★ ABC の巻** |
| ○11/15（水）-11/18（土） | **《Ⓐ rakan 嵐寛寿郎の巻①》** |
| | **剣聖暁の三十六番斬り** 53／新東宝／山田達雄 |
| | **右門捕物帖 緋鹿の子異変** 52／新東宝 ※タイトルは『謎の必殺剣』／中川信夫 |
| | **鞍馬天狗と勝海舟** 53／新東宝／池田富保 |
| ○11/19（日）-11/22（水） | **《Ⓐ rakan 嵐寛寿郎の巻②》** |
| | **鞍馬天狗 大江戸異変** 50／新東宝 ※タイトルは『角兵衛少年と天狗騒動』／並木鏡太郎 |
| | **右門捕物帖 伊豆の旅日記** 50／新東宝／並木鏡太郎 |
| ○11/23（木）-11/25（土） | **《Ⓐ rakan 嵐寛寿郎の巻③》** |
| | **影法師捕物帖** 59／新東宝／中川信夫 |
| | **右門捕物帖 帯とけ仏法** 51／新東宝／安田公義 |
| | **鞍馬天狗 龍攘虎搏の巻** 38／日活／松田定次 |
| ○11/26（日）-11/29（水） | **《Ⓑ antsuma 阪東妻三郎の巻①》** |
| | **王将** 48／大映／伊藤大輔 |
| | **血煙高田の馬場** 37／日活 ※タイトルは『決闘高田の馬場』／マキノ正博、稲垣浩 |
| ○11/30（木）-12/2（土） | **《Ⓑ antsuma 阪東妻三郎の巻②》** |
| | **無法松の一生** 43／大映／稲垣浩 |
| | **富士に立つ影** 42／大映／池田富保、白井戦太郎 |
| ○12/3（日）-12/6（水） | **《Ⓑ antsuma 阪東妻三郎の巻③》** |
| | **月の出の決闘** 47／大映／九根賛太郎 |
| | **狐の呉れた赤ん坊** 45／大映／丸根賛太郎 |
| ○12/7（木）-12/9（土） | **《Ⓑ antsuma 阪東妻三郎の巻④》** |
| | **破れ太鼓** 49／松竹／木下恵介 |
| | **木曽の天狗** 48／大映／松田定次 |
| ○12/10（日）-12/13（水） | **《Ⓒ hiezou 片岡千恵蔵の巻①》** |
| | **赤西蠣太** 36／日活／伊丹万作 |
| | **殴られた石松** 51／新東宝 ※再編集版でタイトルは『仁侠三人男』／渡辺邦男 |
| | **春秋一刀流** 39／日活／丸根賛太郎 |
| ○12/14（木）-12/16（土） | **《Ⓒ hiezou 片岡千恵蔵の巻②》** |

| | |
|---|---|
| ○6/25（日）-6/28（水） | **斬る** 62／大映／三隅研次 |
| | **忠直卿行状記** 60／大映／森一生 |
| | **花の兄弟** 56／大映／三隅研次 |
| ○6/29（木）-7/1（土） | **二人の武蔵** 60／大映／渡辺邦男 |
| | **若き日の信長** 59／大映／森一生 |
| ○7/2（日）-7/5（水） | **眠狂四郎殺法帖** 63／大映／田中徳三 |
| | **眠狂四郎女妖剣** 64／大映／池広一夫 |
| | **眠狂四郎勝負** 64／大映／三隅研次 |
| ○7/6（木）-7/8（土） | **長脇差忠臣蔵** 62／大映／渡辺邦男 |
| | **大殺陣 雄呂血** 66／大映／田中徳三 |
| ○7/9（日）-7/13（木） | **大菩薩峠〈全三部作〉** 60～61／大映／三隅研次（第一部、第二部 竜神の巻）、森一生（第三部 完結篇） |
| ○7/14（金） ※1日限定 | **博徒一代 血祭り不動** 69／大映／安田公義 |
| | **ひとり狼** 68／大映／池広一夫 |
| | ※「大井武蔵野館2」→「大井武蔵野館」は7/15から7/26まで休館 |
| ○7/27（木）-7/29（土） | **剣** 64／大映／三隅研次 |
| | **忍びの者** 62／大映／山本薩夫 |

---

| | |
|---|---|
| ■7/30（日）-8/4（金） ¥1,500 | **ザ・フライ** 86／デヴィッド・クローネンバーグ |
| | **ザ・フライ2 二世誕生** 89／クリス・ウェイラス |

---

| | |
|---|---|
| ■8/5（土）-8/25（金） ¥1,500 | **● ロードショー** |
| | **男はつらいよ 寅次郎心の旅路** 89／松竹／山田洋次 |
| | **夢見通りの人々** 89／松竹／森崎東 |

---

| | |
|---|---|
| ■8/26（土）-9/16（土） ¥1,200 | **● 永遠のスタア研究シリーズ 第1弾**<br>**新東宝タイトルマッチ 三原葉子対小畑絹子“史上最強のグラマー決定戦”** |
| ○8/26（土）-8/29（火） | **《三原葉子篇①》** |
| | **黄線地帯** 60／新東宝／石井輝男 |
| | **黒線地帯** 60／新東宝／石井輝男 |
| | **白線秘密地帯** 58／新東宝／石井輝男 |
| ○8/30（水）-9/2（土） | **《小畑絹子篇①》** |
| | **女の防波堤** 58／新東宝／小森白 |
| | **契約結婚** 61／新東宝／渡辺祐介 |
| | **無警察** 59／新東宝／小森白 |
| ○9/3（日）-9/5（火） | **《三原葉子篇②》** |
| | **女体桟橋** 58／新東宝／石井輝男 |
| | **猛吹雷の死闘** 59／新東宝／石井輝男 |
| | **海豹〈あざらし〉の王〈キング〉** 59／新東宝／三輪彰 |
| ○9/6（水）-9/9（土） | **《小畑絹子篇②》** |
| | **黒い乳房** 60／新東宝／土居通芳 |
| | **南部騒動 姐妃〈だっき〉のお百** 59／新東宝／毛利正樹 |
| | **童貞社員とよろめき夫人** 58／新東宝／小森白 |
| ○9/10（日）-9/13（水） | **《三原葉子篇③》** |
| | **セクシー地帯** 61／新東宝／石井輝男 |
| | **女王蜂と大学の竜** 60／新東宝／石井輝男 |
| | **火線地帯** 61／新東宝／武部弘通 |
| ○9/14（木）-9/16（土） | **《小畑絹子篇③》** |
| | **女獣** 60／新東宝／曲谷守平 |
| | **恋愛ズバリ講座** 61／新東宝 オムニバス三部作。第一話（監督＝三輪彰）に小畑絹子出演。第三話（監督＝石井輝男）に三原葉子出演 |
| | **東京湾の突風〈ハリケーン〉野郎** 61／新東宝／小森白 |

---

| | |
|---|---|
| ■9/17（日）-10/11（水） ¥1,200 | **● 永遠のスタア研究シリーズ 第2弾 二十回忌追悼特集 PART Ⅱ 市川雷蔵・孤高の肖像** |
| ○9/17（日）-9/20（水） | **新選組始末記** 63／大映／三隅研次 |
| | **かげろう絵図** 59／大映／衣笠貞之助 |
| | **花の渡り鳥** 56／大映／田坂勝彦 |
| ○9/21（木）-9/23（土） | **ぼんち** 60／大映／市川崑 |
| | **炎上** 58／大映／市川崑 |
| ○9/24（日）-9/27（水） | **眠狂四郎魔性剣** 65／大映／安田公義 |
| | **眠狂四郎炎情剣** 65／大映／三隅研次 |
| | **眠狂四郎円月斬り** 64／大映／安田公義 |
| ○9/28（木）-9/30（土） | **婦系図** 62／大映／三隅研次 |

**右門捕物帖 片眼狼** 51／新東宝＋総芸プロ＋国際放映／中川信夫

○4/2（日）-4/6（木） **《チャンバラヒーローの冒険》**

**新諸国物語 笛吹童子（第一部 どくろの旗／第二部 妖術の闘争／第三部 満月城の凱歌）** 54／東映／萩原遼

**赤銅鈴之助 飛鳥流真空斬り** 57／大映 ※第四部のみの上映／安田公義

○4/7（金）-4/11（火） **《愛と正義のカメレオンマン》**

**多羅尾伴内 七つの顔** 47／大映／松田定次

**多羅尾伴内** 78／東映／鈴木則文

**七色仮面 南海の凱歌** 59／東映／島津昇一

---

■4/12（水）-5/23（火） ¥1,200 **● 異色監督バトルロイヤル"映像の冒険者たち"**

○4/12（水）-4/15（土） **《清水邦夫／田原総一朗／石原慎太郎》**

**あらかじめ失われた恋人たちよ** 71／ボール・ヴォールト・プロ＋ATG／清水邦夫／田原総一朗

**二十歳の恋** 63 ※5ヶ国合作オムニバス／石原慎太郎（日）、フランソワ・トリュフォー（仏）、レンツォ・ロッセリーニ（伊）、マルセル・オフュルス（西独）、アンジェイ・ワイダ（ポーランド

○4/16（日）-4/20（木） **《実相寺昭雄》**

**無常** 70／実相寺プロダクション＋ATG／実相寺昭雄

**宵闇せまれば** 69／プロダクション断層／実相寺昭雄

○4/21（金）-4/25（火） **《羽仁進》**

**初恋・地獄篇** 68／羽仁プロ＋ATG／羽仁進

**午前中の時間割り** 72／羽仁プロ＋ATG／羽仁進

○4/26（水）-5/2（火） **《松本俊夫》**

**薔薇の葬列** 69／松本プロ＋ATG／松本俊夫

**修羅** 71／松本プロ＋ATG／松本俊夫

○5/3（水）-5/8（月） **《勅使河原宏》**

**砂の女〈※海外版〉** 64／勅使河原プロダクション／勅使河原宏

**おとし穴** 62／勅使河原プロダクション／勅使河原宏

○5/9（火）-5/13（土） **《黒木和雄》**

**とべない沈黙** 66／日映新社＋東宝／黒木和雄

**日本の悪霊** 70／中島正幸プロ＋ATG／黒木和雄

○5/14（日）-5/18（木） **《東陽一》**

**やさしいにっぽん人** 71／東プロ／東陽一

**日本妖怪伝 サトリ** 73／青林舎／東陽一

○5/19（金）-5/23（火） **《若松孝二》**

**天使の恍惚** 72／若松プロダクション＋ATG／若松孝二

**聖母観音大菩薩** 77／若松プロダクション＋ATG／若松孝二

---

■5/24（水）-6/14（水） ¥1,200 **● 5月29日誕生日特集 美空ひばり・不死鳥伝説**

○5/24（水）-5/27（土） **陽気な渡り鳥** 52／松竹／佐々木康

**あの丘越えて** 51／松竹／瑞穂春海

○5/28（日）-5/31（水） **青春ロマンスシート 青草に坐す** 54／松竹／野村芳太郎

**泣きぬれた人形** 51／松竹／千葉泰樹

**悲しき口笛** 49／松竹／家城巳代治

○6/1（木）-6/3（土） **父恋し** 51／松竹／瑞穂春海

**女ざむらい只今参上** 58／松竹／渡辺邦男

○6/4（日）-6/7（水） **お嬢さん社長** 53／松竹／川島雄三

**ひばり姫初夢道中** 52／松竹／大曾根辰夫

**東京キッド** 50／松竹／斎藤寅次郎

○6/8（木）-6/10（土） **牛若丸** 52／松竹／大曾根辰夫

**水郷哀話 娘船頭さん** 55／松竹／荻原徳三

○6/11（日）-6/14（水） **若き日は悲し** 54／松竹／岩間鶴夫

**伊豆の踊子** 54／松竹／野村芳太郎

**とんぼ返り道中** 51／松竹／斎藤寅次郎

---

■6/15（木）-7/14（金） ¥1,200 **● 7月17日二十回忌追悼特集 市川雷蔵・二十年ロマンス**

○6/15（木）-6/17（土） **新・平家物語** 55／大映／溝口健二

**柳生連也斎 秘伝月影抄** 56／大映／田坂勝彦

○6/18（日）-6/21（水） **好色一代男** 61／大映／増村保造

**濡れ髪喧嘩旅** 60／大映／森一生

**女狐風呂** 58／大映／安田公義

○6/22（木）-6/24（土） **弁天小僧** 58／大映／伊藤大輔

**切られ与三郎** 60／大映／伊藤大輔

宮本武蔵 決闘般若坂　43／大映／伊藤大輔
○1/20（金）-1/24（火）　《いろいろ悩んで大きくなった ― 片岡千恵蔵マスターズ②》
大菩薩峠〈全三部作〉　57～59／東映／内田吐夢

---

■1/25（水）-1/31（火）　¥1,000　● 甘くて辛い、人生サンドイッチ・シネマ
リボルバー　88／にっかつ／藤田敏八
バカヤロー！　88／光和インターナショナル／渡辺えり子、中島哲也、原隆仁、堤幸彦

---

■2/1（水）-3/8（水）　¥1,000　● 失われた東宝アクションを求めて
○2/1（水）-2/4（土）　《西村潔監督集》
豹〈ジャガー〉は走った　70／東宝／西村潔
死ぬにはまだ早い　69／東宝／西村潔
白昼の襲撃　70／東京映画／西村潔
○2/5（日）-2/8（水）　《岡本喜八監督集①》
独立愚連隊　59／東宝／岡本喜八
独立愚連隊西へ　60／東宝／岡本喜八
○2/9（木）-2/11（土）　《須川栄三監督集》
野獣狩り　73／東宝映画／須川栄三
野獣死すべし　59／東宝／須川栄三
○2/12（日）-2/15（水）　《岡本喜八監督集②＋1》
どぶ鼠作戦　62／東宝／岡本喜八
血と砂　65／東宝＋三船プロダクション／岡本喜八
独立機関銃隊未だ射撃中　63／宝塚映画／谷口千吉
○2/16（木）-2/18（土）　《堀川弘通＆森谷司郎》
悪の紋章　64／宝塚映画／堀川弘通
弾痕　69／東宝／森谷司郎
○2/19（日）-2/22（水）　《岡本喜八監督集③》
暗黒街の弾痕　61／東宝／岡本喜八
暗黒街の顔役　59／東宝／岡本喜八
顔役暁に死す　61／東宝／岡本喜八
○2/23（木）-2/25（土）　《谷口千吉＆福田純監督集》
男対男　60／東宝／谷口千吉
野獣都市　70／東宝／福田純
○2/26（日）-3/1（水）　《岡本喜八監督集④ 深夜プラスワン》
地獄の饗宴〈うたげ〉　61／東京映画／岡本喜八
暗黒街の対決　60／東宝／岡本喜八
○3/2（木）-3/4（土）　《杉江敏男＆山本迪夫監督集 死ぬときはひとり》
三十六人の乗客　57／東京映画／杉江敏男
野獣の復活　69／東宝／山本迪夫
○3/5（日）-3/8（水）　《岡本喜八監督集⑤ 猫の舌に釘を打て》
大学の山賊たち　60／東宝／岡本喜八
殺人狂時代　67／東宝／岡本喜八

---

■3/9（木）-3/15（水）　¥1,000　● クレージー・キャッツ古今集
ニッポン無責任時代　62／東宝／古澤憲吾
会社物語 MEMORIES・OF・YOU　88／松竹＋日本テレビ放送網＋ SEDIC ＋坂本事務所／市川準
スーダラ節 わかっちゃいるけどやめられねえ　62／大映／弓削太郎

---

■3/16（木）-4/11（火）　¥1,000　● 春休み“懐かしの”スーパーヒーローまつり
○3/16（木）-3/20（月）　《ニッポンのスーパーマン》
力道山の鉄腕巨人　54／新東宝／並木鏡太郎
月光仮面 幽霊党の逆襲　59／東映／島津昇一
スーパージャイアンツ 人工衛星と人類の破滅　57／新東宝／石井輝男
スーパージャイアンツ 宇宙艇と人工衛星の激突　58／新東宝／石井輝男
○3/21（火）-3/25（土）　《明智 VS 二十面相・世紀の対決》
怪人二十面相（第一部 人か魔か？／第二部 巨人対怪人／第三部 怪盗粉砕）　54／松竹　※全三部を続けて上映／弓削進
少年探偵団 妖怪博士　56／東映　※第一部のみの上映／小林恒夫
※トークイベント　3/21（火）5：30～　若杉英二
○3/26（日）-4/1（土）　《なんてったって アラカン》
鞍馬天狗 鞍馬の火祭　51／松竹／大曾根辰夫
鞍馬天狗 天狗廻状　52／松竹／大曾根辰夫

| | |
|---|---|
| ■4/4（火）-4/10（月） ¥1,000 | **● 夢魔の肖像・ホドロフスキー LAST SHOW** |
| | **エル・トポ** 69／アレハンドロ・ホドロフスキー |
| | **ホーリー・マウンテン** 73／アレハンドロ・ホドロフスキー |
| ■4/11（火）-4/17（月） ¥1,000 | **● 春うらら アウトロー気分** |
| | **悲しい色やねん GETTING BLUE IN COLER** 88／東映＋サンダンスカンパニー／森田芳光 |
| | **恋子の毎日** 88／東映／和泉聖治 |
| | **魔女卵** 84／プルミエ・インターナショナル／和泉聖治 |
| ■4/18（火）-4/28（金） ¥1,200 | **● 古今東西映像迷宮 松本俊夫監督 VS. ダニエル・シュミット監督** |
| | **ドグラ・マグラ** 88／活人堂シネマ＋都市環境開発＋シネセゾン／松本俊夫 |
| | **デ ジャ ヴュ** 87／ダニエル・シュミット |
| ■4/29（土）-5/12（金） ¥1,200 | **● ダブル・ダ・イ・ナ・マ・イ・ト・アクション!! ジョン・マクティアナン監督集** |
| | **ダイ・ハード** 88／ジョン・マクティアナン |
| | **プレデター** 87／ジョン・マクティアナン |
| ■5/13（土）-6/2（金） ¥1,200 | **● 恐怖と笑いの有機体 アルフレッド・ヒッチコック監督集** |
| ○5/13（土）-5/19（金） | **鳥** 63／アルフレッド・ヒッチコック |
| | **マーニー 赤い恐怖** 64／アルフレッド・ヒッチコック |
| | **引き裂かれたカーテン** 66／アルフレッド・ヒッチコック |
| ○5/20（土）-6/2（金） | **断崖** 41／アルフレッド・ヒッチコック ※再編集版 |
| | **スミス夫妻** 41／アルフレッド・ヒッチコック |
| ■6/3（土）-6/9（金） ¥1,200 | **● 光と闇のハードボイルド ニコラス・レイ監督集** |
| | **危険な場所で** 51／ニコラス・レイ |
| | **夜の人々** 49／ニコラス・レイ |
| ■6/10（土）-6/16（金） ¥1,200 | **● ロックンロール・フォーエヴァー！** |
| | **チャック・ベリー ヘイル・ヘイル・ロックンロール** 87／テイラー・ハックフォード |
| | **イマジン／ジョン・レノン** 88／アンドリュー・ソルト |
| ■6/17（土）-6/30（金） | **● ベルナルド・ベルトルッチ監督集** |
| ○6/17（土）-6/23（金） ¥1,200 | **暗殺の森** 70／ベルナルド・ベルトルッチ |
| | **ラストエンペラー** 87／ベルナルド・ベルトルッチ |
| ○6/24（土）-7/1（土） ¥1,500 | **ラストタンゴ・イン・パリ** 72／ベルナルド・ベルトルッチ |
| ■7/2（日）-7/7（金） ¥1,200 | **● イザベル・アジャーニ集** |
| | **死への逃避行** 83／クロード・ミレール |
| | **ポゼッション** 81／アンジェイ・ズラウスキー |
| ■7/8（土）-7/14（金） ¥1,200 | **エルム街の悪夢 4 ザ・ドリームマスター 最後の反撃** 88／レニー・ハーリン |
| | **エルム街の悪夢 3 惨劇の館** 87／チャック・ラッセル |
| | **死霊のはらわたⅡ** 87／サム・ライミ |

**閉館**

## 1989【大井武蔵野館 2】（※7/14の「大井武蔵野館1」の閉館に伴い、「大井武蔵野館」に館名変更）

| | |
|---|---|
| ○1/4（水）-1/7（土） | **《二枚目ひとすじ 60 年 ― 長谷川一夫メモリアル②》** |
| | **月形半平太〈花の巻・嵐の巻〉** 56／大映／衣笠貞之助 |
| | **鳴門秘帖** 57／大映／衣笠貞之助 |
| ○1/8（日）-1/11（水） | **《ざっくばらんな派手男 ― 市川右太衛門ヒストリー①》** |
| | **乞食大将** 45／大映 ※公開は 1952 年／松田定次 |
| | **新門辰五郎** 41 新興／大映／牛原虚彦 |
| ○1/12（木）-1/15（日） | **《ざっくばらんな派手男 ― 市川右太衛門ヒストリー②》** |
| | **旗本退屈男 江戸城罷り通る** 52／松竹／大曾根辰夫 |
| | **天狗飛脚** 49／大映／丸根賛太郎 |
| ○1/16（月）-1/19（木） | **《いろいろ悩んで大きくなった ― 片岡千恵蔵マスターズ①》** |
| | **壮烈新選組 幕末の動乱** 60／東映／佐々木康 |

○12/30（金）-1989年1/3（火）　**《二枚目ひとすじ 60 年 — 長谷川一夫メモリアル①》**
**次郎長富士**　59／大映／森一生
**銭形平次捕物控 八人の花嫁**　58／大映／田坂勝彦
※この特集続く　**風小僧忍び込み控 子の刻参上**　57／大映／田坂勝彦

# 1989【大井武蔵野館 1】

■1/18（水）-2/4（土）¥1,000　**● 座頭市復活祭**
○1/18（水）-1/21（土）　**《勝プロダクション異色作集》**
**燃えつきた地図**　68／勝プロダクション／勅使河原宏
**男一匹ガキ大将**　71／勝プロダクション／村野鐵太郎
○1/22（日）-1/25（水）　**《三隅研次監督集》**
**座頭市地獄旅**　65／大映／三隅研次
**座頭市物語**　62／大映／三隅研次
※ 1/22　スペシャルフィルム上映 「座頭市」TV シリーズより
**冬の花火**　（『新・座頭市』79 放映）／国原俊明
**見えない涙に虹を見た**　（『新・座頭市』76 放映）／田中徳三
○1/26（木）-1/28（土）　**《森一生監督集》**
**まらそん侍**　56／大映／森一生
**続・座頭市物語**　62／大映／森一生
○1/29（日）-2/1（水）　**《勝新太郎監督集》**
**顔役**　71／勝プロダクション／勝新太郎
**新座頭市物語 折れた杖**　72／勝プロダクション／勝新太郎
※ 1/29　スペシャルフィルム上映 「座頭市」TV シリーズより
**冬の海**　（『新・座頭市』78 放映）／勝新太郎
**心中あいや節**　（『座頭市物語』75 放映）／勝新太郎
○2/2（木）-2/4（土）　**《池広一夫監督集》**
**座頭市あばれ凧**　64／大映／池広一夫
**座頭市千両首**　64／大映／池広一夫

---

■2/5（日）-2/26（日）¥1,000　**● 外国映画ミニミニ特集シリーズ**
○2/5（日）-2/12（日）　**《リバー・フェニックス特集》**
**旅立ちの時**　88／シドニー・ルメット
**スタンド・バイ・ミー**　86／ロブ・ライナー
○2/13（月）-2/19（日）　**《ウエスタン特集》**
**ヤングガン**　88（※ STEREO）／クリストファー・ケイン
**リオ・ブラボー**　59／ハワード・ホークス
○2/20（月）-2/26（日）　**《ケン・ラッセル監督特集》**
**サロメ**　87／ケン・ラッセル
**ゴシック**　86／ケン・ラッセル

---

■2/27（月）-3/13（月）¥1,000　**● 富田靖子誕生日特集 1989.2.27 YASUKO 二十歳**
○2/27（月）-3/6（月）　**アイコ十六歳**　83／中部日本放送＋アミューズ・シネマ・シティ／今関あきよし
**さびしんぼう**　85／東宝映画＋アミューズ・シネマ・シティ／大林宣彦
○3/7（火）-3/13（月）　**ほんの 5g**　88／松竹＋ SEDIC／太田圭
**ときめき海岸物語**　84／松竹／朝間義隆
**BU・SU**　87／東宝映画＋日本テレビ放送網／市川準

---

■3/14（火）-3/20（月）¥1,000　**● オジサン・ロッカーズの逆襲**
**ザ・バンド ラスト・ワルツ**　78／マーティン・スコセッシ
**ザ・ローリング・ストーンズ LET'S SPEND THE NIGHT TOGETER**　82／ハル・アシュビー

---

■3/21（火）-3/27（月）¥1,000　**● 三大活劇・地球最大の決戦**
**シュワルツェネッガー レッドブル**　88／ウォルター・ヒル
**孔雀王**　88／フジテレビ＋ゴールデン・ハーベスト＋砂工房／ラン・ナイチョイ
**ポリス・ストーリー 2** 九龍の眼 クーロンズ・アイ　88／ジャッキー・チェン

---

■3/28（火）-4/3（月）¥1,000　**● 全力疾走！アイドル三連発**
**快盗ルビイ**　88／ビクター音楽産業＋サンダンスカンパニー／和田誠
**ステイ・ゴールド**　88／バンダイ＋エムツーアールエフ＋鎌倉スーパーステーション＋松竹／村上修

**雨は知っていた** 71／東宝／山本迪夫
**美女のはらわた** 86／六月劇場＋にっかつ／ガイラ（小水一男）

○10/27（木）-10/30（日）　**《中川信夫・巨大な遺産》**
**東海道四谷怪談** 59／新東宝／中川信夫
**地獄** 60／新東宝／中川信夫
**怪談累〈かさね〉が淵** 57／新東宝／中川信夫

○10/31（月）-11/3（木）　**《果てしなき狂気》**
**怪談残酷物語** 68／松竹／長谷和夫
**怪談色ざんげ 狂恋女師匠** 57／松竹／倉橋良介
**女獄門帖 引き裂かれた尼僧** 77／東映／牧口雄二

○11/4（金）-11/8（火）　**《へえ～んしん》**
**多羅尾伴内 七つの顔の男だぜ** 60／東映／小沢茂弘
**二十一の指紋** 48／大映／松田定次
**Mr.ジレンマン 色情狂い** 79／日活／小沼勝

○11/9（水）-11/12（土）　**《許されざる悦楽》**
**恋や恋なすな恋** 62／東映／内田吐夢
**白夫人の妖恋** 56／東宝＋ショウブラザーズ／豊田四郎

○11/13（日）-11/16（水）　**《倒錯のアナザー・ワールド》**
**暴行切り裂きジャック** 76／日活／長谷部安春
**いれずみ無残** 68／松竹／関川秀雄
**黒薔薇の館** 69／松竹／深作欣二

○11/17（木）-11/20（日）　**《女と地獄の方程式》**
**㊙女郎 責め地獄** 73／日活／田中登
**女殺し油地獄** 57／東宝／堀川弘通

○11/21（月）-11/24（木）　**《誰もいなくなった海》**
**海女の化物屋敷** 59／新東宝／曲谷守平
**人喰海女** 58／新東宝／小野田嘉幹
**人魚伝説** 84／ディレクターズ・カンパニー＋ATG／池田敏春

---

■11/25（金）-11/29（火） ¥1,000　**● 誰も知らなかったクレージー・キャッツ**
**サラリーマンどんと節 気楽な稼業と来たもんだ** 62／大映／枝川弘
**スーダラ節 わかっちゃいるけどやめられねえ** 62／大映／弓削太郎
**クレージーの花嫁と七人の仲間（乱気流野郎）** 62／松竹／番匠義彰

---

■11/30（水）-1989年1/24（火） ¥1,000　**● 永遠の時代劇王国**

○11/30（水）-12/3（土）　**《気はやさしくて力持ち ― 阪東妻三郎コレクション①》**
**伊賀の水月（剣雲三十六騎）** 42／大映／池田富保
**素浪人罷通る** 47／大映／伊藤大輔

○12/4（日）-12/6（火）　**《阪東妻三郎コレクション②》**
**大江戸五人男** 51／松竹／伊藤大輔
**おぼろ駕籠** 51／松竹／伊藤大輔

○12/7（水）-12/10（土）　**《顔に渦巻く奴 ― 大河内伝次郎アンソロジー①》**
**剣侠江戸紫** 54／新東宝／並木鏡太郎
**白頭巾現わる** 49／新東宝／稲垣浩

○12/11（日）-12/13（火）　**《大河内伝次郎アンソロジー②》**
**ごろつき船** 50／大映／森一生
**水戸黄門漫遊記 飛龍の剣** 51／大映／安達伸生

○12/14（水）-12/17（土）　**《忠臣蔵記念日 ― オールスタア・バトルロイヤル・デラックス①》**
**高田馬場前後（初祝二刀流）** 44／大映／松田定次
**忠臣蔵** 58／大映／渡辺邦男

○12/18（日）-12/20（火）　**《オールスタア・バトルロイヤル・デラックス②》**
**黒雲街道** 48／大映／松田定次、森一生
**東海水滸伝（東海二十八人衆）** 45／大映／伊藤大輔、稲垣浩

○12/21（水）-12/24（土）　**《スリルとスピード！正義の味方 ― 嵐寛寿郎スペシャル①》**
**危し！伊達六十二万石** 57／新東宝／山田達雄
**剣豪相馬武勇伝 檜山大騒動** 56／新東宝／山田達雄
**御存じ右門 護る影（右門捕物帖）** 43／大映／西原孝

○12/25（日）-12/29（木）　**《スリルとスピード！正義の味方 ― 嵐寛寿郎スペシャル②》**
**鞍馬天狗（・横浜に現る）** 42／大映 ※タイトルは「鞍馬天狗 黄金地獄」／伊藤大輔
**鞍馬天狗 角兵衛獅子** 51／松竹／大曾根辰夫
**鞍馬天狗 青銅鬼** 52／新東宝／並木鏡太郎

■7/31（日）-8/5（金） ¥900
● 大林宣彦との夏
**日本殉情伝 おかしなふたり ものくるほしきひとびとの群** 88／フィルムリンク・インターナショナル／大林宣彦
**廃市** 83／PSC＋新日本制作＋ATG／大林宣彦

---

■8/6（土）-8/26（金） ¥1,400
● 夏休み特別ロードショー
**ダウンタウンヒーローズ** 88／松竹／山田洋次

---

■8/27（土）-9/3（土） ¥900
● 夢と欲望の果て
**極道渡世の素敵な面々** 88／東映／和泉聖治
**肉体の門** 88／東映／五社英雄

---

■9/4（日）-9/27（火） ¥900
● 新東宝の女神たち
○9/4（日）-9/7（水）
《セクシーダイナマイト 小畑絹子》
**毒蛇のお蘭** 58／新東宝／加戸野五郎
**人形佐七捕物帖 裸姫と謎の熊男** 59／新東宝／山田達雄
**0〈ゼロ〉線の女狼群** 60／新東宝／三輪彰
○9/8（木）-9/11（日）
《お姫様天使 北沢典子》
**若君漫遊記 サタン城の魔王** 58／新東宝／山田達雄
**怪談鏡ヶ淵** 59／新東宝／毛利正樹
**人形佐七捕物帖 鮮血の乳房** 59／新東宝／小野田嘉幹
○9/12（月）-9/15（木）
《グラマー三人娘 前田通子・三原葉子・万里昌代》
**海女の戦慄** 57／新東宝／志村敏夫
**女体渦巻島** 60／新東宝／石井輝男
**女王蜂の逆襲** 61／新東宝／小野田嘉幹
○9/16（金）-9/19（月）
《またまたグラマー三人娘》
**女巌窟王** 60／新東宝／小野田嘉幹
**怪談海女幽霊** 60／新東宝／加戸野五郎
**女真珠王の復讐** 56／新東宝／志村敏夫
○9/20（火）-9/23（金）
《ハードスキャンダル 高倉みゆき》
**貞操の嵐** 59／新東宝／土居通芳
**汚れた肉体聖女** 58／新東宝／土居通芳
**女間諜暁の挑戦** 59／新東宝／土居通芳
○9/24（土）-9/27（火）
《セーラー服の妖精 星輝美・三条魔子》
**女と命をかけてブッ飛ばせ** 60／新東宝／曲谷守平
**地下帝国の死刑室** 60／新東宝／並木鏡太郎
**少女妻 恐るべき十六才** 60／新東宝／渡辺祐介

---

■9/28（水）-11/24（木） ¥900
● 狂い咲き怪奇大作戦
○9/28（水）-10/1（土）
《黄泉の国からの使者》
**怪談** 64／文芸プロダクションにんじんくらぶ／小林正樹
**鬼火** 56／東宝／千葉泰樹
○10/2（日）-10/5（水）
《永遠不滅の怨念》
**生きている小平次** 57／東宝／青柳信雄
**牡丹燈籠** 68／大映／山本薩夫
**怪談蚊喰鳥** 61／大映／森一生
○10/6（木）-10/9（日）
《安部公房・不条理の研究》
**他人の顔** 66／東京映画＋勅使河原プロダクション／勅使河原宏
**燃えつきた地図** 68／勝プロダクション／勅使河原宏
○10/10（月）-10/13（木）
《異次元魔界迷宮》
**白夜の妖女** 57／日活／滝沢英輔
**蛇精の淫** 60／新東宝／曲谷守平
**雨月物語** 53／大映／溝口健二
○10/14（金）-10/18（火）
《夢野久作・もう２つの悪夢》
**夢野久作の少女地獄** 77／日活／小沼勝
**瓶詰め地獄** 86／にっかつ／川崎善広
**雪華葬刺し** 82／大映／高林陽一
○10/19（水）-10/22（土）
《名探偵・灰色の脳髄》
**三つ首塔** 56／東映／小林恒夫、小沢茂弘
**不連続殺人事件** 77／タツミキカク＋ATG／曾根中生
○10/23（日）-10/26（水）
《山本迪夫・怪奇一直線》
**悪魔が呼んでいる** 70／東宝／山本迪夫

■5/29（日）-6/4（土） ¥900

**● 中島丈博 —— 田舎の青春**

**郷愁** 88／プロジェクトエー＋アクターズプロモーション＋中島丈博／中島丈博（第一回監督作品）

**祭りの準備** 75／綜映社＋映画同人社＋ATG／黒木和雄

---

■6/5（日）-6/11（土） ¥900

**● 愛と青春と追憶と哀しみと栄光の日々**

**ラブ・ストーリーを君に** 88／東映＋オスカープロモーション／澤井信一郎

**ロックよ、静かに流れよ** 88／ジャニーズ事務所＋プルミエ・インターナショナル／長崎俊一

※トークイベント 6/5 3：15～ 長崎俊一

---

■6/12（日）-7/12（火） ¥900

**● シネ★バトルロイヤル！ 岡本喜八★増村保造★中平康**

○6/12（日）-6/14（火）

**《岡本喜八監督集①》**

**大菩薩峠** 66／宝塚映画／岡本喜八

**斬る** 68／東宝／岡本喜八

○6/15（水）-6/18（土）

**《岡本喜八監督集②》**

**暗黒街の弾痕** 61／東宝／岡本喜八

**暗黒街の対決** 60／東宝／岡本喜八

**暗黒街の顔役** 59／東宝／岡本喜八

○6/19（日）-6/21（火）

**《岡本喜八監督集③》**

**江分利満氏の優雅な生活** 63／東宝／岡本喜八

**月給泥棒** 62／東宝／岡本喜八

○6/22（水）-6/25（土）

**《増村保造監督集①》**

**黒の試走車〈テストカー〉** 62／大映／増村保造

**黒の報告書** 63／大映／増村保造

**黒の超特急** 64／大映／増村保造

○6/26（日）-6/28（火）

**《増村保造監督集②》**

**音楽** 72／行動社＋ATG／増村保造

**清作の妻** 65／大映／増村保造

○6/29（水）-7/2（土）

**《増村保造監督集③》**

**陸軍中野学校** 66／大映／増村保造

**兵隊やくざ** 65／大映／増村保造

**やくざ絶唱** 70／大映／増村保造

○7/3（日）-7/5（火）

**《中平康監督集①》**

**黒い賭博師 悪魔の左手** 66／日活／中平康

**黒い賭博師** 65／日活／中平康

○7/6（水）-7/9（土）

**《中平康監督集②》**

**野郎に国境はない** 65／日活／中平康

**現代悪党仁義** 65／日活／中平康

○7/10（日）-7/12（火）

**《中平康監督集③》**

**猟人日記** 64／日活／中平康

**変奏曲** 76／中平プロ＋ATG／中平康

---

■7/13（水）-7/30（土） ¥900

**● 甦る市川雷蔵（16ミリ ニュープリント特別上映）**

○7/13（水）-7/16（土）

**《眠狂四郎シリーズ》**

**眠狂四郎悪女狩り** 69／大映／池広一夫

**眠狂四郎無頼控 魔性の肌** 67／大映／池広一夫

**眠狂四郎多情剣** 66／大映／井上昭

○7/17（日）-7/19（火）

**《池広一夫監督集》**

**ひとり狼** 68／大映／池広一夫

**中山七里** 62／大映／池広一夫

○7/20（水）-7/23（土）

**《大菩薩峠／大映篇》**

**大菩薩峠** 60／大映／三隅研次

**大菩薩峠 竜神の巻** 60／大映／三隅研次

**大菩薩峠 完結篇** 61／大映／森一生

○7/24（日）-7/26（火）

**《三隅研次監督集》**

**剣** 64／大映／三隅研次

**新選組始末記** 63／大映／三隅研次

○7/27（水）-7/30（土）

**《森一生監督アンコール》**

**薄桜記** 59／大映／森一生

**ある殺し屋の鍵** 67／大映／森一生

**ある殺し屋** 67／大映／森一生

○3/18（金）-3/22（火）
**次郎長三國志　第三部 次郎長と石松**　53／東宝／マキノ雅弘
**次郎長三國志　第四部 勢揃い清水港**　53／東宝／マキノ雅弘
**次郎長三國志　第五部 殴込み甲州路**　53／東宝／マキノ雅弘

○3/23（水）-3/26（土）
**一本刀土俵入り**　57／東宝／マキノ雅弘
**遠山金さん捕物控 影に居た男**　56／宝塚映画／マキノ雅弘
**人形佐七捕物帖 めくら狼**　55／滝村プロ／マキノ雅弘

○3/27（日）-3/30（水）
**昭和残侠伝 死んで貰います**　70／東映／マキノ雅弘
**日本残侠伝**　69／日活／マキノ雅弘
**女組長**　69／大映／マキノ雅弘

---

■3/31（木）-4/5（火）　¥900
**●『ちょうちん』の原点を探る―― 東映アウトロー映画の系譜**
**ちょうちん**　87／ヴァンフィル＋廣済堂プロ＋東亜興行＋東映／梶間俊一
**人斬り与太 狂犬三兄弟**　72／東映／深作欣二
（※当初予定は『仁義の墓場』（75／東映／深作欣二））
**893愚連隊**　66／東映／中島貞夫
※トークイベント　4/3　3：50～梶間俊一＋西脇英夫

---

■4/6（水）-4/26（火）　¥900
**●〈ロング特集〉シネ★バトル！加藤泰 VS. 鈴木清順**

○4/6（水）-4/9（土）
**《濡れた映像と序情的ロマン〈加藤泰監督集〉①》**
**剣難女難（女心流転の巻・剣光流星の巻）**　51／宝プロ　※総集編／加藤泰
**忍術児雷也**　55／新東宝／加藤泰
**逆襲大蛇丸**　55／新東宝　※『忍術児雷也』の続篇／加藤泰

○4/10（日）-4/12（火）
**《〈加藤泰監督集〉②》**
**みな殺しの霊歌**　68／松竹／加藤泰
**男の顔は履歴書**　66／松竹／加藤泰
※トークイベント　4/10　3：50～　三村晴彦

○4/13（水）-4/16（土）
**《〈加藤泰監督集〉④》**
**緋牡丹博徒 お竜参上**　70／東映／加藤泰
**緋牡丹博徒 花札勝負**　69／東映／加藤泰
**明治侠客伝 三代目襲名**　65／東映／加藤泰

○4/17（日）-4/19（火）
**《乾いた映像とあざやかな造型美〈鈴木清順監督集〉①》**
**東京流れ者**　66／日活／鈴木清順
**探偵事務所23〈ツースリー〉くたばれ悪党ども**　63／日活／鈴木清順

○4/20（水）-4/23（土）
**《〈鈴木清順監督集〉②》**
**肉体の門**　64／日活／鈴木清順
**河内カルメン**　66／日活／鈴木清順

○4/24（日）-4/26（火）
**《〈鈴木清順監督集〉③》**
**けんかえれじい**　66／日活／鈴木清順
**刺青一代**　65／日活／鈴木清順

---

■4/27（水）-5/3（火）　¥900
**● かる～いノリのオシャレ・ムービーズ**
**私をスキーに連れてって**　87／フジテレビ＋小学館／馬場康夫
**あぶない刑事**　87／日本テレビ放送網／長谷部安春

---

■5/4（水）-5/10（火）　¥900
**● ウェルカム・トゥ・少女漫画ランド**
**村おこしムービー 山田村ワルツ**　88／テンポラリーセンター＋松竹／金子修介
**スケバン刑事〈デカ〉風間三姉妹の逆襲**　88／東映／田中秀夫
**はいからさんが通る**　87／東映／佐藤雅道

---

■5/11（水）-5/28（土）　¥900
**●〈ロング特集〉実録！日本犯罪史**

○5/11（水）-5/14（土）
**日本暗殺秘録**　69／東映／中島貞夫
**さらば、わが友 実録大物死刑囚たち**　80／東映／中島貞夫

○5/15（日）-5/17（火）
**実録阿部定**　75／日活／田中登
**エロス＋虐殺**　70／現代映画社／吉田喜重

○5/18（水）-5/21（土）
**青春の殺人者**　76／今村プロダクション＋綜映社＋ATG／長谷川和彦
**復讐するは我にあり**　79／松竹＋今村プロダクション／今村昌平

○5/22（日）-5/24（火）
**性的犯罪**　83／にっかつ／崔洋一
**十階のモスキート**　83／ニュー・センチュリー・プロデューサーズ／崔洋一

○5/25（水）-5/28（土）
**連続殺人鬼 冷血**　84／フィルムワーカーズ＋ジョイバックフィルム／渡辺護
**戦後猟奇犯罪史**　76／東映／牧口雄二

| | |
|---|---|
| | **りぼん RE-BORN** 88／パル企画／今関あきよし |
| ■12/6（火）-12/12（月） ¥1,000 | ● **村上春樹原作集・ノルウェイの森の向こう側** |
| | **森の向う側** 88 野村企画／野村恵一（※デビュー作） |
| | **風の歌を聴け** 81／シネマハウト＋ATG／大森一樹 |
| ■12/13（火）-12/23（金） ¥1,200 | ● **BEST of ニッポン・オモシロ・ムービーズ '88** |
| | **いこかもどろか** 88／TBS＋東宝／生野慈朗 |
| | **異人たちとの夏** 88／松竹／大林宣彦 |
| ■12/24（土）-1989年1/17（火） ¥1,400 | ● **男はつらいよ シリーズ第40作記念ロードショー** |
| | **男はつらいよ 寅次郎サラダ記念日** 88／松竹／山田洋次 |
| | **釣りバカ日誌** 88／松竹／栗山富夫 |

## 1988【大井ロマン】

| | |
|---|---|
| ■1/16（土）-1/31（日） ¥900 | ● **新春歌謡映画ベストテン** |
| ○1/16（土）-1/19（火） | **初春狸御殿** 59／大映／木村恵吾 |
| | **大当り狸御殿** 58／宝塚映画／佐伯幸三 |
| ○1/20（水）-1/23（土） | **悲しき60才** 61／大映／寺島久（※デビュー作） |
| | **ハイハイ三人娘** 63／宝塚映画／佐伯幸三 |
| ○1/24（日）-1/27（水） | **小さなスナック** 68／松竹／斎藤耕一 |
| | **思い出の指輪** 68／松竹＋ホリプロ／斎藤耕一 |
| | **落葉とくちづけ** 69／松竹／斎藤耕一 |
| ○1/28（木）-1/31（日） | **虹をわたって** 72／松竹／前田陽一 |
| | **その人は昔** 67／東京映画／松山善三 |
| | **しあわせの一番星** 74／松竹／山根成之 |
| ■2/1（月）-2/21（日） ¥900 | ● **〈ロング特集〉銀幕に生きる男 ―― 赤木圭一郎 in 日活アクション** |
| ○2/1（月）-2/6（土） | **拳銃無頼帖 電光石火の男** 60.5/14／日活／野口博志 |
| | **拳銃無頼帖 抜き射ちの竜** 60.2/14／日活／野口博志 |
| | **打倒 ノックダウン** 60.3/20／日活／松尾昭典 |
| ○2/7（日）-2/11（木） | **霧笛が俺を呼んでいる** 60.7/9／日活／山崎徳次郎 |
| | **海の情事に賭けろ** 60.9/17／日活／野口博志 |
| | **男の怒りをぶちまけろ** 60.6/18／日活／松尾昭典 |
| ○2/12（金）-2/16（火） | **拳銃無頼帖 明日なき男** 60.12/3／日活／野口博志 |
| | **拳銃無頼帖 不敵に笑う男** 60.8/6／日活／野口博志 |
| | **邪魔者は消せ** 60.4/16／日活／牛原陽一 |
| ○2/17（水）-2/21（日） | **紅の拳銃** 61.2/11／日活／牛原陽一 |
| | **赤木圭一郎は生きている 激流に生きる男** 67.11/3／日活／吉田憲二 |
| | **錆びた鎖** 60.11/12／日活／斎藤武市 |
| ■2/22（月）-2/28（日） ¥900 | ● **山中貞雄監督集** |
| | **人情紙風船** 37／P.C.L.／山中貞雄 |
| | **河内山宗俊** 36／日活＋太秦発声／山中貞雄 |
| | **丹下左膳餘話 百萬両の壺** 35／日活／山中貞雄 |
| ■2/29（月）-3/30（水） ¥900 | ● **〈ロング特集〉カツドウ屋一代 ――マキノ雅裕監督20本！** |
| ○2/29（月）-3/4（金） | **血煙高田の馬場** 37／日活 ※タイトルは『決闘高田の馬場』／マキノ正博、稲垣浩（※名のみ借りる） |
| | **恋山彦（風雲の巻・怒濤の巻）** 37／日活／マキノ正博 |
| | **忠臣蔵（前編・天の巻）** 38／日活／マキノ正博、池田富保 |
| ○3/5（土）-3/8（火） | **織田信長** 40／日活／マキノ正博 |
| | **自来也** 37／日活／マキノ正博 |
| | **江戸の悪太郎** 39／日活／マキノ正博 |
| ○3/9（水）-3/12（土） | **丹下左膳（正・続）** 53／大映／マキノ雅弘 |
| | **鞍馬天狗 角兵衛獅子の巻** 38／日活／マキノ正博、松田定次 |
| ○3/13（日）-3/17（木） | **次郎長三國志 第一部 次郎長賣出す** 52／東宝／マキノ雅弘 |
| | **次郎長三國志 第二部 次郎長初旅** 53／東宝／マキノ雅弘 |
| | **男の花道** 41／東宝／マキノ正博 |
| | ※トークイベント 3/13 マキノ雅裕 |

| | |
|---|---|
| ■4/9（土）-7/1（金） ¥1,500 | **● 新旧とりまぜて意外な面白さ シネミックス・シアター 新旧2本立て** |
| ○4/9（土）-4/22（金） | **《Part 1》** |
| | **終身犯** 62／ジョン・フランケンハイマー |
| | **デス・ポイント 非情の罠** 86／ジョン・フランケンハイマー |
| | ※オープニング・イベント 4/9 シネミックス予告編大会（8本25分）＆異色対談：内藤陳＋久住昌之 |
| ○4/23（土）-5/6（金） | **攻撃** 56／ロバート・アルドリッチ |
| | **特攻サンダーボルト作戦** 76／アーヴィン・カーシュナー |
| ○5/7（土）-5/20（金） | **第十七捕虜収容所** 53／ビリー・ワイルダー |
| | **第27囚人戦車隊** 86／ゴードン・ヘスラー |
| ○5/21（土）-6/3（金） | **探偵物語** 51／ウィリアム・ワイラー |
| | **パリ特捜刑事** 86／マックス・ペカス |
| ○6/4（土）-6/17（金） | **《Part 2》** |
| | **激突！** 72／スティーヴン・スピルバーグ |
| | **超高性能兵器サイクロン** 86／フレッド・オラン・レイ |
| ○6/18（土）-7/1（金） | **ローズマリーの赤ちゃん** 68／ロマン・ポランスキー |
| | **鮮血の美学** 72／ウェス・クレイヴン |
| ■7/2（土）-8/26（金） ¥1,500 | **● 夏休み連続2本立てロードショー ディズニークラシックス・フェア** |
| ○7/2（土）-7/15（金） | **メリー・ポピンズ** 64／ロバート・スティーブンソン |
| | **青きドナウ** 62／スティーブ・プレビン |
| ○7/16（土）-7/22（金） | **ベッドかざりとほうき** 71／ロバート・スティーブンソン |
| | **ラブ・バッグ** 69／ロバート・スティーブンソン |
| ○7/23（土）-7/29（金） | **うっかり博士の大発明フラバァ** 61／ロバート・スティーブンソン |
| | **テニス靴をはいたコンピューター** 69／ロバート・バトラー |
| ○7/30（土）-8/12（金） | **南海漂流** 60／ケン・アナキン |
| | **三匹荒野を行く** 63／フリッチャー・マークル |
| ○8/13（土）-8/26（金） | **海底二万哩〈マイル〉** 54／リチャード・フライシャー |
| | **難破船** 63／ロバート・スティーブンソン |
| ■8/27（土）-9/16（金） ¥1,000 | **● アウトローからヒーローへ 男たちの神話** |
| ○8/27（土）-9/2（金） | **《中国四千年の眼差 ジョン・ローン》** |
| | **ラストエンペラー** 87／ベルナルド・ベルトルッチ |
| | **イヤー・オブ・ザ・ドラゴン** 85／マイケル・チミノ |
| ○9/3（土）-9/9（金） | **《スーパードライな、だらしなさ ミッキー・ローク》** |
| | **バーフライ** 87／バルベット・シュローダー |
| | **ナインハーフ** 85／エイドリアン・ライン |
| ○9/10（土）-9/16（金） | **《野性と気品の弁証法 クリストファー・ランバート》** |
| | **シシリアン** 87／マイケル・チミノ |
| | **ハイランダー 悪魔の戦士** 86／松竹富士／ラッセル・マルケイ |
| ■9/17（土）-10/21（金） ¥1,500 | **● もう観れない！西部劇名作コレクション ザ★ラスト★ウエスタン★ショー** |
| ○9/17（土）-9/23（金） | **赤い河** 48／ハワード・ホークス |
| ○9/24（土）-9/30（金） | **三人の名付親** 48／ジョン・フォード |
| ○10/1（土）-10/7（金） | **ヴェラクルス** 54／ロバート・アルドリッチ |
| ○10/8（土）-10/14（金） | **砂塵** 39／ジョージ・マーシャル |
| ○10/15（土）-10/21（金） | **大いなる西部（スタンダード版）** 58／ウィリアム・ワイラー |
| ■10/22（土）-11/4（金） ¥1,500 | **● 狂気と幻想!! ホドロフスキーの世界** |
| | **ホーリー・マウンテン** 73／アレハンドロ・ホドロフスキー |
| | **エル・トポ** 69／アレハンドロ・ホドロフスキー |
| ■11/5（土）-11/18（金） ¥1,500 | **● オキナワの光と影** |
| | **真夜中の河** 88／南雲佑介／南雲佑介 |
| | **パラダイスビュー** 85／ヒートゥバーン・プロダクション／高嶺剛 |
| ■11/19（土）-11/25（金） ¥1,200 | **● もういくつ寝ると夏休み** |
| | **1999年の夏休み** 88／ソニービデオソフトウエアインターナショナル＋NCP／金子修介 |
| | ※イベント 11/23 金子修介監督、村田博美 |
| ■11/26（土）-12/5（月） ¥1,300 | **● 今関あきよしの美少女学入門** |
| | **グリーン・レクイエム** 85／東北新社 ※公開は88年／今関あきよし |

# 1988【大井武蔵野館】 ※4月から館名を「大井武蔵野館1」に変更

■1/9（土）-1/16（土） ¥900

● だらしなさの美学 —— ミッキー・ローク
エンゼル・ハート 87／アラン・パーカー
イヤー・オブ・ザ・ドラゴン 85／マイケル・チミノ

---

■1/17（日）-1/25（月） ¥900

● 造形魔術師 —— リドリー・スコット監督
レジェンド 光と闇の伝説 85／リドリー・スコット
ブレードランナー 82／リドリー・スコット
エイリアン 79／リドリー・スコット

---

■1/26（火）-2/1（月） ¥900

● 安部譲二原作の懲りない2本立
塀の中のプレイ・ボール 87／松竹／鈴木則文
塀の中の懲りない面々 87／松竹／森﨑東

---

■2/2（火）-2/8（月） ¥900

● 土方巽異色作集
江戸川乱歩全集 恐怖奇形人間 69／東映／石井輝男
怪談昇り竜 70／日活／石井輝男
日本の悪霊 70／中島正幸プロダクション＋ATG／黒木和雄

---

■2/9（火）-2/15（月） ¥900

● 相米慎二監督集
光る女 87／ヤングシネマ'85共同事業体＋大映＋ディレクターズ・カンパニー／相米慎二
雪の断章—情熱— 85／東宝映画／相米慎二
翔んだカップル 80／キティ・フィルム／相米慎二
※トークイベント 2/14 相米慎二監督

---

■2/16（火）-2/22（月） ¥900

● 根岸吉太郎監督集
永遠の1/2 87／ディレクターズ・カンパニー＋フジテレビ＋ソニービデオソフトウェアインターナショナル／根岸吉太郎
「オリオンの殺意」より 情事の方程式 78／日活／根岸吉太郎
ウホッホ探険隊 86／NCP＋デイレクターズ・カンパニー＋日本テレビ放送網／根岸吉太郎

---

■2/23（火）-2/29（月） ¥900

● 原田芳雄誕生日特集
竜馬暗殺 74／映画同人社＋ATG／黒木和雄
反逆のメロディー 70／日活／沢田幸弘
悲愁物語 77／松竹＋三協映画／鈴木清順

---

■3/1（火）-3/7（月） ¥900

● 大林宣彦監督集
漂流教室 87／日本テレビ放送網＋バンダイ＋東和プロ／大林宣彦
HOUSE ハウス 77／東宝映像／大林宣彦
ねらわれた学園 81／角川春樹事務所／大林宣彦

---

■3/8（火）-3/14（月） ¥900

● 尾美としのり集
アラカルト・カンパニー 87／幻燈社／太田圭
メイク・アップ 87／ニュー・センチュリー・プロデューサーズ／中原俊
転校生 82／日本テレビ放送網＋ATG／大林宣彦

---

■3/15（火）-3/21（月） ¥900

● 原田姉妹（貴和子＆知世）集
私をスキーに連れてって 87／フジテレビ＋小学館／馬場康夫
彼のオートバイ、彼女の島 86／角川春樹事務所／大林宣彦
時をかける少女 83／角川春樹事務所／大林宣彦

---

■3/22（火）-3/30（水） ¥900

● 富田靖子集
BU・SU 87／東宝映画＋日本テレビ放送網／市川準
さびしんぼう 85／東宝映画＋アミューズ・シネマ・シティ／大林宣彦
ときめき海岸物語 84／松竹／朝間義隆

---

■3/31（木）-4/8（金） ¥900

● 斉藤由貴＋大森一樹監督集
「さよなら」の女たち 87／東宝映画／大森一樹
恋する女たち 86／東宝映画／大森一樹
トットチャンネル 87／東宝映画／大森一樹

花の講道館　53／大映／森一生
銭形平次捕物控 金色の狼　53／大映／森一生

○11/7（土）-11/10（火）　《勝新太郎集》
不知火検校　60／大映／森一生
続 座頭市物語　62／大映／森一生
破れ傘長庵　63／大映／森一生
※イベント　11/8　4：00～「語り尽せない森一生の魅力を大いに語ろう！」鴨下信一＋山根貞男

○11/11（水）-11/14（金）　《森一生代表作》
薄桜記　59／大映／森一生
日露戦争勝利の秘史 敵中横断三百里　57／大映／森一生

○11/15（日）-11/18（水）　《市川雷蔵時代劇》
弥太郎笠　57／大映／森一生
若き日の信長　59／大映／森一生
忠直卿行状記　60／大映／森一生

---

■11/19（木）-12/25（金）　¥900　● ニッポン★パワフル★コメディーズ“笑いの回転花火”

○11/19（木）-11/22（日）　《都筑道夫流コメディ・アクション》
殺人狂時代　67／東宝／岡本喜八
100発100中　65／東宝／福田純
危〈ヤバ〉いことなら銭になる　62／日活／中平康

○11/23（月）-11/26（木）　《正統派監督の異色コメディ》
カモとねぎ　68／東宝／谷口千吉
花嫁さんは世界一　59／東京映画／新藤兼人
続・拝啓天皇陛下様　64／松竹／野村芳太郎

○11/27（金）-12/1（火）　《血と汗と笑いのアクション》
地平線がぎらぎらっ　61／新東宝／土居通芳
どぶ鼠作戦　62／東宝／岡本喜八
悪名市場　63／大映／森一生

○12/2（水）-12/5（土）　《奇ッ怪！若き日の森繁》
腰抜け二刀流　50／新東宝／並木鏡太郎
三等重役　52／東宝／春原政久
森繁の新婚旅行　56／新東宝／渡辺邦男

○12/6（日）-12/10（木）　《コメディ超特急》
進め！ジャガーズ 敵前上陸　68／松竹／前田陽一
東京の暴れん坊　60／日活／斎藤武市
夕陽に赤い俺の顔　61／松竹／篠田正浩

○12/11（金）-12/15（火）　《我等ニッポン人コメディ》
喜劇 あゝ軍歌　70／松竹／前田陽一
頑張れ！日本男児　70／東宝／石田勝心（※デビュー作）
喜劇 女は度胸　69／松竹／森﨑東（※デビュー作）

○12/16（水）-12/19（土）　《アナクロ・スラップスティック》
名門！多古西応援団　87／東映／橋本以蔵（※デビュー作）
不良番長 出たとこ勝負　70／東映／内藤誠
シルクハットの大親分　70／東映／鈴木則文

○12/20（日）※1日限定　《特別プログラム“コメディ新人類の可能性”》
（※映画4本立て＋トークイベント　橋本以蔵監督。当初は金子修介監督も登場予定も、参加できず）
本場ぢょしこうマニュアル 初恋微熱篇　87／東映／中田新一
トットチャンネル　87／東宝映画／大森一樹
恐怖のヤッちゃん　87／東映／金子修介
名門！多古西応援団　87／東映／橋本以蔵

○12/21（月）-12/25（金）　《タフでやさしい少女たち》
トットチャンネル　87／東宝映画／大森一樹
本場ぢょしこうマニュアル 初恋微熱篇　87／東映／中田新一
恐怖のヤッちゃん　87／東映／金子修介

---

■12/26（土）-1988年1/15（金）　● 新作ロードショー
男はつらいよ 寅次郎物語　87／松竹／山田洋次
女咲かせます　87／松竹／森﨑東

| | |
|---|---|
| | **さびしんぼう** 85／東宝映画＋アミューズ・シネマ・シティ／大林宣彦 |
| | **転校生** 82／日本テレビ放送網＋ATG／大林宣彦 |
| | **時をかける少女** 83／角川春樹事務所／大林宣彦 |
| | ※イベント 8/2 5：10～7：30 大林宣彦＋石上三登志 |
| | ※幻の作品特別上映〈TVシリーズ「いい旅チャレンジ20,000キロ」80〉より ドキュメンタリーとドラマが交錯するもうひとつの大林宣彦作品を3本上映〉 |
| ○8/5（水）-8/10（月） | **《伝説から始まる物語》** |
| | **野ゆき山ゆき海べゆき（モノクロ版）** 86／日本テレビ放送網＋バップ／大林宣彦 |
| | **廃市** 84／PSC＋新日本制作＋ATG／大林宣彦 |
| | **麗猫伝説** 83／日本テレビ＋円谷プロダクション（※TVムービー。劇場初公開）／大林宣彦 |
| ○8/11（火）-8/14（金） | **《永遠に闇と光を求めて》** |
| | **野ゆき山ゆき海べゆき（カラー版）** 86／日本テレビ放送網＋バップ）／大林宣彦 |
| | **彼のオートバイ、彼女の島** 86／角川春樹事務所／大林宣彦 |
| | **姉妹坂** 85／東宝映画／大林宣彦 |
| ■8/15（土）-9/4（金） | **● 特別ロードショー** |
| | **男はつらいよ 知床慕情** 87／松竹／山田洋次 |
| | **塀の中の懲りない面々** 87／松竹／森﨑東 |
| ■9/5（土）-9/30（水） ¥900 | **● ニッポン★パワフル★コメディーズ〈時代劇爆笑篇〉** |
| ○9/5（土）-9/8（火） | **丹下左膳餘話 百萬両の壺** 35／日活／山中貞雄 |
| | **赤西蠣太** 36／日活／伊丹万作 |
| | **エノケンのちゃっきり金太** 37／東宝 ※総集篇／山本嘉次郎 |
| ○9/9（水）-9/13（日） | **鴛鴦歌合戦** 39／日活／マキノ正博 |
| | **大阪物語** 57／大映／吉村公三郎 |
| ○9/14（月）-9/17（木） | **続清水港（清水港代参夢道中）** 40／日活／マキノ正博 |
| | **次郎長遊侠伝 天城鴉** 55／日活／マキノ雅弘 |
| | **次郎長遊侠伝 秋葉の火祭り** 55／日活／マキノ雅弘 |
| ○9/18（金）-9/22（火） | **運が良けりゃ** 66／松竹／山田洋次 |
| | **真田風雲録** 63／東映／加藤泰 |
| | **初笑いびっくり武士道** 72／松竹／野村芳太郎 |
| ○9/23（水）-9/26（土） | **必殺4 恨みはらします** 87／松竹／深作欣二 |
| | **戦国野郎** 63／東宝／岡本喜八 |
| ○9/27（日）-9/30（水） | **国士無双** 86／サンレニティ／保坂延彦 |
| | **ひとごろし** 76／永田プロ＋大映映画＋映像京都／大洲斎 |
| ■10/1（木）-10/29（木） ¥900 | **● 怪奇18面相 —— 江戸川乱歩と怪しい映画団** |
| ○10/1（木）-10/6（火） | **江戸川乱歩全集 恐怖奇形人間** 69／東映／石井輝男 |
| | **黒蜥蜴** 62／大映／井上梅次 |
| | **蜘蛛男** 58／新映（※『殺人鬼蜘蛛男』『蜘蛛男の逆襲』を続けて上映）／山本弘之 |
| ○10/7（水）-10/10（土） | **女吸血鬼** 59／新東宝／中川信夫 |
| | **少年探偵団 妖怪博士** 56／東映／小林恒夫 |
| | **呪いの館 血を吸う眼** 71／東宝／山本迪夫 |
| ○10/11（日）-10/15（木） | **一寸法師** 55／新東宝／内川清一郎 |
| | **黒蜥蜴** 68／松竹／深作欣二 |
| | **血を吸う薔薇** 74／東宝映像／山本迪夫 |
| ○10/16（金）-10/20（火） | **江戸川乱歩の陰獣** 77／松竹／加藤泰 |
| | **盲獣** 69／大映／増村保造 |
| | **幽霊屋敷の恐怖 血を吸う人形** 70／東宝／山本迪夫 |
| ○10/21（水）-10/24（土） | **死の十字路** 56／日活／井上梅次 |
| | **悪魔の囁き** 55／新東宝／内川清一郎 |
| | **白と黒** 63／東京映画／堀川弘通 |
| ○10/25（日）-10/29（木） | **江戸川乱歩猟奇館 屋根裏の散歩者** 76／日活／田中登 |
| | **夢野久作の少女地獄** 77／日活／小沼勝 |
| | **ツィゴイネルワイゼン** 80／シネマプラセット／鈴木清順 |
| ■10/30（金）-11/14（金） ¥900 | **● 森一生映画旅（森一生監督特集）** |
| ○10/30（金）-11/2（月） | **《市川雷蔵異色作》** |
| | **ある殺し屋** 67／大映／森一生 |
| | **ある殺し屋の鍵** 67／大映／森一生 |
| ○11/3（火）-11/6（金） | **《長谷川一夫集》** |

**美しさと哀しみと** 65／松竹／篠田正浩

○5/28（木）-5/30（土）　**《蔵原惟繕》**
**憎いあンちくしょう** 62／日活／蔵原惟繕
**俺は待ってるぜ** 57／日活／蔵原惟繕（※デビュー作）

○5/31（日）-6/2（火）　**《岡本喜八》**
**ある日わたしは** 59／東宝／岡本喜八
**結婚のすべて** 58／東宝／岡本喜八（※デビュー作）
※イベント 5/31　5：45～岡本喜八＋石上三登志

○6/3（水）-6/6（土）　**《大島渚・吉田喜重・増村保造》**
**愛と希望の街** 59／松竹／大島渚（※デビュー作）
**ろくでなし** 60／松竹／吉田喜重（※デビュー作）
**くちづけ** 57／大映／増村保造（※デビュー作）

---

■6/7（日）-6/13（土）　¥900　**● バック・トゥ・ザ・ノスタルジー〈宮本輝原作集〉**
**螢川** 87／キネマ東京＋日映／須川栄三
**泥の河** 81／木村プロダクション／小栗康平

---

■6/14（日）-6/20（土）　¥900　**● 永遠不滅の青春メロドラマ〈澤井信一郎監督作品集〉**
**恋人たちの時刻** 87／角川春樹事務所／澤井信一郎
**めぞん一刻** 86／キティ・フィルム＋東映／澤井信一郎
**Wの悲劇** 84／角川春樹事務所／澤井信一郎
※イベント　6/14　3：30～　トーク：澤井信一郎監督＋荒井晴彦＋野村宏伸

---

■6/21（日）-7/19（日）　¥900　**● 一九八七・カワシマあり　川島雄三祭り**
○6/21（日）-6/24（水）　**幕末太陽伝** 57／日活／川島雄三
**愛のお荷物** 55／日活／川島雄三
○6/25（木）-6/27（土）　**女は二度生まれる** 61／大映／川島雄三
**洲崎パラダイス 赤信号** 56／日活／川島雄三
※イベント　6/27　5：30～　井手俊郎＋西河克己監督
○6/28（日）-7/1（水）　**縞の背広の親分衆** 61／東京映画／川島雄三
**学生社長** 53／松竹／川島雄三
**人も歩けば** 60／東京映画／川島雄三
○7/2（木）-7/4（土）　**暖簾** 58／宝塚映画／川島雄三
**わが町** 56／日活／川島雄三
○7/5（日）-7/8（水）　**グラマ島の誘惑** 59／東京映画／川島雄三
**喜劇 とんかつ一代** 63／東京映画／川島雄三
**青べか物語** 62／東京映画／川島雄三
※イベント　7/5　4：00～　三橋達也＋岡崎宏三〈川島雄三の撮影風景を撮った貴重な八ミリ（岡崎宏三氏撮影）上映〉
○7/9（木）-7/11（土）　**続・飢える魂** 56／日活／川島雄三
**風船** 56／日活／川島雄三
○7/12（日）-7/15（水）　**雁の寺** 62／大映／川島雄三
**しとやかな獣** 62／大映／川島雄三
**赤坂の姉妹 夜の肌** 60／東京映画／川島雄三
○7/16（木）-7/19（日）　**特急にっぽん** 61／東宝／川島雄三
**貸間あり** 59／宝塚映画／川島雄三

---

■7/20（月）-8/14（金）　¥900　**● A MOVIE・大林宣彦全集　時空を駆け抜ける大林宣彦**
○7/20（月）-7/23（木）　**《夢幻の王国への招待》**
**HOUSE ハウス** 77／東宝映像／大林宣彦
**瞳の中の訪問者** 77／ホリ企画／大林宣彦
**予告篇特集（『漂流教室』を含む現在上映可能なもののみ（※10本位の予定））**
**ねらわれた学園** 81／角川春樹事務所／大林宣彦
○7/24（金）-7/26（日）　**《束縛を軽やかに解いて》**
**可愛い悪魔** 82／円谷プロダクション（※TVムービー　劇場初公開）／大林宣彦
**四月の魚 ポワソン・ダヴリル** 86／ジョイパック＋PSCほか／大林宣彦
**金田一耕助の冒険** 79／角川春樹事務所／大林宣彦
○7/27（月）-7/29（水）　**《遥かなるロマンへの旅》**
**天国にいちばん近い島** 84／角川春樹事務所／大林宣彦
**ふりむけば愛** 78／ホリ企画制作／大林宣彦
**少年ケニヤ** 84／角川春樹事務所＋東映動画／大林宣彦
○7/30（木）-8/4（火）　**《いつか見た町に誘われて》**

**殺し屋人別帳** 70／東映／石井輝男
**爆発！暴走遊戯** 76／東映／石井輝男

○3/25（水）-3/27（金）
**《性と残酷のかなたに》**
**ポルノ時代劇 忘八武士道** 73／東映／石井輝男
**昇り竜鉄火肌** 69／日活／石井輝男

---

■3/28（土）-4/5（日） ¥1,300
**● 春休みロードショー**
**みんなあげちゃう♥** 87／集英社＋ムービック＋ SVI ＋大映／上村修
**デジタル・デビル物語** 女神転生 87／ムービック＋徳間書店＋大映／西久保瑞穂

---

■4/6（月）-4/25（土） ¥900
**● 宍戸錠★エースのジョーは死なず！ 錠さんの自薦作品集**

○4/6（月）-4/8（水）
**《拳銃無頼帖シリーズ》**
**拳銃無頼帖 抜き撃ちの竜** 60／日活／野口博志
**明日なき男** 60／日活／野口博志

○4/9（木）-4/11（土）
**《和製 R・ウィドマーク誕生》**
**用心棒稼業** 61／日活／舛田利雄
**ギターを持った渡り鳥** 59／日活／斎藤武市

○4/12（日）-4/14（火）
**《鈴木清順 ―― ハード・センチメンタル》**
**肉体の門** 64／日活／鈴木清順
**野獣の青着** 63／日活／鈴木清順

○4/15（水）-4/18（土）
**《俺にさわると危ないぜ》**
**危険な商売 鉛をぶち込め** 62／日活／斎藤武市
**赤い荒野** 61／日活／野口博志
**拳銃残酷物語** 64／日活／古川卓巳

○4/19（日）-4/21（火）
**《日活ノワール》**
**拳銃〈コルト〉は俺のパスポート** 67／日活／野村孝
**みな殺しの拳銃** 67／日活／長谷部安春
※イベント 4/19 5：10～ 宍戸錠＋長谷部安春監督＋渡辺武信

○4/22（水）-4/25（土）
**《ニューアクションのヒーロー》**
**アゲイン** 84／ニュー・センチュリー・プロデューサーズ＋キネマ旬報社／矢作俊彦
**縄張〈シマ〉はもらった** 68／日活／長谷部安春
**組織暴力 流血の抗争** 71／日活／長谷部安春

---

■4/26（日）-5/2（土） ¥900
**● いつかみた大林宣彦**
**野ゆき山ゆき海べゆき（カラー版）** 86／日本テレビ放送網＋バップ／大林宣彦
**廃市** 84／PSC ＋新日本制作＋ ATG／大林宣彦
**さびしんぼう** 85／東宝映画＋アミューズ・シネマ・シティ／大林宣彦

---

■5/3（日）-5/9（土） ¥900
**● アイドルの素描〈デッサン〉**
**恋する女たち** 86／東宝映画／大森一樹
**雪の断章―情熱―** 85／東宝映画／相米慎二
**姉妹坂** 85／東宝映画／大林宣彦

---

■5/10（日）-5/16（土） ¥900
**● ちょうちん Coming Soon. 金子正次 Strikes Back！**
**〈金子正次遺作脚本「ちょうちん」映画完成！応援特集〉**
**竜二 Ryuji** 83／PRODUCTION RYUJI／川島透
**チ・ン・ピ・ラ** 84／プルミエ・インターナショナル＋フジテレビジョン／川島透
**悪女かまきり** 83／東映／梶間俊一（※デビュー作）
※『ちょうちん』予告篇の上映あり

---

■5/17（日）-6/6（土） ¥900
**● 日本のヌーベル・バーグ**

○5/17（日）-5/19（火）
**《今村昌平》**
**果しなき欲望** 58／日活／今村昌平
**盗まれた欲情** 58／日活／今村昌平

○5/20（水）-5/23（土）
**《中平康・舛田利雄》**
**猟人日記** 64／日活／中平康（※デビュー作）
**狂った果実** 56／日活／中平康
**赤い波止場** 58／日活／舛田利雄

○5/24（日）-5/27（水）
**《篠田正浩》**
**恋の片道切符** 60／松竹／篠田正浩（※デビュー作）
**乾いた湖** 60／松竹／篠田正浩

| | |
|---|---|
| | **ア・ホーマンス**　86／キティ・フィルム／松田優作 |
| ■1/22（木）-2/7（土）　¥900 | **● アゲイン・増村保造** |
| ○1/22（木）-1/24（土） | **くちづけ**　57／大映／増村保造 |
| | **暖流**　57／大映／増村保造 |
| ○1/25（日）-1/28（水） | **からっ風野郎**　60／大映／増村保造 |
| | **巨人と玩具**　58／大映／増村保造 |
| | **偽大学生**　60／大映／増村保造 |
| | ※イベント　1/25　6：00～　対談：白坂依志夫＋藤井浩明 |
| ○1/29（木）-1/31（土） | **積木の箱**　68／大映／増村保造 |
| | **刺青**　66／大映／増村保造 |
| ○2/1（日）-2/3（火） | **赤い天使**　66／大映／増村保造 |
| | **妻は告白する**　61／大映／増村保造 |
| ○2/4（水）-2/7（土） | **しびれくらげ**　70／大映／増村保造 |
| | **でんきくらげ**　70／大映／増村保造 |
| | **大悪党**　68／大映／増村保造 |
| ■2/8（日）-2/27（金）　¥900 | **● 知られざる市川雷蔵** |
| ○2/8（日）-2/10（火） | **華岡清州の妻**　67／大映／増村保造 |
| | **婦系図**　62／大映／三隅研次 |
| ○2/11（水）-2/14（土） | **濡れ髪喧嘩旅**　60／大映／森一生 |
| | **濡れ髪剣法**　58／大映／加戸敏 |
| | **女と三悪人**　62／大映／井上梅次 |
| ○2/15（日）-2/18（水） | **若き日の信長**　59／大映／森一生 |
| | **薄桜記**　59／大映／森一生 |
| | **ジャン有馬の襲撃**　59／大映／伊藤大輔 |
| ○2/19（木）-2/21（土） | **切られ与三郎**　60／大映／伊藤大輔 |
| | **好色一代男**　61／大映／増村保造 |
| ○2/22（日）-2/24（火） | **大江山酒呑童子**　60／大映／田中徳三 |
| | **雪之丞変化**　63／大映／市川崑 |
| ○2/25（水）-2/27（金） | **花の兄弟**　61／大映／池広一夫 |
| | **ひとり狼**　68／大映／池広一夫 |
| ■2/28（土）-3/25（金）　¥900 | **● 石井輝男・華麗なるアブノーマル** |
| ○2/28（土）-3/3（火） | **《新東宝・黎明期①》** |
| | **リングの王者・栄光の世界**　56／新東宝／石井輝男 |
| | **スーパージャイアンツ 怪星人の魔城**　57／新東宝／石井輝男 |
| | **スーパージャイアンツ 地球滅亡寸前**　57／新東宝／石井輝男 |
| | **天城心中 天国に結ぶ恋**　58／新東宝／石井輝男 |
| ○3/4（水）-3/7（土） | **《新東宝・黎明期②》** |
| | **肉体女優殺し 5人の犯罪者**　56／新東宝／石井輝男 |
| | **女王蜂と大学の竜**　60／新東宝／石井輝男 |
| | **戦場のなでしこ**　59／新東宝／石井輝男 |
| ○3/8（日）-3/11（水） | **《サスペンスの宝庫 ライン・シリーズ》** |
| | **黒線地帯**　60／新東宝／石井輝男 |
| | **火線地帯**　61／新東宝／石井輝男 |
| | **白線秘密地帯**　62／新東宝／石井輝男 |
| ○3/12（木）-3/14（土） | **《松竹・出稼ぎ篇》** |
| | **日本ゼロ地帯 夜を狙え**　66／松竹／石井輝男 |
| | **大悪党作戦**　66／松竹／石井輝男 |
| ○3/15（日）-3/18（水） | **《高倉健との蜜月》** |
| | **ならず者**　64／東映／石井輝男 |
| | **いれずみ突撃隊**　64／東映／石井輝男 |
| | **花と嵐とギャング**　61／東映／石井輝男 |
| | ※イベント 3/15　対談：石井輝男監督＋野田幸男監督 |
| ○3/19（水）-3/21（土） | **《ソニー千葉・オリエンタルアクション》** |
| | **直撃地獄拳 大逆転**　74／東映／石井輝男 |
| | **直撃！地獄拳**　74／東映／石井輝男 |
| | ※イベント 3/21　対談：石井輝男監督＋佐藤允 |
| ○3/22（日）-3/24（火） | **《新スター売り出す》** |
| | **暴走の季節**　76／東映／石井輝男 |

■9/15（火）-9/21（月） ¥900
● 中年アイドルの対決
ウォンテッド 86／ゲイリー・A・シャーマン
刑事ジョン・ブック 目撃者 85／ピーター・ウィアー

---

■9/22（火）-9/28（月） ¥900
● いつでも戦争だ！
エイリアン2 86／ジェームズ・キャメロン
ターミネーター 84／ジェームズ・キャメロン
クリッター 86／スティーヴン・ヘレク

---

■9/29（火）-10/5（月） ¥900
● 強力絶大刺激剤
ピンク・フロイド ザ・ウォール 82／アラン・パーカー
デューン 砂の惑星 84／デヴィッド・リンチ

---

■10/6（火）-10/12（月） ¥900
● ヒッチコック・コメディ
ジャンピン・ジャック・フラッシュ 86／ペニー・マーシャル
ミスター・ソウルマン 86／スティーヴ・マイナー
殺したい女 86／ジム・エイブラハムズ

---

■10/13（火）-10/19（月） ¥900
● 未だ人生を語らず
ノー・マーシイ 非情の愛 86／リチャード・ピアス
ハスラー2 86／マーティン・スコセッシ

---

■10/20（火）-10/26（月） ¥900
● トリュフォー／ミニ特集
日曜日が待ち遠しい！ 83／フランソワ・トリュフォー
あこがれ 57／フランソワ・トリュフォー
突然炎のごとく ジュールとジム 61／フランソワ・トリュフォー

---

■10/27（火）-12/25（金） ¥900
● スペシャル・カルト・ムービー・フェスティバル 古今無双熱烈愛好特異映画百花繚乱！
○10/27（火）-11/2（月）
《異国情緒》
マイ・ビューティフル・ランドレット 85／スティーヴン・フリアーズ
リキッドスカイ 82／スラヴァ・ツッカーマン
○11/3（火）-11/9（月）
《醇風美俗》
注目すべき人々との出会い 79／ピーター・ブルック
ローカル・ヒーロー 夢に生きた男 83／ビル・フォーサイス
○11/10（火）-11/16（月）
《阿鼻叫喚 スティーヴン・キング原作集》
地獄のデビル・トラック 86／スティーヴン・キング
クリスティーン 83／ジョン・カーペンター
○11/17（火）-11/23（月）
《金城鉄壁 オーソン・ウェルズ——カルトの親玉》
市民ケーン 41／オーソン・ウェルズ
第三の男 49／キャロル・リード
○11/24（火）-12/4（金）
《因果応報》
世にも怪奇な物語 67／ロジェ・ヴァディム、ルイ・マル、フェデリコ・フェリーニ
ブルーベルベット 86／デヴィッド・リンチ
○12/5（土）-12/11（金）
《抱腹絶倒 ジョン・ランディス監督作品集》
サボテン・ブラザーズ 86／ジョン・ランディス
スパイ・ライク・アス 85／ジョン・ランディス
狼男アメリカン 81／ジョン・ランディス
○12/12（土）-12/25（金）
《悲憤慷慨 デヴィッド・クローネンバーグ監督作品集》
デッドゾーン 83／デヴィッド・クローネンバーグ
ザ・ブルード 怒りのメタファー 79／デヴィッド・クローネンバーグ

---

■12/26（土）-1988年1/8（金） ¥900
●"超"スーパーマン —— A・シュワルツェネッガー
プレデター 87／ジョン・マクティアナン
ターミネーター 84／ジェームズ・キャメロン
コマンドー 85／マーク・L・レスター

## 1987【大井ロマン】

■1/15（木）-1/21（水） ¥900
● ハッシャバイ・日本映画の新しい風
ウホッホ探検隊 86／ディレクターズ・カンパニー／根岸吉太郎

**悪魔のいけにえ２** 86／トビー・フーパー
**悪魔のサバイバル** 85／ニコ・マストラキス
○4/25（土）-5/1（金） **《SFXミステリー》**
**リンク** 86／リチャード・フランクリン
**ヴィデオドローム** 82／デヴィッド・クローネンバーグ
**スキャナーズ** 81／デヴィッド・クローネンバーグ
○5/2（土）-5/11（月） **《恐怖のメタモルフォーゼ》**
**ザ・フライ** 86／デヴィッド・クローネンバーグ
**エイリアン２** 86／ジェームズ・キャメロン

---

■5/12（火）-7/17（金） ¥900 **● 人生の傾向と対策・とってもよく効く映画**
○5/12（火）-5/18（月） **《人間万事塞翁が馬》**
**ホテル・ニューハンプシャー** 84／トニー・リチャードソン
**ガープの世界** 82／ジョージ・ロイ・ヒル
○5/19（火）-5/25（月） **《過ぎたるは及ばざるが如し》**
**ジェラシー** 79／ニコラス・ローグ
**赤い影** 73／ニコラス・ローグ
○5/26（火）-6/4（木） **《古きをたずね新しきを知る》**
**ラウンド・ミッドナイト** 86／ベルトラン・タヴェルニエ
**田舎の日曜日** 84／ベルトラン・タヴェルニエ
○6/5（金）-6/11（木） **《人事を尽くして天命を待つ》**
**山の焚火** 85／フレディ・ムーラー
**シテール島への船出** 83／テオ・アンゲロプロス
○6/12（金）-6/19（金） **《鹿をおう者、山を見ず》**
**モスキート・コースト** 86／ピーター・ウィアー
**危険な年** 82／ピーター・ウィアー
○6/20（土）-7/3（金） **《亭主元気で留守がいい》**
**赤ちゃんに乾杯！** 85／コリーヌ・セロー
**パパは、出張中！** 85／エミール・クストリッツァ
○7/4（土）-7/10（金） **《さわらぬ神にたたりなし》**
**ゴダールのマリア** 84（※『マリアの本』／アンヌ＝マリー・ミエヴィル、『こんにちはマリア』／ジャン＝リュック・ゴダール）
**ゴダールの探偵** 85／ジャン＝リュック・ゴダール
○7/11（土）-7/17（金） **《遠くの親類より近くの他人》**
**サブウェイ** 84／リュック・ベッソン
**ブラザー・フロム・アナザー・プラネット** 84／ジョン・セイルズ

---

■7/18（土）-8/31（月） ¥900 **● 暑さを吹き飛ばすオモシロムービーズ**
○7/18（土）-7/24（金） **ザ・フライ** 86／デヴィッド・クローネンバーグ
**未来世紀ブラジル** 85／テリー・ギリアム
○7/25（土）-8/3（月） **クロコダイル・ダンディー** 85／ジョン・コーネル
**オーバー・ザ・トップ** 87／メナハム・ゴーラン
○8/4（火）-8/10（月） **蜀山奇傳 天空の剣** 84／ツイ・ハーク
**魔界天使** 86／レイモンド・ウォン
**ゴーストハンターズ** 86／ジョン・カーペンター
○8/11（火）-8/17（月） **男たちの挽歌** 86／ジョン・ウー
**イヤー・オブ・ザ・ドラゴン** 85／マイケル・チミノ
○8/18（火）-8/24（月） **コブラ** 86／ジョージ・P・コスマトス
**コマンドー** 85／マーク・L・レスター
**ゴリラ** 86／ジョン・アーヴィン
○8/25（火）-8/31（月） **モスキート・コースト** 86／ピーター・ウィアー
**ハートブレイク・リッジ 勝利の戦場** 86／クリント・イーストウッド

---

■9/1（火）-9/7（月） ¥900 **● とんでもないバイオレンス**
**ダブルボーダー** 87／ウォルター・ヒル
**ファイアー・ドラゴン** 87／ロニー・ユー
**スペクターX** 82／リンゴ・ラム

---

■9/8（火）-9/14（月） ¥900 **● ステキな悪女の条件**
**マックス、モン・アムール** 86／大島渚
**ブラック・ウィドー** 86／ボブ・ラフェルソン

ターミネーター 84／ジェームズ・キャメロン

■12/19（金）-12/26（金） ¥900
ランボー 82／テッド・コッチェフ
ランボー 怒りの脱出 85／ジョージ・P・コスマトス
地獄のコマンド 85／ジョセフ・ジトー

■12/27（土）-1987年1/14（水） ¥1,400
● 松竹系封切
男はつらいよ 幸福の青い鳥 86／松竹／山田洋次
愛しのチイパッパ 86／松竹／栗山富夫

## 1987【大井武蔵野館】

■1/10（土）-1/16（金） ¥900
● ビッグアップルファンタジー
アフター・アワーズ 85／マーティン・スコセッシ
マドンナのスーザンを探して 85／スーザン・シーデルマン

■1/17（土）-1/26（月） ¥1,000
● スリリング 男と女
ホワイト・ナイツ 白夜 85／テイラー・ハックフォード
カリブの熱い夜 84／テイラー・ハックフォード

■1/27（火）-2/2（月） ¥900
第三の男 49／キャロル・リード
突然炎のごとく 61／フランソワ・トリュフォー

■2/3（火）-2/16（月） ¥1,200
● ブラット・パックの熱い日々
きのうの夜は… 86／エドワード・ズウィック
セント・エルモス・ファイアー 85／ジョエル・シュマッカー

■2/17（火）-2/23（月） ¥900
● ウィアー・ザ・ウーマン
マリリンとアインシュタイン 85／ニコラス・ローグ
未来は女のものである 84／マルコ・フェレーリ

■2/24（火）-3/2（月） ¥900
● スター誕生
卒業白書 83／ポール・ブリックマン
上海サプライズ 86／ジム・ゴダード
ジェニファーの恋愛同盟 86／リンダ・フィファーマン

■3/3（火）-3/13（金） ¥900
● ワーナー最新アクション傑作選
F/X 引き裂かれたトリック 86／ロバート・マンデル
ターミネーター 84／ジェームズ・キャメロン
コブラ 86／ジョージ・P・コスマトス

■3/14（土）-3/27（金） ¥900
未来世紀ブラジル 85／テリー・ギリアム
モロン 84／マイク・ホッジス

■3/28（土）-4/3（金） ¥900
● 今、アニメに血がかよう 宮崎駿——
天空の城ラピュタ 86／徳間書店／宮崎駿
ルパン三世　カリオストロの城 79／東京ムービー新社／宮崎駿
続 名探偵ホームズ ミセス・ハドソン人質事件、ドーバー海峡の大空中戦！ 86／東京ムービー新社／御厨恭輔、宮崎駿（演出）

■4/4（土）-4/10（金） ¥900
● あるヒーローの夢と死
L.A. 大捜査線 狼たちの街 85／ウィリアム・フリードキン
ストリート・オブ・ファイヤー 84／ウォルター・ヒル

■4/11（土）-4/17（金） ¥900
● フェリーニの円舞曲
そして船は行く 83／フェデリコ・フェリーニ
フェリーニのアマルコルド 74／フェデリコ・フェリーニ

■4/18（土）-5/11（月） ¥900
○4/18（土）-4/24（金）
● 愛と哀しみの疾風怒涛ホラー大会
《噫々！勘違いホラー》
悪魔の毒々モンスター 84／ロイド・カウフマン／マイケル・ハーツ

| | |
|---|---|
| ○8/16（土）-8/22（金） | **《今、アクションは西部に帰る》** |
| | **ペイルライダー** 85／クリント・イーストウッド |
| | **シルバラード** 85／ローレンス・カスダン |
| ○8/23（土）-8/26（火） | **《時代遅れの子守唄》** |
| | **ビッグ・アメリカン** 76／ロバート・アルトマン |
| | **ワイルドバンチ** 69／サム・ペキンパー |
| ○8/27（水）-8/29（金） | **《ラスト・アメリカン・ヒーローの墓銘碑》** |
| | **ラスト・シューティスト** 76／ドン・シーゲル |
| | **リオ・ブラボー** 59／ハワード・ホークス |
| ■8/30（土）-9/5（金） ¥900 | **● 笑いのハウスマヌカン** |
| | **トップ・シークレット** 84／ジム・エイブラハムズ、デヴィッド・ザッカー、ジェリー・ザッカー |
| | **おかしな関係** 84／ウィラード・ハイク |
| | **フレッチ 殺人方程式** 85／マイケル・リッチー |
| ■9/6（土）-9/12（金） ¥900 | **● 笑いの一発大逆転** |
| | **ワイルドキャッツ** 85／マイケル・リッチー |
| | **アメリカ万才** 84／ハーバート・ロス |
| | **マイナー・ブラザース 史上最大の賭け** 85／ウォルター・ヒル |
| ■9/13（土）-9/19（金） ¥900 | **● ジョン・ランディス—KING OF ドタバタ** |
| | **スパイ・ライク・アス** 85／ジョン・ランディス |
| | **眠れぬ夜のために** 84／ジョン・ランディス |
| ■9/20（土）-9/26（金） ¥900 | **● 女の中にいる他人** |
| | **ナインハーフ** 85／エイドリアン・ライン |
| | **クライム・オブ・パッション** 84／ケン・ラッセル |
| ■9/27（土）-10/20（月） | **● カルト・ムービー・フェスティバル** |
| ○9/27（土）-10/3（金） ¥900 | **リキッドスカイ** 82／スラヴァ・ツッカーマン |
| | **ジギー・スターダスト** 73／D・A・ペネベイカー |
| ○10/4（土）-10/13（月） ¥1,300 | **注目すべき人々との出会い** 79／ピーター・ブルック |
| | **ファンタスティック・プラネット** 73／ルネ・ラルー |
| ○10/14（火）-10/20（月） ¥900 | **チューズ・ミー** 84／アラン・ルドルフ |
| | **ラ・パロマ** 74／ダニエル・シュミット |
| ■10/21（火）-10/27（月） ¥900 | **白い町で** 83／アラン・タネール |
| | **トスカの接吻** 84／ダニエル・シュミット |
| ■10/28（火）-11/14（金） ¥900 | **● エスニックホラー** |
| ○10/28（火）-11/2（日） | **《美少女地獄篇》** |
| | **フェノミナ** 84／ダリオ・アルジェント |
| | **エルム街の悪夢** 84／ウェス・クレイヴン |
| ○11/3（月）-11/7（金） | **《魔界戦士／ルトガー・ハウアー》** |
| | **ヒッチャー** 85／ロバート・ハーモン |
| | **レディ・ホーク** 85／リチャード・ドナー |
| ○11/8（土）-11/14（金） | **《フリークスの唄が聞える》** |
| | **イレイザーヘッド** 76／デヴィッド・リンチ |
| | **エレファント・マン** 80／デヴィッド・リンチ |
| | **スペースインベーダー** 86／トビー・フーパー |
| ■11/15（土）-11/24（月） ¥900 | **プレンティ** 85／フレッド・スケピシ |
| | **ピクニック at ハンギング・ロック** 75／ピーター・ウィアー |
| ■11/25（火）-12/1（月） ¥900 | **ローカル・ヒーロー 夢に生きた男** 83／ビル・フォーサイス |
| | **ガープの世界** 82／ジョージ・ロイ・ヒル |
| ■12/2（火）-12/8（月） ¥900 | **スペースキャンプ** 86／ハリー・ウィナー |
| | **エクスプローラーズ** 85／ジョー・ダンテ |
| ■12/9（火）-12/18（木） ¥900 | **● アーノルド・シュワルツェネッガー特集** |
| | **ゴリラ** 86／ジョン・アーヴィン |
| | **コマンドー** 85／マーク・L・レスター |

| | |
|---|---|
| 4/15（火）-4/21（月） ¥900 | ● **INTO THE MYSTERY** |
| | **眠れぬ夜のために** 84／ジョン・ランディス |
| | **ハメット** 82／ヴィム・ヴェンダース |
| ■4/22（火）-4/28（月） ¥900 | ● **時々忘れられたデカダンス** |
| | **エレンディラ** 83／ルイ・グエッラ |
| | **火山のもとで** 84／ジョン・ヒューストン |
| ■4/29（火）-5/9（金） ¥1,000 | ● **SFX 界の黒沢＝リチャード・エドランドの世界** |
| | **ゴーストバスターズ** 84／アイヴァン・ライトマン |
| | **フライトナイト** 85／トム・ホランド |
| ■5/10（土）-5/23（金） ¥900 | ● **夢と超現実の祭典 ルイス・ブニュエル監督特集** |
| ○5/10（土）-5/16（金） | **哀しみのトリスターナ** 70／ルイス・ブニュエル |
| | **銀河** 68／ルイス・ブニュエル |
| | **小間使の日記** 63／ルイス・ブニュエル |
| ○5/17（土）-5/23（金） | **自由の幻想** 74／ルイス・ブニュエル |
| | **欲望のあいまいな対象** 77／ルイス・ブニュエル |
| | **ブルジョワジーの秘かな愉しみ** 72／ルイス・ブニュエル |
| ■5/24（土）-5/30（金） ¥900 | ● **非行少年／陽の出の叫び** |
| | **ランブルフィッシュ** 83／フランシス・フォード・コッポラ |
| | **アウトサイダー** 83／フランシス・フォード・コッポラ |
| | **コードネームはファルコン** 85／ジョン・シュレシンジャー |
| ■5/31（土）-6/9（月） ¥900 | ● **美しき肖像 —— ルパート・エヴェレット** |
| | **ダンス・ウィズ・ア・ストレンジャー** 85／マイク・ニューウェル |
| | **アナザー・カントリー** 83／マレク・カニエフスカ |
| ■6/10（火）-6/16（月） ¥900 | ● **黄昏のアメリカン・ドリーム** |
| | **ナチュラル** 84／バリー・レヴィンソン |
| | **カントリー** 84／リチャード・ピアース |
| ■6/17（火）-6/23（月） ¥900 | ● **燃えてチェルノブイリ —— 未来への警告** |
| | **1984** 84／マイケル・ラドフォード |
| | **シルクウッド** 83／マイク・ニコルズ |
| ■6/24（火）-7/7（月） ¥1,200 | **セント・エルモス・ファイアー** 85／ジョエル・シュマッカー |
| | **バーディ** 84／アラン・パーカー |
| ■7/8（火）-7/14（月） ¥900 | ● **俺にさわると危いぜ —— ミッキー・ローク** |
| | **ダイナー** 82／バリー・レヴィンソン |
| | **イヤー・オブ・ザ・ドラゴン** 85／マイケル・チミノ |
| ■7/15（火）-7/25（金） ¥900 | ● **今、時代は MTV アクション…** |
| | **ストリート・オブ・ファイヤー** 84／ウォルター・ヒル |
| | **ビバリーヒルズ・コップ** 84／マーティン・ブレスト |
| ■7/26（土）-8/1（金） ¥900 | ● **暑さを吹き飛ばすメガトンアクション 2 発** |
| | **コマンドー** 85／マーク・L・レスター |
| | **ランボー 怒りの脱出** 85／ジョージ・P・コスマトス |
| ■8/2（土）-8/15（金） ¥900 | ● **第 2 回 ファンタスティック映画祭 IN 大井町 カルト・ホラー映画祭—銀幕からナイフ** |
| ○8/2（土）-8/8（金） | **《スプラッタの教祖 ジョージ・A・ロメロの世界》** |
| | **死霊のえじき** 85／ジョージ・A・ロメロ |
| | **クリープショー** 82／ジョージ・A・ロメロ |
| ○8/9（土）-8/15（金） | **ヴィデオドローム** 82／デヴィッド・クローネンバーグ |
| | **バスケット・ケース** 82／フランク・ヘネンロッター |
| | **バタリアン** 85／ダン・オバノン |
| ■8/16（土）-8/29（金） ¥900 | ● **バック・トゥ・ザ・ウエスタン 2 ビリー・ザ・キッドの伝説—西部劇の新しい夜明け** |

| | |
|---|---|
| | **マタンゴ** 63／東宝／本多猪四郎 |
| | **透明人間と蝿男** 57／大映／村山三男 |
| ○12/15（月）-12/19（金） | **吸血鬼ゴケミドロ** 68／松竹／佐藤肇 |
| | **吸血髑髏船** 68／松竹／松野宏軌 |
| | **蛇娘と白髪魔** 68／大映／湯浅憲明 |
| ■12/20（土）-12/26（金） ¥900 | **おニャン子 ザ・ムービー 危機イッパツ！** 86／フジテレビジョン／原田真人 |
| | **あいつとララバイ** 83／東宝映画＋ジャニーズ事務所／井上梅次 |
| | **クララ白書 少女隊PHOON** 85／田中プロモーション＋レッド・バス・エンタープライズ／河崎義祐 |
| ■12/27（土）-1987年1/9（金） | **サンダーアーム 龍兄虎弟** 86／ジャッキー・チェン |
| ¥900 | **エイリアン2** 86／ジェームズ・キャメロン |

## 1986【大井ロマン】

| | |
|---|---|
| ■1/11（土）-1/20（月） ¥1,200 | **世にも怪奇な物語** 67／ロジェ・ヴァディム、ルイ・マル、フェデリコ・フェリーニ |
| | **ルー・サロメ 善悪の彼岸** 77／リリアナ・カバーニ |
| ■1/21（火）-1/27（月） ¥1,200 | **● 禁断のシネ・スキャンダル** |
| | **熊座の淡き星影** 65／ルキノ・ヴィスコンティ |
| | **エゴン・シーレ** 80／ヘルベルト・フェーゼリ |
| | **ジュ・テーム…** 75／セルジュ・ゲンズブール |
| ■1/28（火）-2/10（月） ¥1,000 | **● ソビエト・シネマ・フェアー** 世界に翔くソビエトの新しい波 コンチャロフスキー＆タルコフスキー |
| ○1/28（火）-1/30（木） | **《アンドレ・ミハイル＝コンチャロフスキー特集》** |
| | **ワーニャ伯父さん** 71／アンドレ・ミハイル＝コンチャロフスキー |
| | **貴族の巣** 70／アンドレ・ミハイル＝コンチャロフスキー |
| ○1/31（金）-2/5（水） | **《アンドレイ・タルコフスキー特集①》** |
| | **鏡** 74／アンドレイ・タルコフスキー |
| | **僕の村は戦場だった** 62／アンドレイ・タルコフスキー |
| ○2/6（木）-2/10（月） | **《アンドレイ・タルコフスキー特集②》** |
| | **アンドレイ・ルブリョフ** 69／アンドレイ・タルコフスキー |
| | **ローラーとバイオリン** 60／アンドレイ・タルコフスキー |
| ■2/11（火）-2/24（月） ¥1,200 | **● めぐり逢い・男と女** |
| | **刑事ジョン・ブック 目撃者** 85／ピーター・ウィアー |
| | **恋におちて** 84／ウール・グロスバード |
| ■2/25（火）-3/3（月） ¥900 | **● 今宵、ハーレイ・クイン・ロマンス** |
| | **レディ・ホーク** 85／リチャード・ドナー |
| | **ロマンシング・ストーン 秘宝の谷** 84／ロバート・ゼメキス |
| | **誘惑** 84／ダグラス・デイ・スチュワート |
| ■3/4（火）-3/10（月） ¥900 | **● SFX アドベンチャー** |
| | **恐竜100万年** 66／ドン・チャフィ |
| | **イウォーク・アドベンチャー** 84／ジョン・コーティ |
| | **ネバーエンディング・ストーリー** 84／ウォルフガング・ペーターゼン |
| ■3/11（火）-3/17（月） ¥900 | **● 長まわしがお好き―ディレカン無頼派** |
| | **ひとひらの雪** 85／東映／根岸吉太郎 |
| | **雪の断章 ―情熱―** 85／東宝映画／相米慎二 |
| ■3/18（火）-3/28（金） ¥1,000 | **● ヒッチコック・ラスト・フェスティバル** |
| | **マーニー 赤い恐怖** 64／アルフレッド・ヒッチコック |
| | **引き裂かれたカーテン** 66／アルフレッド・ヒッチコック |
| ■3/29（土）-4/7（月） ¥1,000 | **アマデウス** 84／ミロス・フォアマン |
| ■4/8（火）-4/14（月） ¥900 | **● 愛と勇気と格闘技** |
| | **ラスト・ドラゴン** 85／マイケル・シュルツ |
| | **ベスト・キッド** 84／ジョン・G・アヴィルドセン |

| | |
|---|---|
| | **暁の非常線** 57／新東宝／小森白 |
| | **怒号する巨弾** 60／新東宝／石川義寛 |
| ○10/12（日）-10/15（水） | **《江戸川乱歩》** |
| | **黒蜥蜴** 68／松竹／深作欣二 |
| | **死の十字路** 56／日活／井上梅次 |
| | **一寸法師** 55／新東宝／内川清一郎 |
| ■10/16（木）-10/21（火） ¥900 | **● 中川信夫 ／新東宝傑作選** |
| ○10/16（木）-10/18（土） | **石中先生行状記 青春無銭旅行** 54／新東宝／中川信夫 |
| | **雷電** 59／新東宝／中川信夫 |
| | **続 雷電** 59／新東宝／中川信夫 |
| ○10/19（日）-10/21（火） | **ほらふき丹次** 54／新東宝／中川信夫 |
| | **思春の泉** 53／新東宝＋俳優座／中川信夫 |
| | **「粘土のお面」より かあちゃん** 61／新東宝／中川信夫 |
| ■10/22（水）-11/19（水） ¥900 | **● ニッポン・ミュージカル時代** |
| ○10/22（水）-10/25（土） | **《シンギング・イン・ザ・喜八》** |
| | **若い娘たち** 58／東宝／岡本喜八 |
| | **ジャズ大名** 86／大映／岡本喜八 |
| | **ああ爆弾** 64／東宝／岡本喜八 |
| ○10/26（日）-10/29（水） | **《絢爛たる東宝ダンシング》** |
| | **夢で逢いましょ** 62／東京映画／佐伯幸三 |
| | **太陽を抱け** 60／宝塚映画／井上梅次 |
| | **君も出世ができる** 64／東宝／須川栄三 |
| ○10/30（木）-11/2（日） | **《うたうチャンバラ》** |
| | **鴛鴦歌合戦** 39／日活／マキノ正博 |
| | **歌くらべ荒神山** 52／新東宝＋新芸プロ／斎藤寅次郎 |
| ○11/3（月）-11/5（水） | **《夢みる乙女のスキップビート》** |
| | **恋の大冒険** 70／オールスタッフプロ＋テアトルプロ／羽仁進 |
| | **裏街のお転婆娘** 56／日活／井上梅次 |
| | ※トークイベント 11/3 和田誠＋渡辺武信 |
| ○11/6（木）-11/8（土） | **《秀子のミュージカル》** |
| | **カルメン故郷に帰る** 51／松竹／木下恵介 |
| | **銀座カンカン娘** 49／新東宝／島耕二 |
| ○11/9（日）-11/12（水） | **《ひばり・チエミ・いずみの三人娘》** |
| | **大当り三色娘** 57／東宝／杉江敏男 |
| | **ロマンス娘** 56／東宝／杉江敏男 |
| | **ジャンケン娘** 55／東宝／杉江敏男 |
| ○11/13（木）-11/15（土） | **《踊る時代劇》** |
| | **初春狸御殿** 59／大映／木村恵吾 |
| | **真田風雲録** 63／東映／加藤泰 |
| ○11/16（日）-11/19（水） | **《ここにジャズあり》** |
| | **娘十六ジャズ祭り** 54／新東宝／井上梅次 |
| | **ロマンス祭** 58／宝塚映画／杉江敏男 |
| | **ジャズ・オンパレード1954年 東京シンデレラ娘** 54／新東宝／井上梅次 |
| ■11/20（木）-11/26（水） ¥900 | **● 風の谷の安田成美** |
| | **そろばんずく** 86／フジテレビジョン＋ニッポン放送＋A to Z／森田芳光 |
| | **犬死にせしもの** 86／大映＋ディレクターズ・カンパニー／井筒和幸 |
| | **南へ走れ、海への道を！** 86／松竹富士＋東北新社＋創映新社＋ジャパン・オーディオ・ビジュアルネットワーク／和泉聖治 |
| ■11/27（木）-12/9（火） ¥900 | **● 埋もれてたまるか・'86珍品怪作** |
| ○11/27（木）-12/2（火） | **THE SAMURAI ザ・サムライ** 86／アジャックス／鈴木則文 |
| | **スタア** 86／筒井康隆大一座＋プルミエ・インターナショナル／内藤誠 |
| | **プルシアンブルーの肖像** 86／キティ・フィルム／多賀英典 |
| ○12/3（水）-12/9（火） | **火宅の人** 86／東映／深作欣二 |
| | **愛の陽炎** 86／松竹／三村晴彦 |
| | **オイディプスの刃** 86／角川春樹事務所／成島東一郎 |
| ■12/10（水）-12/19（金） ¥900 | **● キング・オブ・ゲテモノ パートⅢ（特撮ホラー映画特集）** |
| ○12/10（水）-12/14（日） | **ガス人間㐧1号** 60／東宝／本多猪四郎 |

| | |
|---|---|
| | **うる星やつら2 ビューティフル・ドリーマー** 84／キティ・フィルム＋スタジオぴえろ／押井守 |
| ○8/19 (火) -8/22 (金) | **〔うる星やつら TV版7本立 Vol.1〕** ※各話制作はフジテレビ＋キティ・フィルム（キティ・エンタープライズ） |
| | **テンちゃんの恋** 82放送／押井守（演出） |
| | **花和先生登場！これが青春だね** 82放送／押井守（演出） |
| | **レイ復活！自習大騒動** 82放送／押井守（演出） |
| | **ニャオンの恐怖** 82放送／押井守（演出） |
| | **面堂家仮面ぶとう会** 83放送／押井守（演出） |
| | **竜之介登場！海が好きっ!!** 83放送／押井守（演出） |
| | **さよならの季節** 83放送／押井守（演出） |
| ○8/23 (土) -8/25 (月) | **〔うる星やつら TV版7本立 Vol.2〕** ※各話制作はフジテレビ＋キティ・フィルム（キティ・エンタープライズ） |
| | **花ムコの名は竜之介** 83放送／押井守（演出） |
| | **火けしママ参上！** 83放送／押井守（演出） |
| | **ダーリンが死んじゃう!?** 83放送／押井守（演出） |
| | **みじめ！愛とさすらいの母!?** 83放送／西村純二（演出）、押井守（脚本） |
| | **面堂家サマークリスマス** 83放送／上村修（演出）、押井守（コンテ） |
| | **大激突！テンVSあたる** 83放送／上村修（演出）、押井守（脚本・コンテ） |
| | **どきどきサマーデート** 82放送／押井守（演出） |
| | （※当初予定は「レディー竜之介」83放送／上村修（演出）、押井守（コンテ）） |

| | |
|---|---|
| ■8/26 (火) -9/8 (月)　¥900 | **● 石井聰亙―ノンストップダイナマイト・パフォーマンス** |
| ○8/26 (火) -9/1 (月) | **逆噴射家族** 84／ディレクターズ・カンパニー＋国際放映＋ATG／石井聰亙 |
| | **シャッフル** 81／ダイナマイトプロ／石井聰亙 |
| | **狂い咲きサンダーロード** 80／狂映舎＋ダイナマイトプロ／石井聰亙 |
| ○9/2 (火) -9/8 (月) | **半分人間 アインシュテュルツェンデ・ノイバウテン** 86／WAVE＋ディレクターズ・カンパニー／石井聰亙 |
| | **爆裂都市 Brust City** 82／ダイナマイトプロ／石井聰亙 |

| | |
|---|---|
| ■9/9 (火) -10/15 (水)　¥900 | **● キング・オブ・ゲテモノ パートⅡ（新東宝＋α特集）** |
| ○9/9 (火) -9/12 (金) | **《怪演！五月藤江の七変化》** |
| | **花嫁吸血魔** 60／新東宝／並木鏡太郎 |
| | **怪猫お玉が池** 60／新東宝／石川義寛 |
| | **亡霊怪猫屋敷** 58／新東宝／中川信夫 |
| ○9/13 (土) -9/16 (火) | **《特集・中川信夫①》** |
| | **私刑〈リンチ〉** 49／新東宝／中川信夫 |
| | **地獄** 60／新東宝／中川信夫 |
| | **人形佐七捕物帖 妖艶六死美人** 56／新東宝／中川信夫 |
| ○9/17 (水) -9/20 (土) | **《特集・中川信夫②》** |
| | **深夜の告白** 49／新東宝／中川信夫 |
| | **若さま侍捕物帖 呪いの人形師** 51／新東宝／中川信夫 |
| | **憲兵と幽霊** 58／新東宝／中川信夫 |
| ○9/21 (日) -9/24 (水) | **《金縛りスプラッタ・ホラー》** |
| | **怪談昇り竜** 70／日活／石井輝男 |
| | **蛇精の淫** 60／富士映画／曲谷守平 |
| | **九十九本目の生娘** 59／新東宝／曲谷守平 |
| ○9/25 (木) -9/27 (土) | **《50's ハードボイルド》** |
| | **女体桟橋** 58／新東宝／石井輝男 |
| | **セクシー地帯** 61／新東宝／石井輝男 |
| | **南郷次郎探偵帳 影なき殺人者** 61／新東宝／石川義寛 |
| ○9/28 (日) -9/30 (火) | **《コメディはB級ブランドに限る》** |
| | **恋愛ズバリ講座** 61／新東宝／三輪彰、石川義寛、石井輝男 |
| | **誰よりも金を愛す** 61／新東宝／斎藤寅次郎 |
| | **森繁の新入社員** 55／新東宝／渡辺邦男 |
| ○10/1 (水) -10/4 (土) | **《若い貴族―菅原文太》** |
| | **女奴隷船** 60／新東宝／小野田嘉幹 |
| | **爆弾を抱く女怪盗** 60／新東宝／土井通芳 |
| | **女獣** 60／新東宝／曲谷守平 |
| ○10/5 (日) -10/8 (水) | **《女犯罪地図》** |
| | **東支那海の女傑** 59／新東宝／小野田嘉幹 |
| | **人喰海女** 58／新東宝／小野田嘉幹 |
| | **黒い乳房** 60／新東宝／土井通芳 |
| ○10/9 (木) -10/11 (土) | **《ノンストップ・アクション》** |
| | **東海道非常警戒** 60／新東宝／山田達雄 |

| | |
|---|---|
| ○6/21（土）-6/23（月） | **《当り役・大河内左膳》** |
| | **丹下左膳** 53／大映／マキノ雅弘 |
| | **続 丹下左膳** 53／大映／マキノ雅弘 |
| ■6/24（火）-7/11（金） ¥900 | **● 没後15年―内田吐夢・甦りの儀式** |
| ○6/24（火）-6/26（木） | **飢餓海峡** 65／東映／内田吐夢 |
| | **たそがれ酒場** 55／新東宝／内田吐夢 |
| ○6/27（金）-6/29（日） | **大菩薩峠** 57／東映／内田吐夢 |
| | **大菩薩峠 第二部** 58／東映／内田吐夢 |
| | **大菩薩峠 完結篇** 59／東映／内田吐夢 |
| ○6/30（月）-7/2（水） | **宮本武蔵** 61／東映／内田吐夢 |
| | **宮本武蔵 般若坂の決斗** 62／東映／内田吐夢 |
| ○7/3（木）-7/5（土） | **宮本武蔵 二刀流開眼** 63／東映／内田吐夢 |
| | **宮本武蔵 一乗寺の決斗** 64／東映／内田吐夢 |
| ○7/6（日）-7/8（火） | **宮本武蔵 巌流島の決斗** 65／東映／内田吐夢 |
| | **真剣勝負** 71／東宝映画／内田吐夢 |
| ○7/9（水）-7/11（金） | **自分の穴の中で** 55／日活／内田吐夢 |
| | **人生劇場 飛車角と吉良常** 68／東映／内田吐夢 |
| ■7/12（土）-7/23（水） ¥900 | **● イカゲテ・パラダイス＝和製ホラーの大逆襲** |
| ○7/12（土）-7/14（月） | **《怪奇時代劇》** |
| | **怪談累が淵** 57／新東宝／中川信夫 |
| | **怪異宇都宮釣天井** 56／新東宝／中川信夫 |
| | **若さま侍捕物帳 謎の能面屋敷** 50／伊藤プロ＋新東宝／中川信夫 |
| ○7/15（火）-7/17（木） | **《アクションミステリー》** |
| | **女死刑囚の脱獄** 60／新東宝／中川信夫 |
| | **裸女と殺人迷路** 59／新東宝／小野田嘉幹 |
| | **悪魔の囁き** 55／新東宝／内川清一郎 |
| ○7/18（金）-7/20（日） | **《血みどろスプラッタ》** |
| | **九十九本目の生娘** 59／新東宝／曲谷守平 |
| | **女吸血鬼** 59／新東宝／中川信夫 |
| | **海女の化物屋敷** 59／新東宝／曲谷守平 |
| | ※イベント 7/20 桂千穂、沼田曜一の対談 |
| ○7/21（月）-7/23（水） | **《残酷社会派》** |
| | **毒婦高橋お伝** 58／新東宝／中川信夫 |
| | **憲兵とバラバラ死美人** 57／新東宝／並木鏡太郎 |
| | **大虐殺** 60／新東宝／小森白 |
| ■7/24（木）-7/26（土） | **● 猟奇王・江戸川乱歩** |
| | **江戸川乱歩の陰獣** 77／松竹／加藤泰 |
| | **盲獣** 69／大映／増村保造 |
| ■7/27（日）-7/29（火） | **● 黄泉の国への巡礼／中川信夫の世界** |
| | **吸血蛾** 56／東宝／中川信夫 |
| | **怪異談 生きてゐる小平次** 82／磯田事務所＋ATG／中川信夫 |
| | **東海道四谷怪談** 59／新東宝／中川信夫 |
| | ※イベント 7/27 6：25～ 山根貞男 |
| ■7/30（水）-8/11（月） ¥900 | **● 大林宣彦―アイドルとの出逢いについて知っている二、三の事柄** |
| ○7/30（水）-8/5（火） | **彼のオートバイ 彼女の島** 86／角川春樹事務所／大林宣彦 |
| | **時をかける少女** 83／角川春樹事務所／大林宣彦 |
| ○8/6（水）-8/8（金） | **天国にいちばん近い島** 84／角川春樹事務所／大林宣彦 |
| | **廃市** 84／PSC＋新日本制作＋ATG／大林宣彦 |
| | **HOUSE ハウス** 77／東宝映像／大林宣彦 |
| ○8/9（土）-8/11（月） | **アイコ16歳** 83／アミューズ・シネマ・シティ＋中部日本放送／今関あきよし |
| | **さびしんぼう** 85／東宝映画＋アミューズ・シネマ・シティ／大林宣彦 |
| | **姉妹坂** 85／東宝映画／大林宣彦 |
| | **グッバイ夏のうさぎ** 83／パブリッシャーハウス・アミューズ／山名兌二 |
| ■8/12（火）-8/25（月） ¥1,000 | **● 押井守35歳―めがねの青春／初の劇映画「紅い眼鏡」完成記念** |
| ○8/12（火）-8/18（月） | **天使のたまご** 85／スタジオディーン／押井守 |

| | |
|---|---|
| | **女であること** 58／東京映画／川島雄三 |
| | **赤坂の姉妹 夜の肌** 60／東京映画／川島雄三 |
| ○4/6（日）-4/8（火） | **《東宝篇②》** |
| | **貸間あり** 59／宝塚映画／川島雄三 |
| | **接吻泥棒** 60／東宝／川島雄三 |
| | **特急にっぽん** 61／東宝／川島雄三 |
| ○4/9（水）-4/11（金） | **《東宝篇③》** |
| | **箱根山** 62／東宝／川島雄三 |
| | **暖簾** 58／宝塚映画／川島雄三 |
| ○4/12（土）-4/14（月） | **《東宝篇④》** |
| | **グラマ島の誘惑** 59／東京映画／川島雄三 |
| | **縞の背広の親分衆** 61／東京映画／川島雄三 |
| ○4/15（火）-4/17（木） | **《東宝篇⑤》** |
| | **イチかバチか** 63／東宝／川島雄三 |
| | **喜劇 とんかつ一代** 63／東京映画／川島雄三 |
| ■4/18（金）-4/28（月） ¥900 | **それから** 85／東映／森田芳光 |
| | **恋文** 85／松竹富士＋廣済堂映像＋ケイエンタープライズ／神代辰巳 |
| ■4/29（火）-5/5（月） ¥900 | **● 桃子／美穂／キョン$^2$＝アイドル三銃士** |
| | **ビー・バップ・ハイスクール** 85／セントラル・アーツ＋東映／那須博之 |
| | **生徒諸君！** 84／市川昆一事務所＋フォーシーズン／西河克己 |
| | **パンツの穴** 84／アジャックス＋ジョイパックフィルム／鈴木則文 |
| ■5/6（火）-5/9（金） ¥900 | **● 山田太一脚本特集** |
| | **あこがれ** 66／東宝／恩地日出夫 |
| | **藍より青く** 73／松竹／森崎東 |
| ■5/10（土）-5/16（金） ¥900 | **● 倉本聰脚本特集** |
| ○5/10（土）-5/13（火） | **昭和元禄 TOKYO196X 年** 68／東京映画／恩地日出夫 |
| | **陽のあたる坂道** 67／日活／西河克己 |
| ○5/14（水）-5/16（金） | **君は海をみたか** 71／大映／井上芳夫 |
| | **ブルークリスマス** 78／東宝映画／岡本喜八 |
| ■5/17（土）-6/4（水） ¥900 | **● 幻のシナリオ「暴走機関車」映画化記念 黒澤明脚本特集** |
| ○5/17（土）-5/20（火） | **銀嶺の果て** 47／東宝／谷口千吉 |
| | **ジャコ萬と鉄** 64／東映／深作欣二 |
| ○5/21（水）-5/23（金） | **暁の脱走** 50／新東宝／谷口千吉 |
| | **あすなろ物語** 55／東宝／堀川弘通 |
| ○5/24（土）-5/27（火） | **ジャコ萬と鉄** 49／東宝／谷口千吉 |
| | **羅生門** 50／大映／黒澤明 |
| | （※当初予定は『獣の宿』（51／松竹／大曾根辰夫）） |
| ○5/28（水）-5/31（土） | **野良犬** 73／松竹／森崎東 |
| | **姿三四郎** 65／宝塚映画＋黒澤プロダクション／内川清一郎 |
| ○6/1（日）-6/4（水） | **消えた中隊** 55／日活／三村明 |
| | **馬** 41／東宝映画＋映画科学研究所／山本嘉次郎 |
| ■6/5（木）-6/23（月） ¥900 | **● AGAIN ！日活戦前映画特集** |
| ○6/5（木）-6/8（日） | **《大衆文学傑作選》** |
| | **宮本武蔵 一乗寺決闘** 42／日活／稲垣浩 |
| | **恋山彦** 37／日活／マキノ正博 |
| ○6/9（月）-6/12（木） | **《ザッツ・チャンバラ・ミュージカル》** |
| | **続清水港（清水港代参夢道中）** 40／日活／マキノ正博 |
| | **鴛鴦歌合戦** 39／日活／マキノ正博 |
| ○6/13（金）-6/16（月） | **《颯爽！美男のヒーロー》** |
| | **血煙高田の馬場** 37／日活 ※タイトルは『決闘高田の馬場』／マキノ正博、稲垣浩 |
| | **江戸の悪太郎** 38／日活／マキノ正博 |
| | **自来也（忍術三妖伝）** 37／日活／マキノ正博 |
| ○6/17（火）-6/20（金） | **《傑作戦記文学》** |
| | **土と兵隊** 39／日活／田坂具隆 |
| | **五人の斥候兵** 38／日活／田坂具隆 |

# 1986【大井武蔵野館】

| | |
|---|---|
| ■1/14（火）-1/27（月） ¥1,200 | **● 日本映画監督全集／大井町血斗篇 その③** |
| ○1/14（火）-1/17（金） | **《山中貞雄とシナリオ集団鳴滝組①》** |
| | **丹下左膳餘話 百萬両の壺** 35／日活／山中貞雄 |
| | **江戸遊民伝** 59／松竹／萩原遼 |
| | **がんばれ盤嶽** 60／東宝／松林宗恵 |
| ○1/18（土）-1/20（月） | **《山中貞雄とシナリオ集団鳴滝組②》** |
| | **河内山宗俊** 36／日活＋太秦発声／山中貞雄 |
| | **赤西蠣太** 36／片岡千恵蔵プロ／伊丹万作 |
| | **旅姿鼠小僧** 58／東宝／稲垣浩 |
| ○1/21（火）-1/22（水） | **《山中貞雄とシナリオ集団鳴滝組③》** |
| | **人情紙風船** 37／P.C.L.／山中貞雄 |
| | **初姿丑松格子** 54／日活／滝沢英輔 |
| ○1/23（土）-1/24（金） | **《マキノ雅弘・幻の日活篇①》** |
| | **丹下左膳 乾雲の巻（第一話）** 56／日活／マキノ雅弘 |
| | **丹下左膳 坤龍の巻（第二話）** 56／日活／マキノ雅弘 |
| | **丹下左膳 昇竜の巻（完結篇）** 56／日活／マキノ雅弘 |
| ○1/25（土）-1/27（月） | **《マキノ雅弘・幻の日活篇②》** |
| | **次郎長遊侠伝 秋葉の火祭り** 55／日活／マキノ雅弘 |
| | **次郎長遊侠伝 天城鴉** 55／日活／マキノ雅弘 |
| | **朝やけ決戦場** 56／日活／マキノ雅弘 |

| | |
|---|---|
| ■1/28（火）-2/7（金） ¥1,000 | **● ニッポンクレージー時代** |
| | **台風クラブ** 84／ディレクターズ・カンパニー／相米慎二 |
| | **逆噴射家族** 84／ディレクターズ・カンパニー＋国際放映＋ ATG／石井聰亙 |

| | |
|---|---|
| ■2/8（土）-2/14（金） ¥900 | **● なんてったってアイドル** |
| | **早春物語** 85／角川春樹事務所／澤井信一郎 |
| | **さびしんぼう** 85／東宝映画＋アミューズ・シネマ・シティ／大林宣彦 |
| | **グッバイ夏のうさぎ** 83／パブリッシャーハウス・アミューズ／山名兌二 |

| | |
|---|---|
| ■2/15（土）-2/24（金） ¥1,200 | **● セミ・ロードショウ** |
| | **生きているうちが花なのよ死んだらそれまでよ党宣言** 85／キノシタ映画＋ ATG／森崎東 |
| | **二代目はクリスチャン** 85／角川春樹事務所／井筒和幸 |
| | ※トークイベント 2/23 森崎東監督、山根貞男、河原さぶ、平田満、上原由恵 |

| | |
|---|---|
| ■2/25（土）-3/17（月） | **● ゴダール・フェスティバル** |
| ○2/25（土）-3/10（月） ¥1,400 | **ドレミファ娘の血が騒ぐ** 85／EPIC ソニー＋ディレクターズ・カンパニー／黒沢清 |
| | **気狂いピエロ** 65／ジャン＝リュック・ゴダール |
| | ※トークイベント 3/9 黒沢清監督 |
| ○3/11（火）-3/17（月） ¥900 | **パッション** 82／ジャン＝リュック・ゴダール |
| | **カルメンという名の女** 83／ジャン＝リュック・ゴダール |

| | |
|---|---|
| ■3/18（火）-3/24（月） ¥900 | **● 大林宣彦＝リリシズムと昭和ロマン** |
| | **姉妹坂** 85／東宝映画／大林宣彦 |
| | **廃市** 84／PSC ＋新日本制作＋ ATG／大林宣彦 |
| | **天国にいちばん近い島** 84／角川春樹事務所／大林宣彦 |

| | |
|---|---|
| ■3/25（火）-4/17（木） ¥900 | **● 今、川島雄三を観る・完結篇** |
| ○3/25（火）-3/27（木） | **《日活篇①》** |
| | **風船** 56／日活／川島雄三 |
| | **あしたくる人** 55／日活／川島雄三 |
| ○3/28（金）-3/30（日） | **《日活篇②》** |
| | **洲崎パラダイス 赤信号** 56／日活／川島雄三 |
| | **銀座二十四帖** 55／日活／川島雄三 |
| ○3/31（月）-4/2（水） | **《松竹・大映篇》** |
| | **天使も夢を見る** 51／松竹／川島雄三 |
| | **しとやかな獣** 62／大映／川島雄三 |
| ○4/3（木）-4/5（土） | **《東宝篇①》** |

**レイザーバック** 84／ラッセル・マルケイ

○10/26（土）-11/4（月） ¥1,200
**《D. クローネンバーグ＝悪意の誕生》**
**スキャナーズ** 81／デヴィッド・クローネンバーグ
**ヴィデオドローム** 82／デヴィッド・クローネンバーグ

■11/5（火）-11/11（月） ¥1,000
**● ENTER THE ファンタジー・ワールド**
**ホラー・ワールド** 79／リチャード・シッケル
**妖婆 死棺の呪い** 67／アレクサンドル・プトウシコ
**狼の血族** 84／ニール・ジョーダン

■11/12（火）-11/15（月） ¥800
**● 丑三つ時は御用心**
**亡霊怪猫屋敷** 58／新東宝／中川信夫
**怪談** 64／文芸プロダクションにんじんくらぶ／小林正樹

■11/16（火）-11/18（月） ¥800
**● ジャパニーズ・ブラディ・スプラッタ**
**HOUSE ハウス** 77／東宝映像／大林宣彦
**瞳の中の訪問者** 77／ホリ企画／大林宣彦
**血を吸う薔薇** 74／東宝映像／山本迪夫

■11/19（火）-11/25（月） ¥1,000
**● イングリッド・バーグマン―哀しみの終わる時**
**凱旋門** ※完全オリジナル 48／リュイス・マイルストン
**別離** 39／グレゴリー・ラトフ

■11/26（火）-11/29（金） ¥800
**● 追悼―浦山桐郎**
**非行少女** 63／日活／浦山桐郎
**キューポラのある街** 62／日活／浦山桐郎
**私が棄てた女** 69／日活／浦山桐郎

■11/30（土）-12/6（金） ¥800
**● スペース SFX 特集**
**スペースハンター** 83／ラモント・ジョンソン
**スペース・パイレーツ** 84／スチュアート・ラフィル
**スターマン ―愛・宇宙はるかに―** 84／ジョン・カーペンター

■12/7（土）-12/13（金） ¥1,000
**● アクション SFX 特集**
**ブレードランナー** 82／リドリー・スコット
**トワイライトゾーン 超次元の体験** 83／ジョン・ランディス、スティーヴン・スピルバーグ、ジョー・ダンテ、ジョージ・ミラー
**未来警察 ランナウェイ** 85／マイケル・クライトン

■12/14（土）-12/27（金） ¥800
**● バック・トゥ・ザ・時代劇**
○12/14（土）-12/16（月）
**《なにが粋かよ・マキノ雅弘の世界》**
**浪人街** 57／松竹／マキノ雅弘
**次郎長三國志 第一部 次郎長賣出す** 52／東宝／マキノ雅弘
**りゃんこの弥太郎** 55／新東宝／マキノ雅弘
○12/17（火）-12/20（金）
**《もう一つの山中貞雄・脚本特集》**
**江戸遊民伝** 59／松竹／萩原遼
**戦国群盗伝** 59／東宝／杉江敏男
**右門捕物帖 帯とけ仏法** 51／新東宝＋綜芸プロ／安田公義
○12/21（土）-12/23（月）
**《伊藤大輔の詩と美学》**
**切られ与三郎** 60／大映／伊藤大輔
**弁天小僧** 58／大映／伊藤大輔
**反逆児** 61／東映／伊藤大輔
○12/24（火）-12/27（金）
**《ザッツ・チャンバラ・バイオレンス》**
**十三人の刺客** 63／東映／工藤栄一
**剣鬼** 65／大映／三隅研次
**大殺陣 雄呂血** 66／大映／田中徳三

■12/28（土）-1986年1/10（金）
¥1,000
**● 1986 年、新春第一弾**
**ペイルライダー** 85／クリント・イーストウッド
**マッドマックス サンダードーム** 85／ジョージ・ミラー、ジョージ・オギルヴィー

■6/18（火）-6/24（月）¥800
**暗殺のオペラ** 69／ベルナルド・ベルトルッチ
**抵抗（レジスタンス）—死刑囚の手記より** 57／ロベール・ブレッソン
**父 パードレ・パドローネ** 77／パオロ・タヴィアーニ、ヴィットリオ・タヴィアーニ

■6/25（火）-7/5（金）¥1,000
**三人の女** 77／ロバート・アルトマン
**スワンの恋** 83／フォルカー・シュレンドルフ

■7/6（土）-7/15（月）¥1,000
**北北西に進路をとれ** 59／アルフレッド・ヒッチコック
**裏窓** 54／アルフレッド・ヒッチコック

■7/16（火）-7/26（金）¥1,000
**ストリート・オブ・ファイヤー** 84／ウォルター・ヒル
**フットルース** 84／ハーバート・ロス

---

■7/27（土）-8/9（金）¥1,000
**● 夢忘れていませんか — SFXING**
**ネバーエンディング・ストーリー** 84／ウォルフガング・ペーターゼン
**スター・ファイター** 84／ニック・キャッスル

---

■8/10（土）-8/16（金）¥800
**● 震えて眠れ**
**ザ・キープ** 83／マイケル・マン
**遊星からの物体X** 82／ジョン・カーペンター
**スキャナーズ** 81／デヴィッド・クローネンバーグ

---

■8/17（土）-8/19（月）¥800
**● 黄泉の国の招待席 —中川信夫の世界—**
**東海道四谷怪談** 59／新東宝／中川信夫
**地獄** 60／新東宝／中川信夫
**牡丹燈籠（前・後編）** ※TVドラマ「日本怪談劇場」70放映※東京12チャンネルの「牡丹燈籠」（鬼火の巻、蛍火の巻）を上映／中川信夫

---

■8/20（火）-8/26（月）¥1,000
**● OH！カルトムービーだ**
**妖婆 死棺の呪い** 67／アレクサンドル・プトウシコ
**バスケット・ケース** 82／フランク・ヘネンロッター
**イレイザーヘッド** 76／デヴィッド・リンチ

---

■8/27（火）-9/9（月）¥1,000
**● ルイ・マル監督特集**
○8/27（火）-9/2（月）
**《PART ①憧憬のヌーベルバーグ》**
**地下鉄のザジ** 60／ルイ・マル
**恋人たち** 58／ルイ・マル
○9/3（火）-9/9（月）
**《PART ②出口なき迷路》**
**死刑台のエレベーター** 57／ルイ・マル
**鬼火** 63／ルイ・マル

---

■9/10（火）-9/23（月）¥1,000
**● 聖林よ、永遠に！ ハリウッドクラッシック・フェア**
○9/10（火）-9/16（月）
**《輝ける50'sハリウッドスター 若き獅子たち》**
**お熱いのがお好き** 59／ビリー・ワイルダー
**熱いトタン屋根の猫** 58／リチャード・ブルックス
○9/17（火）-9/23（月）
**《ジョン・ヒューストン監督の名誉》**
**白鯨** 56／ジョン・ヒューストン
**荒馬と女** 61／ジョン・ヒューストン

---

■9/24（火）-9/30（月）¥800
**● 愛・スリリング**
**ある日どこかで** 80／ヤノット・シュワルツ
**ブレスレス** 83／ジム・マクブライド

---

■10/1（火）-10/7（月）¥800
**● ヒッチコック式恋愛術**
**日曜日が待ち遠しい！** 83／フランソワ・トリュフォー
**殺意の夏** 83／ジャン・ベッケル

---

■10/8（火）-11/4（月）
**● スプラッタ・ムービーの逆襲**
○10/8（火）-10/17（木）¥1,000
**悪魔のいけにえ** 74／トビー・フーパー
**死霊のはらわた** 81／サム・ライミ
○10/18（金）-10/22（火）¥1,000
**《イカモノ・ゲテモノの原点》**
**悪魔のはらわた** 73／ポール・モーリセイ
**ゾンビ** 78／ジョージ・A・ロメロ
○10/23（水）-10/25（金）¥1,000
**悪魔の受胎** 79）※都内初公開／ノーマン・J・ウォーレン
**ゾンゲリア** 81／ゲーリー・A・シャーマン

| | |
|---|---|
| | **三大怪獣 地球最大の決戦** 64／東宝／本多猪四郎 |
| | **モスラ** 61／東宝／本多猪四郎 |
| ○3/23（土）-3/29（金） | **モスラ対ゴジラ** 64／東宝／本多猪四郎 |
| | **ゴジラ** 54／東宝／本多猪四郎 |
| | **ゴジラ** 84／東宝／橋本幸治 |
| | ※ 3/23 のオールナイト上映は、上記作品に以下の作品をプラス |
| | **空の大怪獣ラドン** 56／東宝／本多猪四郎 |

| | |
|---|---|
| ■3/30（土）-4/5（金） ¥800 | **炎の少女チャーリー** 84／マーク・L・レスター |
| | **ザ・キープ** 83／マイケル・マン |
| | **13 日の金曜日 完結編** 84／ジョセフ・ジトー |
| ■4/6（土）-4/12（金） ¥800 | **爆裂都市 Brust City** 82／ダイナマイトプロ／石井聰亙 |
| | **狂い咲きサンダーロード** 80／狂映舎＋ダイナマイトプロ／石井聰亙 |
| | **高校大パニック** 78／にっかつ／沢田幸弘／石井聰亙 |
| ■4/13（土）-4/19（金） ¥800 | **タイトロープ** 84／リチャード・タッグル |
| | **ロマンシング・ストーン 秘宝の谷** 84／ロバート・ゼメキス |
| ■4/20（土）-4/26（金） ¥800 | **スター・トレック** 79／ロバート・ワイズ |
| | **スター・トレックⅡ カーンの逆襲** 82／ニコラス・メイヤー |
| | **スター・トレックⅢ ミスター・スポックを探せ！** 84／レナード・ニモイ |
| ■4/27（土）-5/6（金） ¥1,000 | **うる星やつら オンリー・ユー** 83／キティ・フィルム＋スタジオぴえろ／押井守 |
| （※オールナイトは¥1,200） | **うる星やつら 2 ビューティフル・ドリーマー** 84／キティ・フィルム＋スタジオぴえろ／押井守 |
| | **うる星やつら 3 リメンバー・マイ・ラブ** 85／キティ・フィルム＋ディーン／やまざきかずお |
| | ※ 4/27 のオールナイト上映は、上記作品に以下の作品をプラス |
| | **超時空要塞マクロス 愛・おぼえていますか** 84／ビッグウェスト／河森正治、石黒昇 |
| | **テクノポリス 21C** 82／東宝＋東宝映像／松本正志（総監督） |

| | |
|---|---|
| ■5/7（土）-6/3（月） ¥1,000 | **● 小津安二郎 フィルムコレクション** |
| （※オールナイトは¥1,200） | **一人息子** 36／松竹／小津安二郎 |
| ○5/7（土）-5/10（金） | **生れてはみたけれど** 32／松竹／小津安二郎 |
| ○5/11（土）-5/13（月） | **秋刀魚の味** 62／松竹／小津安二郎 |
| | **お早よう** 59／松竹／小津安二郎 |
| | ※ 5/11 のオールナイト上映は、上記作品に下記の作品をプラス |
| | **一人息子** 36／松竹／小津安二郎 |
| | **生れてはみたけれど** 32／松竹／小津安二郎 |
| ○5/14（火）-5/17（金） | **晩春** 49／松竹／小津安二郎 |
| | **長屋紳士録** 47／松竹／小津安二郎 |
| ○5/18（土）-5/20（月） | **お茶漬の味** 52／松竹／小津安二郎 |
| | **東京物語** 53／松竹／小津安二郎 |
| | ※ 5/18 のオールナイト上映は、上記作品に下記の作品をプラス |
| | **晩春** 49／松竹／小津安二郎 |
| | **長屋紳士録** 47／松竹／小津安二郎 |
| ○5/21（火）-5/24（金） | **戸田家の兄妹** 41／松竹／小津安二郎 |
| | **秋日和** 60／松竹／小津安二郎 |
| ○5/25（土）-5/27（月） | **東京暮色** 57／松竹／小津安二郎 |
| | **彼岸花** 58／松竹／小津安二郎 |
| | ※ 5/25 のオールナイト上映は、上記作品に下記の作品をプラス |
| | **戸田家の兄妹** 41／松竹／小津安二郎 |
| | **秋日和** 60／松竹／小津安二郎 |
| ○5/28（火）-5/31（金） | **早春** 56／松竹／小津安二郎 |
| | **麦秋** 51／松竹／小津安二郎 |
| ○6/1（土）-6/3（月） | **小早川家の秋** 62／宝塚映画／小津安二郎 |
| | **浮草** 59／大映／小津安二郎 |
| | ※ 6/1 のオールナイトは、上記作品に下記の作品をプラス |
| | **早春** 56／松竹／小津安二郎 |
| | **麦秋** 51／松竹／小津安二郎 |

| | |
|---|---|
| ■6/4（火）-6/10（月） ¥800 | **愛・旅立ち** 85／フィルムリンク・インターナショナル／舛田利雄 |
| | **ユー★ガッタ★チャンス** 85／渡辺プロダクション＋N・C・P＋シネマハウト／大森一樹 |
| ■6/11（火）-6/17（月） | **白い恐怖** 45／アルフレッド・ヒッチコック |
| | **汚名** 46／アルフレッド・ヒッチコック |
| | **レベッカ** 40／アルフレッド・ヒッチコック |

| | |
|---|---|
| | **アウトロー** 76／クリント・イーストウッド |
| | **センチメンタル・アドベンチャー** 82／クリント・イーストウッド |
| ○12/17（火）-12/20（金） | **《情無用のサムライたち》** |
| | **ワイルドバンチ** 69／サム・ペキンパー |
| | **光と影のバラード** 74／ニキータ・ミハルコフ |

---

| | |
|---|---|
| ■12/21（土）-12/27（金） ¥1,000 | **● リチャード・ギアとマット・ディロン ―― 美男の顔役** |
| | **コットンクラブ** 84／フランシス・フォード・コッポラ |
| | **フラミンゴキッド** 84／ゲイリー・マーシャル |

---

| | |
|---|---|
| ■12/28（土）-1986年1/13（月） ¥1,500 | **● 松竹系封切** |
| | **男はつらいよ 柴又より愛をこめて** 85／松竹／山田洋次 |
| | **祝辞** 85／松竹／栗山富夫 |

## 1985【大井ロマン】

| | |
|---|---|
| ■1/1（火）-1/14（月） ¥1,000 | **フラッシュダンス** 83／エイドリアン・ライン |
| | **愛のイエントル** 83／バーブラ・ストライサンド |
| | ※ 1/5（土）、1/12（土）レイトショー |
| ■1/15（火）-1/25（金） ¥800 | **超時空要塞マクロス 愛・おぼえていますか** 84 ビッグウェスト／河森正治、石黒昇 |
| | **ルパン三世** 78／東京ムービー新社／吉川惣司 |
| | **ルパン三世 カリオストロの城** 79／東京ムービー新社／宮崎駿 |
| ■1/26（土）-2/4（月） ¥1,000 | **ワンス・アポン・ア・タイム・イン・アメリカ** 84／セルジオ・レオーネ |
| | **殺したいほど愛されて** 84／ハワード・ジーフ |

---

| | |
|---|---|
| ■2/5（火）-2/11（月） ¥800 | **● エンタープライズ号発進！トレッキー全員集合** |
| | **スター・トレック** 79／ロバート・ワイズ |
| | **スター・トレックⅡ カーンの逆襲** 82／ニコラス・メイヤー |
| | **スター・トレックⅢ ミスター・スポックを探せ！** 84／レナード・ニモイ |

---

| | |
|---|---|
| ■2/12（火）-2/18（月） ¥800 | **● 華麗なミステリー、壮烈なバイオレンス** |
| | **スカーフェイス** 83／ブライアン・デ・パルマ |
| | **殺意の香り** 83／ロバート・ベントン |

---

| | |
|---|---|
| ■2/19（火）-2/25（月） ¥800 | **● ヤングアダルト2大スター マット・ディロン、トム・クルーズ** |
| | **卒業白書** 83／ポール・ブリックマン |
| | **ランブルフィッシュ** 83／フランシス・フォード・コッポラ |
| | **テックス** 82／ティム・ハンター |

---

| | |
|---|---|
| ■2/26（火）-3/4（月） ¥800 | **ネバーセイ・ネバーアゲイン** 83／アーヴィン・カーシュナー |
| | **地獄の7人** 83／テッド・コッチェフ |
| | **バイオレント・サタデー** 83／サム・ペキンパー |

---

| | |
|---|---|
| ■3/5（火）-3/29（金） ¥1,000 | **● 甦るスーパーモンスター** |
| （※オールナイトは¥1,200） | **妖怪大戦争** 68／大映／黒田義之 |
| ○3/5（火）-3/8（金） | **大魔神逆襲** 66／大映／森一生 |
| | **大怪獣空中戦 ガメラ対ギャオス** 67／大映／湯浅憲明 |
| ○3/9（土）-3/11（月） | **宇宙大怪獣ギララ** 67／松竹／二本松嘉瑞 |
| | **大魔神怒る** 66／大映／三隅研次 |
| | **大怪獣決闘 ガメラ対バルゴン** 66／大映／田中重雄 |
| | ※ 3/9 のオールナイト上映は、上記作品に以下の作品をプラス |
| ○3/12（火）-3/15（金） | **大巨獣ガッパ** 67／日活／野口晴康 |
| | **ガメラ対宇宙怪獣バイラス** 68／大映／湯浅憲明 |
| | **大巨獣ガッパ** 67／日活／野口晴康 |
| | **大魔神** 66／大映／安田公義 |
| | **大怪獣ガメラ** 65／大映／湯浅憲明 |
| ○3/16（土）-3/18（月） | **フランケンシュタイン対地底怪獣（バラゴン）** 65／東宝＋ベネディクト・プロ／本多猪四郎 |
| | **キングコング対ゴジラ** 62／東宝／本多猪四郎 |
| | **ゴジラの逆襲** 55／東宝／小田基義 |
| ○3/19（火）-3/22（金） | **怪獣大戦争** 65／東宝／本多猪四郎 |

○10/1（火）-10/4（金）　**《深作欣二・バイオレンスの飽和点》**
**軍旗はためく下に**　72／東宝＋新星映画社／深作欣二
**黒蜥蜴**　68／松竹／深作欣二
**資金源強奪**　75／東映／ふかさくきんじ
○10/5（土）-10/7（月）　**《今村昌平・どっこい人間節》**
**「エロ事師たち」より 人類学入門**　66 今村プロダクション／今村昌平
**人間蒸発**　67／今村プロダクション＋ATG＋日本映画新社／今村昌平
**豚と軍艦**　61／日活／今村昌平
○10/8（火）-10/11（金）　**《川島雄三・生きいそぎの記》**
**貸間あり**　59／宝塚映画／川島雄三
**青べか物語**　62／東京映画／川島雄三
○10/12（土）-10/14（月）　**《成瀬巳喜男・失われしものの伝説》**
**乱れ雲**　67／東宝／成瀬巳喜男
**流れる**　56／東宝／成瀬巳喜男

---

■10/15（火）-10/21（月）　¥800　**● 女たちのバトルロイヤル**
**V・マドンナ大戦争**　85／ジョイパックフィルム＋キャニオンレコード／中村幻児
**テラ戦士 Ψ Boy**　85／日本テレビ放送網＋学研ヤング編集部＋トライアングル・プロダクション＋バップ／石山昭信

---

■10/22（火）-11/18（月）　¥1,000　**● 黒澤明フェスティバル**
○10/22（火）-10/28（月）　**隠し砦の三悪人**　58／東宝／黒澤明
**用心棒**　61／東宝＋黒澤プロダクション／黒澤明
○10/29（火）-11/4（月）　**野良犬**　49／映画芸術協会＋新東宝／黒澤明
**椿三十郎**　62／東宝＋黒澤プロダクション／黒澤明
○11/5（火）-11/11（月）　**天国と地獄**　63／東宝＋黒澤プロダクション／黒澤明
**酔いどれ天使**　48／東宝／黒澤明
○11/12（火）-11/18（月）　**乱**　85／ヘラルド・エース＋グリニッチ・フィルム・プロ／黒澤明
**蜘蛛巣城**　57／東宝／黒澤明

---

■11/19（火）-12/2（月）　¥1,000　**● Back to Director・日本映画監督全集／大井町血斗篇 その②**
○11/19（火）-11/20（水）　**《川島雄三 連続上映①》**
**人も歩けば**　60／東京映画／川島雄三
**愛のお荷物**　55／日活／川島雄三
○11/21（木）-11/22（金）　**《川島雄三 連続上映②》**
**女は二度生まれる**　61／大映／川島雄三
**花影**　61／東京映画／川島雄三
○11/23（土）-11/25（月）　**《川島雄三 連続上映③》**
**幕末太陽傳**　57／日活／川島雄三
**シミキンのオオ！市民諸君**　48／松竹／川島雄三
※11/23　岡崎宏三撮影による川島雄三生前の記録映画（8ミリ）のプライベート上映あり
○11/26（火）-11/27（水）　**《成瀬巳喜男 生誕80年記念①》**
**鶴八鶴次郎**　38／東宝／成瀬巳喜男
**妻よ薔薇のやうに**　35／P.C.L.／成瀬巳喜男
○11/28（木）-11/29（金）　**《成瀬巳喜男 生誕80年記念②》**
**夜の流れ**　60／東宝／成瀬巳喜男／川島雄三
**稲妻**　52／大映／成瀬巳喜男
○11/30（土）-12/2（月）　**《成瀬巳喜男 生誕80年記念③》**
**娘・妻・母**　60／東宝／成瀬巳喜男
**山の音**　54／東宝／成瀬巳喜男
※トークイベント　11/30 井手俊郎、桂千穂

---

■12/3（火）-12/9（月）　¥800　**● ロックチックが止まらない**
**爆裂都市 Brust City**　82 ダイナマイトプロ／石井聰亙
**狂い咲きサンダーロード**　80／狂映舎＋ダイナマイトプロ／石井聰亙
**星くず兄弟の伝説**　85／「星くず伝説」プロジェクト／手塚真

---

■12/10（火）-12/20（金）　¥800　**● 今、ウエスタンが新しい**
○12/10（火）-12/12（木）　**《英雄は死なず》**
**ビッグ・アメリカン**　76／ロバート・アルトマン
**ラスト・シューティスト**　76／ドン・シーゲル
○12/13（金）-12/16（月）　**《HONKYTONK ROAD イーストウッド》**

■8/27（火）-9/6（金） ¥1,000
● 円谷プロ ウルトラ怪獣グラフィティ

○8/27（火）-8/30（金）
ウルトラマン「侵略者を撃て」 66 放送／円谷プロダクション／飯島敏宏
ウルトラマン「科特隊宇宙へ」 66 放送／円谷プロダクション／飯島敏宏
ウルトラ Q「五郎とゴロー」 66 放送／円谷プロダクション／円谷一
ウルトラ Q「育てよ！カメ」 66 放送／円谷プロダクション／中川晴之助
ウルトラマン「まぼろしの雪山」 67 放送／円谷プロダクション／樋口祐三
ウルトラセブン「湖のひみつ」 67 放送／円谷プロダクション／野長瀬三摩地
快獣ブースカ「水の大行進」 67 放送／円谷プロダクション／鈴木俊継

○8/31（土）-9/2（月）
ウルトラマン「怪獣殿下」前篇 67 放送／円谷プロダクション／円谷一
ウルトラマン「怪獣殿下」後篇 67 放送／円谷プロダクション／円谷一
ウルトラ Q「206 便消滅す」 66 放送／円谷プロダクション／梶田興治
ウルトラ Q「ペギラが来た！」 66 放送／円谷プロダクション／野長瀬三摩地
ウルトラマン「地上破壊工作」 66 放送／円谷プロダクション／実相寺昭雄
快獣ブースカ「地底戦車で探険」 67 放送／円谷プロダクション／鈴木俊継
ウルトラセブン「魔の山へ飛べ」 67 放送／円谷プロダクション／満田かずほ

○9/3（火）-9/6（金）
ウルトラ Q「鳥を見た」 66 放送／円谷プロダクション／中川晴之助
ウルトラ Q「カネゴンの繭」 66 放送／円谷プロダクション／中川晴之助
ウルトラセブン「ダン対セブンの決闘」 68 放送／円谷プロダクション／鈴木俊継
快獣ブースカ「魔球に突撃！」 67 放送／円谷プロダクション／木俣和夫
ウルトラマン「怪獣無法地帯」 66 放送／円谷プロダクション／円谷一
マイティジャック「月を見るな！」 68 放送／円谷プロダクション／野長瀬三摩地

---

■9/7（土）-9/16（月） ¥1,000
● るーみっく・わーるどだっちゃ うる星やつら TV 版セレクション
※ TV 作品各話制作はフジテレビ＋キティ・フィルム（キティ・エンタープライズ）

○9/7（土）-9/9（月）
タヌキは恩返しできるか!? 82 放送／押井守（演出）
うわさのラムちゃんだっちゃ！ 81 放送／押井守（演出）
面堂はトラブルとともに！ 82 放送／押井守（演出）
ときめきの聖夜（前編） 81 放送／押井守（演出）
ときめきの聖夜（後編） 81 放送／押井守（演出）
君去りし後 82 放送／西村純二（演出）
戦りつ！ 化石のへき地の謎 82 放送／安濃高志（演出）
決死の亜空間アルバイト 82 放送／早川啓二（演出）
恐怖の聖バレンタインデー 83 放送／西村純二（演出）

○9/10（火）-9/13（金）
面堂家仮面ぶとう会 83 放送／押井守（演出）
さよならの季節 83 放送／押井守（演出）
ラムちゃんの理由なき反抗 83 放送／関田修（演出）
そして誰もいなくなったっちゃ!? 83 放送／西村純二（演出）
みじめ！愛とさすらいの母!? 83 放送／西村純二（演出）
惑星教師 CAO-2 の復讐 83 放送／上村修（演出）
レディー竜之介！ 83 放送／上村修（演出）

○9/14（土）-9/16（月）
スクランブル！ ラムを奪回せよ!! 84 放送／上村修（演出）
死闘！ あたる VS 面堂軍団!! 84 放送／押井守、上村修（演出）
お見合地獄！ ヨロイ娘は美女？ 怪女？ 84 放送／鈴木行（演出）
ヨロイ娘の恋！ 乙女心はグラグラゆれて 84 放送／鈴木行（演出）
異次元空間・ダーリンはどこだっちゃ!? 84 放送／やまざきかずお（演出）
大恐怖！ おユキついに怒る!! 84 放送／西村純二（演出）
先輩をやっつけろ！ ご存知三人娘の逆襲 84 放送／鹿島典夫（演出）

---

■9/17（火）-9/23（月） ¥800
● 愛の迷宮―鏡の中にいる他人
廃市 84 ／ PSC ＋新日本制作＋ ATG ／大林宣彦
W の悲劇 84 ／角川春樹事務所／澤井信一郎

---

■9/24（火）-10/14（月） ¥1,000
● Back to Director・日本映画監督全集／大井町血斗篇 その①

○9/24（火）-9/27（金）
《岡本喜八・黒めがねの挽歌》
地獄の饗宴〈うたげ〉 61 ／東京映画／岡本喜八
江分利満氏の優雅な生活 63 ／東宝／岡本喜八
斬る 68 ／東宝／岡本喜八

○9/28（土）-9/30（月）
《山中貞雄・若き天才映画人の遺産》
丹下左膳餘話 百萬両の壺 35 ／日活／山中貞雄
河内山宗俊 36 ／日活＋太秦発声／山中貞雄
人情紙風船 37 ／ P.C.L. ／山中貞雄

| | |
|---|---|
| | **《PART Ⅱ》** |
| ○4/6（土）-4/12（金） ¥1,000 | **ハンガリアン狂詩曲** 78／ヤンチョー・ミクローシュ |
| | **アナザウェイ** 82／カーロイ・マック |
| ○4/13（土）-4/15（月） ¥1,000 | **シナのルーレット** 76／ライナー・ヴェルナー・ファスビンダー |
| （※オールナイトは¥1,200） | **秋のドイツ** 78／ライナー・ヴェルナー・ファスビンダー、アルフ・ブルステリン、アレクサンダー・クルーゲ、マクシミリガン・マインカ、エドガー・ライツ、カーチャ・ルーペ、ハンス・ペーター・クロース、フォルカー・シュレンドルフ、ベルンハルト・ジンケル |
| | ※4/13のオールナイト上映は、上記作品に以下の作品をプラス |
| | **自由の代償** 75／ライナー・ヴェルナー・ファスビンダー |
| | **マリア・ブラウンの結婚** 79／ライナー・ヴェルナー・ファスビンダー |
| ○4/16（火）-4/19（金） ¥1,000 | **鉛の時代** 81／マルガレーテ・フォン・トロッタ |
| | **カスパー・ハウザーの謎** 74／ヴェルナー・ヘルツォーク |
| ○4/20（土）-4/22（月） ¥1,000 | **さすらい** 75／ヴィム・ヴェンダース |
| （※オールナイトは¥1,200） | **まわり道** 74／ヴィム・ヴェンダース |
| | ※4/20のオールナイト上映は、上記作品に以下の作品をプラス |
| | **カスパー・ハウザーの謎** 74／ヴェルナー・ヘルツォーク |
| ○4/23（火）-5/6（月） ¥1,200 | **美女と野獣** 46／ジャン・コクトー |
| | **シベールの日曜日** 62／セルジュ・ブールギニョン |
| ○5/7（火）-5/13（月） ¥1,000 | **舞踏会の手帖** 37／ジュリアン・ディヴィヴェ |
| | **ミモザ館** 34／ジャック・フェデー |

---

| | |
|---|---|
| ■5/14（火）-5/24（金） ¥1,000 | **ラ・パロマ** 74／ダニエル・シュミット |
| | **エレンディラ** 83／ルイ・グエッラ |
| ■5/25（土）-5/31（金） ¥1,000 | **激しい季節** 59／ヴァレリオ・ズルリーニ |
| | **過去をもつ愛情** 54／アンリ・ヴェルヌイユ |
| ■6/1（土）-6/14（金） ¥1,000 | **レイダース 失われたアーク〔聖櫃〕** 81／スティーヴン・スピルバーグ |
| | **インディ・ジョーンズ 魔宮の伝説** 84／スティーヴン・スピルバーグ |
| ■6/15（土）-6/21（金） ¥1,000 | **ランブルフィッシュ** 83／フランシス・フォード・コッポラ |
| | **若き勇者たち** 84／ジョン・ミリアス |
| | **アイスマン** 84／フレッド・スケピシ |
| ■6/22（土）-6/28（金） ¥800 | **家族ゲーム** 83／にっかつ撮影所＋ニュー・センチュリー・プロデューサーズ＋ATG／森田芳光 |
| | **みんなあげちゃう♥** 85／にっかつ／金子修介 |
| ■6/29（土）-7/5（金） ¥800 | **ブレードランナー** 82／リドリー・スコット |
| | **メトロポリス** 84年版／フリッツ・ラング |
| ■7/6（土）-7/12（金） ¥800 | **さびしんぼう** 85／東宝映画＋アミューズ・シネマ・シティ／大林宣彦 |
| | **廃市** 84／PSC＋新日本制作＋ATG／大林宣彦 |
| ■7/13（土）-7/19（金） ¥800 | **天国にいちばん近い島** 84／角川春樹事務所／大林宣彦 |
| | **愛情物語** 84／角川春樹事務所／角川春樹 |
| | **時をかける少女** 83／角川春樹事務所／大林宣彦 |
| ■7/20（土）-7/29（月） ¥1,000 | **うる星やつら オンリー・ユー** 83／キティ・フィルム＋スタジオぴえろ／押井守 |
| （※オールナイトは¥1,200） | **うる星やつら2 ビューティフル・ドリーマー** 84／キティ・フィルム＋スタジオぴえろ／押井守 |
| | **うる星やつら3 リメンバー・マイ・ラブ** 85／キティ・フィルム＋ディーン／やまざきかずお |
| | ※7/20のオールナイト上映は、上記作品に以下の作品をプラス |
| | **超時空要塞マクロス 愛・おぼえていますか** 84／ビッグウェスト／河森正治、石黒昇 |
| | **テクノポリス21C** 82／東宝＋東宝映像／松本正志（総監督） |

---

| | |
|---|---|
| ■7/30（火）-8/16（金） ¥1,000 | **● 巨匠たちの遺産** |
| ○7/30（火）-8/9（金） | **羅生門** 50／大映／黒澤明 |
| | **破戒** 62／大映／市川崑 |
| ○8/10（土）-8/12（月） | **《さよならだけが人生さ ―川島雄三の世界―》** |
| | **しとやかな獣** 62／大映／川島雄三 |
| | **雁の寺** 62／大映／川島雄三 |
| ○8/13（火）-8/16（金） | **《ニヒリズムの遁走曲 ―市川雷蔵の世界―》** |
| | **剣** 64／大映／三隅研次 |
| | **斬る** 62／大映／三隅研次 |
| | **薄桜記** 59／大映／森一生 |

---

| | |
|---|---|
| ■8/17（土）-8/26（月） ¥1,000 | **● アイドル戦線異状なし** |
| | **CHECKERS in TAN TAN たぬき** 85／フジテレビジョン／川島透 |
| | **バロー・ギャングBC** 85／CBSソニーグループ／和泉聖治 |

| | |
|---|---|
| | **クジョー** 83／ルイス・ティーグ |
| ■12/4（火）-12/10（月） ¥800 | **トワイライトゾーン 超次元の体験** 83／ジョン・ランディス、スティーヴン・スピルバーグ、ジョー・ダンテ、ジョージ・ミラー |
| | **ポルターガイスト** 82／トビー・フーパー |
| | **デビルゾーン** 83／ジョセフ・サージェント |
| ■12/11（火）-12/17（月） ¥800 | **● 石井聰亙のパワフルムービー** |
| | **逆噴射家族** 84／ディレクターズ・カンパニー＋国際放映＋ ATG／石井聰亙 |
| | **爆裂都市 Brust City** 82／ダイナマイトプロ／石井聰亙 |
| | **シャッフル** 81／ダイナマイトプロ／石井聰亙 |
| ■12/18（火）-12/24（月） ¥800 | **気狂いピエロ** 65／ジャン＝リュック・ゴダール |
| | **ワン・プラス・ワン** 68／ジャン＝リュック・ゴダール |
| | **ヒア&ゼア こことよそ** 76／ジャン＝リュック・ゴダール、アンヌ＝マリー・ミエヴィル、ジガ・ヴェルトフ集団、ジャン＝ピエール・ゴラン |
| ■12/25（火）-12/31（月） ¥1,000 | **サン・スーシの女** 82／ジャック・ルーフォ |
| | **海辺のホテルにて** 81／アンドレ・テシネ |

## 1985【大井武蔵野館】

| | |
|---|---|
| ■1/15（火）-1/24（木） ¥1,000 | **上海バンスキング** 84／松竹＋西武流通グループ＋シネセゾン＋全国朝日放送／深作欣二 |
| | **おはん** 84／東宝映画／市川崑 |
| ■1/25（金）-2/4（月） ¥800 | **チ・ン・ピ・ラ** 84／プルミエ・インターナショナル＋フジテレビジョン／川島透 |
| | **麻雀放浪記** 84／東映＋角川春樹事務所／和田誠 |
| ■2/5（火）-2/11（月） ¥800 | **風の谷のナウシカ** 84／トップクラフト＋徳間書店＋博報堂／宮崎駿 |
| （※オールナイトは¥1,000） | **パンダコパンダ** 72／東京ムービー／高畑勲（演出） |
| | **パンダコパンダ 雨ふりサーカス** 73／東京ムービー／高畑勲（演出） |
| | **未来少年コナン 特別編 巨大機ギガントの復活** 84／日本アニメーション＋松竹／宮崎駿 |
| | ※ 2/10 のオールナイトは、上記作品に下記の作品をプラス |
| | **ルパン三世 カリオストロの城** 79／東京ムービー新社／宮崎駿 |
| ■2/12（火）-3/8（金） ¥1,000 | **● 黒澤明 フィルムコレクション ――「乱」に向けて黒澤明の映画術を探る** |
| ○2/12（火）-2/18（月） | **赤ひげ** 65／東宝＋黒澤プロダクション／黒澤明 |
| | **椿三十郎** 62／東宝＋黒澤プロダクション／黒澤明 |
| ○2/19（火）-2/21（木） | **天国と地獄** 63／東宝＋黒澤プロダクション／黒澤明 |
| | **用心棒** 61／東宝＋黒澤プロダクション／黒澤明 |
| ○2/22（金）-2/25（月） | **隠し砦の三悪人** 58／東宝／黒澤明 |
| | **生きる** 52／東宝／黒澤明 |
| ○2/26（火）-2/28（木） | **白痴** 51／松竹／黒澤明 |
| | **どん底** 57／東宝／黒澤明 |
| ○3/1（金）-3/5（火） | **どですかでん** 70／四騎の会＋東宝／黒澤明 |
| | **悪い奴ほどよく眠る** 60／東宝＋黒澤プロダクション／黒澤明 |
| ○3/6（水）-3/8（金） | **醜聞〈スキャンダル〉** 50／松竹／黒澤明 |
| | **静かなる決闘** 49／大映／黒澤明 |
| ■3/9（土）-5/13（月） | **● ヨーロッパシネマ大特集** |
| ○3/9（土）-3/22（金） ¥1,200 | **《PART Ⅰ～ソビエト篇》** |
| （※オールナイトは¥1,300） | **〔ソビエト・ニューシネマ アンドレイ・タルコフスキー監督〕** |
| | **ストーカー** 79／アンドレイ・タルコフスキー |
| | **惑星ソラリス** 72／アンドレイ・タルコフスキー |
| | ※ 3/9 のオールナイト上映は、上記作品に以下の作品をプラス |
| | **鏡** 74／アンドレイ・タルコフスキー |
| ○3/23（土）-3/29（金） ¥1,000 | **〔ソビエト・ニューシネマ ニキータ・ミハルコフ監督〕** |
| （※オールナイトは¥1,200） | **愛の奴隷** 76／ニキータ・ミハルコフ |
| | **五つの夜に** 79／ニキータ・ミハルコフ、アレクサンドル・アダバシャン |
| | **ヴァーリヤ！ 愛の素顔** 83／ニキータ・ミハルコフ |
| | ※ 3/23 のオールナイト上映は、上記作品に以下の作品をプラス |
| | **オブローモフの生涯より** 79／ニキータ・ミハルコフ |
| ○3/30（土）-4/5（金） ¥1,000 | **〔ソビエト新鋭監督〕** |
| | **ジャズメン** 83／カレン・シャフナザーロフ |
| | **新しい家族** 82／イスクラ・バービッチ |

| | |
|---|---|
| | **マイティジャック「大都会の恐怖」** 68 放送／円谷プロダクション／小林恒夫 |
| | **怪奇大作戦「吸血地獄」** 68 放送／円谷プロダクション／円谷一 |
| | **電送人間** 60／東宝／福田純 |
| | **マイティジャック「燃えるバラ」** 68 放送／円谷プロダクション／野長瀬三摩地 |
| | **恐怖劇場アンバランス「仮面の墓場」** 73 放送／円谷プロダクション／山際永三 |
| | **怪奇大作戦「死を呼ぶ電波」** 68 放送／円谷プロダクション／長野卓 |
| | **怪奇大作戦「霧の童話」** 68 放送／円谷プロダクション／飯島敏宏 |
| ○10/6（土）-10/8（月） ¥800 | **日本海大海戦** 69／東宝／丸山誠治 |
| （※オールナイトは¥1,000） | **青島〈チンタオ〉要塞爆撃命令** 63／東宝／古澤憲吾 |
| | **太平洋の翼** 63／東宝／松林宗恵 |
| | ※ 10/6 のオールナイト上映は、上記作品に以下の作品をプラス |
| | **ハワイ・ミッドウェイ大海空戦 太平洋の嵐** 60／東宝／松林宗恵 |
| ○10/9（火）-10/12（金） ¥800 | **空の大怪獣ラドン** 56／東宝／本多猪四郎 |
| | **大怪獣バラン** 58／東宝／本多猪四郎 |
| | **さよならジュピター** 84／東宝映画＋イオ／橋本幸治、小松左京（総監督） |
| ■10/13（土）-10/22（火） ¥1,000 | **メイン・テーマ** 84／角川春樹事務所／森田芳光 |
| | **愛情物語** 84／角川春樹事務所／角川春 |
| ■10/23（火）-11/2（金） ¥1,000 | **瀬戸内少年野球団** 84／YOU の会＋ヘラルド・エース／篠田正浩 |
| | **家族ゲーム** 83／にっかつ撮影所＋ニュー・センチュリー・プロデューサーズ＋ATG／森田芳光 |
| ■11/3（土）-11/26（月） ¥1,000 | **● 帰って来た新東宝** |
| （※オールナイトは¥1,200） | **《市川崑特集①》** |
| ○11/3（土）-11/5（月） | **恋人** 51／新東宝＋昭映プロ／市川崑 |
| | **三百六十五夜** 48／新東宝／市川崑 |
| | **夜来香** 51／新東宝＋昭映プロ／市川崑 |
| | ※ 11/3 のオールナイト上映は、上記作品に以下の作品をプラス |
| | **銀座の猛者** 50／新東宝＋青柳プロ／市川崑 |
| | **人間模様** 49／新東宝／市川崑 |
| ○11/6（火）-11/9（金） | **《市川崑特集②》** |
| | **暁の追跡** 50／田中プロ＋新東宝／市川崑 |
| | **盗まれた恋** 51／新東宝＋青柳プロ／市川崑 |
| | **果てしなき情熱** 49／新世紀プロ＋新東宝／市川崑 |
| ○11/10（土）-11/12（月） | **女優** 56／近代映画協会＋新東宝／新藤兼人 |
| | **銀座化粧** 51／新東宝／成瀬巳喜男 |
| | **雪夫人絵図** 50／新東宝＋滝村プロ／溝口健二 |
| | ※ 11/10 のオールナイト上映は、上記作品に以下の作品をプラス |
| | **煙突の見える場所** 57／新東宝＋スタジオ 8 プロ／五所平之助 |
| | **忘れられた子等** 49／稲垣プロ＋新東宝／稲垣浩 |
| ○11/13（火）-11/16（金） | **地平線がぎらぎらっ** 61／新東宝／土居通芳 |
| | **黒線地帯** 60／新東宝／石井輝男 |
| | **黄線地帯** 60／新東宝／石井輝男 |
| ○11/17（土）-11/19（月） | **若き日の啄木 雲は天才である** 54／新東宝／中川信夫 |
| | **エノケンのとび助冒険旅行** 49／エノケンプロダクション＋新東宝／中川信夫 |
| | **地獄** 60／新東宝／中川信夫 |
| | ※ 11/17 のオールナイト上映は、上記作品に以下の作品をプラス |
| | **「粘土のお面」より かあちゃん** 61／新東宝／中川信夫 |
| | **怪異宇都宮釣天井** 56／新東宝／中川信夫 |
| ○11/20（火）-11/23（金） | **たそがれ酒場** 55／新東宝／内田吐夢 |
| | **弥太郎笠** 52／新東宝＋新生プロ／マキノ雅弘 |
| | **ハワイの夜** 53／新生プロ＋新東宝／マキノ雅弘／松林宗恵 |
| ○11/24（土）-11/26（月） | **忍術児雷也** 55／新東宝／萩原遼、加藤泰 |
| | **逆襲大蛇丸** 55／新東宝／萩原遼、加藤泰 |
| | **下郎の首** 55／新東宝／伊藤大輔 |
| | ※ 11/24 のオールナイト上映は、上記作品に以下の作品をプラス |
| | **剣難女難** 51／宝プロ／加藤泰 |
| | **王将一代** 55／新東宝／伊藤大輔 |
| ■11/27（火）-12/3（月） ¥800 | **● スティーブン・キングがおくるモダンホラーショー** |
| | **シャイニング** 80／スタンリー・キューブリック |
| | **クリスティーン** 83／ジョン・カーペンター |

| | |
|---|---|
| ■8/4（土）-8/13（月） ¥1,200 | **廃市** 84／PSC＋新日本制作＋ATG／大林宣彦 |
| （※オールナイトも¥1,200） | **転校生** 82／日本テレビ放送網＋ATG／大林宣彦 |
| | ※8/12のオールナイト上映は、上記作品に以下の作品をプラス |
| | **EMOTION 伝説の午後 いつか見たドラキュラ** 67／大林宣彦 |
| | **瞳の中の訪問者** 77／ホリ企画／大林宣彦 |

| | |
|---|---|
| ■8/14（火）-9/3（月） ¥800 | **● 心をゆさぶるアニメ作家・宮崎駿フィルムコレクション** |
| （※オールナイトは¥1,200） | **ガリバーの宇宙旅行** 65／東映動画／黒田昌郎 |
| ○8/14（火）-8/17（金） | **わんわん忠臣蔵** 63／東映動画／白川大作 |
| | **未来少年コナン 特別編 巨大機ギガントの復活** 84／日本アニメーション＋松竹／宮崎駿 |
| ○8/18（土）-8/20（月） | **長靴をはいた猫** 69／東映動画／矢吹公郎（演出） |
| | **あらいぐまラスカル** 77／日本アニメーション＋フジテレビ／斉藤博 |
| | **空飛ぶゆうれい船** 69／東映動画／池田宏（演出） |
| | ※8/18のオールナイト上映は、上記作品に下記の作品をプラス |
| | **ガリバーの宇宙旅行** 65／東映動画／黒田昌郎 |
| | **わんわん忠臣蔵** 63／東映動画／白川大作 |
| | **未来少年コナン 特別編 巨大機ギガントの復活** 84／日本アニメーション＋松竹／宮崎駿 |
| ○8/21（火）-8/24（金） | **パンダコパンダ** 72／東京ムービー／高畑勲（演出） |
| | **パンダコパンダ 雨ふりサーカス** 73／東京ムービー／高畑勲（演出） |
| | **アリババと40匹の盗賊** 71／東映動画／設楽博（演出） |
| | **どうぶつ宝島** 71／東映動画／池田宏（演出） |
| ○8/25（土）-9/3（月） | **風の谷のナウシカ** 84／トップクラフト＋徳間書店＋博報堂／宮崎駿 |
| | **名探偵ホームズ 青い紅玉の巻／海底の財宝の巻** 84／東京ムービー新社／宮崎駿 |
| | **太陽の王子 ホルスの大冒険** 68／東映動画／高畑勲（演出） |
| | ※8/26のオールナイト上映は、上記作品に以下の作品をプラス |
| | **パンダコパンダ** 72／東京ムービー／高畑勲（演出） |
| | **パンダコパンダ 雨ふりサーカス** 73／東京ムービー／高畑勲（演出） |
| | ※9/2のオールナイト上映は、上記通常上映作品プラス |
| | **アリババと40匹の盗賊** 71／東映動画／設楽博（演出） |
| | **どうぶつ宝島** 71／東映動画／池田宏（演出） |

| | |
|---|---|
| ■9/4（火）-9/10（月） ¥800 | **月の夜・星の朝** 84／大映／石山昭信 |
| | **青春共和国** 84／大映企画／小原宏裕 |
| | **みゆき** 83／東宝＋キティ・フィルム／井筒和幸 |
| ■9/11（火）-9/17（月） ¥800 | **夏服のイヴ** 84／東宝映画＋サンミュージック／西村潔 |
| | **晴れ、ときどき殺人** 84／角川春樹事務所／井筒和幸 |
| | **すかんぴんウォーク** 84／渡辺プロダクション＋シネマハウト＋ニュー・センチュリー・プロデューサーズ／大森一樹 |

| | |
|---|---|
| ■9/18（火）-10/12（金） | **● 円谷英二フィルムコレクション PART Ⅱ** |
| | **フランケンシュタイン対地底怪獣（バラゴン）** 65／東宝＋ベネディクト・プロ／本多猪四郎 |
| | **マイティジャック「パリに消えた男」** 68放送／円谷プロダクション）／満田かずほ |
| ○9/18（火）-9/21（金） ¥1,000 | **怪奇大作戦「壁ぬけ男」** 68放送／円谷プロダクション／飯島敏宏 |
| | **怪奇大作戦「吸血地獄」** 68放送／円谷プロダクション／円谷一 |
| | **恐怖劇場アンバランス「夜が明けたら」** 73放送／円谷プロダクション／黒木和雄 |
| ○9/22（土）-9/28（金） ¥1,000 | **マタンゴ** 63／東宝／本多猪四郎 |
| （※オールナイトは¥1,200） | **快獣ブースカ「ブースカ誕生」** 66放送／円谷プロダクション／竹前重吉 |
| | **マイティジャック「怪飛行船作戦」** 68放送／円谷プロダクション／小林恒夫 |
| | **怪奇大作戦「殺人回路」** 69放送／円谷プロダクション／福田純 |
| | **怪奇大作戦「京都買います」** 69放送／円谷プロダクション／実相寺昭雄 |
| | **怪奇大作戦「ゆきおんな」** 69放送／円谷プロダクション／飯島敏宏 |
| | ※9/22のオールナイト上映は、上記作品に以下の作品をプラス |
| | **フランケンシュタイン対地底怪獣（バラゴン）** 65／東宝＋ベネディクト・プロ／本多猪四郎 |
| | **マイティジャック「パリに消えた男」** 68放送／円谷プロダクション）／満田かずほ |
| | **怪奇大作戦「壁ぬけ男」** 68放送／円谷プロダクション／飯島敏宏 |
| ○9/29（土）-10/1（月） ¥1,000 | **宇宙大戦争** 59／東宝／本多猪四郎 |
| （※オールナイトは¥1,200） | **マイティジャック「K52を奪回せよ」** 68放送／円谷プロダクション）／野長瀬三摩地 |
| | **怪奇大作戦「光る通り魔」** 68放送／円谷プロダクション／円谷一 |
| | **怪奇大作戦「散歩する首」** 68放送／円谷プロダクション／小林恒夫 |
| | **怪奇大作戦「死者がささやく」** 69放送／円谷プロダクション／仲木繁夫 |
| | ※9/29のオールナイト上映は、上記作品に以下の作品をプラス |
| ○10/2（火）-10/5（金） ¥1,000 | **電送人間** 60／東宝／福田純 |

**ワン・プラス・ワン** 68／ジャン＝リュック・ゴダール
※5/5のオールナイト上映は、上記作品に下記の作品をプラス
**ヒア&ゼア こことよそ** 76／ジャン＝リュック・ゴダール、アンヌ＝マリー・ミエヴィル、ジガ・ヴェルトフ集団、ジャン＝ピエール・ゴラン

---

■5/8（火）-5/14（月） ¥1,000
（※オールナイトは¥1,200）

**● ヌーベルバーグの旗手たち Part Ⅱ／アラン・レネ**
**去年マリエンバートで** 60／アラン・レネ
**アメリカの伯父さん** 80／アラン・レネ
**二十四時間の情事** 59／アラン・レネ
※5/12のオールナイト上映《ヌーベルバーグの旗手たち Part Ⅱ／アラン・レネ&トリュフォー監督特集》は、上記作品に下記の作品をプラス
**映画に愛をこめて アメリカの夜** 73／フランソワ・トリュフォー

---

■5/15（火）-5/25（月） ¥1,000
（※オールナイトは¥1,200）

**ヘカテ** 82／ダニエル・シュミット
**赤い影** 73／ニコラス・ローグ
※5/19のオールナイト上映《忍びよるサスペンスの夜》は、上記作品に下記の作品をプラス
**ジェラシー** 79／ニコラス・ローグ
**郵便配達は二度ベルを鳴らす** 81／ボブ・ラフェルソン

■5/26（火）-6/8（金） ¥1,200

**トワイライトゾーン 超次元の体験** 83／ジョン・ランディス、スティーヴン・スピルバーグ、ジョー・ダンテ、ジョージ・ミラー
**ラブ IN ニューヨーク** 82／ロン・ハワード

---

■6/9（土）-6/22（金） ¥600
（※オールナイトは¥1,000）

**● 渋いぜ！男の30代 日本の男優特集**

○6/9（土）-6/11（月）

**《風間杜夫特集》**
**序の舞** 84／東映／中島貞夫
**蒲田行進曲** 82／松竹＋角川春樹事務所／深作欣二
**日本フィルハーモニー物語 炎の第五楽章** 81／エヌ・アール企画／神山征二郎
※6/9のオールナイト上映は、上記作品に下記の作品をプラス
**ザ・レイプ** 82／幻燈社＋東映／東陽一

○6/12（火）-6/15（金）

**《水谷豊特集》**
**逃がれの街** 83／田中プロモーション＋日本テレビ放送網／工藤栄一
**青春の殺人者** 76／今村プロダクション＋綜映社＋ATG／長谷川和彦
**バンパイア「狼少年登場」** 68放送／虫プロ商事／山田健／菊池靖
**バンパイア「バンパイア委員会」** 68放送／虫プロ商事／山田健

○6/16（土）-6/18（月）

**《根津甚八特集》**
**だいじょうぶマイ・フレンド** 83／キティ・フィルム／村上龍
**さらば愛しき大地** 82／プロダクション群狼＋アトリエ・ダンカン／柳町光男
**任侠外伝 玄海灘** 76／唐プロダクション＋ATG／唐十郎
※6/16のオールナイト上映は、上記作品に下記の作品をプラス
**その後の仁義なき戦い** 79／東映／工藤栄一

○6/19（火）-6/22（金）

**《松田優作特集》**
**最も危険な遊戯** 78／東映セントラルフィルム／村川透
**殺人遊戯** 78／東映セントラルフィルム／村川透
**処刑遊戯** 79／東映セントラルフィルム／村川透

---

■6/23（土）-7/6（金） ¥1,000

**プロジェクトA** 83／ジャッキー・チェン
**キャノンボール2** 83／ハル・ニーダム

■7/7（土）-7/13（金） ¥1,000

**家族ゲーム** 83／にっかつ撮影所＋ニュー・センチュリー・プロデューサーズ＋ATG／森田芳光
**の・ようなもの** 81／N.E.W.S.コーポレイション／森田芳光
**ときめきに死す** 84／ニュー・センチュリー・プロデューサーズ／森田芳光
※7/7のオールナイト上映《天才・森田芳光／セレクト4》は、上記作品に下記の作品をプラス
**シブがき隊 ボーイズ&ガールズ** 82／プルミエ・インターナショナル＋ジャニーズ事務所／森田芳光

---

■7/14（土）-7/27（金） ¥1,500

**● 新作封切**
**ウルトラマン物語** 84／円谷プロダクション／高野宏一
**アニメちゃん** 84／円谷プロダクション／湯浅憲明
（※7/28（土）-8/3（金）モーニング・ショーとして上映）

---

■7/28（土）-8/3（金） ¥1,000
（※オールナイトは¥1,200）

**サイコ2** 83／リチャード・フランクリン
**48時間** 82／ウォルター・ヒル
※7/28のオールナイト上映は、上記作品に以下の作品をプラス
**ミッドナイトクロス** 81／ブライアン・デ・パルマ
**ジャグラー ニューヨーク25時** 80／ロバート・バトラー

■2/14（火）-2/20（月） ¥1,000
（※オールナイトは¥1,300）

● ますます楽しみ！ニュー・ジャーマンシネマ

**愛の絆** 77／ハンス・W・ガイセンデルファー
**アギーレ 神の怒り** 72／ヴェルナー・ヘルツォーク
※2/18 のオールナイト上映は、上記作品に下記の作品をプラス
**U・ボート** 81／ウォルフガング・ペーターゼン
**リリー・マルレーン** 81／ライナー・ヴェルナー・ファスビンダー

---

■2/21（火）-2/27（月） ¥600

**スター・トレック** 79／ロバート・ワイズ
**スター・トレックⅡ カーンの逆襲** 82／ニコラス・メイヤー
**遊星からの物体X** 82／ジョン・カーペンター

■2/28（火）-3/5（月） ¥600
（※オールナイトは¥1,000）

**目撃者** 81／ピーター・イェーツ
**ゲッタウェイ** 72／サム・ペキンパー
**シャーキーズ・マシーン** 82／バート・レイノルズ
※3/3 のオールナイト上映は、上記作品に以下の作品をプラス
**シェイマス** 72／バズ・キューリック

■3/6（火）-3/12（月） ¥600

**アメリカン・ジゴロ** 80／ポール・シュレイダー
**ある日どこかで** 80／ヤノット・シュワルツ
**天国から来たチャンピオン** 78／ウォーレン・ビーティ、バック・ヘンリー

---

■3/13（火）-4/4（水）

● ニッポンアニメ共和国！ 春のアニメ大特集

○3/13（火）-3/16（金） ¥600

**《富野由悠季監督特集Ⅰ》**
**機動戦士ガンダム** 81／日本サンライズ／富野喜幸（総監督）
**機動戦士ガンダムⅡ 哀・戦士編** 81／日本サンライズ／富野喜幸（総監督）
**機動戦士ガンダムⅢ めぐりあい宇宙（そら）編** 82／日本サンライズ／富野喜幸（総監督）

○3/17（土）-3/19（月） ¥600
（※オールナイトは¥1,000）

**《富野由悠季監督特集Ⅱ》**
**伝説巨神イデオン THE IDEON 接触篇・発動篇** 82／日本サンライズ／富野喜幸（総監督）
**サブングル グラフィティ** 83／日本サンライズ／富野由悠季
※3/17 のオールナイト上映は、上記作品に下記の作品をプラス
**機動戦士ガンダム** 81／日本サンライズ／富野喜幸（総監督）

○3/20（火）-3/30（金） ¥800
（※オールナイトは¥1,300）

**うる星やつら オンリー・ユー** 83／キティ・フィルム＋スタジオぴえろ／押井守
**うる星やつら2 ビューティフル・ドリーマー** 84／キティ・フィルム＋スタジオぴえろ／押井守
**ルパン三世 カリオストロの城** 79／東京ムービー新社／宮崎駿
※3/24 のオールナイト上映は、上記作品に下記の作品をプラス
**ルパン三世** 78／東京ムービー新社／吉川惣司
**ナイン** 83／東宝＋グループ・タック＋フジテレビ／杉井ギサブロー

○3/31（土）-4/4（水） ¥600
（※オールナイトは¥1,200）

**クラッシャージョウ** 83／日本サンライズ／安彦良和
**ドキュメント 太陽の牙ダグラム** 83／日本サンライズ／高橋良輔
**六神合体ゴッドマーズ** 82／トムス・エンタテインメント／今沢哲男
※3/31 のオールナイト上映は、上記作品に以下の作品をプラス
**魔法のプリンセス ミンキーモモ 大いなる遺産** 82／葦プロダクション＋読売広告社／石田昌平（演出）
**魔法のプリンセス ミンキーモモ 夢のフェナリナーサ** 82／葦プロダクション＋読売広告社／湯山邦彦（演出）
**チョロQ ダグラム** 83／日本サンライズ／三浦将則（演出）

---

■4/5（木）-4/11（水） ¥600
（※オールナイトは¥1,000）

**時計じかけのオレンジ** 71／スタンリー・キューブリック
**シャイニング** 80／スタンリー・キューブリック
※4/7 のオールナイト上映は、上記作品に以下の作品をプラス
**バリー・リンドン** 75／スタンリー・キューブリック

■4/12（木）-4/23（月） ¥1,000
（※オールナイトは¥1,200）

**レッド・ツェッペリン 狂熱のライブ** 76／ジョー・マソット、ピーター・クリフトン
**ウッドストック 愛と平和の三日間** 70／マイケル・ウォドレー
※4/22 のオールナイト上映は、上記作品に以下の作品をプラス
**さらば青春の光** 79／フランク・ロダム

---

■4/24（火）-4/30（月） ¥1,000
（※オールナイトは¥1,200）

● ルキノ・ヴィスコンティの愛と美とデカダンス

**地獄に堕ちた勇者ども** 69／ルキノ・ヴィスコンティ
**ベニスに死す** 71／ルキノ・ヴィスコンティ
※4/28 のオールナイト上映は、上記作品に下記の作品をプラス
**夏の嵐** 54／ルキノ・ヴィスコンティ

---

■5/1（火）-5/7（月） ¥1,200
（※オールナイトは¥1,400）

● ヌーベルバーグの旗手たち Part Ⅰ／ジャン＝リュック・ゴダール監督特集

**彼女について私が知っている二、三の事柄** 66／ジャン＝リュック・ゴダール
**気狂いピエロ** 65／ジャン＝リュック・ゴダール

**書を捨てよ町へ出よう** 71／人力飛行機プロ＋ATG／寺山修司
※10/6のオールナイト上映は、上記作品に下記の作品をプラス
**ボクサー** 77／東映／寺山修司

---

■10/9（火）-10/15（月） ¥800
（※オールナイトは¥1,000）

**● モンティ・パイソン一家のこれがパロディだ！**
**モンティ・パイソン・アンド・ナウ** 71／イアン・マクノートン
**モンティ・パイソン・アンド・ホーリー・グレイル** 74／テリー・ギリアム、テリー・ジョーンズ
**モンティ・パイソン ライフ・オブ・ブライアン** 79／テリー・ジョーンズ
**モンティ・パイソン ストーリー・タイム（短編）**
※10/13のオールナイト上映は、上記作品に下記の作品をプラス
**ジャバーウォッキー** 78／テリー・ギリアム

---

■10/16（火）-10/19（金） ¥1,000

**大いなる別れ** 47／ジョン・クロムウェル
**モロッコ慕情** 51／カーチス・バーンハート

---

■10/20（土）-10/29（月） ¥1,000
（※オールナイトは¥1,200）

**● ジョン・フォード特集**
**ギデオン** 59／ジョン・フォード
**荒野の決闘（いとしのクレメンタイン）** 46／ジョン・フォード
**わが谷は緑なりき** 41／ジョン・フォード
※10/20のオールナイト上映は、上記作品に以下の作品をプラス
**悲愁** 79／ビリー・ワイルダー

---

■10/30（火）-11/26（月） ¥1,000

**● アルフレッド・ヒッチコック特集**

○10/30（火）-11/12（月）

**めまい** 58／アルフレッド・ヒッチコック
**裏窓** 54／アルフレッド・ヒッチコック

○11/13（火）-11/26（月）

**知りすぎていた男** 56／アルフレッド・ヒッチコック
**ロープ** 48／アルフレッド・ヒッチコック

---

■11/27（火）-12/10（月） ¥1,000

**ソフィーの選択** 82／アラン・J・パクラ
**愛と青春の旅だち** 82／テイラー・ハックフォード

■12/11（火）-12/20（月） ¥800

**白い恐怖** 45／アルフレッド・ヒッチコック
**汚名** 46／アルフレッド・ヒッチコック
**レベッカ** 40／アルフレッド・ヒッチコック

■12/21（火）-12/28（金） ¥800

**時をかける少女** 83／角川春樹事務所／大林宣彦
**転校生** 82／日本テレビ放送網＋ATG／大林宣彦
**いつか誰かが殺される** 83／東映＋角川春樹事務所／崔洋一

---

■12/29（土）-1985年1/14（月）
¥1,400

**● 松竹系封切**
**男はつらいよ 寅次郎真実一路** 84／松竹／山田洋次
**ねずみ小僧怪盗伝** 84／松竹＋プロダクション・クラップボード／野村芳太郎

# 1984【大井ロマン】

---

■1/7（土）-1/13（金） ¥600

**戦場のメリークリスマス** 83／松竹＋松竹富士＋ヘラルド／大島渚
**アウトサイダー** 83／フランシス・フォード・コッポラ
**さらば青春の光** 79／フランク・ロダム

■1/14（土）-1/24（火） ¥1,000

**スター・ウォーズ ジェダイの復讐** 83／リチャード・マーカンド
**ミラクルマスター 7つの大冒険** 82／ドン・コスカレリ

---

■1/25（水）-1/30（月） ¥600
（※オールナイトは¥1,000）

**● モンティ・パイソン一家のこれがパロディだ！**
**モンティ・パイソン・アンド・ナウ** 71／イアン・マクノートン
**モンティ・パイソン・アンド・ホーリー・グレイル** 74／テリー・ギリアム、テリー・ジョーンズ
**モンティ・パイソン ライフ・オブ・ブライアン** 79／テリー・ジョーンズ
**モンティ・パイソン ストーリー・タイム（短編）**
※1/28のオールナイト上映は、上記作品に下記の作品をプラス
**バンデットQ** 81／テリー・ギリアム
**ジャバーウォッキー** 78／テリー・ギリアム

---

■1/31（火）-2/13（月） ¥1,200

**ブルーサンダー** 83／ジョン・バダム
**未知との遭遇〈特別篇〉** 80／スティーヴン・スピルバーグ

■6/5（火）-6/11（月） ¥1,300

● **レゲエ・スペシャル ウィーク**
**ハーダー・ゼイ・カム** 73／ペリー・ヘンゼル
**レゲエ・サンスプラッシュⅡ** 79／ステファン・パウル

---

■6/12（火）-6/22（金） ¥1,200

● **開館 3 周年記念**
**ディーバ** 81／ジャン=ジャック・ベネックス
**パッション** 82／ジャン=リュック・ゴダール

---

■6/23（土）-6/29（金） ¥800
（※オールナイトは¥1,000）

**オーソン・ウェルズのフェイク** 75／オーソン・ウェルズ
**抵抗（レジスタンス）―死刑囚の手記より** 57／ロベール・ブレッソン
**白夜** 71／ロベール・ブレッソン
※ 6/23 のオールナイト上映は、上記作品に以下の作品をプラス
**サン★ロレンツォの夜** 82／パオロ・タヴィアーニ、ヴィットリオ・タヴィアーニ

---

■6/30（土）-7/13（金） ¥1,200

**海燕ジョーの奇跡** 84／三船プロダクション＋松竹富士／藤田敏八
**キング・オブ・コメディ** 82／マーティン・スコセッシ

---

■7/14（土）-8/3（金） ¥1,500

● **東映まんがまつり**
**キン肉マン 奪われたチャンピオンベルト** 84／東映動画／白土武
**超電子バイオマン** 84／テレビ朝日＋東映＋東映エージェンシー／堀長文
**宇宙刑事シャイダー** 84／テレビ朝日＋東映＋旭通信社／田中秀夫
**The ♥かぼちゃワイン ニタの愛情物語** 84／東映動画／矢吹公郎（演出）

---

■8/4（土）-8/31（金） ¥1,500

● **東映系封切**
**五福星** 84／サモ・ハン・キンポー
**コータローまかりとおる** 84／東映／鈴木則文

---

■9/1（土）-9/24（月） ¥800
（※オールナイトは¥1,000）

● **SF と SFX シネマ大特集**

○9/1（土）-9/3（月）

**スキャナーズ** 81／デヴィッド・クローネンバーグ
**エイリアン** 79／リドリー・スコット
**ゾンビ** 78／ジョージ・A・ロメロ
※ 9/1 のオールナイト上映は、上記作品に下記の作品をプラス
**アルタード・ステーツ 未知への挑戦** 79／ケン・ラッセル

○9/4（火）-9/7（金）

**バンデットＱ** 81／テリー・ギリアム
**ある日どこかで** 80／ヤノット・シュワルツ
**タイム・アフター・タイム** 79／ニコラス・メイヤー

○9/8（土）-9/10（月）

**《リック・ベーカーの恐怖のスペシャルメイク》**
**狼男アメリカン** 81／ジョン・ランディス
**溶解人間** 77／ウィリアム・サックス
**縮みゆく女** 81／ジョエル・シュマッカー
※ 9/8 のオールナイト上映は、上記作品に下記の作品をプラス
**フューリー** 78／ブライアン・デ・パルマ
**ハウリング** 81／ジョー・ダンテ

○9/11（火）-9/14（金）

**遊星からの物体 X** 82／ジョン・カーペンター
**ニューヨーク 1997** 81／ジョン・カーペンター
**ザ・フォッグ** 80／ジョン・カーペンター

○9/15（土）-9/17（月）

**スタフ王の野蛮な狩り** 79／ワレーリー・ルビンチク
**ピルクスの審問** 79／マルク・ペストラク

○9/18（火）-9/24（月）

**スター・ウォーズ ジェダイの復讐** 83／リチャード・マーカンド
**スーパーマン** 78／リチャード・ドナー
**ブレードランナー** 82／リドリー・スコット
※ 9/22 のオールナイト上映は、上記作品に下記の作品をプラス
**スパイダーマン** 77／E・W・スワックヘイマー

---

■9/25（火）-10/1（月） ¥800

**ミスター・マム** 83／スタン・ドラゴッティ
**メル・ブルックス 珍説世界史 PART Ⅰ** 81／メル・ブルックス
**ラブ IN ニューヨーク** 82／ロン・ハワード

---

■10/2（火）-10/8（月） ¥800
（※オールナイトは¥1,000）

● **さらば寺山修司**
**草迷宮** 79（※日本公開は 1983）／人力飛行機舎※三話オムニバス『プライヴェート・コレクション』の一篇／寺山修司
**田園に死す** 74／人力飛行機舎＋ATG／寺山修司

野獣死すべし　80／東映＋角川春樹事務所／村川透
蘇える金狼　79／東映＋角川春樹事務所／村川透
※ 2/25 のオールナイト上映は、上記作品に下記の作品をプラス
松田優作予告篇大会
乱れからくり　79／東宝映画／児玉進

---

■2/28（火）-3/5（月）　¥600

俺っちのウエディング　83／セントラル・アーツ＋日本テレビ放送網／根岸吉太郎
の・ようなもの　81／N.E.W.S. コーポレイション／森田芳光
セーラー服と機関銃 完璧版　82／角川春樹事務所＋キティ・フィルム／相米慎二

---

■3/6（火）-3/16（金）　¥600
（※オールナイトは¥1,000）

● 大林宣彦・映像の世界
時をかける少女　83／角川春樹事務所／大林宣彦
ねらわれた学園　81／角川春樹事務所／大林宣彦
HOUSE ハウス　77／東宝映像／大林宣彦
※ 3/10 のオールナイトは、上記作品に下記の作品をプラス
金田一耕助の冒険　79／角川春樹事務所／大林宣彦

---

■3/17（土）-3/30（金）　¥600

探偵物語　83／角川春樹事務所／根岸吉太郎
みゆき　83／東宝＋キティ・フィルム／井筒和幸

■3/31（土）-4/6（金）　¥600

ヘッドフォン・ララバイ　83／東映＋ジャニーズ事務所／山根成之
エル・オー・ヴィ・愛・N・G　83／東宝映画＋ジャニーズ事務所／舛田利雄
あいつとララバイ　83／東宝映画＋ジャニーズ事務所／井上梅次

■4/7（土）-4/20（金）　¥1,000

里見八犬伝　83／角川春樹事務所／深作欣二
アイコ十六才　83／アミューズ・シネマ・シティ＋中部日本放送／今関あきよし

■4/21（土）-4/27（金）　¥600

竜二　83／PRODUCTION RYUJI／川島透
とりたての輝き　81／東映セントラルフィルム／浅尾政行
太陽を盗んだ男　79／キティ・フィルム／長谷川和彦

■4/28（土）-5/7（月）　¥1,500

風の谷のナウシカ　84／トップクラフト＋徳間書店＋博報堂／宮崎駿
名探偵ホームズ 青い紅玉の巻／海底の財宝の巻　84／東京ムービー新社／宮崎駿

■5/8（火）-5/14（月）　¥1,000

少林寺　82／チャン・シン・イェン
少林寺 2　83／チャン・シン・イェン
ドラゴン特攻隊　82／チュー・イェンピン

---

■5/15（火）-5/21（月）　¥600
（※オールナイトは¥1,000）

● ますます楽しみ二大アニメ作家・宮崎駿そして押井守
うる星やつら 2 ビューティフル・ドリーマー　84／キティ・フィルム＋スタジオぴえろ／押井守
ルパン三世 カリオストロの城　79／東京ムービー新社／宮崎駿
未来少年コナン 特別編 巨大機ギガントの復活　84／日本アニメーション＋松竹／宮崎駿
※ 5/19 のオールナイト上映は、上記作品に以下の作品をプラス
うる星やつら オンリー・ユー　83／キティ・フィルム＋スタジオぴえろ／押井守
長靴をはいた猫　69／東映動画／矢吹公郎（演出）

---

■5/22（火）-6/4（月）　¥1,000
（※オールナイトは¥1,200）

● 東宝特撮映画大会 大特集・ゴジラ復活に向けて東宝特撮の原点を探る

○5/22（火）-5/25（金）

ガス人間ｵ1号　60／東宝／本多猪四郎
緯度0大作戦　69／東宝＋ドン・シャープ・プロダクション／本多猪四郎
予告篇大会

○5/26（土）-5/28（月）

地球防衛軍　57／東宝／本多猪四郎
モスラ　61／東宝／本多猪四郎
キングコングの逆襲　67／東宝＋ランキン・バス・プロダクション／本多猪四郎
※ 5/26 のオールナイト上映は、上記作品に以下の作品をプラス
ガス人間ｵ1号　60／東宝／本多猪四郎
緯度0大作戦　69／東宝＋ドン・シャープ・プロダクション／本多猪四郎

○5/29（火）-6/1（金）

妖星ゴラス　64／東宝／本多猪四郎
フランケンシュタイン対地底怪獣（バラゴン）　65／東宝＋ベネディクト・プロ／本多猪四郎
予告篇大会

○6/2（土）-6/4（月）

空の大怪獣ラドン　56／東宝／本多猪四郎
フランケンシュタインの怪獣 サンダ対ガイラ　66／東宝＋ベネディクト・プロ／本多猪四郎
海底軍艦　63／東宝／本多猪四郎
※ 6/2 のオールナイト上映は、上記作品に以下の作品をプラス
妖星ゴラス　64／東宝／本多猪四郎
フランケンシュタイン対地底怪獣（バラゴン）　65／東宝＋ベネディクト・プロ／本多猪四郎

**エボリ** 79／フランチェスコ・ロージ

---

■11/19（土）-11/28（月） ¥1,200

● **アンコール週間**
**1900年** 76／ベルナルド・ベルトルッチ

---

■11/29（火）-12/5（月） ¥600

**黄昏** 81／マーク・ライデル
**四季** 81／アラン・アルダ
**結婚しない族** 82／ノーマン・ジュイソン

■12/6（火）-12/12（月） ¥600

**ギデオン** 59／ジョン・フォード
**悲愁** 79／ビリー・ワイルダー
**上海から来た女** 47／オーソン・ウェルズ

---

■12/13（火）-12/23（金） ¥800

● **哀愁のヒーロー／ティモシー・ハットン特集**
**ロング・ウェイ・ホーム** 81／ロバート・マーコウィッツ
**普通の人々** 80／ロバート・レッドフォード
**タップス** 81／ハロルド・ベッカー

---

■12/24（土）-1984年1/6（金）
¥1,000

**スーパーマンⅡ 冒険篇** 81／リチャード・レスター
**スーパーマンⅢ電子の要塞** 83／リチャード・レスター

# 1984【大井武蔵野館】

■1/14（土）-1/27（金） ¥1,000

**居酒屋兆治** 83／東宝＋田中プロモーション／降旗康男
**細雪** 83／東宝映画／市川崑

■1/28（土）-2/3（金） ¥600

**魚影の群れ** 83／松竹／相米慎二
**逃がれの街** 83／田中プロモーション＋日本テレビ放送網／工藤栄一

---

■2/4（土）-2/17（金） ¥1,000
（※オールナイトは¥1,200）

● **日本映画の巨匠 小津安二郎 フィルムコレクション**

○2/4（土）-2/6（月）

**生きてはみたけれど 小津安二郎伝** 83／松竹／井上和男
**麦秋** 51／松竹／小津安二郎
**東京物語** 53／松竹／小津安二郎
※2/5のオールナイト上映は、『生きてはみたけれど』を除く上記作品に下記の作品をプラス
**東京暮色** 57／松竹／小津安二郎

○2/7（火）-2/9（木）

**生きてはみたけれど 小津安二郎伝** 83／松竹／井上和男
**晩春** 49／松竹／小津安二郎
**早春** 56／松竹／小津安二郎

○2/10（金）-2/11（土）

**生きてはみたけれど 小津安二郎伝** 83／松竹／井上和男
**お早よう** 59／松竹／小津安二郎
**秋日和** 60／松竹／小津安二郎
※2/11のオールナイトは、『生きてはみたけれど』を除く上記作品に下記の作品をプラス
**小早川家の秋** 61／宝塚映画／小津安二郎
**秋刀魚の味** 62／松竹／小津安二郎

○2/12（日）-2/14（火）

**生きてはみたけれど 小津安二郎伝** 83／松竹／井上和男
**小早川家の秋** 61／宝塚映画／小津安二郎
**秋刀魚の味** 62／松竹／小津安二郎

○2/15（水）-2/17（金）

**生きてはみたけれど 小津安二郎伝** 83／松竹／井上和男
**浮草** 59／大映／小津安二郎
**彼岸花** 58／松竹／小津安二郎

---

■2/18（土）-2/27（月） ¥600
（※オールナイトは¥1,000）

● **ハードな個性派・松田優作特集**

○2/18（土）-2/21（火）

**最も危険な遊戯** 78／東映セントラルフィルム／村川透
**殺人遊戯** 78／東映セントラルフィルム／村川透
**処刑遊戯** 79／東映セントラルフィルム／村川透
※2/18のオールナイト上映は、上記作品に下記の作品をプラス
**松田優作予告篇大会**
**俺たちに墓はない** 79／東映セントラルフィルム／沢田幸弘

○2/22（水）-2/24（金）

**あばよダチ公** 74／日活／沢田幸弘
**暴力教室** 76／東映／岡本明久
**狼の紋章** 73 東宝映像／松本正志

○2/25（土）-2/27（月）

**ヨコハマBJブルース** 81／東映セントラルフィルム／工藤栄一

| | |
|---|---|
| | **爆裂都市 Brust City** 82／ダイナマイトプロ／石井聰亙 |

| | |
|---|---|
| ■6/21（火）-6/27（月） ¥600 | **メフィスト** 81／イシュトヴァン・サボー |
| | **夏の嵐** 54／ルキノ・ヴィスコンティ |
| ■6/28（火）-7/11（月） ¥1,000 | **ファイヤーフォックス** 82／クリント・イーストウッド |
| | **遊星からの物体X** 82／ジョン・カーペンター |
| ■7/12（火）-7/15（金） ¥600 | **マイ・ライバル** 82／ロバート・タウン |
| | **サマー・ナイト** 82／ウディ・アレン |
| ■7/16（土）-7/25（月） ¥800 | **ポーキーズ** 81／ボブ・クラーク |
| | **ザ・カンニング IQ＝0** 80／クロード・ジディ |
| | **アニマル・ハウス** 78／ジョン・ランディス |
| ■7/26（火）-8/1（月） ¥600 | **マット・ディロンの初恋物語** 82／デイヴィッド・フィッシャー |
| | **初体験 リッジモンド・ハイ** 82／エイミー・ヘッカーリング |
| | **新ラ・ブーム 15才の夏** 83／マルセル・ジュリアン |

| | |
|---|---|
| ■8/2（火）-8/15（月） ¥800 | **● 戦え！スーパー・アニメ戦士達** |
| （※オールナイトは¥1,000） | **幻魔大戦** 83／角川春樹事務所／りん・たろう |
| | **クラッシャージョウ** 83／日本サンライズ／安彦良和 |
| | ※8/14のオールナイト上映は、上記作品に下記の作品をプラス |
| | **伝説巨神イデオン THE IDEON 接触篇／発動篇** 82／日本サンライズ／富野喜幸（総監督） |

| | |
|---|---|
| ■8/16（火）-8/22（月） ¥600 | **ドラゴンロード** 82／ジャッキー・チェン |
| | **ヤングマスター 師弟出馬** 80／ジャッキー・チェン |
| | **バトルクリーク・ブロー** 80／ロバート・クローズ |
| ■8/23（火）-8/29（月） ¥600 | **ラ・ブーム** 80／クロード・ピノトー |
| | **ラ・ブーム2** 82／クロード・ピノトー |
| ■8/30（火）-9/5（月） ¥600 | **夜をぶっとばせ BLOW THE NIGHT！** 83／フィルムワーカーズ＋EPICソニー／曾根中生 |
| | **オン・ザ・ロード** 82／ジョイパックフィルム＋ムービーブラザーズ／和泉聖治 |
| | **ガキ帝国** 81／プレイガイド・ジャーナル社＋ATG／井筒和幸 |

| | |
|---|---|
| ■9/6（火）-9/12（月） ¥1,000 | **● 世にも不思議なソビエトSFシネマ** |
| （※オールナイトは¥1,300） | **スタフ王の野蛮な狩り** 79／ワレーリー・ルビンチク |
| | **ストーカー** 79／アンドレイ・タルコフスキー |
| | **ピルクスの審問** 79／マルク・ペストラク |
| | ※9/10のオールナイト上映は、上記作品に下記の作品をプラス |
| | **原子潜水艦** 61／コンスタンチン・ピピナジヴィリ |

| | |
|---|---|
| ■9/13（火）-9/19（月） ¥600 | **● アニメいっぱい 夢いっぱい** |
| （※オールナイトは¥1,000） | **ルパン三世 カリオストロの城** 79／東京ムービー新社／宮崎駿 |
| | **六神合体ゴッドマーズ** 82／トムス・エンタテインメント／今沢哲男 |
| | **うる星やつら オンリー・ユー** 83／キティ・フィルム＋スタジオぴえろ／押井守 |
| | ※9/17のオールナイト上映は、上記作品に下記の作品をプラス |
| | **戦国魔神ゴーショーグン** 82／葦プロダクション／湯山邦彦 |
| | **パタリロ！スターダスト計画** 83／東映アニメーション／西沢信孝 |

| | |
|---|---|
| ■9/20（火）-11/18（金） ¥1,200 | **● ヨーロッパシネマフェア** |
| ○9/20（火）-9/26（月） | **白夜** 71／ロベール・ブレッソン |
| | **ゲームの規則** 39／ジャン・ルノアール |
| | **抵抗（レジスタンス）―死刑囚の手記より** 57／ロベール・ブレッソン |
| ○9/27（火）-9/30（金） | **サン★ロレンツォの夜** 82／パオロ・タヴィアーニ、ヴィットリオ・タヴィアーニ |
| | **カッティング・ショート** 80／イジイ・メンツェル |
| ○10/1（土）-10/3（月） | **オーソン・ウェルズのフェイク** 75／オーソン・ウェルズ |
| | **暗殺のオペラ** 69／ベルナルド・ベルトルッチ |
| ○10/4（火）-10/17（月） | **隣の女** 81／フランソワ・トリュフォー |
| | **ジャスト・ア・ジゴロ** 78／デビッド・ヘミングス |
| ○10/18（火）-10/28（金） | **1900年** 76／ベルナルド・ベルトルッチ |
| ○10/29（土）-11/4（金） | **フィッツカラルド** 82／ヴェルナー・ヘルツォーク |
| | **ヴェロニカ・フォスのあこがれ** 82／ライナー・ヴェルナー・ファスビンダー |
| ○11/5（土）-11/11（金） | **白バラは死なず** 82／ミヒャエル・ファアヘーヘン |
| | **ことの次第** 81／ヴィム・ヴェンダース |
| ○11/12（土）-11/18（金） | **アレクサンダー大王** 80／テオ・アンゲロプロス |

| | |
|---|---|
| ■2/22（火）-3/7（月） ¥1,000 | **病院狂時代** 82／ゲイリー・マーシャル |
| | **ニッケルオデオン** 76／ピーター・ボグダノヴィッチ |
| ■3/8（火）-3/14（月） ¥1,000 | **● モスフィルムのニューウェーブ** アンドレイ・タルコフスキー |
| （※オールナイトは¥1,300） | **ストーカー** 79／アンドレイ・タルコフスキー |
| | **鏡** 74／アンドレイ・タルコフスキー |
| | ※ 3/12 のオールナイト上映は、上記作品に下記の作品をプラス |
| | **アンドレイ・ルブリョフ（第１部、第２部）** 69／アンドレイ・タルコフスキー |
| ■3/15（火）-3/18（金） ¥500 | **ハイスクール・グラフィティー 渚のレッスン** 81／ブルース・ベレスフォード |
| | **青い珊瑚礁** 80／ランダル・クレイザー |
| | **パラダイス** 82／スチュアート・ギラード |
| ■3/19（土）-4/1（金） ¥1,000 | **ランボー** 82／テッド・コッチェフ |
| | **地中海殺人事件** 82／ガイ・ハミルトン |
| ■4/2（土）-4/11（月） ¥1,000 | **● ウォルト・ディズニーのメルヘン王国** |
| （※オールナイトは¥1,300） | **シンデレラ** 50／ウィルフレッド・ジャクソン、ハミルトン・ラスク、クライド・ジェロニミ |
| | **わんわん物語** 55／ウィルフレッド・ジャクソン、ハミルトン・ラスク、クライド・ジェロニミ |
| | **ビアンカの大冒険** 77／ウォルフガング・ライザーマン、ジョン・ランズベリー、アート・スティーブンス |
| | ※ 4/9 のオールナイト上映は、上記作品に下記の作品をプラス |
| | **ポパイ** 80／ロバート・アルトマン |
| | **プーさんと大あらし** 68／ウォルフガング・ライザーマン |
| | **ディズニー予告篇集** |
| ■4/12（火）-4/18（月） ¥500 | **蛇鶴八拳** 77／チェン・チーホウ |
| | **少林寺への道** 81／ジョセフ・クオ |
| ■4/19（火）-4/25（月） ¥500 | **キャット・ピープル** 81／ポール・シュレイダー |
| | **ポルターガイスト** 82／トビー・フーパー |
| ■4/26（火）-5/9（月） ¥1,000 | **● 僕らの SF ムービー・カタログ** |
| （※オールナイトは¥1,300） | **トロン** 82／スティーブン・リズバーガー |
| | **ブレードランナー** 82／リドリー・スコット |
| | ※ 5/7 のオールナイト上映は、上記作品に下記作品をプラス |
| | **未来惑星ザルドス** 74／ジョン・ブアマン |
| | **アルタード・ステーツ 未知への挑戦** 79／ケン・ラッセル |
| ■5/10（火）-5/16（月） ¥600 | **汚名** 46／アルフレッド・ヒッチコック |
| | **ラグタイム** 81／ミロス・フォアマン |
| ■5/17（火）-5/23（月） ¥500 | **● 心あったか おもしろシネマ** |
| （※オールナイトは¥800） | **わたしは女優志願** 82／ハーバート・ロス |
| | **セント・ヒヤシンス物語** 82／クロード・ガニオン |
| | **天国から来たチャンピオン** 78／ウォーレン・ビーティ、バック・ヘンリー |
| | ※ 5/21 のオールナイト上映は、上記作品に下記の作品をプラス |
| | **マジック・ボーイ** 82／キャレブ・デシャネル |
| ■5/24（火）-5/30（月） ¥500 | **スタントマン** 80／リチャード・ラッシュ |
| | **バトルトラック** 82／ハーレイ・コークリス |
| | **処刑教室** 82／マーク・L・レスター |
| ■5/31（火）-6/6（月） ¥600 | **炎のランナー** 81／ヒュー・ハドソン |
| | **終電車** 80／フランソワ・トリュフォー |
| | **ワン・フロム・ザ・ハート** 82／フランシス・フォード・コッポラ |
| ■6/7（火）-6/13（月） ¥500 | **ションベン・ライダー** 83／キティ・フィルム／相米慎二 |
| | **キッドナップ・ブルース** 82／バーズスタジオ＋ ATG／浅井慎平 |
| | **ウィークエンド・シャッフル** 82／幻児プロダクション＋らんだむはうす／中村幻児 |
| ■6/14（火）-6/20（月） ¥500 | **● スクリーンに飛翔するミュージシャン達** |
| （※オールナイトは¥800） | **太陽を盗んだ男** 79／キティ・フィルム／長谷川和彦 |
| | **TATOO〔刺青〕あり** 82／国際放映＋高橋プロダクション＋ ATG／高橋伴明 |
| | **水のないプール** 82／若松プロダクション／若松孝二 |
| | ※ 6/18 のオールナイト上映は、上記作品に下記の作品をプラス |

**ウルトラマン「侵略者を撃て」** 66放送／円谷プロダクション／飯島敏宏
**ウルトラセブン「第四惑星の悪夢」** 68放送／円谷プロダクション／実相寺昭雄
※12/3のオールナイト上映は、上記作品に下記の作品をプラス
**東宝特撮予告編大会**
**快獣ブースカ「ブースカ誕生」** 66放送／円谷プロダクション／竹前重吉

○12/6（火）-12/9（金）
**怪獣大戦争** 65／東宝／本多猪四郎
**キングコングの逆襲** 67／東宝＋ランキン・バス・プロダクション／本多猪四郎
**ウルトラQ「海底原人ラゴン」** 66放送／円谷プロダクション／野長瀬三摩地
**怪奇大作戦「人喰い蛾」** 68放送／円谷プロダクション／円谷一
**東宝特撮予告編大会**

○12/10（土）-12/13（火）
**モスラ** 61／東宝／本多猪四郎
**キングコング対ゴジラ** 62／東宝／本多猪四郎
**ウルトラマン「さらばウルトラマン」** 67放送／円谷プロダクション）／円谷一
**ウルトラQ「カネゴンの繭」** 66放送／円谷プロダクション／中川晴之助
※12/10のオールナイト上映は、上記作品にプラス
**怪奇大作戦「人喰い蛾」** 68放送／円谷プロダクション／円谷一
**ウルトラQ「海底原人ラゴン」** 66放送／円谷プロダクション／野長瀬三摩地
**東宝特撮予告編大会**

○12/14（水）-12/16（金）
**ゴジラ** 54／東宝／本多猪四郎
**ゴジラ対メカゴジラ** 74／東宝／福田純
**ウルトラQ「あけてくれ！」** 67放送／円谷プロダクション／円谷一
**恐怖劇場アンバランス「木乃伊〈みいら〉の恋」** 73放送／円谷プロダクション／鈴木清順
**東宝特撮予告編大会**

○12/17（土）-12/23（金）
**空の大怪獣ラドン** 56／東宝／本多猪四郎
**モスラ対ゴジラ** 64／東宝／本多猪四郎
**海底軍艦** 63／東宝／本多猪四郎

○12/24（土）-12/27（火）
**ウルトラQ「悪魔っ子」** 66放送／円谷プロダクション／梶田興治
**怪奇大作戦「恐怖の電話」** 68放送／円谷プロダクション）／実相寺昭雄
※12/17のオールナイト上映は、上記作品にプラス
**恐怖劇場アンバランス「木乃伊〈みいら〉の恋」** 73放送／円谷プロダクション／鈴木清順
**ウルトラQ「あけてくれ！」** 67放送／円谷プロダクション／円谷一
**ウルトラQ「東京氷河期」** 66放送／円谷プロダクション／野長瀬三摩地
**怪奇大作戦「青い血の女」** 68放送／円谷プロダクション／鈴木俊継
**怪奇大作戦「死神の子守唄」** 68放送／円谷プロダクション／実相寺昭雄
**マイティジャック「爆破指令」** 68放送／円谷プロダクション／満田かずほ
**恐怖劇場アンバランス「死体置場〈モルグ〉の殺人者」** 73放送／円谷プロダクション／長谷部安春

---

■12/28（水）-1984年1/13（金）
¥1,400
**● 松竹系封切**
**男はつらいよ 口笛を吹く寅次郎** 83／松竹／山田洋次
**迷走地図** 83／松竹＋霧プロダクション／野村芳太郎

# 1983【大井ロマン】

■1/8（土）-1/14（金） ¥800
**1000年女王** 82／東映／明比正行
**わが青春のアルカディア** 82／東映＋東急エージェンシー／勝間田具治

■1/15（土）-1/24（月） ¥500
**セーラー服と機関銃 完璧版** 82／角川春樹事務所＋キティ・フィルム／相米慎二
**装いの街** 82／東映／鴨下信一（演出）
**ねらわれた学園** 81／角川春樹事務所／大林宣彦

---

■1/25（火）-1/31（月） ¥500
（※オールナイトは¥800）
**● モンティ・パイソン大会**
**モンティ・パイソン・アンド・ナウ** 71／イアン・マクノートン
**モンティ・パイソン・アンド・ホーリー・グレイル** 74／テリー・ギリアム、テリー・ジョーンズ
**モンティ・パイソン ライフ・オブ・ブライアン** 79／テリー・ジョーンズ
※1/29のオールナイト上映は、上記作品に以下の作品をプラス
**ジャバーウォッキー** 78／テリー・ギリアム

---

■2/1（火）-2/7（月） ¥500
**コナン・ザ・グレート** 82／ジョン・ミリアス
**ボーダー** 81／トニー・リチャードソン

■2/8（火）-2/21（月） ¥1,000
**マッドマックス** 79／ジョージ・ミラー
**マッドマックス2** 81／ジョージ・ミラー

| | |
|---|---|
| | **男はつらいよ 旅と女と寅次郎** 83／松竹／山田洋次 |
| | **いとしのラハイナ** 83／松竹／栗山富夫 |
| ■8/27（土）-9/5（月） ¥1,000 | **細雪** 83／東宝映画／市川崑 |
| | **疑惑** 82／松竹＋霧プロダクション／野村芳太郎 |
| ■9/6（火）-9/12（月） ¥600 | **刑事物語 2 りんごの詩** 83／キネマ旬報＋東宝／杉村六郎 |
| | **蒲田行進曲** 82／松竹＋角川春樹事務所／深作欣二 |
| ■9/13（火）-9/19（月） ¥600 | **プルメリアの伝説 天国のキッス** 83／東宝映画＋サンミュージック／河崎義祐 |
| | **ヘッドフォン・ララバイ** 83／東映＋ジャニーズ事務所／山根成之 |
| ■9/20（火）-9/26（月） ¥600 | **● どっきりどきどきホラームービー** |
| （※オールナイトは¥1000） | **マニアック** 80／ウィリアム・ラスティ |
| | **ローズマリー** 81／ジョセフ・ジトー |
| | **シャドー** 82／ダリオ・アルジェント |
| | ※ 9/24 のオールナイトは、上記作品に以下の作品をプラス |
| | **ゾンビ** 79／ジョージ・A・ロメロ |
| ■9/27（火）-10/3（月） ¥800 | **もどり川** 83／三協映画／神代辰巳 |
| | **無力の王** 81／ニッポン放送＋東映セントラルフィルム／石黒健治 |
| | **雨が好き** 83／情報通信社＋ニナーエンタープライズ／高橋洋子 |
| | ※ 10/1 のオールナイト上映は、上記作品に以下の作品をプラス |
| | **宵待草** 74／日活／神代辰巳 |
| ■10/4（火）-10/10（月） ¥600 | **カンニング・モンキー 天中拳** 78／チェン・チーホウ |
| | **拳精** 78／ロー・ウェイ |
| | **蛇鶴八拳** 77／チェン・チーホウ |
| ■10/11（火）-10/17（月） ¥600 | **スター・トレックⅡ カーンの逆襲** 82／ニコラス・メイヤー |
| | **ブレードランナー** 82／リドリー・スコット |
| ■10/18（火）-10/31（月） ¥800 | **嵐を呼ぶ男** 83／東宝映画＋ジャニーズ事務所／井上梅次 |
| | **ハイティーン・ブギ** 82／東宝／舛田利雄 |
| | **伊賀野カバ丸** 83／東映／鈴木則文 |
| ■11/1（火）-11/7（月） ¥600 | **● 何故かスプラッシュ** |
| （※オールナイトは¥1,000） | **センチメンタル・アドベンチャー** 82／クリント・イーストウッド |
| | **天使の復讐** 81／アベル・フェラーラ |
| | **レッドオメガ追撃作戦** 80／セルジオ・コルブッチ |
| | ※ 11/5 のオールナイト上映は、上記作品に下記の作品をプラス |
| | **ホットスタッフ** 79／ドム・デルイーズ |
| ■11/8（火）-11/14（月） ¥1,000 | **● いつまでも熱いやつ ニューマン＆マックイーン** |
| （※オールナイトは¥1,300） | **評決** 82／シドニー・ルメット |
| | **民衆の敵** 78／ジョージ・シェーファー |
| | ※ 11/12 のオールナイト上映は、上記作品に以下の作品をプラス |
| | **トム・ホーン** 80／ウィリアム・ウィアード |
| | **アパッチ砦 ブロンクス** 81／ダニエル・ペトリ |
| ■11/15（火）-11/21（月） ¥800 | **● はんぱじゃないぜ俺達は** |
| （※オールナイトは¥1,200） | **十階のモスキート** 83／ニュー・センチュリー・プロデューサーズ／崔洋一 |
| | **レッド・ゾーン** 83／ランダムエンタープライズ ※特別公開 ／神有介 |
| | **シャッフル** 81／ダイナマイトプロ／石井聰亙 |
| | ※ 11/19 のオールナイト上映は、上記作品に下記の作品をプラス |
| | **餌食** 79／獅子プロダクション／若松孝二 |
| | **とりたての輝き** 81／東映／浅尾政行 |
| ■11/22（火）-11/28（月） ¥800 | **アウトサイダー** 83／フランシス・フォード・コッポラ |
| | **ビッグ・ウェンズデー** 78／ジョン・ミリアス |
| ■11/29（火）-12/27（火） ¥1,000 | **● 円谷英二コレクション** |
| （※オールナイトは¥1,400） | ※東宝作品 10 本はニュープリント版、円谷プロ作品 12 本は TV 版 |
| ○11/29（火）-12/5（月） | **三大怪獣 地球最大の決戦** 64／東宝／本多猪四郎 |
| | **ゴジラ** 54／東宝／本多猪四郎 |
| | **ウルトラ Q「2020 年の挑戦」** 66 放送／円谷プロダクション／飯島敏宏 |

| | |
|---|---|
| | **野獣都市** 70／東宝／福田純 |
| ■4/19（火）-4/25（月） ¥500 | **龍の忍者** 82／ユン・ケイ |
| | **伊賀忍法帖** 82／東映＋角川春樹事務所／斎藤光正 |
| | **忍者武芸帳 百地三太夫** 80／東映／鈴木則文 |
| ■4/26（火）-5/9（月） ¥1,200 | **うる星やつら オンリー・ユー** 83／キティ・フィルム＋スタジオぴえろ／押井守 |
| | **翔んだカップル〈ラブコール HIROKO ※オリジナル版〉** 82／キティ・フィルム／相米慎二 |
| ■5/10（火）-5/16（月） ¥800 | **天城越え** 83／松竹＋霧プロダクション／三村晴彦 |
| | **砂の器** 74／松竹＋橋本プロダクション／野村芳太郎 |

---

| | |
|---|---|
| ■5/17（火）-6/13（月） ¥1,200 | **● ソビエトシネマ大特集セレクト 17** |
| （※オールナイトは¥1,300） | **《ソビエトニューシネマ①》** |
| ○5/17（火）-5/30（月） | **惑星ソラリス** 72／アンドレイ・タルコフスキー |
| | **ストーカー** 79／アンドレイ・タルコフスキー |
| ○5/31（火）-6/2（木） | **《ソビエトニューシネマ②》** |
| | **想い出の夏休み** 75／セルゲイ・ソロヴィヨフ |
| | **エゴール・ブルイチョフ** 71／セルゲイ・ソロヴィヨフ |
| ○6/3（金）-6/5（日） | **《ソビエトニューシネマ③》** |
| | **ワーニャ伯父さん** 71／アンドレイ・ミハルコフ＝コンチャロフスキー |
| | **光と影のバラード** 74／ニキータ・ミハルコフ |
| | **機械じかけのピアノのための未完成の戯曲** 76／ニキータ・ミハルコフ |
| | ※6/4のオールナイト上映《ソビエトニューシネマ タルコフスキー＆ミハルコフ兄弟》は、上記作品に下記の作品をプラス |
| | **ローラーとバイオリン** 60／アンドレイ・タルコフスキー |
| | **貴族の巣** 70／アンドレイ・ミハルコフ＝コンチャロフスキー |
| ○6/6（月）-6/7（火） | **《ドストエフスキーの世界》** |
| | **ドストエフスキーの生涯の 26 日** 80／アレクサンドル・ザルヒ |
| | **カラマーゾフの兄弟** 68／イワン・プイリエフ |
| ○6/8（水）-6/9（木） | **《戦争の嵐①》** |
| | **ヨーロッパの解放 第 1 部〜第 4 部** 70〜71／ユーリー・オーゼロフ |
| ○6/10（金）-6/11（土） | **《戦争の嵐②》** |
| | **戦争と平和** 65／セルゲイ・ボンダルチュク |
| | **戦争と平和 完結篇** 67／セルゲイ・ボンダルチュク |
| | ※6/11のオールナイト上映は《不滅のエイゼンシュテイン》として以下の作品を上映 |
| | **メキシコ万歳** 79／セルゲイ・エイゼンシュタイン |
| | **イワン雷帝（第 1 部・第 2 部）** 44／セルゲイ・エイゼンシュタイン |
| | **アレクサンドル・ネフスキー** 38／セルゲイ・エイゼンシュタイン |
| ○6/12（日）-6/13（月） | **《不滅のエイゼンシュテイン》** |
| | **メキシコ万歳** 79／セルゲイ・エイゼンシュタイン |
| | **イワン雷帝（第 1 部／第 2 部）** 44／セルゲイ・エイゼンシュタイン |

---

| | |
|---|---|
| ■6/14（火）-6/24（金） ¥1,200 | **父 パードレ・パドローネ** 77／パオロ・タヴィアーニ、ヴィットリオ・タヴィアーニ |
| | **サン★ロレンツォの夜** 82／パオロ・タヴィアーニ、ヴィットリオ・タヴィアーニ |
| ■6/25（土）-7/1（金） ¥800 | **俺っちのウエディング** 83／セントラル・アーツ＋日本テレビ放送網／根岸吉太郎 |
| （※オールナイトは¥1,000） | **だいじょうぶマイ・フレンド** 83／キティ・フィルム／村上龍 |
| | **モーニング・ムーンは粗雑に** 81／アミューズ・シネマ・シティ／渡辺正憲 |
| | ※6/25のオールナイト上映は、上記作品に以下の作品をプラス |
| | **限りなく透明に近いブルー** 79／キティ・フィルム／村上龍 |
| ■7/2（土）-7/11（月） ¥600 | **ある日どこかで** 80／ヤノット・シュワルツ |
| （※オールナイトは¥1,000） | **バンデットＱ** 81／テリー・ギリアム |
| | ※7/2のオールナイト上映は、上記作品に下記の作品をプラス |
| | **ファイナル・カウントダウン** 80／ドン・テイラー |
| | **タイム・アフター・タイム** 79／ニコラス・メイヤー |
| | ※7/9のオールナイト上映は、上記作品に下記の作品をプラス |
| | **エイリアン** 79／リドリー・スコット |
| | **溶解人間** 77／ウィリアム・サックス |
| ■7/12（火）-7/18（月） ¥600 | **白い恐怖** 45／アルフレッド・ヒッチコック |
| | **ミッシング** 82／コスタ＝ガヴラス |
| | **悲愁** 79／ビリー・ワイルダー |
| ■7/19（火）-8/5（金） ¥1,400 | **ビッグ・ウェンズデー** 78／ジョン・ミリアス |
| | **青い体験** 73／サルバトーレ・サンペリ |

---

| | |
|---|---|
| ■8/6（土）-8/26（金） ¥1,400 | **● 松竹系封切** |

■11/16（火）-11/22（月） ¥500
（※オールナイトは¥800）

● **フェリーニ その老いることのない映像美**
**女の都** 80／フェデリコ・フェリーニ
**甘い生活** 60／フェデリコ・フェリーニ
※ 11/22 のオールナイト上映は、上記作品に以下の作品をプラス
**オーケストラ・リハーサル** 78／フェデリコ・フェリーニ

---

■11/23（火）-11/29（月） ¥500

**フランス軍中尉の女** 81／カレル・ライス
**ブリキの太鼓** 79／フォルカー・シュレンドルフ

■11/30（火）-12/14（火） ¥1,000
（※オールナイトも¥1,000）

**シベールの日曜日** 62／セルジュ・ブールギニョン
**悲しみよこんにちは** 57／オットー・プレミンジャー
※ 12/5、12/12 のオールナイト上映は、上記作品に以下の作品をプラス
**ギデオン** 59／ジョン・フォード

■12/15（水）-12/20（月） ¥500
（※オールナイトは¥1,000）

**レベッカ** 40／アルフレッド・ヒッチコック
**上海から来た女** 47／オーソン・ウェルズ
**逃走迷路** 42／アルフレッド・ヒッチコック
※ 12/18 のオールナイト上映《巨匠達が競うサスペンス・ドラマ》は、上記作品に下記の作品をプラス
**ギデオン** 59／ジョン・フォード

■12/21（火）-12/24（金） ¥500

**レベッカ** 40／アルフレッド・ヒッチコック
**上海から来た女** 47／オーソン・ウェルズ
**ギデオン** 59／ジョン・フォード

---

■12/25（土）-1983年1/7（金）
¥1,000

● **スーパーマン大会**
**スーパーマン** 78／リチャード・ドナー
**スーパーマンⅡ 冒険篇** 81／リチャード・レスター

# 1983【大井武蔵野館】

■1/15（土）-1/28（金） ¥1,200

**ウィーン物語 ジェミニ・YとS** 82／東宝／河崎義祐
**三等高校生** 82／東宝／渡辺祐介

■1/29（土）-2/7（月） ¥800

**蒲田行進曲** 82／松竹＋角川春樹事務所／深作欣二
**誘拐報道** 82／東映／伊藤俊也

---

■2/8（火）-2/14（月） ¥500

● **スクリーンで躍動するアイドルたち**
**人形嫌い** 82／宝映企画／日高武治
**夏の秘密** 82／松竹＋オスカープロモーション／川上裕通
**野菊の墓** 81／東映＋サンミュージック／澤井信一郎

---

■2/15（火）-2/28（月） ¥1,000
（※オールナイトは¥1,300）

**さらば愛しき大地** 82／プロダクション群狼＋アトリエ・ダンカン／柳町光男
**遠雷** 81／にっかつ撮影所＋ニュー・センチュリー・プロデューサーズ＋ ATG／根岸吉太郎
※ 2/26 のオールナイト上映《さらば青春》は、上記作品に下記の作品をプラス
**十九歳の地図** 79／プロダクション群狼／柳町光男
**任侠外伝 玄海灘** 76／唐プロダクション＋ ATG／唐十郎

■3/1（火）-3/10（木） ¥500

**少林寺** 82／チャン・シン・イェン
**燃えよドラゴン** 73／ロバート・クローズ

---

■3/11（金）-3/18（金） ¥500
（※オールナイトは¥800）

● **春なのに心淋しい人は全員集合**
**ウィークエンド・シャッフル** 82／幻児プロダクション＋らんだむはうす／中村幻児
**の・ようなもの** 81／N.E.W.S. コーポレイション／森田芳光
**転校生** 82／日本テレビ放送網＋ ATG／大林宣彦
※ 3/12 のオールナイト上映は、上記作品に下記の作品をプラス
**博多っ子純情** 78／エルアイエル／曾根中生

---

■3/19（土）-4/11（月） ¥1,400

● **松竹系封切**
**時代屋の女房** 83／松竹（※大井町ご当地映画）／森﨑東
**蒲田行進曲** 82／松竹＋角川春樹事務所／深作欣二

---

■4/12（火）-4/18（月） ¥500
（※オールナイトは¥800）

● **大藪春彦／アウトロー・ブルース**
**汚れた英雄** 82／東映＋角川春樹事務所／角川春樹
**蘇える金狼** 79／東映＋角川春樹事務所／村川透
**野獣死すべし** 80／東映＋角川春樹事務所／村川透
※ 4/16 のオールナイト上映は、上記作品に下記の作品をプラス

| | |
|---|---|
| | **ミッドナイトクロス** 81／ブライアン・デ・パルマ |
| | **殺しのドレス** 80／ブライアン・デ・パルマ |
| ■7/13（火）-7/22（木） ¥500 | **● 開館1周年記念番組** |
| | **シャーキーズ・マシーン** 82／バート・レイノルズ |
| | **白いドレスの女** 81／ローレンス・カスダン |
| ■7/23（金）-7/30（金） ¥500 | **● 世界へ飛翔 ジャッキー・チェン** |
| | **バトルクリーク・ブロー** 80／ロバート・クローズ |
| | **ヤングマスター 師弟出馬** 80／ジャッキー・チェン |
| | **キャノンボール** 80／ハル・ニーダム |
| ■7/31（土）-8/6（金） ¥500 | **● ベルーシ vs. ランディス** |
| | **狼男アメリカン** 81／ジョン・ランディス |
| | **ネイバース** 81／ジョン・G・アヴィルドセン |
| ■8/7（土）-8/16（月） ¥800 | **● ソフィー vs. マクニコル** |
| | **ラ・ブーム** 80／クロード・ピノトー |
| | **さよならジョージア** 81／ロナルド・F・マックスウェル |
| ■8/17（火）-8/23（月） ¥500 | **スクープ 悪意の不在** 81／シドニー・ポラック |
| | **泣かないで** 81／グレン・ジョーダン |
| ■8/24（火）-8/30（月） ¥500 | **● 愛に生きる女たち** |
| | **ベストフレンズ** 81／ジョージ・キューカー |
| | **終電車** 80／フランソワ・トリュフォー |
| ■8/31（火）-9/6（月） ¥500 | **● ニューアメリカンヒーロー／ティモシー・ハットン** |
| | **タップス** 81／ハロルド・ベッカー |
| | **普通の人々** 80／ロバート・レッドフォード |
| ■9/7（火）-9/13（月） ¥500 | **ブラックホール** 79／ゲイリー・ネルソン |
| | **スター・トレック** 79／ロバート・ワイズ |
| ■9/14（火）-9/20（月） ¥1,000 | **● これがモンティ・パイソン一家のパロディだ！** |
| | **モンティ・パイソン・アンド・ナウ** 71／イアン・マクノートン |
| | **モンティ・パイソン・アンド・ホーリー・グレイル** 74／テリー・ギリアム、テリー・ジョーンズ |
| | **モンティ・パイソン ライフ・オブ・ブライアン** 79／テリー・ジョーンズ |
| ■9/21（火）-9/27（月） ¥500 | **抱きしめたい** 78／ロバート・ゼメキス |
| | **ミスター・アーサー** 81／スティーブ・ゴードン |
| | **天国から来たチャンピオン** 78／ウォーレン・ビーティ、バック・ヘンリー |
| ■9/28（火）-10/4（月） ¥500 | **007 私を愛したスパイ** 77／ルイス・ギルバート |
| | **007 ロシアより愛をこめて** 63／テレンス・ヤング |
| ■10/5（火）-10/11（月） ¥800 | **● 永遠のミュージカル・ファンタジー** |
| | **メリー・ポピンズ** 64／ロバート・スティーブンソン、ハミルトン・S・ラスク |
| | **サウンド・オブ・ミュージック** 64／ロバート・ワイズ |
| ■10/12（火）-10/18（月） ¥500 | **● GOODBYE, HENRY** |
| | **未知への飛行** 64／シドニー・ルメット |
| | **暗黒街の弾痕** 37／フリッツ・ラング |
| ■10/19（火）-10/25（月） ¥500 | **グローイング・アップ3 恋のチューインガム** 81／ボアズ・デヴィッドソン |
| | **ミラクル・ワールド ブッシュマン** 81／ジャミー・ユイス |
| ■10/26（火）-11/1（月） ¥500 | **フォー・フレンズ 4つの青春** 81／アーサー・ペン |
| | **クレイマー、クレイマー** 79／ロバート・ベントン |
| ■11/2（火）-11/8（月） ¥500 | **レイジング・ブル** 80／マーティン・スコセッシ |
| | **天国の門** 81／マイケル・チミノ |
| ■11/9（火）-11/15（月） ¥500 | **SPACE ADVENTURE コブラ** 82／東京ムービー新社／出崎統 |
| | **メガフォース** 82／ハル・ニーダム |

| | |
|---|---|
| ■1/26（火）-2/1（月） ¥500 | ● 危険な少女たち PART Ⅱ |
| | 白い家の少女 76／ニコラス・ジュスネール |
| | シビルの部屋 76／ネリー・カプラン |
| ■2/2（火）-2/8（月） ¥500 | チャンス 79／ハル・アシュビー |
| | ある日どこかで 80／ヤノット・シュワルツ |
| ■2/9（火）-2/15（月） ¥500 | ナイトホークス 81／ブルース・マルムース |
| | 007 ユア・アイズ・オンリー 81／ジョン・グレン |
| ■2/16（火）-2/22（月） ¥500 | ● ザ・フー フィルム |
| | さらば青春の光 79／フランク・ロダム |
| | Tommy トミー 75／ケン・ラッセル |
| ■2/23（火）-3/1（月） ¥500 | ゴッドファーザー 72／フランシス・フォード・コッポラ |
| | ゴッドファーザー Part Ⅱ 74／フランシス・フォード・コッポラ |
| ■3/2（火）-3/8（月） ¥500 | 9時から5時まで 80／コリン・ヒギンズ |
| | ファール・プレイ 78／コリン・ヒギンズ |
| ■3/9（火）-3/15（月） ¥500 | スター・クレイジー 80／シドニー・ポワチエ |
| | ヤング・フランケンシュタイン 75／メル・ブルックス |
| ■3/16（火）-3/22（月） ¥500 | グリース 78／ランダル・クレイザー |
| | アメリカン・グラフィティ 73／ジョージ・ルーカス |
| ■3/23（火）-3/29（月） ¥500 | リトル・ロマンス 79／ジョージ・ロイ・ヒル |
| | ローマの休日 53／ウィリアム・ワイラー |
| ■3/30（火）-4/5（月） ¥500 | JAWS ジョーズ 75／スティーヴン・スピルバーグ |
| | JAWS ジョーズ2 78／ヤノット・シュワルツ |
| ■4/6（火）-4/12（月） ¥500 | ● 悩める大都市 ニュー・ヨーク |
| | タクシードライバー 76／マーティン・スコセッシ |
| | ニューヨーク 1997 81／ジョン・カーペンター |
| ■4/13（火）-4/19（月） ¥500 | ● 愛、そして別れ |
| | ラスト・コンサート 76／ルイジ・コッツィ |
| | ジェレミー 73／アーサー・R・バロン |
| | ラスト・レター 80／ガス・トリコニス |
| ■4/20（火）-4/26（月） ¥500 | ● 未知への挑戦 |
| | アウトランド 81／ピーター・ハイアムズ |
| | スキャナーズ 81／デヴィッド・クローネンバーグ |
| | アルタード・ステーツ 未知への挑戦 79／ケン・ラッセル |
| ■4/27（火）-5/3（月） ¥500 | 愛と哀しみのボレロ 81／クロード・ルルーシュ |
| | リリー・マルレーン 81／ライナー・ヴェルナー・ファスビンダー |
| ■5/4（火）-5/17（月） ¥800 | ● 男と女の宿命とは… |
| | ジェラシー 79／ニコラス・ローグ |
| | 郵便配達は二度ベルを鳴らす 81／ボブ・ラフェルソン |
| ■5/18（火）-5/24（月） ¥500 | ● マルコム・マクダウェル フィルム |
| | タイム・アフター・タイム 79／ニコラス・メイヤー |
| | 時計じかけのオレンジ 71／スタンリー・キューブリック |
| ■5/25（火）-6/3（木） ¥800 | U・ボート 81／ウォルフガング・ペーターゼン |
| | 勝利への脱出 80／ジョン・ヒューストン |
| ■6/4（金）-6/14（月） ¥500 | フェーム 80／アラン・パーカー |
| | ザナドゥ 80／ロバート・グリーンウォルド |
| ■6/15（火）-6/21（月） ¥500 | エンドレス・ラブ 81／フランコ・ゼフィレッリ |
| | ハノーバー・ストリート 79／ピーター・ハイアムズ |
| ■6/22（火）-7/5（月） ¥800 | レイダース 失われたアーク〔聖櫃〕 81／スティーヴン・スピルバーグ |
| | タイタンの戦い 81／デズモンド・デイビズ |
| ■7/6（火）-7/12（月） ¥500 | ● デ・パルマ・フィルムズ |

| | |
|---|---|
| ■10/22（金）-10/29（金） ¥1,000 | **鬼龍院花子の生涯** 82／東映＋俳優座映画放送／五社英雄 |
| | **TATOO〔刺青〕あり** 82／国際放映＋高橋プロダクション＋ ATG／高橋伴明 |

| | |
|---|---|
| ■10/30（土）-11/8（月） ¥800 | **●《たのきん VS シブガキ隊》ジャニーズ事務所スペシャル** |
| | **ハイティーン・ブギ** 82／東宝／舛田利雄 |
| | **シブがき隊 ボーイズ＆ガールズ** 82／プルミエ・インターナショナル＋ジャニーズ事務所／森田芳光 |

| | |
|---|---|
| ■11/9（火）-11/15（月） ¥500 | **● ハードな個性派 松田優作** |
| （※オールナイトは¥800） | **最も危険な遊戯** 78／東映セントラルフィルム／村川透 |
| | **殺人遊戯** 78／東映セントラルフィルム／村川透 |
| | **処刑遊戯** 79／東映セントラルフィルム／村川透 |
| | ※ 11/13 のオールナイト上映は、上記作品に以下の作品をプラス |
| | **野獣死すべし** 80／東映＋角川春樹事務所／村川透 |

| | |
|---|---|
| ■11/16（火）-11/22（月） ¥500 | **太陽を盗んだ男** 79／キティ・フィルム／長谷川和彦 |
| | **魔界転生** 81／東映／深作欣二 |
| ■11/23（火）-11/29（月） ¥500 | **ザ・レイプ** 82／幻燈社＋東映／東陽一 |
| | **コールガール** 82／ジャック・プロダクション／小谷承靖 |

| | |
|---|---|
| ■11/30（火）-12/6（月） ¥500 | **● アウトローたちに捧げるレクイエム** |
| （※オールナイトは¥800） | **ヨコハマ BJ ブルース** 81／東映セントラルフィルム／工藤栄一 |
| | **凶弾** 82／松竹映像＋富士映画／村川透 |
| | **野獣刑事** 82／東映／工藤栄一 |
| | ※ 12/4 のオールナイト上映は、上記作品に以下の作品をプラス |
| | **餌食** 79／獅子プロダクション／若松孝二 |

| | |
|---|---|
| ■12/7（火）-12/20（月） ¥1,000 | **● 円谷英二 特撮の世界** |
| ○12/7（火）-12/10（金） | **怪獣大戦争** 65／東宝／本多猪四郎 |
| | **空の大怪獣ラドン** 56／東宝／本多猪四郎 |
| | **キングコング対ゴジラ** 62／東宝／本多猪四郎 |
| ○12/11（土）-12/14（火） | **フランケンシュタインの怪獣 サンダ対ガイラ** 66／東宝＋ベネディクト・プロ／本多猪四郎 |
| （※オールナイトは¥800） | **三大怪獣 地球最大の決戦** 64／東宝／本多猪四郎 |
| | **怪獣大戦争** 65／東宝／本多猪四郎 |
| | ※ 12/11 のオールナイト上映は、上記作品に以下の作品をプラス |
| | **空の大怪獣ラドン** 56／東宝／本多猪四郎 |
| | **キングコング対ゴジラ** 62／東宝／本多猪四郎 |
| ○12/15（水）-12/17（金） | **ウルトラマン** 79／円谷プロダクション／実相寺昭雄、下村善二 |
| | **フランケンシュタインの怪獣 サンダ対ガイラ** 66／東宝＋ベネディクト・プロ／本多猪四郎 |
| | **三大怪獣 地球最大の決戦** 64／東宝／本多猪四郎 |
| ○12/18（土）-12/20（月） | **モスラ対ゴジラ** 64／東宝／本多猪四郎 |
| | **ゴジラ・エビラ・モスラ 南海の大決闘** 66／東宝／福田純 |
| | **ゴジラの逆襲** 55／東宝／小田基義 |

| | |
|---|---|
| ■12/21（火）-12/27（月） ¥500 | **マタギ** 82／青銅プロダクション／後藤俊夫 |
| | **泥の河** 81／木村プロダクション／小栗康平 |

| | |
|---|---|
| ■12/28（火）-1983年1/14（金） | **● 松竹系封切** |
| ¥1,400 | **男はつらいよ 花も嵐も寅次郎** 82／松竹／山田洋次 |
| | **次郎長青春篇 つっぱり清水港** 82／松竹／前田陽一 |

## 1982【大井ロマン】

| | |
|---|---|
| ■1/8（金）-1/13（水） ¥500 | **● 危険な少女たち PART Ⅰ** |
| | **思春の森** 76-77／ピエル・ジョゼッペ・ムルジア |
| | **ビリティス** 77／デイヴィッド・ハミルトン |

| | |
|---|---|
| ■1/14（木）-1/18（月） ¥500 | **グローイング・アップ** 78／ボアズ・デヴィッドソン |
| | **グローイング・アップ 2 ゴーイング・ステディ** 79／ボアズ・デヴィッドソン |
| ■1/19（火）-1/25（月） ¥500 | **ブルース・ブラザース** 80／ジョン・ランディス |
| | **ケンタッキー・フライド・ムービー** 77／ジョン・ランディス |

**純** 80／工藝舎／横山博人

---

■6/1（火）-6/7（月） ¥500

**● TV「パパと呼ばないで」から10年、杉田かおる特集**
**青春の門** 81／東映／蔵原惟繕、深作欣二
**青春の門 自立篇** 82／東映／蔵原惟繕

---

■6/8（火）-6/14（月） ¥500

**● 今、輝いている女、田中裕子特集**
**北斎漫画** 81／松竹／新藤兼人
**ええじゃないか** 81／松竹＋今村プロダクション／今村昌平

---

■6/15（火）-6/21（月） ¥500

**マイ・ロード My Road** 80／ダコタ・ラインズ・フィルム／キクオ・カワサキ
**俺たちの交響楽** 79／松竹／朝間義隆
**思えば遠くへ来たもんだ** 80／松竹／朝間義隆

■6/22（火）-6/28（月） ¥500

**日本の熱い日々 謀殺・下山事件** 81／俳優座映画放送／熊井啓
**炎のごとく** 81／大和新社／加藤泰

■6/29（火）-7/5（月） ¥500

**忍者武芸帖 百地三太夫** 80／東映／鈴木則文
**龍拳** 79／ロー・ウェイ
**死亡遊戯** 78／ロバート・クローズ

---

■7/6（火）-7/12（月） ¥500

**● 誰も俺たちを止められない！**
**オン・ザ・ロード** 82／松竹／和泉聖治
**狂い咲きサンダーロード** 80／狂映舎＋ダイナマイトプロ／石井聰亙

---

■7/13（火）-8/6（金） ¥1,000

**● 開館一周年記念番組 スペース・ファンタジー**
**スター・ウォーズ（日本語版）** 77／ジョージ・ルーカス
**機動戦士ガンダムⅢ めぐりあい宇宙（そら）編** 82／日本サンライズ／富野喜幸（総監督）

---

■8/7（土）-8/27（金） ¥1,400

**● 松竹系封切**
**男はつらいよ 寅次郎あじさいの恋** 82／松竹／山田洋次
**えきすとら** 82／松竹／朝間義隆

---

■8/28（土）-9/6（月） ¥500

**● ティーンエージャーブルース・PART Ⅰ**
**翔んだカップル** 80／キティ・フィルム／相米慎二
**転校生** 82／日本テレビ放送網＋ATG／大林宣彦

---

■9/7（火）-9/13（月） ¥500

**● ティーンエージャーブルース・PART Ⅱ**
**ねらわれた学園** 81／角川春樹事務所／大林宣彦
**胸さわぎの放課後** 82／アート・センター／石山昭信

---

■9/14（火）-9/20（月） ¥500

**● ポリス・ストーリー**
**刑事物語** 82／キネマ旬報社／渡辺祐介
**幸福** 81／東宝映画＋フォーライフ／市川崑

---

■9/21（火）-9/27（月） ¥500

**ダイアモンドは傷つかない** 82／東映／藤田敏八
**道頓堀川** 82／松竹／深作欣二

---

■9/28（火）-10/4（月） ¥500

**● 80年代期待される若手女優陣 久子・美沙子・れい子**
**夏の別れ** 81／中島丈博ぷろだくしょん／井上真介
**黄金のパートナー** 79／東宝映画／西村潔
**水のないプール** 82／若松プロダクション／若松孝二

---

■10/5（火）-10/14（木） ¥500

**● 世界へ飛翔 ジャッキー・チェン**
**少林寺木人拳** 77／チェン・チーホウ、ロー・ウェイ（総監督）
**拳精** 78／ロー・ウェイ
**ドラゴンロード** 82／ジャッキー・チェン

---

■10/15（金）-10/21（木） ¥500

**● 山口百恵 come back to screen リクエストベスト3**
**古都** 80／ホリ企画制作／市川崑
**天使を誘惑** 79／ホリ企画制作／藤田敏八
**ホワイト・ラブ** 79／ホリ企画制作／小谷承靖

**野菊の墓** 81／東映＋サンミュージック／澤井信一郎
**ねらわれた学園** 81／角川春樹事務所／大林宣彦

---

■1/26（火）-2/1（月） ¥500
**● 百恵 vs. マコ アイドル引退組**
**ホワイト・ラブ** 79／ホリ企画制作／小谷承靖
**九月の空** 78／松竹／山根成之

---

■2/2（火）-2/8（月） ¥500
**冬の華** 78／東映／降旗康男
**幸福の黄色いハンカチ** 77／松竹／山田洋次

---

■2/9（火）-2/15（月） ¥500
**● 清順・その美的世界**
**陽炎座** 81／シネマプラセット／鈴木清順
**悲愁物語** 77／松竹＋三協映画／鈴木清順

---

■2/16（火）-2/22（月） ¥500
**● 81 年デビュー 三監督**
**なんとなくクリスタル** 81／松竹／松原信吾
**とりたての輝き** 81／東映／浅尾政行
**の・ようなもの** 81／N.E.W.S. コーポレイション／森田芳光

---

■2/23（火）-3/1（月） ¥500
**マノン** 81／幻燈社／東陽一
**上海異人娼館 チャイナ・ドール** 81／アルゴス・フィルム＋人力飛行機舎／寺山修司

---

■3/2（火）-4/5（月）
**● スプリング・スペシャル**
○3/2（火）-3/15（月） ¥700
**《PART Ⅰ. 三上刑事 vs. 村上刑事》**
**駅 STATION** 81／東宝映画／降旗康男
**幸福** 81／東宝映画＋フォーライフ／市川崑
○3/16（火）-3/22（月） ¥500
**《PART Ⅱ. ひろ子センセーショナル・デビュー》**
**戦国自衛隊** 79／角川春樹事務所／斎藤光正
**野性の証明** 78／角川春樹事務所／佐藤純彌
○3/23（火）-3/29（月） ¥800
**《PART Ⅲ. たのきん青春グラフィティ》**
**スニーカー・ぶるーす** 81／東宝映画／河崎義祐
**ブルージーンズ・メモリー** 81／東宝映画／河崎義祐
**グッドラック LOVE** 81／東宝映画／河崎義祐
○3/30（火）-4/5（月） ¥500
**《PART Ⅳ. ヒロユキ 3》**
**吼えろ鉄拳** 81／東映／鈴木則文
**燃える勇者** 81／東映／土橋亨
**冒険者カミカゼ** 81／東映／鷹森立一

---

■4/6（火）-4/12（月） ¥500
**太陽を盗んだ男** 79／キティ・フィルム／長谷川和彦
**獣たちの熱い眠り** 81／東映＋徳間文庫／村川透
■4/13（火）-4/19（月） ¥500
**ヒポクラテスたち** 80／シネマハウト＋ ATG／大森一樹
**ガキ帝国** 81／プレイガイド・ジャーナル社＋ ATG／井筒和幸

---

■4/20（火）-4/26（月） ¥500
**● 自由への叫び**
**カッコーの巣の上で** 75／ミロス・フォアマン
**ミッドナイト・エクスプレス** 78／アラン・パーカー

---

■4/27（火）-5/10（月） ¥500
**● 少女から女へ** うつろいゆく季節
**セーラー服と機関銃** 81／角川春樹事務所＋キティ・フィルム／相米慎二
**HOUSE ハウス** 77／東宝映像／大林宣彦

---

■5/11（火）-5/17（月） ¥500
**● クラリス…My Love…**
**ルパン三世** 78／東京ムービー新社／吉川惣司
**ルパン三世 カリオストロの城** 79／東京ムービー新社／宮崎駿

---

■5/18（火）-5/24（月） ¥500
**● 戦慄とロマン**
**魔界転生** 81／東映／深作欣二
**悪霊島** 81／角川春樹事務所／篠田正浩

---

■5/25（火）-5/31（月） ¥500
**● Minor から Major へ**
**遠雷** 81／にっかつ撮影所＋ニュー・センチュリー・プロデューサーズ＋ ATG／根岸吉太郎

# 1981【大井ロマン】（※凡例に注あり）

| | |
|---|---|
| ■7/19（日）-7/25（土） ¥200 | **ダウンタウン物語** 76／アラン・パーカー |
| | **リトル・ロマンス** 79／ジョージ・ロイ・ヒル |
| ■7/26（日）-7/31（金） ¥200 | **明日に処刑を…** 72／マーティン・スコセッシ |
| | **砂のミラージュ** 72／アルマンド・ロブレス・ゴドイ ※日本最終上映 |

---

| | |
|---|---|
| ■8/1（土）-9/28（月） ¥500 | **● アメリカ映画研究 アメリカエネルギッシュ軍団15人の監督** |
| ○8/1（土）-8/10（月） | **ゴッドファーザー** 72／フランシス・フォード・コッポラ |
| | **ゴッドファーザー Part Ⅱ** 74／フランシス・フォード・コッポラ |
| ○8/11（火）-8/17（月） | **悪魔の沼** 76／トビー・フーパー |
| | **ハロウィン** 78／ジョン・カーペンター |
| ○8/18（火）-8/24（月） | **ウォリアーズ** 79／ウォルター・ヒル |
| | **クルージング** 80／ウィリアム・フリードキン |
| ○8/25（火）-8/31（月） | **アニマル・ハウス** 78／ジョン・ランディス |
| | **天国から来たチャンピオン** 78／ウォーレン・ビーティ、バック・ヘンリー |
| ○9/1（火）-9/7（月） | **エイリアン** 79／リドリー・スコット |
| | **未知との遭遇〈特別篇〉** 80／スティーヴン・スピルバーグ |
| ○9/8（火）-9/14（月） | **ファンタズム** 79／ドン・コスカレリ |
| | **キャリー** 76／ブライアン・デ・パルマ |
| ○9/15（火）-9/21（月） | **ミッドナイト・エクスプレス** 78／アラン・パーカー |
| | **タクシードライバー** 76／マーティン・スコセッシ |
| ○9/22（火）-9/28（月） | **アメリカン・ジゴロ** 80／ポール・シュレイダー |
| | **スターダスト・メモリー** 80／ウディ・アレン |

---

| | |
|---|---|
| ■9/29（火）-11/30（月） ¥500 | **● 第一回リクエスト特集 ベスト18** |
| ○9/29（火）-10/5（月） | **マルシカの金曜日** 72／ヤロミール・イレッシュ |
| | **だれのものでもないチェレ** 76／ラースロー・ラノーディ |
| ○10/6（火）-10/12（月） | **アメリカン・グラフィティ** 73／ジョージ・ルーカス |
| | **アメリカン・グラフィティ2** 79／B・W・L・ノートン |
| ○10/13（火）-10/19（月） | **スティング** 73／ジョージ・ロイ・ヒル |
| | **スラップ・ショット** 77／ジョージ・ロイ・ヒル |
| ○10/20（火）-10/26（月） | **勝手にしやがれ** 59／ジャン＝リュック・ゴダール |
| | **まぼろしの市街戦** 67／フィリップ・ド・ブロカ |
| ○10/27（火）-11/2（月） | **イノセント** 75／ルキノ・ヴィスコンティ |
| | **家族の肖像** 74／ルキノ・ヴィスコンティ |
| ○11/3（火）-11/9（月） | **冒険者たち** 67／ロベール・アンリコ |
| | **ザ・ドライバー** 78／ウォルター・ヒル |
| ○11/10（火）-11/16（月） | **スケアクロウ** 73／ジェリー・シャッツバーグ |
| | **ハリーとトント** 74／ポール・マザースキー |
| ○11/17（火）-11/23（月） | **フェリーニのアマルコルド** 74／フェデリコ・フェリーニ |
| | **サテリコン** 69／フェデリコ・フェリーニ |
| ○11/24（火）-11/30（月） | **理由なき反抗** 55／ニコラス・レイ |
| | **エデンの東** 55／エリア・カザン |

---

| | |
|---|---|
| ■12/1（火）-12/7（月） ¥500 | **モンティ・パイソン・アンド・ナウ** 71／イアン・マクノートン |
| | **モンティ・パイソン・アンド・ホーリー・グレイル** 74／テリー・ギリアム、テリー・ジョーンズ |
| ■12/8（火）-12/14（月） ¥500 | **そして誰もいなくなった** 74／ピーター・コリンソン |
| | **クリスタル殺人事件** 80／ガイ・ハミルトン |
| ■12/15（火）-12/21（月） ¥500 | **エマニエル夫人** 74／ジュスト・ジャカン |
| | **続・エマニエル夫人** 75／フランシス・ジャコベッティ |
| ■12/22（火）-12/28（月） ¥500 | **リトル・ダーリング** 80／ロナルド・F・マックスウェル |
| | **インターナショナル・ベルベット 緑園の天使** 78／ブライアン・フォーブス |
| ■12/29（火）-1982年1/7（木） | **スター・ウォーズ 帝国の逆襲** 80／アーヴィン・カーシュナー |
| ¥500 | **フラッシュ・ゴードン** 80／マイク・ホッジス |

# 1982【大井武蔵野館】

| | |
|---|---|
| ■1/19（火）-1/25（月） ¥500 | **● 聖子 vs. ひろ子 アイドル現役組** |

# 1981【大井武蔵野館】(※凡例に注あり)

---

■7/19(日)-8/7(金) ¥1,400

**● 松竹系封切**
**機動戦士ガンダムⅡ 哀・戦士編** 81/日本サンライズ/富野喜幸(総監督)

---

■8/8(土)-9/4(金) ¥1,400

**● 松竹系封切**
**男はつらいよ 浪花の恋の寅次郎** 81/松竹/山田洋次
**俺とあいつの物語** 81/松竹/朝間義隆

---

■9/5(土)-9/11(金) ¥1,400

**● 東映系封切**
**無力の王** 81/ニッポン放送+東映セントラルフィルム/石黒健治
**HIRO THE HERO ヒロ・ザ・ヒーロー** 81/東映セントラルフィルム/井出情児
**純** 80/工藝舎/横山博人

---

■9/12(土)-9/25(金) ¥1,000

**吼えろ鉄拳** 81/東映/鈴木則文
**魔界転生** 81/東映/深作欣二

---

■9/26(土)-10/5(月) ¥1,500

**● 松竹系封切**
**真夜中の招待状** 81/松竹/野村芳太郎

---

■10/6(火)-10/16(金) ¥300

**● 日本映画グラフィティ・前夜祭**
**さらば夏の光よ** 76/松竹+バーニングプロ/山根成之
**ヒポクラテスたち** 80/シネマハウト+ATG/大森一樹
**ふりむけば愛** 78/ホリ企画制作/大林宣彦
**HOUSE ハウス** 77/東宝映像/大林宣彦

---

■10/17(土)-11/30(月) ¥500

**● 日本映画グラフィティ vs. シリーズ PART1**

○10/17(土)-10/26(月)

**《黒澤明 vs. 鈴木清順》**
**天国と地獄** 63/東宝+黒澤プロダクション/黒澤明
**悲愁物語** 77/松竹+三協映画/鈴木清順

○10/27(火)-11/2(月)

**《ショーケン vs. ジュリー》**
**青春の蹉跌** 74/渡辺企画+東京映画/神代辰巳
**太陽を盗んだ男** 79/キティ・フィルム/長谷川和彦

○11/3(火)-11/9(月)

**《桃井かおり vs. 秋吉久美子》**
**赤い鳥逃げた?** 73/グループ法亡/藤田敏八
**妹** 74/日活/藤田敏八

○11/10(火)-11/16(月)

**《藤田敏八 vs. 東陽一》**
**帰らざる日々** 78/日活/藤田敏八
**サード** 78/幻燈社+ATG/東陽一

○11/17(火)-11/23(月)

**《長谷川和彦 vs. 黒木和雄》**
**青春の殺人者** 76/今村プロダクション+綜映社+ATG/長谷川和彦
**祭りの準備** 75/綜映社+映画同人社+ATG/黒木和雄

○11/24(火)-11/30(月)

**《深作欣二 vs. 今村昌平》**
**仁義の墓場** 75/東映/深作欣二
**復讐するは我にあり** 79/松竹+今村プロダクション/今村昌平

---

■12/1(火)-12/7(月) ¥500

**限りなく透明に近いブルー** 79/キティ・フィルム/村上龍
**スローなブギにしてくれ** 81/東映+角川春樹事務所/藤田敏八

■12/8(火)-12/14(月) ¥500

**聖獣学園** 74/東映/鈴木則文
**桃尻娘 プロポーズ大作戦** 80/にっかつ/小原宏裕

■12/15(火)-12/21(月) ¥500

**青春の門** 75/東宝映画/浦山桐郎
**青春の門 自立篇** 77/東宝映画/浦山桐郎

■12/22(火)-12/28(月) ¥500

**ルパン三世** 78/東京ムービー新社/吉川惣司
**ルパン三世 カリオストロの城** 79/東京ムービー新社/宮崎駿

---

■12/29(火)-1982年1/18(月) ¥1,500

**● 松竹系封切**
**男はつらいよ 寅次郎紙風船** 81/松竹/山田洋次
**シュンマオ物語 タオタオ** 81/シュンマオ製作委員会+天津市工芸美術設計院/島村達雄

# 1981
# ↓
# 1999

## 大井武蔵野館 上映作品全記録

（凡例）
上映作品全記録（1981～1999）　凡例

・以下の作品リストは、当時のチラシや情報誌などを参考に作成したものです。

・〔表記例〕
■特集開催期間　一般料金　●特集タイトル（※特集ではない上映の場合は表記なし）
○上映期間　《特集内の小特集タイトル》
作品タイトル　製作年／製作会社（※洋画は原則表記せず）／監督（※特記なき場合）

・フィルムの不具合などに伴う上映作品の差し替えや、トークイベントの変更は、できる限り当初の予定とともに明記しておりますが、直前の変更など対応しきれていない場合がございます（ゲストの飛び入りの登壇も同様）。

・当時、上映作品によっては、「多くの来場者が見込まれる」などの営業的な判断から、たとえば大井ロマンとして上映を予告している作品を大井武蔵野館のスクリーンで上映することもありました。本リストは上映スクリーンの変更については明記していないため、「リストに大井武蔵野館（＝1階）とあるけれど、この映画はたしか2階（＝大井ロマン）で観たはず……」といったような、ご記憶と本リストに“齟齬”がある場合がございますことをお含みおきください。

・開館時の作品は、大井武蔵野館が『ダウンタウン物語』と『リトル・ロマンス』、大井ロマンが『機動戦士ガンダムⅡ 哀・戦士編』で、チラシ、情報誌ともにその表記になっておりましたが、上映期間の途中で（上記のような理由によると思われる）館の変更があり、かつ、その日を特定することができなかったため、ここではあえて、最初から上映館を逆の形で表記しております。

太田和彦（おおた・かずひこ）
1946年生まれ、デザイナー・作家。資生堂宣伝部アートディレクターを経て独立。2001〜08年、東北芸術工科大学教授。映画関係書『シネマ大吟醸』『居酒屋吟月の物語』『映画、幸福への招待』。他に『ニッポン居酒屋放浪記』『居酒屋百名山』『居酒屋かもめ歌』など居酒屋旅紀行を多く著作。近著『75歳、油揚がある』『日本居酒屋遺産』『書を置いて、街へ出よう』『ほろ酔い百話』など。テレビBS11「太田和彦のぶらり旅・新居酒屋百選」出演中

# 伝説のカルト映画館 大井武蔵野館の６３９２日

２０２３年11月20日　第１版１刷発行
２０２４年１月31日　第１版２刷発行

編者　太田和彦
協力　武蔵野興業株式会社、河野義勝、河野優子、都市出版株式会社、株式会社産業経済新聞社、株式会社マガジンハウス、箕輪克彦（シネマノヴェチェント）、相馬宏充、村木恵里、星光一、高鳥都
カバー写真提供　佐藤宗睦
本文デザイン／ＤＴＰ　太田和彦、浦谷康晴
装丁　戸塚泰雄（nu）
企画・編集　朝倉史明
編集・発行人　松本大輔
担当編集　山口一光
発行　立東舎
発売　株式会社リットーミュージック
〒１０１-００５１ 東京都千代田区神田神保町一丁目１０５番地
印刷・製本　株式会社シナノ

【本書の内容に関するお問い合わせ先】info@rittor-music.co.jp
本書の内容に関するご質問は、Ｅメールのみでお受けしております。お送りいただくメールの件名に「伝説のカルト映画館　大井武蔵野館の６３９２日」と記載してお送りください。ご質問の内容によりましては、しばらく時間をいただくことがございます。なお、電話やＦＡＸ、郵便でのご質問、本書記載内容の範囲を超えるご質問につきましてはお答えできませんので、あらかじめご了承ください。
【乱丁・落丁などのお問い合わせ】service@rittor-music.co.jp


Printed in Japan　ISBN978-4-8456-3963-2
定価はカバーに表示しております。